ARTUR LIPINSKI

AF286374

Die
HORUS-Loge

Wie kam es wirklich zum Zweiten Weltkrieg und wer finanzierte ihn?

Der Dolmetscher des *Bilderberger*-Gründers
Prinz Bernhard der Niederlande bricht sein Schweigen!

amadeus-verlag.com

dritte Auflage

Copyright © 2021 by
Amadeus Verlag GmbH & Co. KG
Birkenweg 4
74576 Fichtenau
Fax: 07962-710263
www.amadeus-verlag.com
Email: amadeus@amadeus-verlag.com

Druck:
CPI – Ebner & Spiegel, Ulm
Satz und Layout:
Jan Udo Holey
Umschlaggestaltung:
Amadeus Holey

ISBN 978-3-938656-70-9

INHALTSVERZEICHNIS

„Seitdem ich Politiker bin, haben mir Männer ihre Ansichten hauptsächlich im privaten Rahmen anvertraut. Einige der größten Männer der USA auf den Gebieten des Handels und der Industrie haben vor jemandem, vor etwas Angst. Sie wissen, dass es irgendwo eine Macht gibt, die so gut organisiert ist, so geheimnisvoll, so wachsam, so ineinander verzahnt, dass sie ihre Anschuldigungen besser im Flüsterton aussprechen. Sie wissen, dass Amerika kein Ort mehr ist, an dem, wie es früher der Fall war, ein Mensch seiner eigenen Berufung nachgehen kann im Rahmen seiner Fähigkeiten; denn es gibt Organisationen, die, sobald er bestimmte Felder betritt, Mittel gegen ihn einsetzen werden, um ihn daran zu hindern, ein Geschäft aufzubauen, das ihnen nicht passt; Organisationen, die dann veranlassen werden, dass ihm der Boden unter den Füßen weggezogen wird und die Märkte sich ihm verschließen. Denn sobald er mit Einzelhändlern Geschäfte macht, wird dieses Monopol sich weigern, diesen Händlern weiterhin auch nur irgendetwas zu verkaufen, also werden diese aus Angst die Waren des Neulings nicht mehr abnehmen."

Woodrow Wilson, „The New Freedom", 1913

Vorwort des Verlegers

Der Buchmarkt ist in den letzten Jahren doch erstaunlich stark mit Titeln zur Verschwörungsthematik bereichert worden – seien es Werke über die Bilderberger, die Familie Rothschild oder Literatur über Freimaurerlogen und ähnliche „Herrenclubs", die im Verborgenen der Weltgeschichte agieren. Ich gebe zu, dass mit den Jahren eine gewisse Sättigung eingetreten ist, was diese Thematik angeht, dennoch leben wir in einer Zeit, in der eine regelrechte Hexenjagd stattfindet, was Publikationen dieser Art angeht, und in der Aktionen gegen Autoren durchgeführt werden, um diese nicht nur lächerlich, sondern in vielen Fällen auch mundtot zu machen. Zensur findet permanent statt, nicht nur auf *Facebook* oder in den Kommentarspalten der großen Online-Zeitungen. Bücher werden in Deutschland von Großhändlern sowie Unternehmen wie *Amazon* teilweise aus dem Sortiment genommen, Strafanzeigen gegen die Autoren sowie Verleger erstattet, und in vielen Fällen werden diese auch verurteilt. Glaubt man der „Lügenpresse" – sprich den Systemschreiberlingen –, so sind Autoren wie wir alles Spinner, Paranoide oder Abzocker, die mit Angstmache Geld verdienen wollen. Das ist einer der Gründe – die Arroganz des sogenannten „Weltbürgertums", die nicht nur uns zeit- und systemkritische Autoren verachtet, sondern die auch einen Teil des deutschen Volkes als „Pack" und „Dunkeldeutschland" bezeichnet –, die mich dazu bewogen haben, das vorliegende Manuskript doch noch zu verlegen.

Sie fragen sich: *„Wieso doch noch?"* Nun, dazu gibt es eine kleine Vorgeschichte. Es war im Winter 2009, als mir das vorliegende Buchmanuskript per Postsendung ins Haus flatterte. Worum es sich handelt, erfahren wir von Artur Lipinski selbst aus seinem Anschreiben:

> *„Sehr geehrter Herr van Helsing,*
> *ich möchte mich kurz vorstellen. Ich bin ein deutschstämmiger Arzt (47) aus Niederschlesien (Bezirksstadt Grünberg) und bin seit sechs Jahren in Deutschland als Internist tätig. Mein Großvater war einer der besten Dolmetscher, der für hochrangige Politiker der BRD, DDR und Polen in den 1950er-Jahren bis 1975 tätig war. Er dolmetschte un-*

ter anderem *Prinz Bernhard der Niederlande (den Gründer der Bilderberger), Erich Honecker, Walter Ulbricht, Willy Brandt, Willy Stoph, Prof. Berthold Beitz, polnische Premierminister und Sekretäre wie W. Gomulka, P. Jaroszewicz und Cyrankiewicz. Nicht nur, dass er bei geheimen Regierungs-Gesprächen als Dolmetscher mit dabei war, er war auch als Übersetzer tätig, wenn sich seine Auftraggeber, die entweder Hochgradfreimaurer, Bilderberger oder Mitglieder im 'Komitee der 300' waren, mit Logenbrüdern anderer Länder trafen. Auf diese Weise öffnete sich ihm eine völlig andere Sicht auf die Weltgeschichte und die wirklichen Lenker der Welt, nämlich die Mitglieder geheimer Orden.*

Über seine Tätigkeit als Übersetzer hinaus hatte er mit dem einen oder anderen Auftraggeber eine freundschaftliche Beziehung aufgebaut und führte lange, private Gespräche (unter vier Augen) mit dem späteren Bundeskanzler Willy Brandt in Stade an der Elbe im Jahre 1954, mit Prof. Beitz (dem damaligen Aufsichtsratsvorsitzenden des Krupp-Konzerns), mit einflussreichen SED-Funktionären und vor allem mit dem Stasi-Chef Mielke sowie mit Prinz Bernhard zu Lippe Biesterfeld (auch genannt Prinz Bernhard der Niederlande), der Polen im Oktober 1974 besuchte.

Mein Großvater war nicht nur hochrangiger Dolmetscher, sondern auch Journalist, Chefredakteur der 'Grünberger Zeitung' und Politiker. Er befasste sich aufgrund seiner Funktion als Übersetzer und durch die Einblicke in geheime politische Strukturen, in die er durch seine Arbeit gelangte, jahrzehntelang mit der historischen Rolle des Freimaurertums und dessen Einfluss auf den Zweiten Weltkrieg. Von seinen Gesprächspartnern wurde ihm beispielsweise offenbart, dass das Attentat auf Hitler in der Wolfsschanze am 20. Juli 1944 in der Tat geglückt war, Hitler damals ums Leben kam und ein Doppelgänger sein Amt übernahm. Hinter dem Staatsstreich standen Heinrich Himmler und die westalliierten Geheimdienste, die sich insgeheim während der Gespräche in Bretton Woods gegen die heranrückenden sowjetischen Streitkräfte verständigt haben. Ab dem 20. Juli 1944 regierte im Geheimen Heinrich Himmler das Deutsche Reich, was nur die obersten der Parteigrößen wussten. Mein Großvater versuchte, ausführlich nachzuweisen, dass

Himmler die deutsche Freimaurerei nicht nur unterstützte, sondern mit ihr eng zusammenarbeitete.

Über diesen kuriosen Putsch und die Rolle des internationalen Freimaurertums sprach mein Großvater vor allem intensivst mit Prinz Bernhard der Niederlande, Willy Brandt und Prof. Berthold Beitz.

Da er aufgrund seiner Tätigkeit sein Leben lang sein Schweigegelübde hielt, übergab er mir sozusagen am Sterbebett seine kompletten Unterlagen, Dokumente und Gesprächsnotizen, die er über all die Jahre hinweg zusammengestellt hatte. Alle seine Notizen habe ich in den letzten drei Jahren in meiner Heimat recherchiert und sachdienlich bearbeitet, und ich würde mich freuen, wenn wir dieses Material über die größten Geheimnisse der beiden Weltkriege und den mysteriösen Freimaurerbund zusammen der Öffentlichkeit zugänglich machen könnten. Er bat mich damals, im Jahre 1994, diese Unterlagen erst zu veröffentlichen, wenn alle seine Gesprächspartner verstorben seien. Bis auf Prof. Beitz sind nun alle tot, weswegen ich denke, dass die Zeit reif ist.

Mit herzlichen Grüßen verbleibt,
Artur Lipinski

Was sagen Sie jetzt? Ist das nicht spannend? Ja, das fand ich auch. Dieses vorliegende Buch ist in seiner Form einzigartig, da dieses Hintergrundwissen, welches wir hier – vor allem über die Thematik Deutschlands vor, während und nach den beiden Weltkriegen – erfahren, eben aus erster Hand stammt, da Herrn Lipinskis Großvater bei solchen Gesprächen als Übersetzer dabei oder selbst an persönlichen Gesprächen beteiligt war. Der Grund, wieso ich das Buch jedoch nicht gleich damals verlegt hatte, war, dass es inhaltliche Abweichungen aufweist, was meine eigenen Re-

Abb. 1: Herbert Lipinski

cherchen angeht – z.B. bezüglich des Ablebens Hitlers oder manche Details über den Zweiten Weltkrieg. Da es aber nicht meine Aufgabe als Verleger ist, meine Autoren zu zensieren und ich auch nicht „Dr. Allwissend" bin, habe ich mich dazu entschieden, dieses wertvolle Wissen in die Öffentlichkeit zu bringen. Zudem kann es auch sein, dass die Gesprächspartner von Herrn Lipinskis Großvater falsch lagen. Wir wissen es nicht… Vor allem ist es jedoch wichtig, dass wir in dieser Zeit, in der die Lügenpresse größte Geschütze auffährt, nicht damit aufhören, solche brisanten Bücher zu publizieren und über das Wirken der Mächte im Hintergrund zu berichten!

Noch zwei Sätze, was den Inhalt betrifft:

Wir werden in einen Bereich der Weltgeschichte vordringen, der fast allen Menschen bislang verborgen blieb – in den von Geheimzirkeln und Logen. Es wird für manche Leser nicht einfach sein, sich hier durchzuarbeiten, und es mag für manchen auch recht „trocken" erscheinen, da es viele politische Ereignisse mit Zahlen und Daten betrifft. Aber schließlich haben wir hier ja keinen Urlaubsroman vor uns liegen, sondern ein politisches Sachbuch. Dieses Material ist definitiv einzigartig!

Das Originalmanuskript, das ich von Herrn Lipinski in Papierform zugesandt bekommen hatte, ist aufgrund seines polnischen (schlesischen) Hintergrunds zwar in einem recht passablen Deutsch verfasst gewesen, doch hat meine Lektorin dem Ganzen einen kleinen „Schliff" verpasst, um es flüssiger lesbar zu gestalten. Ansonsten haben wir das Manuskript im Großen und Ganzen so gelassen, wie es war, weshalb auch die einen oder anderen thematischen Wiederholungen im Text vorkommen, die wir – genauso wie Zusatzinformationen – extra markiert haben und Ihnen nun als Ergänzung zum Text dienen können. Wir wollten hierbei insgesamt so wenig wie möglich in das Originalwerk eingreifen.

In diesem Sinne wünsche ich Ihnen nun eine spannende Exkursion in die verborgenen Bereiche der letzten 100 Jahre deutscher Geschichte.

Ihr *Jan van Helsing*

Kapitel 1
Er musste die Last loswerden!

„Es gibt ein Komitee von 300 Leuten, die die Welt regieren und deren Identität nur ihresgleichen bekannt ist."
AEG-Präsident und Politiker Walther Rathenau (1867-1922) im Jahre 1909

Mein Großvater war eine äußerst interessante und umstrittene Persönlichkeit des geteilten Europas in der Zeit des Kalten Krieges. Wie es sich herausstellte, waren die Beziehungen zwischen dem Westen und Osten von damals gar nicht so „kalt" wie man dies offiziell annimmt. Mein Großvater Herbert Franz Günter Lipinski wurde im Juli 1912 in Essen-Rüttenscheid geboren. Dessen Vater Franz – also mein Urgroßvater – kam mit seiner Familie aus Westpreußen (damals unter preußischer Verwaltung) ins Ruhrgebiet und übernahm dort einen guten Posten als leitender Ingenieur bei der Firma *Krupp* in Essen. 1921 ging mein Urgroßvater samt seiner Familie (zusammen mit seinem Sohn Herbert) zurück ins westpreußische Thorn (im damaligen Polen), wo er ein privates Unternehmen gründete.

Mein Urgroßvater wurde als Volksdeutscher 1945 in Danzig von den Sowjets umgebracht, und mein Großvater Herbert wurde im Jahre 1944 wehrdienstlich zur Wehrmacht nach Norwegen beordert. Nach Ende des Krieges kam er nach Polen zu seiner polnischen Ehegattin (meiner Großmutter) zurück, obwohl er als Volksdeutscher im Westen hätte bleiben dürfen. Bereits Ende der 1930er-Jahre hatte mein Großvater mit den Studien der Politologie und Germanistik an der Universität in Danzig angefangen, die er wegen des Krieges jedoch unterbrechen musste. Er war in der Nachkriegszeit in Polen ein Intellektueller und einer der besten deutsch-polnischen Dolmetscher. In dieser Funktion dolmetschte er zur Zeit des Kalten Krieges für hochrangige Politiker auf beiden Seiten des Eisernen Vorhangs. In Polen übersetzte er für die ehemaligen Premierminister der 1960/1970er-Jahre, Josef Cyrankiewicz und Piotr Jaroszewicz, wobei Letzterer Anfang der 1990er-Jahre unter unklaren Umständen zusammen mit seiner Frau in Warschau ermordet

Abb. 2, 3 und 4: Walter Ulbricht, Erich Honecker und Erich Mielke

wurde. In Ostdeutschland (DDR) dolmetschte mein Großvater für Erich Mielke, Erich Honecker und Willy Stoph und in den 1950er-Jahren für den ersten SED-Sekretär der neugegründeten DDR, Walter Ulbricht. In Westdeutschland tat er sich 1954 mit dem späteren Bundeskanzler Willy Brandt in Stade an der Elbe zusammen und begleitete diesen auch im Dezember 1970 während seines Besuchs in Warschau (der berühmte Kniefall des Bundeskanzlers im Warschauer Ghetto). In den 1950er-Jahren war mein Großvater längere Zeit zu Besuch im Ruhrgebiet und freundete sich in der „Villa Hügel" mit dem damaligen Vorstand der Krupp-Werke, Prof. Berthold Beitz, an. Zusammen mit diesem bereiste er viele Orte im Ruhrgebiet, wo er für Arbeiter und Angestellte Vorträge und Seminare über deutsch-polnische Beziehungen hielt.

Zu erwähnen wäre außerdem, dass mein Großvater ein erbitterter Gegner des Kapitalismus und sein ganzes Leben lang vom Sozialismus überzeugt war. Er war auch Mitglied der *Polnischen Vereinigten Arbeiterpartei* (PZPR), die nach der Wende 1990 offiziell abgeschafft wurde. Während seiner Funktion als Dolmetscher kam er auch zu Vier-Augen-Gesprächen mit Prinz Bernhard der Niederlande zusammen, der häufig zu sagen pflegte, dass das Schicksal der Welt von einer kleinen Gruppe Privilegierter bestimmt sei.

Prinz Bernhard war ein ehemaliger SS-Offizier aus bestem adligen Hause. Er entstammte einer einflussreichen westfälischen Adelsfamilie von zu Lippe-Biesterfeld aus Detmold, einem Abzweig der Hannoveraner-Welfenblutlinie, die mit den nordhessischen Battenbergs von Hessen-Kassel verwandt waren. Dieser hessische Zweig der Adelsfamilien zu Hessen-Kassel, Hessen-Hanau und Hessen-Darmstadt hatte in die britischen Windsors eingeheiratet, die sich selbst aus der deutschen Adelssippe von Sachsen-Coburg-Gotha und -Saalfeld ableiteten. Um ihre deutschen Wurzeln zu verstecken, hatten die Battenbergs während des Ersten Weltkriegs ihren deutschklingenden Familiennamen in *Mountbatten* umgeändert. Hitler rechnete offenbar durch die deutschen Wurzeln der britischen Königsfamilie mit einem erfolgreichen Verhandlungsausgang, als er am Ende des Zweiten Weltkriegs seinen Gesandten Rudolf Heß nach Schottland schickte. Dieser Versuch scheiterte jedoch gänzlich, wie wir von der offiziellen Geschichtsschreibung wissen. Die Windsor-Mountbattens standen an der freimaurerischen Weltspitze und waren anderen Regeln verpflichtet, wovon sich Hitler schnell überzeugen konnte.

Bernhard zu Lippe-Biesterfeld hatte jedenfalls direkt vor dem Ausbruch des Krieges eine gute Partie geheiratet – Prinzessin Juliane Oranje-Nassau von Holland. Bereits kurz darauf wurde er Großmeister (um 1946-1947) des *Schottischen Ritus der Freimaurer*, also noch vor der offiziellen Gründung der Bundesrepublik im Jahre 1949. Anschließend wurde er Mitglied des *Komitees der 300* und der *Heliopolis-Loge*, die auch als *Rat der 33* bekannt ist, der zweithöchsten Loge der Welt – und dies als Vertreter der holländischen Dynastie Oranje-Nassau.

Abb. 5 und 6: Prinz Bernhard der Niederlande und Marion Gräfin Dönhoff

15

Mein Großvater erfuhr damals, dass diese Dynastie dem im Jahre 1918 abgedankten Kaiser Wilhelm II. von Hohenzollern Unterschlupf im holländischen Doorn gewährte. Prinz Bernhard hatte zusammen mit seinem Freund und Hochgrad-Freimaurer und Jesuit Josef Retinger im Jahre 1954 die bekannte und geheimnisvolle Organisation der „Bilderberger" gegründet, die die bedeutendsten Freimaurer der Welt aus allen Bereichen der Politik, Finanzen und Industrie alljährlich zusammenruft, um gravierende politisch-finanzielle Entscheidungen treffen zu können. Prinz Bernhard selbst gab als Grund für die Gründung der Bilderberger an, dass er dem Antiamerikanismus in Europa und dem Antieuropäismus in den Vereinigten Staaten dadurch entgegenwirken wollte, indem er wichtige Persönlichkeiten von beiden Seiten des Atlantiks zu Gesprächen zusammenführte, die nicht von Erwartungen und Kommuniqués belastet waren.

Die Öffentlichkeit aber erfährt nur die verschönte Version, wie sie zum Beispiel bei Wikipedia zu lesen ist und besagt, dass der Hauptinitiator eben dieser Josef Retinger war, der bereits während des Zweiten Weltkriegs als Berater der polnischen Exilregierung in London Tagungen mit Vertretern von Exilregierungen und Außenministern europäischer Staaten organisiert hatte. Bei diesen Konferenzen, die noch vor Kriegsende stattfanden, wurde das Nachkriegs-Zollabkommen zwischen den Benelux-Staaten geboren. Josef Hieronymus Retinger war auch ein enger Berater des polnischen Oberst General Wladyslaw Sikorski im Londoner Exil, der 1943 zusammen mit seiner Tochter unter mysteriösen Umständen in Gibraltar ums Leben kam. Dieser Josef Retinger war damals sehr aktiv, denn er war gleichzeitig auch der Gründer der *Economic League for European Cooperation* (ELEC), aus der später die *Europäische Bewegung* wurde. Nachdem er dieses Amt 1952 abgegeben hatte, führte Retinger mehrere geheime, oder besser gesagt „streng vertrauliche" Treffen ab, bei de-

Abb. 7: Josef Retinger

nen Wirtschaftsgrößen mit europäischen und amerikanischen Politikern zusammenkamen.

Die Idee war damals, dass solche Treffen regelmäßig stattfinden und jeweils zwei Personen aus den bedeutenderen europäischen Staaten vertreten sein sollten, um auf diese Weise den konservativen und den liberalen Blickwinkel darzustellen. Ein erstes Treffen am 25. September 1952 fand mit zehn Personen statt, das zweite dann am 29. Mai 1954 im *Hotel de Bilderberg* in Oosterbeek, Holland, bei dem dann neben David Rockefeller auch sieben deutsche Vertreter anwesend waren.

Nach Aussage Retingers ging es damals um den Kommunismus, die europäische Integration und ähnliche Themen. Er meinte, dass die Teilnehmer *„einflussreich und allgemein respektiert sein sowie über Spezialwissen oder reichlich Erfahrung"* verfügen müssen, um durch ihre *„persönlichen Kontakte und ihren Einfluss in nationalen wie internationalen Kreisen den von Bilderberg gesetzten Zielen"* genügen zu können. Die Teilnehmer sollten von großer Offenheit sein, keine offensichtlich nationalen Überzeugungen vertreten und nicht mit Vorurteilen belastet sein sowie die westlichen kulturellen und ethischen Werte teilen, um so dem Ziel, so viele Personen wie möglich aus den verschiedensten Kreisen zu erreichen, entsprechen zu können.

Es war im Jahre 1993, als die Journalisten Grazyna Fosar und Franz Bludorf einen Diskussionsabend der *Potsdamer Fördergemeinschaft zur Gründung einer Friedensuniversität* in Berlin besuchten, bei dem neben Henry Kissinger auch Egon Bahr anwesend war, der in den 1960er- und 1970er-Jahren persönlicher Berater und Chefunterhändler des damaligen Bundeskanzlers Willy Brandt war. Im Verlauf der relativ bedeutungslosen Zusammenkunft sprach Henry Kissinger fast beiläufig einen vielsagenden Satz aus, dessen Tragweite wohl der Mehrheit der anwesenden Zuhörer nicht entgangen war: *„Die vier Botschafter* (der Siegermächte des Zweiten Weltkrieges; A.d.A.) *brauchten über das Berlin-Abkommen nicht viel zu verhandeln. Sie brauchten nur den Text zu unterzeichnen, den die Bilderberger ausgearbeitet hatten."*

Das Autorenpaar Fosar und Bludorf berichtet weiter:

„Doch nach dem Ende der Veranstaltung hatten wir die Gelegenheit, mit Egon Bahr und Henry Kissinger noch ein persönliches Gespräch im kleinen Kreis zu führen. Dabei stellten wir den beiden Herren diese Frage direkt – und waren gespannt auf ihre Reaktionen.

Wir wurden überrascht: Abseits des großen Auditoriums hob Egon Bahr zu einer längeren Rede an und erklärte uns ganz ruhig und sachlich, was wir wissen wollten. Nach dem Zweiten Weltkrieg, so begann Willy Brandts ehemaliger Chefdiplomat, habe sich spontan ein Gesprächskreis aus europäischen und amerikanischen Spitzenkräften der Wirtschaft und Politik zusammengefunden, um in der Zeit des beginnenden Kalten Krieges den transatlantischen Dialog zu beleben. Initiator dieser ersten Gesprächsrunde war Prinz Bernhard der Niederlande, der Ehemann der damaligen Königin Juliana, und folgerichtig fand das erste Treffen dann im Mai 1954 auch im Hotel Bilderberg in der niederländischen Stadt Oosterbeek statt, wodurch die Gruppe zu ihrem Namen kam.

Hinzu kommen vor allem ‚graue Eminenzen' der Weltpolitik, z.B. Richard N. Perle vom American Enterprise Institute for Public Policy Research, eine der schillerndsten Figuren im Umfeld der Bush-Administration. Der bekennende ‚Falke' Perle gilt als wichtigster Berater von US-Verteidigungsminister Donald Rumsfeld und dessen Stellvertreter Paul Wolfowitz und ist als solcher auch einer der Architekten des Irak-Krieges gewesen. Auch die Pläne zum NATO-Krieg gegen Serbien sollen im Kreis der Bilderberger entstanden sein. Es ist schon bemerkenswert, welch großen Einfluss auf wichtige Weichenstellungen der Weltpolitik dieser ‚Club der großen Grauen' besitzt, dessen Mitglieder zum größten Teil keine gewählten Volksvertreter sind und über dessen Aktivitäten der Öffentlichkeit fast nichts bekannt wird.“[1]

Die *Bilderberger* selbst behaupten zwar, es wäre falsch, sie als eine geheime Bruderschaft zu bezeichnen, da sich die Mitgliederliste ja jedes Jahr erheblich verändern würde, aber es gibt de facto einen inneren Kreis immer gleichbleibender Personen, der sich *Advisory Group* nennt.

Und dieser innere Kreis an Leuten entscheidet, wen sie einladen und wer ihnen nützlich sein kann.

Eingeladen werden Personen aus dem politischen und wirtschaftlichen sowie aus dem militärischen Bereich, die eine Art Grundkonsens über bestimmte Werte herstellen – was wir im Allgemeinen als „Globalisierung" kennen (Freihandelszonen usw.). **Und Globalisierung ist Amerikanisierung!** Das ist nun einmal Fakt!

Am Ende soll es eine Weltregierung geben und die Erde in drei große Machtblöcke aufgeteilt werden mit drei verbleibenden Währungen, dem Dollar, dem Euro und einer asiatischen Währung.

Die aktivsten der bis heute zirka 2.500 Teilnehmer von bislang 63 Treffen waren und sind Giovanni Agnelli (Fiat) und David Rockefeller (Chase Manhattan Bank), die jeweils bei ca. 20 Bilderberg-Konferenzen anwesend waren und auch der *Advisory Group* angehörten. Fast ebenso präsent war und ist Henry Kissinger.

Zu den deutschen Teilnehmern zählt zum Beispiel Jürgen Schrempp, der ehemalige Vorstandsvorsitzende der *Daimler-Benz AG* und der *DaimlerChrysler AG*, und es sind seit den 1960er-Jahren stets Vertreter der *Deutschen Bank* (Hilmar Kopper und Josef Ackermann) sowie ein Vertreter der Wochenzeitung *Die Zeit* (Helmut Schmidt oder Christoph Bertram) anwesend.

Mein Großvater erklärte zu diesem Thema, dass Prinz Bernhard und Josef Retinger die Bilderberger-Gruppe auf Geheiß des *Rates der 13* (*Horus-Loge*) gegründet hatten, um die Ausführung der Bretton-Woods-Verträge (wird später detailliert beschrieben) in der Nachkriegszeit kontrollieren und verfolgen zu können. Prinz Bernhard galt offiziell als Vorsitzender der Bilderberger-Gruppe, obwohl in Wirklichkeit ein Vertreter der Familie Rockefeller an ihrer Spitze stand. Später wurde Prinz Bernhard wegen seiner Machenschaften im amerikanischen Rüstungskonzern *Lockheed-Martin* seines Postens als Vorsitzender enthoben. Sehr große Anteile an diesem Rüstungskonzern hatten damals sowohl die Hannoveraner als auch die Oranjes. Prinz Bernhard verdankte diesen so lukrativen Posten Victor Rothschild, dem 3. Baron Rothschild. Und mein Großvater vermutete, dass Prinz Bernhard von Rothschild oder Rockefeller, die die Gruppe kontrollierten, auf diese kuriose Art und Weise bestraft worden war, weil er nicht allen Anweisungen seiner Vorgesetzten in vollem Umfang nachging. Die Massenmedien sorgten dann mit ihren Schlagzeilen im Lockheed-Skandal für den Rest, um seinen Ruf zu schädigen – mit Absicht, so mutmaßte zumindest mein Großvater.

Anfang der 1970er-Jahre besuchte der Prinz das sozialistische Polen. Mein Großvater wurde von dem damaligen polnischen Premierminister Piotr Jaroszewicz mit dem Dolmetschen für den so *vornehmen und noblen Gast* aus dem Westen betraut. Prinz Bernhard war ein leidenschaftlicher Jäger und jagte zusammen mit polnischen Politikern in den Wäldern in der Nähe vom niederschlesischen Grünberg, wo auch zufällig mein Großvater beheimatet war und wo ich im Jahre 1962 geboren wurde.

Zwischen den damals niederschlesisch-ostbrandenburgischen Ortschaften Sommerfeld (Lubsko), Sagan (Zagan), Züllichau (Sulechow) und Beuthen an der Oder (Bytom Odrzanski) sowie im Gut Rückenwalde (Wojnowo) war die schlesische Abzweigung der Adelsfamilie der Prinzen von Westfalen und Schaumburg-Lippe bis 1945 ansässig und besaß dort zahlreiche Paläste und Herrenhäuser auf großen privaten Grundstücken. Mit Tränen in den Augen sah sich Prinz Bernhard das Gymnasium in Züllichau (Ostbrandenburg) an, wo er Anfang der 1920er-Jahre erfolgreich das Abitur bestanden hatte. Prachtvoll wirkende neugotische Gebäude aus roten Ziegeln, die in den 1890er-Jahren in Züllichau gebaut worden waren, hatten von ihrer Schönheit aus der Epoche des preußischen Kanzlers Otto von Bismarck bis in die 1970er-Jahre hinein fast nichts verloren.

Mein Großvater hatte sich mit Prinz Bernhard in gewisser Art und Weise während dieses Besuches angefreundet, und beide sprachen stundenlang miteinander über die aktuelle Politik und zudem über die vertuschten Geheimnisse des vergangenen Weltkriegs.

Großvater starb im Jahre 1994 im Alter von 83 Jahren. Nachdem inzwischen auch seine anderen Gesprächspartner verstorben sind – Willy Brandt verstarb 1992, Prinz Bernhard der Niederlande 2004, die Herausgeberin der Wochenzeitung *Die Zeit*, Marion Gräfin Dönhoff, im Jahre 2002 in Rheinland-Pfalz –, kann ich jetzt mit seinen vertraulichen Informationen an die Öffentlichkeit gehen. Mit der Gräfin führte mein Großvater zudem einen regen Briefkontakt, wobei sie ihm weitere brisante Informationen vermittelte und beide ihre politischen Meinungen und Erkenntnisse austauschten.

Nachdem zuletzt auch Berthold Beitz im Jahre 2013 verstarb, habe ich mir die Mühe gemacht, diese vielen Gespräche mit meinem Großvater aus der damaligen Zeit zu rekonstruieren, um das unvorstellbare Wissen über die Hintergründe der Weltgeschichte für die Nachwelt zu bewahren. Mehrere Staatsgeheimnisse aus der damaligen Zeit, auf die beide Gesprächspartner offensichtlich eingegangen waren, hatte mein Großvater aufgeschrieben. Er überließ mir 1993 ein umfangreiches Manuskript mit zahlreichen Notizen aus den internen Gesprächen mit Willy Brandt, Prinz Bernhard und Prof. Beitz über die offiziell wohl kaum bekannte Geschichte des Zweiten Weltkrieges und der Weltpolitik. Besonders spannend finde ich seine Notizen über die freimaurerische Bewegung. Mein Großvater war von seinen Gesprächspartnern in viele, sehr häufig ihm bis dahin völlig unbekannte Fakten eingeweiht worden, die sensationell und einfach unfassbar klingen.

Die Weltgeschichte des 20. Jahrhunderts müsste eigentlich umgeschrieben und von Anfang an neu verfasst werden, denn man hat den Eindruck, dass nur einer kleinen Gruppe von Auserwählten die unfassbare Wahrheit zugänglich war.

Abb. 8: Berthold Beitz

So habe ich mich entschieden, sehr geehrte Leserinnen und Leser, alle diese privaten Notizen meines Großvaters mit größter Sorgfalt zu recherchieren, um daraus eine wertvolle und spannende Publikation zu machen und schließlich zu veröffentlichen, damit die Menschen erfahren, was und wer in Wirklichkeit die Fäden in der Hand hielt und hält.

Es wird unter den Lesern sowie Kritikern durchaus solche geben, die versuchen werden, den hier präsentierten historischen Sachverhalt als „Verschwörungsliteratur" einzustufen, weil er so sensationell und für die offizielle Geschichtsschreibung unannehmbar klingen mag. Das ändert aber nichts an der Tatsache, dass es meinem Großvater von den genannten Persönlichkeiten genau so berichtet worden ist.

Ich möchte meine Leserinnen und Leser darauf hinweisen, dass die im nachfolgenden Text dargelegten Fakten und Bemerkungen sowie Zitate ausschließlich den zahlreichen Notizen meines Großvaters entnommen wurden. Ich habe sie nur zusammengestellt, um daraus eine logische Kompilation zu konstruieren, ohne (bis auf einige Ausnahmen, die deutlich gekennzeichnet sind) meine private Stellungnahme zu deren Inhalt hinzugefügt zu haben.

Ihr *Artur Lipinski*

Kapitel 2
Familie Rothschild – die wahren Herrscher der Welt

„Ich fürchte, der Mann auf der Straße will nicht hören, dass Banken das Geld eigentlich erschaffen, und die, welche die Schulden der Nation kontrollieren, bestimmen die Politik der Regierung und halten das Schicksal des Volkes in ihrer Hand."

Reginald McKenna, Vorsitzender der *Midlands Bank of England* von 1919 bis 1943

Weder der Papst mit seinen Kardinälen und Erzbischöfen noch Könige und Prinzen, auch keine Präsidenten und Premierminister oder intellektuelle Nobelpreisträger regieren die Welt, sondern die Familie Rothschild!!! Und dies tut sie inoffiziell seit 1918. Durch die Mitfinanzierung der Oktoberrevolution in Russland und die Gewinne aus dem Ersten Weltkrieg, erklommen die Rothschilds erfolgreich stufenweise die freimaurerische Pyramide. Besonders jedoch gelang dies durch den Untergang der drei mächtigsten Adelsfamilien der Welt: der Romanovs, der Habsburger und der Hohenzollern. Die Rothschilds waren zur damaligen Zeit die reichsten Menschen der Welt und gründeten im Jahre 1913 zusammen mit den amerikanischen Bankiers und Großindustriellen, den Rockefellers, die *Federal Reserve Bank (FED)* in New York – die amerikanische private Zentralbank. (In London wurde die erste Zentralbank der Welt gegründet – die *Bank of England*. Später folgte in Frankreich die *Banque de France*. Beide Zentralbanken wurden in der Tat von der Familie Rothschild kontrolliert. Vor 1914 erfolgten alle internationalen finanziellen Abwicklungen der Welt über die *City of London*.)

Zur Information: Der im Jahre 1900 von Präsident William McKinley erlassene *Gold Standard Act* hatte die großen Banken in den USA in ihrer Macht beschränkt, weil sie nun selbst kein Geld mehr herausgeben durften. Die US-Treasury (Schatzamt) verwaltete die Goldreserven, die den US-Dollar deckten und seine Menge begrenzten. Im Jahre 1877 beherrschte John D. Rockefeller 95 Prozent des weltweiten Ölmarktes, weswegen 1892 das *Anti-Trust-Gesetz* erlassen wurde, welches das Ziel

23

hatte, das Monopol von Rockefellers *Standard-Oil-Konzern* auf das weltweite Erdölgeschäft zu brechen, indem die Familie Unternehmensteile verkaufen musste, was sie allerdings nur zum Schein tat. Das Unternehmen strukturierten sie deshalb um, gaben den einzelnen Teilen neue Namen, behielten aber dennoch die Macht über das Öl. 1906 wurden sie schließlich verurteilt, und *Standard Oil* wurde zerschlagen, wodurch der Aktienkurs stark sank. Das sahen die Rockefellers allerdings positiv, denn sie kauften alle verfügbaren Aktien vom Markt, und John D. Rockefeller verdiente an der wenig später wieder einsetzenden Hausse (steigende Kurse) mit seinen Aktien zwischen 1910 und 1914 etwa 200 Millionen Dollar, was heute etwa 20 Milliarden entspräche. Hinzu kam, dass der Siegeszug des Autos und der Erste Weltkrieg den Bedarf an Öl in bis dahin unvorstellbare Dimensionen steigen ließen.

Die Rockefellers waren aber auch im Bankwesen tätig und suchten gemeinsam mit den anderen Großbankiers nach einem Mittelweg, den US-Dollar wieder in ihre Hände zu bekommen. Deshalb traf sich die Elite der damaligen Finanzwelt auf der kleinen Insel Jekyll Island, wo sie sich neun Tage lang darüber beriet, wie man das Finanzsystem der USA künftig neu strukturieren würde. Mit von der Partie waren: Nelson Aldrich (Senator und Vorsitzender des *Senate Finance Committee* sowie Vertrauter und Geschäftspartner von J. P. Morgan), Abraham Piatt Andrew (Ministerialdirektor des US-Schatzamtes, welches das amerikanische Gold verwaltete), Frank A. Vanderlip (Präsident der *National City Bank of New York*, auch Abgesandter von William Rockefeller und der Investmentbank *Kuhn-Loeb*), Henry P. Davison (Mitinhaber der *J.P. Morgan Company*), Charles D. Norton (Präsident von *J.P. Morgans First National Bank of New York*), Paul M. Warburg (Teilhaber von *Kuhn-Loeb* und Abgesandter der europäischen *Rothschild-Banken* und der deutschen *Warburg-Bank*) sowie Benjamin Strong (Vorstand von *J.P. Morgans Bankers Trust Company*), der später (1914 bis 1928) der erste Vorsitzende der New Yorker *FED* wurde. Diese Vertreter der Rothschild-, Rockefeller-, Morgan- und Warburg-Clans repräsentierten zusammen etwa ein Drittel des damaligen Reichtums der gesamten Welt! Bei diesen Geheimverhandlungen ging es um die

Frage, wie man die Konkurrenz ausschalten und das Geldwesen völlig in die Hände einiger weniger Großbanken bringen konnte, denn von 1900 bis 1910 hatte sich die Zahl der Banken in den Vereinigten Staaten wieder mehr als verdoppelt. Vor allem im Süden und im Westen des Landes gab es mehr als 20.000 Kleinbanken, die den Big Bankern ein Dorn im Auge waren. Michael Morris beschreibt in seinem Buch „Der Goldkrieg" dazu: *„Es ging aber auch darum, dass die Amerikaner nach wie vor Papiergeld ablehnten und auf Gold- und Silbermünzen bestanden, was den Bankern missfiel. Also erarbeiteten sie ein neues Bankengesetz, das jedoch von der Regierung unter William Howard Taft abgelehnt wurde. Deswegen brauchte der ‚Geld-Trust' einen anderen Präsidenten, der sich angriffslustig für die Vorlage einsetzen würde, und der erwählte Kandidat hieß Woodrow Wilson, der bereits öffentlich seine Ergebenheit erklärt hatte. Wilsons Nominierung auf dem Parteitag der Demokraten wurde von Colonel House sichergestellt, der eng mit Morgan und Warburg verbunden war. Um Präsident William Howard Taft keine Chance für die Wiederwahl zu gewähren, ermutigte der ‚Geld-Trust' den früheren Republikanischen Präsidenten Teddy Roosevelt, erneut zu kandidieren. Roosevelt gewann die Vorwahlen der Republikaner gegen Taft und trat nun bei der Endwahl gegen Woodrow Wilson an. Wilson und Roosevelt hatten beide während des ganzen Wahlkampfes vehement gegen den ‚Geld-Trust' gewettert, obwohl das Kartell den Wahlkampf beider Kandidaten finanzierte – vielleicht sogar ohne dass sie es wussten?*
Wilson gewann die Wahl mit geringem Vorsprung und wurde der 28. Präsident der USA. Doch das Bankenkartell war im Geheimen der eigentliche Sieger! 1913 wurde durch Druck von Nelson Aldrich durch Präsident Woodrow Wilson in einer Nacht- und Nebelaktion der ‚Federal Reserve Act' erlassen, ein Gesetz, das die Macht über den US-Dollar wieder zurück in die Hände der mächtigsten Privatbankiers legte und weitreichende Folgen für die amerikanischen Bürger und letztlich für die gesamte Welt hatte! Dadurch kam es zur Gründung einer neuen, privaten Zentralbank der USA, der ‚Federal Reserve Bank', kurz FED genannt.

Kaum ein anderes Ereignis in der Geschichte hat mehr Kontroversen ausgelöst und zu mehr Verwirrung ums Geld beigetragen als die Schaffung der

FED. Im Grunde gibt es bis heute keine hundertprozentige Klarheit darüber, was die Konstruktion, die Machtverteilung und Beziehung der FED
zu anderen beteiligten Institutionen wie der Treasury (Schatzamt), dem
Assay Office (Münzprüfanstalt), dem Präsidenten und dem Militär angeht. Der ‚Federal Reserve Act' war in seiner, vom Kongress angenommenen Erstfassung so ungenau formuliert, dass niemand wirklich wusste, was
er eigentlich aussagte. Er wurde seitdem 195 Mal geändert und erweitert.
Ich denke nicht, dass es viele Politiker gibt, die ihn verstehen.

Ich versuche zusammenzufassen, was ich für gesichert halte: Sicher ist, dass
der ‚Federal Reserve Act' in den USA von allen 50 Bundesstaaten einzeln
hätte genehmigt werden müssen. Fest steht auch, dass dies bis heute nicht
geschehen ist. Die FED besteht aus dem Board of Governors, zwölf regionalen Federal-Reserve-Banken und einer Vielzahl von weiteren Mitgliedsbanken und anderen Institutionen. Da die Mitgliedsbanken gleichzeitig die Eigentümer der Federal Reserve sind, das Direktorium aber vom
Präsidenten der Vereinigten Staaten ernannt wird, ist das Federal Reserve
System teils privat und teils staatlich strukturiert – und somit alles andere
als eine ‚Föderale Bank'! Die Treasury behielt den Goldschatz des amerikanischen Volkes, die FED hatte die Hoheit über das Papiergeld und emit-
tierte es. Die Geldschöpfung lag also wieder in den Händen derselben Pri-
vatbanken wie einige Jahre zuvor, es war jedoch nicht mehr so klar ersichtlich. Ein kluger Schachzug! Wenn die USA, also das amerikanische Volk
oder dessen Regierung, mehr Geld brauchten, dann mussten sie, dank des
Federal Reserve Act, die FED um dieses Geld bitten und es dann in Form
eines Kredites samt Zinsen von ihr leihen – auch soweit hatte sich also
nichts zu dem bisherigen Zustand geändert! Es gab also fortan im Grunde
keine US-amerikanische Währung, sondern nur noch eine FED-Währung.
Deshalb steht bis heute auf der US-Dollar-Note nicht ‚US Dollar Note'
sondern ‚Federal Reserve Note'.

Die FED brachte fortan für die Treasury neues Geld in Umlauf, das in
physischer Form von der Mint (Münze), teilweise aber auch von der Assay
(Münzprüfanstalt) hergestellt wurde. Jedes Jahr gab es zahlreiche Ände-
rungen in diesem System, was dazu beitrug, dass sich bald überhaupt nie-

mand mehr auskannte – außer den privaten Eigentümern. Die Assay schloss ihre Pforten 1982, die Münze übernahm deren Tätigkeiten.

Die Banken, die sich an der FED beteiligten, mussten 1913 Gold in Höhe ihres Anteils in die FED einbringen (U.S. Code 12, Section 282). Ein Teil wurde ihr aber auch vom Gold der Treasury übertragen – in welcher Höhe genau, kann niemand sagen. Der Rest verblieb bis heute in den Militärstützpunkten Fort Knox (Kentucky), West Point (New York State) and Denver (Colorado). Das ist natürlich sehr sicher, insofern aber heikel, als einige Kritiker des Systems behaupten, dass das US-Gold damit im Grunde dem Militär gehört...

Am 31. Oktober 2011 besaß die US-Treasury nach eigenen Angaben 261 Millionen Unzen Feingold, was 8.134 Tonnen entspricht. Davon lagerten 13 Millionen Unzen bei der FED in New York, die restlichen 248 Millionen Unzen waren verteilt auf die Standorte Denver, Fort Knox und West Point. Während das US-Gold durch das Militär bewacht wird, so ist bei der FED dafür die Federal Reserve Police zuständig, eine Bundesbehörde, die vom Steuerzahler bezahlt wird.

Am 1. Januar 1914 öffnete die FED. Knapp sieben Monate später kam es zum Ersten Weltkrieg. Die Hauptakteure waren Deutschland, Österreich, Frankreich, England und Russland. Benjamin Strong, der Vorsitzende der New Yorker FED, war der mächtigste Mann in der Organisation. Er war ein persönlicher Freund von Montagu Norman, dem Vorstand der Bank of England, und Charles Rist, dem Vorstand der Bank von Frankreich, sowie zu Colonel House, Woodrow Wilsons außenpolitischem Berater. Die Herren Rockefeller, Warburg und Rothschild hatten allesamt deutsche Wurzeln und waren in Österreich, Deutschland, Frankreich und England stark vernetzt. Was für eine interessante Verbindung!"[2]

Der Erste Weltkrieg zwang alle Welt, den Goldstandard aufzugeben und sich bei den großen Banken zu verschulden. Und es ist bemerkenswert, wenn man das Timing zwischen der Schaffung der FED, dem Ende des Goldstandards und dem Ersten Weltkrieg betrachtet!

Der amerikanische Autor G. Edward Griffin ergänzte dazu: „Der Eintritt der Vereinigten Staaten in den Ersten Weltkrieg gab den Anstoß zur

Machterweiterung der FED. Das System wurde der einzige Finanzagent des Ministeriums, Noten der Federal Reserve wurden herausgegeben, praktisch sämtliche Goldreserven der Geschäftsbanken wurden in den Tresoren des Federal Systems zusammengezogen und viele der gesetzlichen Beschränkungen, die in der ursprünglichen Vorlage vorgesehen waren, fallen gelassen. Schließlich stellen die Wähler weniger Fragen, wenn sich die Nation im Krieg befindet."

Woodrow Wilson sagte einige Jahre nach der Unterzeichnung des *Federal Reserve Acts*:

„Eine große Industrienation wird von ihrem Kreditsystem gesteuert. Unser Kreditsystem ist in privatem Besitz konzentriert. Folglich sind das Wachstum der Nation und alle unsere Aktivitäten in den Händen von einigen wenigen Männern, die, selbst wenn ihr Handeln ehrlich und im Interesse des Gemeinwohls ist, sich notwendigerweise auf die großen Unternehmungen konzentrieren, in denen ihr Kapital involviert ist, und die ebenso notwendigerweise, gegeben eben durch diesen beschränkenden Faktor, echte wirtschaftliche Freiheit hemmen, schwächen, und letztlich zerstören…"[3]

„Wir stehen am Scheideweg. Wir haben nicht eines, nicht zwei oder drei, sondern etliche machtvolle Monopole in den Vereinigten Staaten. Wir haben nicht einen, nicht zwei oder drei, sondern etliche Geschäftsbereiche, in denen es schwierig ist, wenn nicht unmöglich, dass ein unabhängiger Unternehmer Fuß fassen kann. Wir haben die Kreditvergabe eingeschränkt, wir haben Möglichkeiten beschnitten, wir haben Entwicklungen kontrolliert, und wir sind an einem Punkt angekommen, an dem wir eine der am schlechtesten organisierten, eine der am vollständigsten kontrollierten und beherrschten Regierungen in der zivilisierten Welt geworden sind; nicht länger eine Regierung der freien Meinung, nicht länger eine Regierung der Überzeugungen legitimiert durch das Votum der Mehrheit, sondern eine Regierung, gesteuert durch die Meinungen und Ansichten einer kleinen Gruppe dominierender Männer."[4]

Diese Bankiers waren damals so unfassbar mächtig, dass sie sogar den Windsors beim Aufrechterhalten des stolzen Commonwealth behilflich waren. Letztendlich wurden die britischen Rothschilds, Barings, Goldsmiths, Schroders, Lloyds und Hambros so mächtig, dass das British Empire ohne sie nicht mehr fortbestehen konnte. Die Windsors aber, machtsüchtig wie sie waren, wollten unbedingt weiter expandieren und ihr Commonwealth auf „Eurasien" ausweiten, weswegen sie sich mit den Rothschilds und Rockefellers zusammengetan hatten und tückisch den Zweiten Weltkrieg in die Wege leiteten. (Der Überlieferung meines Großvaters zufolge, war der berühmte Untergang des supermodernen Passagierschiffs „Titanic" im Jahre 1912 ein absichtlich durchgeführtes Attentat, um die einflussreichen Gegner der FED-Gründung rechtzeitig loszuwerden, denn an Bord befanden sich einflussreiche amerikanische Bankiers und Unternehmer, die die FED-Gründung zu vereiteln versuchten.)

So soll die Machtstruktur der höchsten Spitze der freimaurerischen Pyramide aussehen, die den meisten Logenbrüdern vorenthalten bleibt:

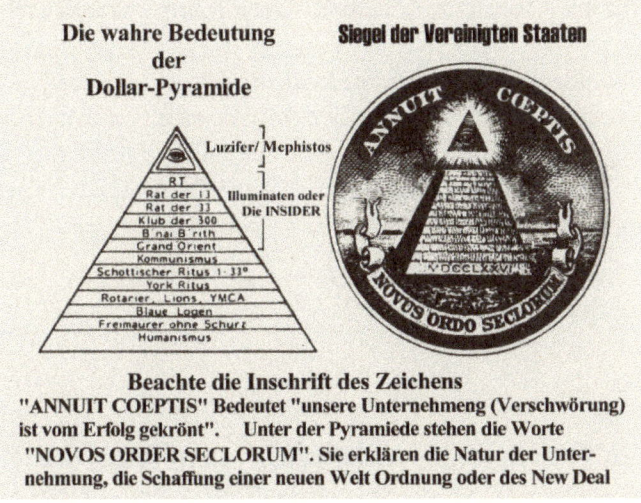

Abb. 9: Die Illuminatenpyramide in ihrem Aufbau. Diese findet sich auch auf der Ein-Dollar-Note wieder.

Ganz oben an der Pyramidenspitze finden wir die Bezeichnung „Luzifer", die inspirative Quelle der Weltherrscher. Darunter befindet sich der *Rat der 3* – inoffiziell bekannt als *Osiris-Loge*. Sie besteht aus dem Rothschild-Oberhaupt (*Rothschild-Bankengruppe, FED; Shell-Company*), dem der Rockefellers als erstem, höchstem Untertan (*FED, Standard Oil Company*) und dem Oberhaupt der Windsors als dem zweiten höchsten Untertan (Commonwealth mit weltweitem Grundbesitz, mit Rohstoffen und Sklaven). Die Bezeichnung *Osiris-Loge* (die höchste Loge) kam angeblich von Albert Pike, auf den wir später ausführlich zu sprechen kommen.

Direkt darunter befindet sich die *Horus-Loge*, auch bekannt als der *Rat der 13*, dessen Vorsitzender Lord Rothschild als oberster Osiris-Priester ist. Unter dem *Rat der 13* finden wir den *Rat der 33* – inoffiziell bekannt als die *Heliopolis-Loge*. Als Vorsitzender wird das Rockefeller-Oberhaupt genannt.

Und unterhalb des *Rats der 33* befindet sich wiederum das *Komitee der 300* – die 300 Weisen der Welt, die sich aus dem Schwarzen Adel und den reichsten Familien der westlichen Welt zusammensetzen. Vorsitzender soll das Oberhaupt des britischen Königshauses sein.

Betrachten wir uns diese Machtstruktur etwas genauer:
Die *Horus-Loge* besteht aus 13 Erbdynastien, an deren Spitze sich der Primus der Rothschilddynastie befindet, der gleichzeitig der höchste Osiris-Priester ist. Meinem Vater waren aus seinen Gesprächen folgende Namen bekannt:

- Morgan
- Harriman
- Kennedy
- Astor

Der Autor Fritz Springmeier hat wiederum folgende Familien aufgeführt, wobei sich seine Angaben zum Teil mit denen meines Großvaters decken, zusätzlich aber auch andere genannt werden:

- Bundy
- Collins
- DuPont
- Freeman
- Li
- Onassis
- Reynolds
- Russel
- Van Duyn

Abb. 10: Amschel Mayer Rothschild

Das Problem ist hier, dass wir es nicht genau wissen und eines der aktuellen Mitglieder es uns wohl kaum mitteilen wird. Wir können aber davon ausgehen, dass in dieser Liste auf jeden Fall ein paar Treffer dabei sind. Betrachten wir uns diese Dynastien etwas genauer:

Rothschild

Im Jahre 1750 übernahm Mayer Amschel Bauer das Bankgeschäft seines Vaters in Frankfurt und änderte seinen Namen auf Rothschild (nach dem roten Schild, das über der Eingangstür des Geschäftes hing und das Zeichen der siegreichen revolutionären Juden in Osteuropa war).

Mayer heiratete und bekam 5 Söhne und 5 Töchter. Die Namen der Söhne waren Amschel, Salomon, Nathan, Kalmann (Karl) und Jakob (James). Sein Aufstieg beschleunigte sich, als er in die Gunst des Prinzen Wilhelm IX. von Hessen-Kassel kam, in dessen Beisein er an Freimaurertreffen in Deutschland teilnahm. Dieser Prinz Wilhelm, ein Freund der Hannoveraner, hatte beträchtliche Finanzeinnahmen durch das Verleihen der hessischen Söldnerarmee an den englischen (Hannoveraner) König. Es waren dieselben Truppen, die später George Washingtons Armee in „Valley Forge" bekämpften. Rothschild wurde Wilhelms persönlicher Bankier. Als Prinz Wilhelm wegen politischer Unruhen nach Dänemark fliehen musste, ließ er den Lohn der Söldner, 600.000 Pfund, in Rothschilds Bank zur Verwahrung zurück. Nathan Rothschild (Mayer Amschels ältester Sohn) nahm daraufhin dieses Geld mit nach London, um damit ebenfalls eine Bank zu eröffnen. Das Gold, welches als Sicherheit diente, kam von der *East India Company*. Nathan vervierfache damals das ihm zur Verfügung gestellte Geld durch Banknoten-Leihgaben an den Duke of Wellington, der damit seine Militäroperationen finanzierte. Die Profite entstanden ebenfalls durch den späteren illegalen Verkauf des Goldes, das als Sicherheit dienen sollte. Dies war der Ursprung des gigantischen Vermögens der Familie Rothschild. Nun wurde das internationale Bankgeschäft gestartet, indem jeder Sohn eine Bank eröffnete – in verschiedenen Ländern: Amschel in Berlin, Salomon in Wien, Jakob in Paris und Kalmann in Neapel. Salomon Rothschild war Mitglied der Freimaurer. 1773 soll Mayer Amschel Rothschild im Hause der Rothschilds in der Judenstraße in Frankfurt ein geheimes Treffen mit 12 wohlhabenden und einflussreichen jüdischen Geldgebern abgehalten haben, um einen Plan auszuarbeiten, wie man das gesamte Vermögen der Welt kontrollieren könne. Man habe unter anderem darüber gesprochen, dass die Errichtung der *Bank of England* bereits erheblichen Einfluss über das englische Vermögen ermöglicht habe, man jedoch seine absolute Kontrolle benötige, um die Grundlage zur Kontrolle des Weltvermögens zu schaffen. Dies wurde dann in groben Zügen festgehalten. Die *Schlacht von Waterloo* war wohl der größte Coup der Familie Rothschild, die zu dieser Zeit bereits ein perfektes Spionage- und Kuriersystem über ganz Europa ausgebaut hatte. Am 20. Juni 1815 überreichte einer ihrer Agenten, der direkt vom Schlachtfeld kam, Nathan Rothschild die Information über die Niederlage der Franzosen. Nachdem Nathan auf schnellstem Wege zur Londoner Börse zurückgeeilt war, täuschte er durch den Verkauf seiner gesamten *English-Consul-Aktien* vor, dass England den Krieg verloren hätte. Das Gerücht breitete sich so stark aus, dass daraufhin die meisten Aktionäre aus Panik, alles zu verlieren, ebenfalls ihre *English-Consul-Aktien* verkauften. Als nach wenigen Stunden der Wert einer Aktie auf 5 Cents gefallen war, kaufte Nathan plötzlich alle Aktien für diesen Butterbrotpreis wieder auf. Kurze Zeit später erreichte die offizielle Nachricht über den Kriegsausgang London. In Sekundenschnelle schoss der Kurs der *Consul-Aktien* über den ursprünglichen Wert hinaus und stieg später noch höher. Napoleon hatte sein Waterloo gehabt und Nathan die Kontrolle über die englische Wirtschaft erworben. Über Nacht hatte sich das vorher schon gigantische Rothschildvermögen mehr als verzwanzigfacht.

Die *N. M. Rothschild Sons Bank* hat ihre Hauptstellen in London, Paris, Wien und Berlin. Die Rothschilds kontrollieren bis zu diesem Zeitpunkt der Geschichte die *City of London* und dadurch die britischen Kronkolonien und die englische Regierung. Ebenso kontrollieren sie die französische Regierung, das *Komitee der 300*, die bayerischen Illuminaten, und damit auch alle durch die Illuminaten unterwanderten Geheimlogen Europas und der USA. Durch ihre Vertreter, die *Kuhn Loeb Bank*, deren Direktor Jacob Schiff ist, die *August Belmont Co. Bank* und die *J P Morgan Co. Bank* in den USA und die *M. M. Warburg Gesellschaft* in Hamburg und Amsterdam, haben sie unter anderem Rockefellers *Standard-Oil-Imperium*, Harrimans Eisenbahn und Carnegies Stahlwerke aufgebaut und kontrollierten damit schon den größten Teil der amerikanischen Wirtschaft. Die Rothschilds sind heute an den 50 größten Konzernen weltweit beteiligt sowie an Investmentgesellschaften wie *Blackstone* und *Blackrock Inc.* Alleine *Blackrock*, der weltgrößte Vermögensverwalter, verwaltet ein Vermögen von 5,1 Billionen US-Dollar.

„Die Wenigen, die das System verstehen, werden dermaßen an seinen Profiten interessiert oder so abhängig von seinen Vorzügen sein, dass aus ihren Reihen niemals eine Opposition hervorgehen wird. Die große Masse der Leute aber, geistig unfähig zu begreifen, wird seine Last ohne Murren tragen, vielleicht sogar ohne je Verdacht zu schöpfen, dass das System ihnen feindlich ist."

Gebrüder Rothschild, London 1863, Rothschild-Bankendynastie

„Der Zinseszinseffekt ist das achte Weltwunder."

Mayer Amschel Rothschild

„Mir ist egal, welche Marionette auf dem englischen Thron sitzt und das britische Weltreich regiert. Ich kontrolliere die Geldmenge. Und wer die britische Geldmenge kontrolliert, kontrolliert auch das britische Empire."

Nathan Rothschild, 1815

Rockefeller

Die Rockefellers sind eine amerikanische Industrie-, Politik- und Bankendynastie, die mit John D. und seinem Bruder William Rockefeller im späten 19. und frühen 20. Jahrhundert eines der weltweit größten Vermögen des Ölkonzerns *Standard Oil* machte. Die Familie ist auch bekannt für ihre lange Verbindung mit und Kontrolle der *Chase Manhattan Bank*. Sie gilt als eine der mächtigsten Familien, wenn nicht die mächtigste Familie in der Geschichte der Vereinigten Staaten. Bereits ab dem Ende des 19. Jahrhunderts begannen die Rockefellers damit, massiven Einfluss bei der Gestaltung der soziopolitischen sowie der wirtschaftlichen Landschaft der Gesellschaft auszuüben. Bis zum Ende der ersten Hälfte des 20. Jahrhunderts teilten sich die Rockefellers noch die Macht mit anderen vermögenden Familien, vor allem mit den Morgans, mit denen sie auf verschiedenen Ebenen kooperierten. Es war vor allem innerhalb des *Council on Foreign Relations* (CFR), dass die sich verändernde Dynamik des Morgan-Rockefeller-Clans am deutlichsten wurde. Der CFR ist die ultimative Networking-Institution der amerikanischen Elite, und der Einfluss des CFR ist einmalig unter anderen Think-Tanks. Bei einer Studie stellte man fest, dass zwischen

Abb. 11 oben: John D. Rockefeller

Abb. 12 unten: David Rockefeller

1945 und 1972 rund 45% der Top-Außenpolitik-Beamten, die in der Regierung der USA dienten, auch Mitglieder des CFR waren.

Vor allem der 2017 im Alter von 101 Jahren verstorbene David Rockefeller war stark in die internationale Politik involviert. Die Rockefellers haben u.a. an folgende Institutionen Geld gespendet, sind daran beteiligt oder haben sie sogar gegründet:

- *Council on Foreign Relations* – David, David Jr., Nelson, John D. III, John D. IV (Jay), Peggy Dulany, Rockefeller Foundation, Rockefeller Brothers Fund
- *Trilateral Commission* – David, Rockefeller Brothers Fund
- *Bilderberg Group* – David, John D. IV
- *Asia Society* – John D. 3rd, John D. IV, Charles, David
- *Population Council* – John D. III
- *Council of the Americas* – David
- *Group of Thirty* – The Rockefeller Foundation
- *World Economic Forum* – David
- *Brookings Institution* – Junior
- *Peterson Institute* (Formerly the *Institute for International Economics*) – David, Monica
- *International Executive Service Corps* – David
- *Institute for Pacific Relations* – Junior
- *League of Nations* – Junior
- *United Nations* – Junior, John D. 3rd, Nelson, David, Peggy Dulany, Rockefeller Brothers Fund
- *United Nations Association* – David, Monica

Trotzkis „Rebellen" wurden von dem Bankier Jacob Schiff finanziert und trainierten ihre „Bolschewistische Revolution" auf dem Grundstück von Rockefellers *Standard Oil Company* in New Jersey.

Drei Zitate von David Rockefeller mögen genügen, um zu beschreiben, was sie mit ihrem Einfluss bezwecken:

„Wir stehen am Rande einer weltweiten Umbildung. Alles was wir brauchen, ist die richtige allumfassende Krise und die Nationen werden

in die neue Weltordnung einwilligen.“ (1994 vor dem Wirtschafts-Ausschuss der Vereinten Nationen – UN Business Council)

„Manche glauben gar, wir seien Teil einer geheimen Kabale, die entgegen den besten Interessen der USA arbeitet, charakterisieren mich und meine Familie als ‚Internationalisten‘ und Verschwörer, die gemeinsam mit anderen weltweit eine integriertere globale politische und wirtschaftliche Struktur schaffen – eine Welt, wenn Sie so wollen. Wenn das die Anklage ist, dann bin ich schuldig, und ich bin stolz darauf.“ (Autobiographie, „Memoiren“, 2006)

„Wir sind der Washington Post, der New York Times, dem Time Magazine und anderen großen Publikationen dankbar, deren Chefredakteure an unseren Treffen in der Vergangenheit teilnahmen und die Zusage der Vertraulichkeit fast 40 Jahre lang respektierten. Es wäre unmöglich für uns gewesen, unsere Pläne für die Welt zu entwickeln, wenn wir all die Jahre im Rampenlicht der Öffentlichkeit gestanden hätten. Nun ist unsere Arbeit jedoch soweit durchdacht und bereit, in einer Weltregierung zu münden. Die supranationale Souveränität von Welt-Bankern und einer intellektuellen Elite ist sicher der nationalen Selbstbestimmung, welche in den letzten Jahrhunderten praktiziert wurde, vorzuziehen.“ (Juni 1991)

Windsor

Die Windsors, die deutscher Abstammung sind und 1917 aufgrund des Ersten Weltkriegs ihren Namen *Sachsen-Coburg und Gotha* auf Windsor änderten, sind die mächtigste Königsfamilie der Welt mit gigantischem Grundbesitz weltweit (früher auch Kolonien). Hauptfinanziers des britischen Königshauses waren seit jeher die Rothschilds, was man auch als Schicksalsgemeinschaft bezeichnen könnte.

Abb. 13: Edward VII. Prince of Wales

36

In den 1860er-Jahren gab es in England ein geheimes Treffen, welches für die Weltgeschichte (leider) wegweisend war. Zugegen bei diesem Treffen waren:

- Edward VII. Prince of Wales (Großmeister der Englischen Mutterloge), der während seines Besuchs in Amerika und Kanada 1860 persönlich mit Albert Pike und anderen Freimaurergrößen zusammentraf.

- Albert Pike, der damalige *Souveräne Großkommandeur* des Obersten Rates der *Südlichen Jurisdiktion des Alten und Angenommenen Schottischen Ritus von Nordamerika* (wird später detailliert behandelt).

- Anselm Salomon von Rothschild aus Wien, der Begründer des österreichischen Zweigs der Rothschilds und Gründer der *Österreichischen Creditanstalt für Handel und Gewerbe*, des mächtigsten Finanzinstituts des Habsburger Reiches.

- Lionel de Rothschild, der das britische Bankwesen steuerte und als erster Jude Mitglied des *House of Commons* wurde. Er galt als das Familienoberhaupt der Rothschilds in Europa.

- Mayer Carl von Rothschild war einer der Söhne von Mayer Amschel Rothschild und der Gründer der *Frankfurter Bank*.

- Der Bankier und Finanzberater des französischen Königs Napoleon III., Jakob (James) de Rothschild.

- Premierminister Henry Temple, 3. Viscount Palmerston. Er galt als freimaurerischer Mentor von Prinz Eduard.

- Der Bankier Gerson von Bleichröder, auch bekannt als „Bankier Bismarcks". Bleichröder sowie das *Bankhaus Oppenheim* unterstanden den hessischen Rothschilds.

Und es waren weitere Größen aus dem europäischen Hochadel sowie aus dem Finanzwesen und aus der Industrie anwesend.

Die Zielsetzungen dieses einflussreichen Gremiums waren:

1. die Industrialisierung Frankreichs, Großbritanniens und der USA;
2. die Industrialisierung Preußens unter der Herrschaft der Hohenzollern;
3. die Vereinigung Deutschlands in das preußische Kaiserreich.
4. Der Erlass von riesigen Anleihen und Krediten zugunsten des Habsburger Kaiserreiches;
5. die Finanzierung der kleinen Kriege – vorwiegend in Europa –, wie z.B. der preußisch-dänische Krieg, 1866 der preußisch-österreichische Krieg, 1870-71 der deutsch-französische Krieg und 1863 der Januaraufstand in Polen;
6. der Erlass von riesigen Anleihen an das zaristische Russland, das u.a. entsprechende militärische Schritte gegen die Türkei vorhatte (Krim-Krieg), wegen der Vorherrschaft beider Mächte um das Schwarze Meer, sowie seine marode Wirtschaft anzukurbeln versuchte;
7. die Etablierung einer mächtigen Finanzdynastie in den USA, welche die gleichen Aufgaben bei den Finanzierungen der US-Industrie sowie des Staates übernehmen sollte, wie die Rothschilds es in Europa getan hatten;
8. die Begründung der japanischen Seemacht durch den Rüstungskonzern *Vickers* mittels der Anleihen der britischen *Rothschilds* und denen der *Baring Brothers*.

Morgan

Die Morgan-Familie war eine amerikanische Finanz- und Bankdynastie, die in den USA und auf der ganzen Welt im späten 19. Jahrhundert und Anfang des 20. Jahrhunderts führend tätig war, wobei die Familienmitglieder über die Generationen hinweg ein immenses Vermögen angehäuft haben, vor allem durch das Wirken von John Pierpont (JP) Morgan (1837-1913), dem einflussreichsten Privatbankier seiner Zeit. Er revolutionierte zahlreiche Industrien, darunter Elektrizität, Eisenbahn und Stahl, wobei die Historiker davon ausgehen, dass mit seinem Tod auch die Dynastie an Einfluss verloren hat. Um 1885 begann er damit, Eisenbahnen zu kaufen und neu zu organisieren, wobei durch seine Geschäftsstrategien der Begriff „Morganisierung" geprägt wurde, um seine Methode der Schaffung von Monopolen durch den Kauf von Unternehmen, die Beseitigung der Konkurrenz und die Senkung der Kosten zu beschreiben. Zudem war er für einige der größten Fusionen verantwortlich, die damals die amerikanische Wirtschaft prägten. Beispielsweise arran-

Abb. 14: J. P. Morgan

gierte er 1892 den Zusammenschluss zweier Unternehmen zum Glühbirnenhersteller *General Electric*, der als Mischkonzern bis heute besteht. Sein größter Coup jedoch war die Schaffung des größten amerikanischen Stahlkonzerns, was er bewerkstelligte, indem er 1901 dem Stahlmagnaten Andrew Carnegie sein Unternehmen abkaufte, um es mit anderen Gesellschaften zur *United States Steel Corporation* zusammenzuführen. Bemerkenswert ist auch, dass Morgan die Stadt New York dreimal vor dem Bankrott bewahrt und Streitigkeiten in der Finanzbranche geschlichtet hatte. Am legendärsten ist allerdings seine Rolle bei der Bankpanik von 1907, als Bankkunden um die Sicherheit ihrer Einlagen fürchteten und ihr Geld abheben wollten. Morgan versammelte 50 Bankiers in seinem privaten Anwesen und brachte sie dazu, in Not geratenen Finanzinstituten aus der Klemme zu helfen, was die Panik schließlich stoppte. Das Bankhaus selbst fusionierte nach etlichen schwierigen Jahren im Jahr 2000 mit der *Chase Manhattan Bank* zur *JP Morgan Chase & Co.*

Harriman

Die Harriman-Dynastie basiert auf dem Eisenbahnunternehmer Edward Henry Harriman (1848-1909), der eine typische Bilderbuchkarriere hinlegte. Er verließ die Schule mit 14 Jahren und nahm eine Arbeit als Laufbursche an der Wall Street in New York City an.

Von da an ging es nur noch bergauf. Mit 22 Jahren wurde Harriman Mitglied der *New York Stock Exchange*. Im Alter von 33 Jahren begann er erfolgreich, kleinere, bankrotte Eisenbahngesellschaften zu kaufen und nach ihrer Sanierung wieder zu verkaufen. 1897 gelang Harriman der große Durchbruch, als mit Hilfe der Investmentbank *Kuhn, Loeb & Co.* das Konkursverfahren über die *Union Pacific Railroad* beendet wurde und er die Kontrolle über das Unternehmen bekam. Er bestimmte die Entwicklung dieses führenden Eisen-

Abb. 15: Edward Henry Harriman

bahnunternehmens bis zu seinem Tod 1909. Im Jahr 1901 übernahm Harriman als Nachfolger von Charles M. Hays außerdem die *Southern Pacific Railroad*. Zum Zeitpunkt seines Todes beherrschte er auch die *Saint Joseph and Grand Island*, die *Illinois Central*, die *Central of Georgia*, die *Pacific Mail Steamship Company* und die *Wells Fargo Express Company*. Harriman hinterließ seiner Frau Mary Williamson Averell ein Erbe zwischen 200 und 600 Millionen US-Dollar. Ihr gemeinsamer Sohn war W. Averell Harriman.

Die zeitgenössische deutsche Presse sah Edward Henry Harriman als Prototyp des skrupellosen Spekulanten am Kapitalmarkt. Die katholische Zeitschrift *Deutscher Hausschatz* nannte ihn in ihrem Nachruf einen Mann mit „*Goldhunger*", der „*im wilden Börsenkampf von 1901 zahlreiche Existenzen vernichtete, selbst aber Millionen Dollars an sich riss*". Präsident Theodore Roosevelt hat in Harriman „*einen jener großen Trustschädlinge, die mit dem Brandmal des Verbrechertums gekennzeichnet sind*" gesehen.

Als die Harriman-Eisenbahn gebaut wurde, um Kalifornien mit dem Osten der USA zu verbinden, wurden tausende chinesischer Billigarbeiter zum Eisenbahnbau eingeschifft. Viele von diesen waren bereits opiumabhängig, und so weitete sich der Rauschgiftmarkt auf die USA aus. Harriman gründete sein Eisenbahn-Imperium durch die Leihgaben der *N.M. Rothschild & Sons*-Bank in London.

Eine diesbezüglich nennenswerte Bank ist die *W. A. Harriman Company*. Ihr Gründer William Averall Harriman wurde 1913 in den *Skull & Bones-Orden* eingeweiht. In den 1920er-Jahren war W. A. Harriman der Hauptunterstützer der Russen mit Geld und diplomatischen Hilfen. Harriman hatte auch weitere finanzielle Unterstützung durch die *Ruskombank*, die erste sowjetische kommerzielle Bank. Max May, Vizepräsident des *Guaranty Trust* (Garantie-Treuhand) und Mitglied der *Skull & Bones*, wurde der erste Vizepräsident der *Ruskombank*. Der *Guaranty Trust* war durch *J. P Morgan & Co.* (Partnerbank zur *N. M. Rothschild-Bank*) kontrolliert. Einige der Partner J. P. Morgans waren Mitglieder der *Skull & Bones*. Harold Stanley wurde 1908 eingeweiht, Thomas Cochran 1904. Das ursprüngliche Kapital für die *Guaranty Trust* kam von Whitney, Rockefeller, Vanderbilt und Harriman, alles Familien mit Mitgliedern im *Skull & Bones-Orden*. Auch Averell und sein Bruder Roland Harriman (Einweihung in *Skull & Bones* 1917) halfen kräftig mit, die Nazis zu finanzieren. Dies geschah durch die *Union Bank*. Ebenfalls unterstützten die Tochtergesellschaften von *ITT* und *General Electric* die reichsdeutsche SS auf direktem Wege.

Nach dem Finanzcrash 1931 war die deutsche Industrie dem Bankrott nahe. Fritz Thyssen schloss sich offiziell der nationalsozialistischen Partei an und unterstützte Adolf Hitler. Der größte Teil seines Vermögens floss durch die *Bank Voor Handel*, die wiederum die *Union Bank* kontrollierte. Die *Union Bank* war eine Thyssen-Harriman-Verbindung. Ein Blick auf die Direktorenliste zeigt, dass von acht Direktoren vier von *Skull & Bones* und zwei Nationalsozialisten waren.

Harriman finanzierte gleichzeitig die Sowjets und die Nazis durch die *Brown Bros. Harriman Bank*, und einer seiner engsten Verbündeten war Prescott Bush, der Vater von George Bush, dem Ex-Präsidenten der USA. Beide, Prescott und George Bush, waren bzw. sind Mitglieder bei *Skull & Bones*.

Astor

Die Familie Astor ist eine in den USA und England lebende Familie deutscher Abstammung, die im 19. Jahrhundert zeitweise als reichste Familie der USA galt. Ihre Wurzeln liegen in Walldorf (Baden), und der Begründer war der deutsche Auswanderer Johann Jakob Astor, der nach der amerikanischen Revolution in die USA einwanderte und sein Vermögen im Pelzhandel und später im Immobiliengeschäft in New York machte.[5]

Weniger bekannt ist Folgendes: Als Johann Jacob Astor in den USA ankam, trat er bald einer Freimaurerloge bei und wurde innerhalb von 2-3 Jahren der Meister der *Holland Loge Nr. 8* in New York. (Die *Holland Loge* ist eine der prominentesten Logen in New York, in der viele ihrer Mitglieder gute Verbindungen zur Illuminati-Elite haben.) Astors Leben veränderte sich abrupt, als er von zwei Männern aufgesucht wurde, die ihm ein besonderes Regierungsprivileg anboten. Die beiden Männer waren Präsident Thomas Jefferson und dessen Sekretär Gallatin – beide Illuminati-Mitglieder. Die US-Regierung hatte 1807 ein Embargo auf alle US-Schiffe erlassen, die mit Gütern gesegelt sind. Aber Astor bekam von diesen beiden Männern die spezielle Erlaubnis, mit seiner Ladung zu segeln. Er startete mit seinem Schiff und machte an einem Tag beinahe $ 200.000 Gewinn. Astor profitierte immens stark vom Krieg 1812, der fast alle anderen amerikanischen Schiffsleute lahmlegte. Astor arbeitete auch zusammen mit George Clinton, einem anderen Mitglied der Illuminaten, mit Landverhandlungen, was sich als sehr lukrativ herausstellte. Bereits zu dieser Zeit arbeitete der britische

Abb. 16: Johann Jakob Astor

Geheimdienst für das *Komitee der 300* und die 13 Top-Familien. Laut Dr. John Coleman, dem Autor des Buches „Das Komitee der 300", arbeitete auch John Jacob Astor für den britischen Geheimdienst.

Einige Jahre hatte sich John Jacob Astor auch am Opiumhandel beteiligt, er beendete dies aber im Jahre 1818. Im Jahre 1890 ermittelte man, dass die Astor-Familie 5% aller Immobilien in New York besaß.[6]

Bundy

Die meisten Amerikaner würden die Bundy-Familie nicht als eine starke Elitefamilie erkennen, doch sie ist eine sehr alte amerikanische Familie, die schon immer ein Teil des sogenannten „Establishments" gewesen ist. Fritz Springmeier hat diesbezüglich tief gegraben: Von wenigen Ausnahmen abgesehen, wie zum Beispiel der Kongressabgeordnete Soloman Bundy im frühen 19. Jahrhundert, kam diese Familie erst im 20. Jahrhundert ins Licht der Öffentlichkeit.

Harvey Hollister Bundy wurde im Jahre 1909 in den *Skull & Bones-Orden* eingeführt und stieg nicht nur zum stellvertretenden Secretary of State auf, er wurde außerdem Sonderbeauftragter des Finanzministers und Sonderbeauftragter des Kriegsministers während des Zweiten Weltkrieges. Harvey war einer der Hauptakteure in der Überwachung des *Manhattan Projects*, welches die Atombombe entwickelte.

Harvey Bundy diente als Schlüsselfigur des Pentagons. Er arbeitete in Verbindung mit dem Kriegsministerium und dem *Office of Scientific Research and Development*. 1952 übernahm Harvey die *Carnegie Endowment for Peace* von John Foster Dulles. Dies ist eine für die Illuminaten sehr wichtige Institution, die der steuerfreien Finanzierung verschiedener Projekte dient.

Abb. 17: Harvey Hollister Bundy

Durch ihre Beratungstätigkeit hatten die Bundys die Begabung, immer an den höchsten Stellen der Macht präsent zu sein. Sie hielten alle wichtigen Posten besetzt, um sicherzugehen, dass sie zu all den Informationen Zugang hatten, die den amerikanischen Präsidenten vorgelegt wurden.

Zu erwähnen wären auch die zwei Bundy-Brüder, welche die Schlüsselpositionen darüber hatten, was während der Kennedy- und Johnson-Administrationen an die Präsidenten weitergegeben wurde. Als Präsident Johnson nach der Kennedy-Ermordung das Amt übernahm, war es McGeorge Bundy in der Schlüsselposition als Nationaler Sicherheitsberater, der bestimmte, was der Präsident zu hören bekam und was nicht.

Die Familie hat eine lange Geschichte der Verbindung mit der Welt der okkulten und NWO-Organisationen und ist Teil der Aristokratie, die als „Boston Brahmin" bezeichnet wird. Der größte Teil der männlichen Familienmitglieder ist im *Skull & Bones-Orden* und im CFR Mitglied sowie bei den *Bilderbergern* und bei *Majestic-12*.

Einer der berühmtesten Bundys war Theodore (Ted) Bundy, der in den 1980er Jahren als einer der bekanntesten Kriminellen galt und ein Serienkiller war.[7]

Collins

Über die Collins-Familie ist nur wenig bekannt, sie zählt aber zu den einflussreichsten Hexerfamilien in den USA. Was die Rothschilds im Finanzbereich sind, stellen die Collins im okkulten Bereich dar – sei es bei Riten innerhalb der Hexen- und Satanskulte oder bei Ritualen in diversen Logen wie *Skull & Bones* oder beim *Bohemian-Grove*-Treffen.

DuPont

Die DuPonts sind eine extrem reiche und geheimnisvolle Familie, die von Pierre Samuel du Pont de Nemours abstammt. Seit dem 19. Jahrhundert zählen die Du-Ponts zu den reichsten Familien der USA. Pierre Samuel du Pont de Nemours war der Sohn eines Pariser Uhrmachers und Mitglied einer burgundischen Hugenottenfamilie und Nachkomme einer kleinen Adelsfamilie auf der Seite seiner Mutter. Er und seine Söhne Victor Marie du Pont und Éleuthère Irénée du Pont wanderten aus Frankreich im Jahr 1800 in die USA aus und nutzten die Ressourcen ihres Hugenottenerbes, um eine der

Abb. 18: Pierre Samuel du Pont de Nemours

prominentesten amerikanischen Familien und eines ihrer erfolgreichsten Unternehmen zu gründen: *E. I. du Pont de Nemours and Company*. Im Jahre 1802 begannen sie mit einer Schießpulvermühle, die sie zur größten Schwarzpulverproduktion der Welt ausbauten.

Die Familie spielte im 18. und 19. Jahrhundert eine große Rolle in der Politik und unterstützte Verhandlungen über den *Pariser Vertrag* und den Kauf von Louisiana. Sowohl T. Coleman als auch Henry A. du Pont dienten als US-Senatoren, und Pierre S. du Pont IV. diente als Gouverneur des Bundesstaates Delaware.

Während des Ersten Weltkriegs lieferte DuPont fast 40 Prozent aller Munition, die von den Alliierten verwendet wurde. Seine Unternehmung als militärischer Munitionslieferant entwickelte sich enorm weiter, und DuPont spielte eine Schlüsselrolle bei der Entwicklung und Produktion der ersten Atombombe des Manhattan-Projekts.

Gerüchte über die mögliche Rolle von DuPont beim Verbot von Hanf bzw. Cannabis, weil dies in Konkurrenz zu seiner Nylon-Entwicklung stand, sind bis heute nicht bewiesen.

Freeman

Über die Freemans ist recht wenig bekannt.
Der bekannteste Freeman ist jedoch Gaylord
Freeman, der verstorbene Großmeister der
Prieuré de Sion, der auch Vorsitzender der
First National Bank of Chicago war. Stephen
M. Freeman betreibt die Rechtsabteilung der
Civil Rights Division der jüdischen *Anti De-
famation League* (ADL) (die eine Tochter der
jüdischen *B'nai-B'rith-Loge* ist), und ein
weiterer Freeman ist Walter Freeman, der
1936 mit James W. Watts die Lobotomie in
die USA einführte. Es gibt noch viele weitere
Freemans, von denen etliche bei *Skull & Bones* sind oder in der *ADL*.

Abb. 19: Gaylord Freeman

Kennedy

Die Kennedy-Familie ist in den USA sehr
einflussreich und hat irische Wurzeln. Es gibt
in dieser Familie viele prominente und reiche
Geschäftsleute, vor allem aber Politiker, wo-
bei die beiden ermordeten Präsidenten John
F. und Robert die berühmtesten waren.
Joseph Patrick Kennedy, der Vater von John
F. Kennedy, war ein Freimaurer und ein
Mitglied der *Pilgrim Society*, die ihn als einen
„6.-Grad-Illuminist" bezeichnete.

Abb. 20: Joseph Patrick
Kennedy

„50 Leute regieren Amerika, und das ist eine großzügige Schätzung."
Joseph Kennedy in der *New York Times*, 26. Juli 1936

Li Ka-Shing

Die Li-Familie kontrolliert weite Teile Hong-kongs und steuert angeblich die Triaden. Als Triaden bezeichnet sich eine asiatische Bruderschaft, die der organisierten Kriminalität zugerechnet wird (Drogen- und Waffenhandel sowie Schutzgelderpressung und Prostitution). Li Ka-Shing ist Handelsunternehmer und Investor und mit einem geschätzten Vermögen von 35 Milliarden Dollar unter den zehn reichsten Menschen der Welt. Manche nennen ihn gar den „Herrscher von Hongkong".

Abb. 21: Li Ka-Shing

Onassis

Die Onassis-Dynastie fußt auf dem Erfolg des Schiffsreeders, der 30 Reedereien mit über 900 Schiffen sein Eigen nannte. Aufgrund des griechisch-türkischen Krieges 1919-1923 emigrierte Onassis als 16-Jähriger nach Argentinien. Dort arbeitete er zunächst als Kurier, Telefonist und Hotelpage, bis er auf die Idee kam, nebenbei türkischen Tabak zu verkaufen. Onassis war der Erste, der türkischen Tabak nach Argentinien einführte, der bis dahin aus Kuba und den USA kam. Nach zwei Jahren hatte er bereits 2 Millionen Dollar Umsatz generiert mit 100.000 Dollar Gewinn, mit dem

Abb. 22: Aristoteles Onassis

er dann eine Zigarettenfabrik kaufte und die Marke *Omega* herausbrachte.

Später hatte er erfahren, dass Häute und Felle aus der Rinderzucht vergraben wurden, da es dafür keine Absatzmöglichkeit gab und die Priorität in der Fleischverwertung lag. Deshalb begann er damit, die Felle und später auch Futtermittel und Getreide nach Europa zu exportieren, wobei sein Unternehmen über 200 Agenturen zur Verfügung hatte, die seine Güter aufkauften, um sie zu exportieren. Aufgrund der enormen Transportmengen sah Onassis sich gezwungen, in die Schifffahrt einzusteigen. Damit begann das Imperium Onassis. Er baute die weltgrößte Walfangflotte auf, hatte eine eigene Luftfahrtlinie und erwarb in den 1950er-Jahren Hotels, Villen und Apartmenthäuser in Monaco. Zudem besaß er eine eigene Insel. So viel zum offiziellen Teil.

1928 trafen sich die führenden Illuminaten, welche die großen Ölgesellschaften kontrollierten, im Schloss Achnacarry und vereinbarten das sogenannte „Achnacarry Agreement", in dem festgelegt wurde, dass die Welt in ein internationales Kartell aufgeteilt wird. Ab diesem Zeitpunkt gab es ein Ölkartell, weswegen auch klar ist, dass der Mann, der die größten Öltanker der Welt baute, logischerweise ein Teil dieses Illuminatennetzwerkes war.

In dem 1983 erschienenen Buch von Charles Higham, „Trading With The Enemy", wird beschrieben, dass die Elitefamilien Hitler während des Krieges weiterhin unterstützten, sei es im Bereich der Kommunikation, Öl oder Waffen. Onassis verkaufte Öl und Kanonen auf beiden Seiten. ITT-Telefone wurden in deutschen U-Booten eingesetzt. Interessant ist Folgendes: Griechenland hatte insgesamt 450 Handelsschiffe, von denen 360 während des Krieges versenkt wurden. Die Schiffe von Onassis wurden hingegen überhaupt nicht attackiert – weder von den Deutschen noch von den Alliierten. Onassis war der Einzige, der keine Verluste erlitt! Onassis, der später Jackie Kennedy heiratete – die Exfrau von John F. Kennedy – war mit den höchsten Illuminaten liiert und an vielen großen und kleinen Verbrechen beteiligt. Nach seinem Tod übernahmen die Familien Rockefeller und Bundy die Geschäfte des Milliardärs.

Aristoteles Onassis' Schwager, Stavros Niarchos, ist Mitglied der Bilderberger.[8]

Reynolds

Die *R. J. Reynolds Tobacco Company* (RJR) ist ein 1875 von R. J. Reynolds gegründeter US-amerikanischer Tabakkonzern mit Sitz in Winston-Salem im Bundesstaat North Carolina. Das Unternehmen ist der zweitgrößte Tabakwarenhersteller in den USA und produziert unter anderem Marken wie *Camel*, *Lucky Strike*, *Winston* und *Pall Mall*. Seit 2017 gehört die gesamte Holding *Reynolds American Inc.* zu *British American Tobacco Plc* (BAT). Laut Fritz Springmeier war Reynolds nicht nur Freimaurer, sondern auch am Drogenhandel beteiligt.

Abb. 23: R. J. Reynolds

Russel

Fritz Springmeier berichtet, dass die Familie Russell nicht nur eine Hauptrolle im Opiumhandel zu Beginn des 18. Jahrhunderts spielte und dem frühen Stadium des Mormonentums, sondern auch für die Gründung des geheimen Ordens *Skull & Bones* und der *Watchtower Bible & Tract Society* (*Zeugen Jehovas*) verantwortlich war.

Diese ist die legale Deckorganisation für den Geheimorden *Skull & Bones*. Der *Skull & Bones-Orden* wurde von William Russell gegründet, der enge Kontakte zu

Abb. 24: William Russel

den damaligen Opium-Syndikaten an der *Yale Universität* hatte. Jedes Jahr werden 15 neue Mitglieder, die alle einflussreiche Positionen in der amerikanischen Gesellschaft einnehmen, in diese Gesellschaft eingeweiht.

Charles Taze Russell war ein Freimaurer, Okkultist und Teil der satanischen Elite, die zudem Silber- und Goldminen und große

49

Grundstücke besaß. Die Russell-Familie hat ebenso starke Verbindungen mit *B'nai B'rith*. Russell war der erste Zionist in Amerika und wurde finanziell von *B'nai B'rith*, den Rothschilds und den Freimaurern unterstützt.[9]

Van Duyn

Die van Duyns sind mit der *Dutch West India Company* verbunden. Es gibt kaum Informationen zu ihnen und ihrer Tätigkeit, doch Illuminati-Aussteiger haben behauptet, dass die van Duyns zu den Illuminati-Blutlinien gezählt werden.[10]

Wir lassen es an dieser Stelle gut sein. Es gäbe sicherlich noch die Familien Roosevelt, Vanderlip, Sinclair oder Warburg im Detail zu erwähnen, von denen auch behauptet wird, dass sie zu den obersten Familien gezählt werden, aber für den weiteren Verlauf des Buches ist das nicht wirklich vonnöten.

Es ist generell schwer einzuschätzen, welche Familien zur Zeit des Zweiten Weltkriegs an der Spitze der freimaurerischen Pyramide in der *Horus-Loge* vertreten waren und welches Kriterium dabei die entscheidende Rolle spielte und spielt. Die *Horus-Loge* untersteht direkt der höchsten *Osiris-Loge*. Grundsätzlich bestand sie aus 13 Erbdynastien. Das bedeutet, dass auch die 13-stufige *Horus-Loge* (*Rat der 13*) pyramidenförmig aufgebaut ist. Dieser Loge untersteht der *Rat der 33*, inoffiziell unter den Eingeweihtesten als „Heliopolis-Loge" bekannt.

Es fällt auf, dass die höchste Struktur der freimaurerischen Pyramide auf die altägyptische Symbolik und ihre Gottheiten zurückgeht, was zu belegen scheint, dass diese Bewegung tief in der altägyptischen Mythologie verwurzelt ist, zumindest der traditionelle Schottische Ritus, der vom Templerorden abgeleitet wird. Die *Heliopolis-Loge* besteht aus 33 weiteren einflussreichen Erbdynastien. Dies sind außerordentliche Persönlichkeiten, die ausnahmsweise durch ihre ausgesprochenen Verdienste und Begabungen zu diesem Rat zugelassen wurden. Mein Großvater meinte, dass dieser unfassbar einflussreichen Loge Winston Churchill und Colonel Mandell House, Alfred Milner, Sir Henri Deterding, Außenminister Lord Edward Grey, Arthur Balfour, die Premierminister Gladstone, Roseberry, Chamberlain sowie später auch Prinz Bernhard von Detmold-Lippe (Hannoveraner) angehört hatten. Gemäß den Aufzeichnungen meines Großvaters könnte Prinz Bernhard durch seine Heirat mit der niederländischen Thronfolgerin (und späteren Königin), Prinzessin Juliane von Oranje-Nassau, möglicherweise in die *Horus-Loge* aufgenommen worden sein.

An der Spitze der *Heliopolis-Loge* stand für lange Zeit und steht vermutlich auch heute noch der Primus des Rockefeller-Clans. Er war Vorsitzender dieses Rates, dem alle Mitglieder dieser Loge bedingungslos zu gehorchen hatten. Darunter befindet sich das *Komitee der 300* (die 300 Weisen der Welt) mit der britischen Königin bzw. dem König als Vorsitzendem.

Der Primus der Familie Rothschild, Lionel Walter Rothschild, stand dahingegen nicht nur an der Spitze der *Horus-* und *Osiris-Loge*, sondern war zwischen dem Ersten und dem Zweiten Weltkrieg der wahre, aber geheime Herrscher der Welt. Zum einen war er als Bankiersmogul der mächtigen Investmentbank *NM Rothschild & Sons* in London bekannt, aber zum anderen auch als ein begeisterter Hobby-Zoologe, der sich dem Sammeln und der Studie von Vögeln und Schmetterlingen widmete. In der Nähe seines Landhauses im Tring Park in Hertfordshire gründete er sein privates zoologisches Museum, das 1892 für das Publikum geöffnet wurde. Dieses so harmlos scheinende Hobby des einflussreichen Bankiers verschleierte, wie mächtig er tatsächlich war. (Die britischen Rothschilds besaßen damals prachtvolle Paläste, Häuser und Güter – u.a. in Tring, Halton, Montmore, an der Seamore Place 1 in Mayfair sowie das Gut Exbury in New Hampshire, in dem etwa 400 Gärtner angestellt waren. Die Residenz in Halton wurde in den 1930er-Jahren verkauft.)

Die *Balfour-Deklaration* wurde von Lionel und seinem Freund und Zionist Chaim Weizmann verfasst und am 2. November 1917 der ganzen Welt kundgegeben. Sie besagte, dass die neue Heimat für die in der Diaspora (ein Gebiet, in dem eine religiöse Minderheit lebt) lebenden

Juden in naher Zukunft in Palästina sein würde. In Wahrheit handelte es sich dabei um die Sicherung der riesigen Erdölvorkommen vom Kaspischen Meer bis an den Persischen Golf.

Mein Großvater wies darauf hin, dass Lionel Walter Rothschild nicht nur Bankier und leidenschaftlicher Zoologe war, sondern auch der Hohepriester der geheimnisvollen *Osiris-Loge*. Er war bis zu seinem Ableben am 27. Februar 1937 der höchste Freimaurer der damaligen Zeit. In der *Osiris-Loge* (*Rat der 3*) unterstanden ihm direkt die zwei folgenden Untertanen und Logenbrüder:

- Der Primus der Rockefellerdynastie aus New York, John D. Rockefeller, bis zu seinem Tod 1937, und

- der britische König George V. von Windsor-Mountbatten, bis zu seinem Ableben 1936.

Allein diese drei Herren legten die Grundlagen für den Ausbruch des Zweiten Weltkriegs, weil sie alle zusammen in der *Osiris-Loge* die weltweite Freimaurerei kontrollierten. Sie waren es, die die entsprechenden Befehle direkt der *Horus-Loge* (*Rat der 13*) bzw. der *Heliopolis-Loge* (*Rat der 33*) gaben, welche sie wiederum zum *Komitee der 300* weiterleiteten. Rockefeller gab der Heliopolis-Loge direkt entsprechende Befehle und Aufgaben und der britische König dem *Komitee der 300*. Die gesamte freimaurerische Befehlsstruktur von oben nach unten war so intelligent und tückisch konstruiert, dass die meisten Mitglieder noch nicht einmal ahnen konnten, wer überhaupt die bedeutendsten und gravierendsten Entscheidungen traf.

Weiter behauptete mein Großvater, dass kurioserweise ausschließlich die britischen Rothschilds als Weltherrscher bezeichnet wurden, somit wäre Lionel Walter Rothschild bis zu seinem Ableben anno 1937 der wahre Herrscher der Welt gewesen. Er förderte und unterstützte die politischen Karrieren bekannter Persönlichkeiten, wie von Colonel Mandell House, David Lloyd George, Lord Halifax, Deterding und zuletzt von Sir Winston Churchill. Noch vor seinem Tode wurde 1936 sein leiblicher Sohn und Nachfolger geboren, Viktor Rothschild, 3. Baron Rothschild, der bis 1990 lebte.

Frankreich stand zu diesem Zeitpunkt unter der Kontrolle des französischen Zweiges der Rothschilddynastie. Ihr Primus war der im Jahr 1909 in Paris geborene Baron Guy Edouard Alphonse Paul de Rothschild. Nachdem Frankreich im Krieg gegen Nazi-Deutschland kapituliert hatte, ging er in die USA ins Exil und kehrte 1943 nach Großbritannien zurück. Laut meinem Großvater schlossen sich 1943 der englische und französische Rothschild-Nachfolger zusammen, um die Kontrolle über den weiteren Verlauf des bereits tobenden Zweiten Weltkriegs zu übernehmen, zumal beide während dieses Krieges an der Spitze der *Osiris-Loge* standen. In Übersee arbeiteten sie gleichzeitig eng mit David Rockefeller von der *Federal Reserve Bank* zusammen. Demzufolge trafen die drei gemeinsam alle bedeutenden und politischen Entscheidungen über den weiteren Verlauf des Weltkriegs von 1943 bis 1945.

Aus den Unterlagen meines Großvaters ist ersichtlich, dass Willy Brandt der Meinung war, hinter der politischen Karriere von Charles de Gaulle habe Guy de Rothschild gestanden, der zusammen mit seinem britischen Cousin die Widerstandsbewegung *Forces Françaises Libres* gründete, um die französische Republik aus den Klauen der Nazis zu befreien. Baron Guy de Rothschild förderte unter anderem die politische Karriere seines Logenbruders Charles de Gaulle zum zukünftigen Präsidenten Frankreichs und verstaatlichte erstaunlicherweise bereits im Jahre 1944 einen Teil des Rothschild-Besitzes in den Bereichen Strom und Versicherungen. Hierdurch kam diese Dynastie zu unfassbar großem Reichtum. Hinter dieser Verstaatlichung stand natürlich die ganze französische Familie de Rothschild.

In diesem Zusammenhang ist es wichtig, darauf hinzuweisen, dass Baron Guy de Rothschild in der Nachkriegszeit ebenfalls die politischen Karrieren von seinen Logenbrüdern der französischen Grand-Orient-Freimaurerei, George Pompidou, François Mitterand und Nicolas Sarkozy, unterstützte. Baron Guy Edouard verstarb 2007 im Alter von 98 Jahren. Die andere französische Rothschild-Größe hieß Baron

Elie Robert. Er war nicht nur ein einflussreicher Bankier, sondern auch ein bekannter Winzer. Am Anfang des Krieges geriet er mit seinem Bruder Alain zusammen in deutsche Kriegsgefangenschaft und wurde auf Schloss Colditz in Sachsen untergebracht, wo er unter Aufsicht der SS bis 1945 ein luxuriöses Leben führte. In dieser für ihn eher angenehmen Zeit traf er sich insgeheim mit zahlreichen deutschen Logenbrüdern, wie Hjalmar Schacht, Baron von Schröder, Herrmann Schmitz und Colonel Metz von der IG Farben, Gustav Krupp, von Bohlen und Halbach und Franz von Papen, um insbesondere finanzielle Strategien und Abwicklungen zu besprechen.

Gemäß den Unterlagen meines Großvaters war Baron Elie Robert als Bindeglied zwischen den hochrangigen deutschen Freimaurern und Nazigrößen einerseits und den Rothschild- und Rockefellerdynastien andererseits ausgewählt worden. Der Stützpunkt der so kompliziert verflochtenen Interessen lag offensichtlich in der von der Familie Rothschild gegründeten und kontrollierten *Bank für Internationalen Zahlungsausgleich* (BIZ) in Basel.

Heinrich Himmler z.B. war es wohl völlig klar, dass alle Wege zu der britischen Rothschilddynastie über den internierten Baron Elie Robert und Freiherr Kurt von Schröder führten. Mein Großvater wagte sogar eine äußerst mutige These, die Marion Gräfin Dönhoff ebenfalls mit ihm teilte: Der Baron Elie Rothschild war kein Gefangener, wie die offizielle Geschichtsschreibung es schildert, sondern wurde absichtlich von der freimaurerischen Weltelite als Verbindungsmann zur Nazi-Elite im Schloss Colditz untergebracht, um im Laufe des Krieges die Interessen beider Seiten koordinieren zu können. Allein aus diesem Grund wurde er von den Nazis höflich und zuvorkommend behandelt und durfte sogar während der „Gefangenschaft" 1942 die Baronin Liliane Fould-Springer heiraten.

Das Schloss Colditz stand unweit von Leipzig und war ein riesiger Internierungskomplex mit zahlreichen Räumlichkeiten für die verschiedenen Häftlinge. Zu den prominenten Inhaftierten, die äußerst milde behandelt wurden, gehörten unter anderem der Neffe von Winston Churchill, Giles Romilly, wie auch der Neffe von König George dem VI., George Lascelle. Sie waren zusammen mit vielen anderen hohen Offizieren und bedeutenden Persönlichkeiten im *Oflag IV C* dieses Schlosses in Sachsen untergebracht, dem Kriegsgefangenenlager für allierte Soldaten. Dort gab es außerdem Gemächer, die für wichtige Verbindungsmänner zur Verfügung gestellt wurden, wie eben für den Baron Elie Robert de Rothschild und seinen Bruder Alain. Offiziell interniert, genossen sie dort inoffiziell ein luxuriöses Leben, von dem viele andere Häftlinge nichts wussten. Dieser spezielle Teil des Schlosses Colditz stand unter der persönlichen Obhut des Schatzkanzlers des Freundeskreises von Keppler und Himmler, Kurt Freiherr von Schröder, der im Grunde ein Verbindungsmann der britischen Rothschilds und der Nazi-Elite war (vor allem zu Himmler).

Zusammenfassung gemäß den Unterlagen meines Großvaters:
Seit der Gründung der *Federal Reserve Bank* in New York im Jahr 1913 durch die Bankiersdynastie der Rockefellers und der britisch-französisch-österreichischen Rothschilds regierten folgende Persönlichkeiten die Welt, orientiert an den freimaurerischen Richtlinien mit ihren geheimen Strukturen:

1. von 1913 bis 1915 Nathan Mayer Rothschild, 1. Baron Rothschild,

2. von 1915 bis 1936 Lionel Mayer Rothschild, 2. Baron Rothschild, und

3. von 1936 bis 1945 Viktor Rothschild, 3. Baron Rothschild, gestorben 2000 (von 1943 bis 1945 als „Duo" zusammen mit seinem französischen Cousin Baron Guy de Rothschild).

Hier sollte noch erwähnt werden, dass der erste „Herrscher der Welt", Nathan Mayer Rothschild, durch seinen jüdischen Glauben in den britischen Erbadel erhoben wurde. Er besuchte das elitäre *Trinity College* (Cambridge) und wurde in den Freundeskreis (!) des Prince of Wales und späteren König Eduard VII. aufgenommen. Neun Jahre später erhielt er einen Sitz im House of Lords und wurde zum Baron Rothschild ernannt – eine erstaunliche Blitzkarriere des damals reichsten, wenn auch nicht adligen Menschen der Welt. Nathan Mayer war unglaublich reich, sogar reicher als die amerikanischen Rockefellers und Morgans zusammen, denn eigentlich standen die europäischen Rothschilds hinter der Gründung der privaten, amerikanischen *Federal Reserve Bank*, obwohl die offizielle Version auf die Rockefellers aus New York als ihre wahren Gründer verweist. Zu diesem Zeitpunkt (vor dem Ausbruch des Ersten Weltkriegs 1914) konkurrierten beide Dynastien um den Zugang zu den reichsten Erdölvorkommen auf der ganzen Welt, die Rockefellers mit ihrer *Standard Oil Company* und die Rothschilds mit ihrer *Royal Dutch Shell plc*. Der Zankapfel dieses Wettbewerbes lag in Asien.

Bis 1914 waren weder die Rothschilds, Rockefellers und Morgans noch die Barings, Vanderbilts und Harrimans die reichsten Bankiers- und Industriedynastien der damaligen Welt. Noch reicher waren die Habsburger in Ungarn-Österreich, die Hohenzollern in Preußen, die Romanovs im zaristischen Russland und die Windsors (Sachsen-Coburg-Gotha) im Commonwealth – aufgrund ihres Grundbesitzes, der Immobilien (Schlösser und Paläste) und der Kunstsammlungen. (Lord Byron und Heinrich Heine betonten in ihren Werken, dass die Rothschilds die Hauptwerte der christlichen Zivilisation grundlegend geändert haben: Der Ackerboden als Maßstab des Reichtums wurde durch das Geld ersetzt. Die Aristokratie besaß jedoch wenig Bargeld!) Doch das damalige *Komitee der 300* mit der Spitzenelite der Freimaurerei hatte insgeheim beschlossen, durch die Anstiftung zum Weltkrieg die drei Hauptkonkurrenten um die Weltherrschaft – Russland, Preußen und Österreich-Ungarn – auszuschalten, wobei die Mitglieder des freimaurerischen *Palladin-Ritus* im Nachhinein den Kommunismus in Russland mit Gewalt herbeiführen sollten. (Im *Palladin-Ritus* sind die Hochgrade des französischen *Grand Orient* mit denen des *Schottenritus* verbunden.) Die Freimaurer versöhnten sich sogar zwecks ihres gemeinsamen Ziels, das Millionen Menschen das Leben kostete, mit den britischen Windsors, die ebenso darauf bedacht waren, ihre hochadligen Konkurrenten um die Weltressourcen auszuschalten.

Wie bekannt, begann alles in Sarajevo im Juni 1914, als der Thronfolger des Habsburger Reiches, Franz Ferdinand, zusammen mit seiner böhmischen Frau, Sophie von Chotek, durch ein Attentat ums Leben kam. Hinter dem Attentat stand eine serbische freimaurerische Organisation, die „Schwarze Hand", die angeblich ein großes und unabhängiges Serbien errichten wollte. Paradoxerweise haben dieselben freimaurerischen Clubs fast einhundert Jahre später (1999-2000) das starke Jugoslawien durch einen künstlich inszenierten Krieg abgeschafft. Einer der Hauptgründe waren reiche Uranvorkommen im Kosovo.

„Ich sehe in der nahen Zukunft eine Krise heraufziehen, die mich verunsichert und mich aus Angst um die Sicherheit meines Landes erzittern lässt; Unternehmen wurden inthronisiert, eine Ära der Korruption bis in die höchsten Stellen wird folgen, und das Geldsystem des Landes wird bestrebt sein, seine Herrschaft fortzusetzen, basierend auf der Unwissenheit des Volkes – so lange, bis der Reichtum sich in einigen wenigen Händen angesammelt hat und die Republik zerstört ist. Im Augenblick habe ich mehr Angst um die Sicherheit meines Landes als jemals zuvor, sogar mitten im Krieg."

Abraham Lincoln (1809-1865)

Kapitel 3
Der Einfluss von Albert Pike

Der legendäre Albert Pike, gewählter *Souveräner Großkommandeur des Obersten Rates der Südlichen Jurisdiktion des Alten und Angenommenen Schottischen Ritus von Nordamerika*, starb am 2. April 1891 in Washington D.C. („Souveräner Großkommandeur" ist die Bezeichnung für die höchste Einweihungsstufe der Schottengrade der Freimaurerei).

Bei einem Treffen mit Prinz Bernhard der Niederlande machte sich mein Großvater Notizen dazu, dass Pike am Ende des 19. Jahrhunderts der bedeutendste Freimaurer der Welt war. Er war Okkultist sowie Satanist, war sehr intelligent und hatte eine charismatische Persönlichkeit mit teuflischen Zügen und wurde als eine Art „Guru" angesehen. Er war es, der die Superlogen (*Osiris-*, *Horus-* und *Heliopolis-Loge*) für die reichsten und einflussreichsten Menschen der Welt gründete. In seinem Werk „Morals and Dogma of the Ancient and Accepted Scottish Rite of Freemasonry" aus dem Jahr 1872 betonte er mehrmals, dass es in der näheren Zukunft neue Weltherrscher geben würde, die ihre machthungrigen Ziele durch drei Weltkriege erreichen wollten.

Diese drei Weltkriege skizzierte er laut dem Autor William Guy Carr folgendermaßen:

> „*Der Erste Weltkrieg* muss herbeigeführt werden, um es den Illuminaten zu ermöglichen, die Macht des Zaren in Russland zu stürzen und dieses Land zu einer Festung des atheistischen Kommunismus zu machen. Die Zwietracht, die durch die ‚Agenten' der Illuminaten zwischen dem britischen und dem deutschen Reiche verursacht wird, soll genutzt werden, um diesen Krieg zu schüren. Am Ende des Krieges soll der Kommunismus aufgebaut und genutzt werden, um die anderen Regierungen zu zerstören und um die Religionen zu schwächen.*" (Mein Großvater fand es hierbei erstaunlich, dass das Commonwealth von der erwünschten gewaltsamen Auslöschung der euro-asiatischen Imperien nicht betroffen war.)
>
> „*Der Zweite Weltkrieg* muss unter Ausnützung der Unterschiede zwischen den Faschisten und den politischen Zionisten geschürt werden.

Dieser Krieg muss so gesteuert werden, dass das Nazitum zerstört wird und dass der politische Zionismus stark genug sein wird, um einen souveränen Staat Israel in Palästina einrichten zu können. Während des Zweiten Weltkriegs, muss der internationale Kommunismus stark genug werden, um eine gleichwertige Gegenkraft für die Christenheit zu sein, die dann zurück- und in Schach gehalten werden kann, bis zu der Zeit, wenn wir es für den endgültigen sozialen Zusammenbruch (Kataklysmus) brauchen." (Hierzu meinte mein Großvater, dass dies beweist, wer tatsächlich den Antisemitismus schürte und somit die Grundlagen für eine nationalsozialistische Ideologie – den Faschismus – gelegt hatte.)

*„**Der Dritte Weltkrieg** muss eingeleitet werden, indem die Differenzen zwischen den politischen Zionisten und den Führern der islamischen Welt ausgenutzt werden, die von den ‚Agenten' der ‚Illuminati' aufgebaut werden müssen. Der Krieg muss so gelenkt werden, dass sich der Islam (die muslimische arabische Welt) und der politische Zionismus (der Staat Israel) gegenseitig vernichten. Gleichzeitig werden die anderen Nationen über die dadurch ausgelöste Spaltung gezwungen sein, sich gegenseitig so zu bekämpfen, bis sie körperlich (physisch), moralisch, geistig und wirtschaftlich völlig verausgabt sind.“* (Mein Großvater notierte in seinen Unterlagen aus den Jahren 1991 bis 1993, dass weltweit zwischen den Christen und den Moslems ein riesiger Streit künstlich geschürt würde, der vermutlich in den Dritten Weltkrieg auf dem asiatischen Kontinent münden solle. Der einzige Grund, warum der Dritte Weltkrieg noch nicht begonnen hätte, wäre die Entdeckung der Nuklearwaffen, was damals der Großmeister und Mystiker Albert Pike im 19. Jahrhundert noch nicht hatte vorhersehen können.)

Und weiter führte Pike aus:
„Wir werden die Nihilisten und Atheisten loslassen; wir werden einen gewaltigen gesellschaftlichen Zusammenbruch provozieren, der in seinen ganzen Schrecken den Nationen die Auswirkungen von absolutem Atheismus, dem Ursprung der Grausamkeit und der blutigsten Unru-

hen, klar vor Augen führen wird. Dann werden die Bürger – gezwungen, sich gegen die Minderheit der Revolutionäre zur Wehr zu setzen – diese Zerstörer der Zivilisation ausrotten. Die Mehrheit der Bürger wird, gottgläubig wie sie ist, nach der Enttäuschung durch das Christentum und daher ohne Orientierung, besorgt nach einem neuen Ideal Ausschau halten, ohne jedoch zu wissen, wen oder was sie anbeten soll. Dann sind die Menschen reif, das reine Licht durch die weltweite Verkündung der reinen Lehre Luzifers zu empfangen, die endlich an die Öffentlichkeit gebracht werden kann. Sie [die Verkündung] wird auf die allgemeine reaktionäre Bewegung folgen, die aus der gleichzeitigen Vernichtung von Christentum und Atheismus hervorgehen wird."

Hierzu fand ich in den Dokumenten eine weitere Ergänzung meines Großvaters, nämlich dass diese drei Thesen des Großmeisters und freimaurerischen Gurus Albert Pike mit dem geopolitischen Grundsatz der britischen Windsors in Verbindung gebracht werden könnten: *„Wer Eurasien beherrscht, der wird über die ganze Welt regieren."* Erstaunlich, nicht wahr?

Pikes Meinung zufolge konnte die wahre Macht nur mit Hilfe von großem Reichtum erzielt werden, weswegen er ausschließlich die reichsten Familien der Welt an der freimaurerischen Spitze haben wollte. Dieser Grundsatz wurde zu einer der wichtigsten Richtlinien der freimaurerischen Bewegung. Pike war ganz klar der Meinung, dass nur die reichsten Menschen der Welt in der Lage waren, Kriege und politische Umwälzungen zu finanzieren. Deshalb war es sein Plan, Logen-Mitglieder in die Politik zu schleusen und bedeutende Politiker für die Freimaurerei zu gewinnen, um sie in bestimmte Logen-Stufen einzuweihen. Die letzten Entscheidungen über die einzelnen Werdegänge und Aufgaben dieser Regierungsmitglieder sollten die versteckt im Hintergrund agierenden höchsten Logenbrüder treffen.

Abb. 25: Albert Pike

Die Menschen der westlichen Welt sind in dem naiven Glauben, dass wir freie Wahlen und einen Parteienpluralismus haben mit politisch-wirtschaftlichen Meinungsverschiedenheiten. De facto ist es aber so, dass die Anführer der Parteien – egal, welcher etablierten Partei – Mitglied in einer der Logen sind und demzufolge immer auf Geheiß agieren. Auf diese Weise sollte die Bevölkerung in dem Glauben gehalten werden, dass sie die Regierungsmitglieder tatsächlich aus verschiedenen Parteien frei gewählt hat. Doch sowohl über die potentiellen, künftigen Politiker als auch über die Vielfalt der Parteien und deren Eigenschaften sollten letztendlich ebenso die reichen Logenbrüder entscheiden – entweder durch ihre freimaurerische Hierarchie oder durch finanzielle Unterstützung (Korruption).

Pike sah die Demokratie als perfektes Mittel (Deckmantel) zur Übernahme der Weltherrschaft durch den freimaurerischen Bund. Des Weiteren meinte er, man müsse die Bevölkerung ständig mit den utopischen, freimaurerischen Parolen über Freiheit, Gleichheit und Brüderlichkeit betrügen und benebeln, bis sie schlussendlich daran glaubt.
Obwohl amerikanischer Staatsbürger und Jurist, war Pike ein ausgesprochener Anhänger der Britischen Krone und des Commonwealth. Er sah sich sogar als geistiger Nachkomme des Gouverneurs der *Virginia Company*, Sir Francis Bacon. (*Francis Bacon*, 1. Viscount St. Albans, 1. Baron Verulam, 1561 bis 1626, war ein englischer Philosoph, Staatsmann und als Wissenschaftler Wegbereiter des Empirismus.) Mithilfe des absichtlich angestifteten Weltkriegs wollte er außerdem die weitere Ausdehnung und Expandierung des British Empire durch das Ausschalten der größten Konkurrenten der königlichen Familie, nämlich das Zarenreich und die zwei Kaiserreiche, fördern. Um dieses Vorhaben Schritt für Schritt bewerkstelligen zu können, sollte in Zukunft das gewaltige militärisch-wirtschaftliche Potential der USA der Britischen Krone und dem internationalen Freimaurertum (Illuminatentum) zur Verfügung gestellt werden. Mein Großvater war der Meinung, dass der Großmeister Pike offiziell nie seine Heimat, die Vereinigten Staaten von Amerika, als souveränen Staat anerkannte. Für ihn war die USA

immer noch die transatlantische britische Kolonie, eine Fortsetzung der legendären *Virginia Company*.

Zur Information: Zum besseren Verständnis der Zusammenhänge und wegen der mehrfachen Erwähnung der *Virginia Company* im weiteren Verlauf des Buches, hier einige detaillierte Informationen:

1604 trafen sich englische, führende Politiker, Geschäftsmänner, Wirtschaftsleute und Bankenmogule, um eine Aktiengesellschaft bzw. Firma mit dem Namen *Virginia Company* zu gründen. Der Firmeninhaber war König James I. Tatsächlich wurden zwei voneinander unabhängige Firmen gegründet: die *Virginia Company of London* und die *Virginia Company of Plymouth*. Ziel war es, Amerika zu einer dauerhaften Kolonie zu machen und die dortigen Rohstoffe (wie Gold) auszubeuten sowie die Fruchtbarkeit der Böden z.B. für den Tabakanbau zu nutzen. So kaufte die *Virginia Company* das Land, welches wir heute als USA kennen – einschließlich der Bermudas und der karibischen Inseln. Die *Virginia Company* – sprich die *Britische Krone* und ihre blutsverwandten Familien – hielt 50% der Rechte an Rohmaterialien und Mineralien sowie 5% der Profite beider Unternehmen.

Die *Virginia Company of Plymouth* löste sich 1609 auf, die *Virginia Company of London* blieb weiterhin bestehen. In den ersten 21 Jahren des Aufbaus wurden alle Einnahmen aus Steuern und Handel direkt an die Britische Krone gezahlt. Auch das Land blieb letztendlich im Besitz der Britischen Krone, sodass niemand z.B. Goldschürfrechte privat erwerben konnte. Der König bestimmte darüber hinaus, dass alle Siedler die englische Sprache sprechen sowie Christen sein mussten. Hierzu sollten auch die Ureinwohner gezwungen werden – notfalls mit Gewalt, Folter und Inhaftierung.

Die ersten Siedler, die 1607 in die „Neue Welt" segelten, sollten beim Aufbau der Kolonien (wie Jamestown) helfen sowie hohe Profite für die Anteilseigner der *Virginia Company* erwirtschaften. Im Gegenzug übernahm man die Kosten der Überfahrt und versprach ihnen Verpflegung, Kleidung und Schutz. Nach sieben Jahren sollten sie außerdem Gesellschaftsanteile bekommen und Landbesitz. Entgegen allen Versprechungen führten sie jedoch ein sehr anstrengendes, arbeitsreiches und armes Leben. Die *Virginia Company* selbst machte enorme Schulden, Anteilseigner setzten ihre Zahlungen aus, und die erhoffte Ausbeute des Landes blieb weitestgehend aus. Trotz zahlreicher Rettungsversuche im Laufe der Jahre verschlimmerte sich der Zustand der Siedlung zusehends, und so wurde sie 1624 in eine Kronkolonie umgewandelt und von jetzt an jeweils von einem vom König ernannten Gouverneur verwaltet. Diese Regelung hatte Bestand, bis die Kolonie 1783 in die *Vereinigten Staaten von Amerika* umgewandelt wurde.

Und obwohl aus der damaligen *Virginia Company* bereits im Jahre 1783 die USA entstand, bezeichnen viele, vor allem sog. „Verschwörungstheoretiker", die Vereinigten Staaten noch heute als eine britische Kolonie – als eine Firma namens „Virginia Company". Außerdem soll Großbritannien immer noch – natürlich inoffiziell – die politischen Fäden ziehen und Kontrollorgan sein.[11] (Es ist bestimmt kein Zufall, dass die entscheidenden Geheimdienste bis heute auf „englischem" Virginia-Company-Gelände liegen.)

Nun zurück zu Albert Pike: Laut seinen Thesen sollte die Außenpolitik der USA von der Britischen Krone bestimmt werden, die sich wiederum am freimaurerischen Illuminatismus orientieren sollte. Die zukünftige Weltmacht allerdings sollte durch die Bankiers bestimmt und finanziert werden. Albert Pike, dieser große Guru der Illuminaten, stellte somit die ideologischen Weichen für die internationale freimaurerische Bewegung der Zukunft.

Vermutlich um das Jahr 1890 fand ein einmaliges und wenig bekanntes Ereignis statt, welches aber von großer Bedeutung für die Zukunft der Menschheit war:

Im Jahre 1885 wurde Nathan Mayer Rothschild, 1. Baron Rothschild, vom späteren britischen König Edward VII. in den Freundeskreis des Prince of Wales aufgenommen – ganz genau so, wie sich der mächtige Pike die beginnende Verbindung des Bankiers Rothschild mit der königlichen Familie vorgestellt hatte. Mein Großvater behauptete, dass um diese Zeit der britische Prinz und spätere König Edward VII. dem freimaurerischen Bund beigetreten sei. Vermutlich schon zu diesem Zeitpunkt wurden beide Größen – der spätere englische König Edward VII. und Nathan Mayer Rothschild – in die damals neu gegründete Osiris-Loge aufgenommen.

Albert Pike war es wohl auch zu verdanken, dass diese geheime, freimaurerische Organisation seit der Gründung der *Federal Reserve Bank* 1913 zur inoffiziellen Weltregierung herangewachsen war.

Aus den Aufzeichnungen meines Großvaters kann man ersehen, dass Pike von der Macht des Commonwealth besessen war. Mit Herz und Seele förderte er die politisch-kolonialen Interessen des britischen Königreiches, um vor allem das gesamte Eurasien unter seine Herrschaft bringen zu können, denn er sah sich ja als geistigen Nachfolger von Francis Bacon – von dem vermutet wird, dass er der uneheliche Sohn von Königin Elisabeth I. war. Bacon hielt den nordamerikanischen Subkontinent für das neue Atlantis der Britischen Krone, und Pike wiederum sah das neue Atlantis des kommenden 20. Jahrhunderts in Asien als das Tor zur vollkommenen Weltherrschaft. Um dieses teuflische Ziel bewerkstelligen zu können, hatte Pike den freimaurerischen Hochgrad-Bund ausgebaut und seine Struktur und Bestrebungen dementsprechend modifiziert und angepasst. Das Freimaurertum wurde hierbei skrupellos als Mittel zur Welteroberung durch das British Empire benutzt.

Pikes Vorschlag war es, die zuvor genannten drei Weltkriege zu inszenieren, um Eurasien unter die britische Herrschaft zu bringen. Pike verstarb 1891. Halford Mackinder übernahm die Idee in seiner *Heartland Theory* und der *Entente Cordiale.*

Kapitel 4
Illuminatenwahnsinn, Widersprüche und Lügen

Die Johannis-Freimaurerei (im Englischen „Blaue Grade" genannt) wird in drei Stufen (Johannis-Grade) unterteilt: Lehrling, Geselle und Meister. Nach dem Erreichen des Meistergrades hat man bei uns in Deutschland und in Österreich normalerweise die Wahl, in eines der beiden Hochgradsysteme überzuwechseln: den christlich geprägten *York-Ritus* (mit 10 Graden) oder den jüdisch geprägten *Schottenritus* (mit 33 Graden). Es gibt zwar weltweit noch andere Hochgradsysteme, aber diese sind eher bedeutungslos.

Die Grade des Schottenritus:

Perfektionsgrade:
4° *„Geheimer Meister"*
5° *„Vollkommener Meister"*
6° *„Geheimer Sekretär"*
7° *„Vorgesetzter und Richter"*
8° *„Intendant der Gebäude"*
9° *„Auserwählter Meister der Neun"*
10° *„Auserwählter Meister der Fünfzehn"*
11° *„Erhabener Auserwählter Ritter"*
12° *„Großmeister-Architekt"*
13° *„Meister des Neunten Bogens"*
14° *„Großer Auserwählter und Vollkommener Maurer"*

Kapitelgrade:
15° *„Ritter des Degens"* oder *„…des Ostens"*
16° *„Prinz von Jerusalem"*
17° *„Ritter vom Osten und Westen"*
18° *„Ritter Rosenkreuzer"*

Philosophische oder Areopag-Grade:
19° *„Groß-Pontifex"*
20° *„Großmeister aller Symbolischen Logen"*

21° „Noachit" oder „Preußischer Ritter"
22° „Ritter der Königlichen Axt" oder „Prinz von Libanon"
23° „Oberster des Tabernakels"
24° „Prinz des Tabernakels"
25° „Ritter der ehernen Schlange"
26° „Schottischer Trinitarier" oder „Prinz der Gnade"
27° „Ritter-Kommandeur des Tempels"
28° „Ritter der Sonne"
29° „Ritter des Heiligen Andreas von Schottland"
30° „Ritter Kadosh" oder „... des Schwarzen und Weißen Adlers"

Konsistorialgrade:
31° „Großinspekteur-Inquisitor" oder „Inquisitor-Meister"
32° „Prinz des Königlichen Geheimnisses"

Grad des Obersten Rates:
33° „Souveräner General-Großinspekteur"

Die Johannis-Freimaurerei ist mit ihren drei Graden das Tor zu den Hochgraden, wobei die meisten Johannis-Maurer keinen Schimmer haben, was sie ab dem 31. Grad Schottenritus erwartet. Selbst innerhalb der Hochgrade wissen viele Logenbrüder nicht, worum es überhaupt geht. Und worum geht es? Das Ziel der Freimaurer ist vor allem eine friedvollere Welt mit dem finalen Ziel: einem globalen Staatenbund – einer Weltregierung. Aufgrund dessen waren sie auch die Gründer des Völkerbundes und später auch der UNO.

Damit Sie nicht glauben, dass sich mein Großvater das aus den Fingern gesogen hat, mögen hier ein paar Zitate von Freimaurern zur Bestätigung dienen:

„*Gewiss: In einem Punkte haben die Leute, die Zusammenhänge zwischen Freimaurerei und Völkerbund vermuten, recht. Der Völkerbund als solcher ist freimaurerischer Konzeption entsprungen. Mitten im Kriege waren es die Vertreter einer Reihe von Entente- und neutralen Großbehörden, die auf einer Tagung in Paris dem Gedanken Ausdruck verliehen, der organisierte Völkermord müsse in Zukunft durch eine*

Liga der Nationen unmöglich gemacht werden. Das ist ein Aktivum der Freimaurerei, auf das sie stolz sein darf." (Freimaurer Eugen Lennhoff, Aufsatz „Völkerbund und Freimaurerei" in „Wiener Freimaurer-Zeitung" Nr. 6, Juni 1927, S. 14)

„Wollen wir als ehrliche Freimaurer vorwärtskommen, so müssen wir mit Strauß resolut bekennen: Wir sind keine Christen mehr, wir sind Freimaurer, nichts mehr und nichts weniger – punktum! Wir müssen unsere Kraft konzentrieren auf das Eine, was der Menschheit nottut, auf den Menschheitsbund." (Freimaurer M. G. Conrad in „Die Bauhütte", Leipzig, Jahrgang 1874)

„Auf dem internationalen Freimaurerkongress, der am 16. und 17. Juli 1889 zu Paris stattfand, wurde als das zu erstrebende Ziel ganz offen die Weltrepublik verkündet. Die Freimaurerei sei berufen, als die geeignete Dolmetscherin des Willens der Volkssouveränität die Geschichte der Länder und der ganzen Menschheit zu bestimmen. Auf diesem Kongress wurde die Hoffnung ausgesprochen, dass der Tag kommen würde, an dem die Monarchien Europas zusammenstürzen. Das ist der Tag, den wir erwarten, und dieser Tag ist nicht mehr fern." (Aufsatz „Weltrepublik" im „Mecklenburger Logenblatt", Jahrgang 1889, S. 197)

*„Meine Brüder! Im Jahre 1000 glaubte die alte abergläubische Welt, ihr Ende sei gekommen; in Wahrheit begann da erst recht ihre Herrschaft. Ihr Todeskampf nahm 1789 seinen Anfang. Ein Jahrhundert später haben wir Sie, meine Brüder, eingeladen, Zeuge ihrer letzten Todeszuckungen zu sein und zugleich die Morgenröte einer neuen Welt zu schauen, einer Welt, deren Entstehung unsere Weltausstellung ankündigt; es ist dies die Welt der Arbeit, der Wissenschaft, der Gerechtigkeit und des Friedens. Wir sind bessere Propheten als unsere Gegner, und als solche rufen wir letzteren zu: **Ganz sicher wird das Jahr 2000 euer Ende besiegeln**; die Anzeichen hierfür treten Tag für Tag untrüglicher in Erscheinung...*

Die soziale Revolution ist's, welche unseren gemeinsamen Feind zu Falle bringen wird, wie sie alle Tyranneien Europas und der Welt untergräbt, ganz wie Heinrich Heine mit Prophetenblick schon 1835 vorhersagte: ,Ihr werdet demnächst bei unseren Nachbarn Zeuge eines Zusammenbruchs sein, im Vergleich mit welchem eure Revolution nur ein Kinderspiel war...'

Der Tag wird kommen, an welchem bei den Völkern, die weder ein 18. Jahrhundert noch ein 1789 hatten, die Monarchien und die Religionen zusammenstürzen. Dieser Tag ist nicht mehr fern. Das ist der Tag, den wir erwarten. An diesem Tage werden alle Enterbten emanzipiert, alle Ungerechtigkeiten gesühnt, alle Privilegien beseitigt, alle vergewaltigten Provinzen (Elsass-Lothringen, Polen, Galizien und so weiter) ihr Selbstbestimmungsrecht wieder erhalten.

Dann werden Großlogen und alle Großoriente der ganzen Welt sich in einer Universalverbrüderung zusammenfinden. Die Spaltungen und die Landesgrenzen, durch welche die Freimaurerei getrennt ist, werden dann verschwunden sein. Das ist das glanzvolle Zukunftsideal, das uns vorschwebt. Unsere Sache ist es, den Tag dieser allgemeinen Verbrüderung zu beschleunigen. Zur Bezeichnung dieses Zukunftsideals bedürfen wir eines universalen Losungswortes und Sammelrufes. Unsere Marseillaise gab die Losung aus: Zu den Waffen gegen alle Tyrannen!"
(Freimaurer Francolin auf dem internationalen Freimaurer-Kongress in Paris 1889, laut „Congrés maconnique international du Centenaire 1789-1889")

„Der Schwerpunkt unserer Arbeit liegt in den Hochgraden. Dort machen wir den Fortschritt, die Politik und die Weltgeschichte. Darum ungeschmälerte Aufrechterhaltung des Scotismus (Vorrangstellung des Willens vor der Vernunft; A.d.A.)! In ihm haben unsere Väter ihre glorreichen Taten vollbracht, die Tyrannen gestürzt, die Fremden verjagt usw. Aber noch ist das große Werk in Italien nicht vollbracht. Darum brauchen wir noch das Schottentum (Schottengrade 4.-33. Grad; A.d.A.). Was soll uns Johannes (Johannisgrade 1.-3. Grad; A.d.A.)? Nichts anderes, als uns seinen friedsamen Namen leihen, damit wir unsere Feinde überrumpeln. Was soll uns das Symbol? Es soll uns Schild

und Schirm sein am Tage des Kampfes. Nichts weiter. Was sollen uns alle Formen der Loge? Sie sollen uns verstecken vor unseren Feinden."
(Ein neapolitanischer Freimaurer in einer Logen-Festversammlung am 26.3.1875, laut „Freimaurer-Zeitung", Leipzig 1875, 28. Jahrgang, S. 150)

„Die Mitglieder des Schottischen Ritus sind aufs Strengste verpflichtet, in der Johannis-Loge niemals anders als im Zeichen des Meistergrades aufzutreten, nur die ‚Bekleidung' des Meisters zu tragen, niemals die farbenprächtigen Bänder und Schürzen der hohen und höchsten Grade. Sie dürfen keinem Bruder, Lehrling, Gesellen oder Meister davon Mitteilung machen, dass sie den Hochgraden angehören. Nicht nur die Lehren und Riten der Schottischen Maurerei, sondern sogar die Namen der Hochgradbrüder bleiben demnach dem Durchschnittsfreimaurer unbekannt... Da sie die eigentlichen Träger der freimaurerischen Eingeweihten, die ‚Wissenden' sind, besitzen sie die wahre Macht im Orden... Mehr als einmal hat es sich ereignet, dass sich Logen ziemlich einmütig gegen die unkontrollierbare Vorherrschaft der Hochgradmaurer in ihren Reihen aufgebäumt haben. Immer aber war dies vergeblich!" (33.-Grad-Freimaurer Konrad Lerich nach seinem Logenaustritt in dem Buch „Der Tempel der Freimaurer. Der 1. bis 33. Grad. Vom Suchenden zum Wissenden", Bern 1937, S. 24f).

„Gewiss habt Ihr auch schon gehört, dass die Logen ‚viel Gutes tun'. Die profane Welt weiß von ihnen kaum mehr, als dass in den Logen Wohltätigkeit geübt wird. Nun, daran ist etwas Wahres, liebe Benjaminbrüder...
*Doch Profane und Freimaurer täuschen sich gleichermaßen, wenn sie glauben, das sei die Hauptarbeit der Logen... Die Freimaurerei ist nicht dazu da, die Menschheit mit milden Gaben zu betören, das überlässt sie den Wohltätigkeitsvereinen, **sondern sie trachtet als philosophische und progressive Institution danach, die profane Gesellschaftsordnung als letzte Ursache des Unglücks zu beseitigen und dass ihren Platz die freimaurerische Staats- und Gesellschaftsordnung einnehme... Brüder, vergesset also nie, dass die Loge kein Club oder Verein ist, in***

welche wir wegen nichtiger Privatziele von untergeordneter Bedeutung gehen, sondern dass die Loge die Verkörperung des Staatssystems ist...

Wenn Euer Herz von vielem Leid erweicht und Ihr in der Absicht hierher kamet, im Rahmen einer Wohltätigkeitsgruppe Eure Heller der Unterstützung einiger armer, vom Schicksal verfolgter Menschen zuzuwenden, und Ihr glaubet, dass damit Eure Berufung erfüllt sei, dann kehret um... Wenn nur das unser Ziel wäre, dann hätten wir das Geheimnisvolle keinesfalls nötig." (Zeitschrift „Kélet", Organ der symbolischen Großloge von Ungarn, 13. Jahrgang, Nr. 9, Juli/August 1911, und Nr. 10, September 1911, S. 252 ff)

„Ein Vorwurf gegen die Freimaurerei hat viele stutzig gemacht: Die Freimaurerei treibt zu viel Politik, sie treibt nichts anderes als Politik. Aber, großer Gott, wie sollte sie denn etwas anderes treiben als Politik? Man erklärt allerdings zu einem gegeben Zeitpunkte, nicht um eine Regel aufzustellen, sondern bloß der Form wegen, dass die Freimaurerei sich weder mit Religion noch mit Politik beschäftige. War das etwa Heuchelei? Vielmehr sahen wir uns unter dem Drucke der Gesetze und der Polizei genötigt, dasjenige zu verheimlichen, was zu tun, ja einzig zu tun, unsere Aufgabe ist." (Freimaurer Gonard am 18.9.1886 auf einem Bankett des französischen Grand Orient laut „Bulletin du Grand Orient de France", 1886, S. 545, laut J. Linbrunner in „Freimaurer und Umsturz", Regensburg 1919, S. 18)

„Vernichtet den Feind, wer es auch sei, vernichtet den Mächtigen mittels übler Nachrede und Verleumdung, aber vernichtet ihn so frühzeitig, wie nur möglich. Man muss zur Jugend gehen: Die Jugend muss man verführen, sie muss, ohne dass sie es ahnt, unter den Fahnen der geheimen Gesellschaften gesammelt werden. Um sich mit vorsichtigen Schritten, aber um so sicherer, auf dem gefahrvollen Wege nähern zu können, sind vor allem zwei Dinge notwendig: Ihr müsst Euch das Ansehen geben, sanft wie Tauben zu sein, aber klug wie die Schlangen. Eure Väter, Eure Kinder, selbst Eure Frauen dürfen niemals das Geheimnis, das Ihr in Euch tragt, erfahren... Ihr wisst, dass derjenige, der

sich freiwillig oder unfreiwillig verrät, damit sein Todesurteil unter-zeichnet." (Geheimdokument der italienischen Freimaurerei vom 20.10.1821, veröffentlicht von Crétineau-Joly in „L'Eglise Romaine contre la Révolution", Paris 1859, 2. Band, S. 86)

„Es gefiel den Souveränen, zum Beispiel dem Großen Friedrich, die Kelle in die Hand zu nehmen und sich das Schurzfell vorzubinden. Warum auch nicht? Da ihnen die Existenz der höheren Grade sorgfältig vorenthalten war, so kannten sie vom Freimaurer-Orden nur so viel, als man ihnen ohne Gefahr anvertrauen durfte." (Freimaurer Louis Blanc in „Histoire de la Révolution francaise")

„Geheime Verbrüderungen wie sie die Freimaurerlogen darstellen, be-werkstelligen ihr gegenseitiges sicheres Erkennen seit alten Zeiten nur durch ihnen allein bekannte eigenartige Mittel. Zumeist sind es unauf-fällige, gewöhnlich durch verschiedene Sinne wahrnehmbare Zeichen und Äußerungen, deren strengste Geheimhaltung bei der Aufnahme in den Bund gelobt beziehungsweise auch mit ernstem Eid bekräftigt wer-den muss. Es versteht sich denn auch ganz von selbst, dass diese Erken-nungszeichen nur dann gegeben werden dürfen, wenn ihre Geheimhal-tung nach allen Seiten hin gesichert, oder wie der Maurerausdruck be-sagt, wenn die ,Loge gedeckt ist'. Befürchtete man früher das Gegenteil, so warnte man einander mit der gesprächsweise hingeworfenen Bemer-kung ,es regnet'." („Des Freimaurerbundes zur aufgehenden Sonne Aufnahme-Instruktion", herausgegeben von Bruder Zier in Erfurt, Manuskript für Freimaurer, S. 19)

„Die Freimaurerei muss die Macht haben und sie hat sie: die öffentliche Meinung zu erzeugen und zu lenken." („Rivista massonica", Jahrgang 1892, S. 2)

„Entweder sind wir die Erzeuger und Lenker der öffentlichen Meinung oder wir haben überhaupt keine ernsthafte Existenzberechtigung." („Ri-vista massonica", Jahrgang 1889, S. 19)

Sie sehen, die Freimaurerei ist alles andere als ein harmloser Männerclub. Es ist klar, worum es geht – die Zitate sprechen eine klare Sprache. Sprechen Sie nun einen Freimaurer auf diese Zitate an – und es gibt zig mehr davon –, gibt es nur drei Möglichkeiten einer Reaktion: Er wird es zugeben, er wird es leugnen oder er weiß es tatsächlich nicht. Und das ist auch durchaus glaubhaft, denn viele Männer, die einer Freimaurerloge beigetreten sind, taten dies aus beruflichen, politischen oder wirtschaftlichen Gründen – oder aus allen drei zusammen. Sie erhoffen sich Vorteile für ihre Karriere – ganz einfach. Andere sind aus Neugier beigetreten und kommen aus dem Lions- oder dem Rotary-Club, wo sie angesprochen wurden.

Es ist tatsächlich so, dass sich Hochgradfreimaurer – wie eben in einem der Zitate geschildert – zu Treffen der Johannis-Grade dazugesellen und schauen, wer für ihr eigenes Hochgradsystem von Nutzen sein könnte. Dann wird man für gewöhnlich zu einem offenen Abend bei den Hochgraden eingeladen.

Wie gesagt sind die meisten Freimaurer aus den Johannisgraden naiv und erhoffen sich meist nur wirtschaftliche Vorteile. Dass jedoch alles seinen Preis hat, übersehen sie oft. Es mag sogar so sein, dass ein Freimaurer 15 Jahre bei den Hochgraden ist und nie direkt mit den Ideen der Illuminaten in Berührung kam und deren Ideologie – bis auf den Tag, an dem er als Arzt darum gebeten wird, im Sinne der Loge bei einem Patienten manipulativ einzuwirken oder gar bei einem „Selbstmord" den Totenschein so auszustellen, wie es die Loge wünscht. Oder man wird mit Hilfe des Logengeflechts und durch die Kontakte der Bruderschaft in einen hohen Posten in der EU gehievt, muss aber im Gegenzug nicht seine persönliche Meinung vertreten, sondern im Sinne der Loge agieren.

Das ist wirklich wichtig zu verstehen: Freimaurer ist nicht gleich Freimaurer. Es kommt auf die Zugehörigkeit in der entsprechenden Loge an und dann wiederum auf den Grad der Einweihung bzw. die Kenntnis innerhalb der eigenen Loge. Wer seinen Mund nicht halten kann, bekommt weniger zugetragen, ebenso jemand, der nicht loyal ist.

Es wird also nur wirklich eingeweiht, wer sich bewährt hat – und das über viele Jahre hinweg. Dann steigt er innerhalb der Hochgrade auf und danach über diese hinaus in andere Logen, in die er übernommen wird. Das Prinzip, dass man nur bestimmte Brüder einer Loge in die wahren Ziele der Freimaurerei einweiht, weil selbst ihre Lehrmeister die Geheimnisse der noch höheren Stufen und Einweihungsgrade nicht gänzlich verstehen und kennen, hat sich bewährt (*Strikte Observanz*). Auf diesem Unwissen der einzelnen Einweihungsgrade – sowohl der Schottischen als auch der York- bzw. der französischen Riten – beruht die wahre Macht der Freimaurerei. Dies ist bis heute die beste Methode, um die Logenbrüder willkürlich manipulieren zu können, damit sie die besten Werkzeuge der noch höheren Logenmeister auf deren gewissenlosen Karrierewegen werden. Es ist sogar so, dass die Logenmeister völlig andere Ziele verfolgen als ihre Logenschüler. Und die Diskrepanz der gesetzten Ziele ist häufig so gegensätzlich, dass z.B. die „Meister" einen Krieg anstreben, während ihre „Gesellen" an den Frieden glauben.

Um innerhalb einer Loge in einen höheren Grad bzw. von einem Hochgradsystem in eine andere Loge wechseln zu können, verlangte man damals wie heute grundsätzlich drei „Tugenden": bedingungslose Treue, der unaufhaltsame, wilde Drang nach Karriere (Karriere um jeden Preis – die größten Karrieristen waren hier herzlich willkommen) und keine Moral. Die Mitglieder dieser Untergruppe, ausgestattet mit diesen drei „Tugenden", wurden regelrecht von ihren Meistern verschiedenen Tests und Prüfungen ausgesetzt, bevor sie letztendlich für die richtige Freimaurerei zugelassen wurden.

Während die Johannis-Logen konfessionsfreie Züge aufzuweisen scheinen und grundsätzlich tolerant eingestellt sind, ändert sich das in den Hochgraden, vor allem beim Schottenritus, der mehr jüdisch-okkult ausgerichtet ist – und auf jeden Fall antichristlich. Das überrascht dann meist die Brüder, die einen christlichen Hintergrund haben, von dem sie sich dann nach und nach verabschieden sollen. Und je nach Land und Stadt und der entsprechenden „Qualität" der Brüder fließt das okkulte Wissen ein, bis hin zum Luziferianismus und Satanismus.

Eng an die Johannis-Freimaurerei sind diverse harmlose Clubs gebunden, die wir in jeder Stadt finden und die für den Normalbürger als harmlos erscheinen: Kiwanis, Rotary, Lions, Bohemians sowie die bekannte religiöse Sekte der Zeugen Jehovas.

Alle diese Clubs wurden von Freimaurern gegründet und dienen als erste Sammelstelle, wo man in Ruhe die Mitglieder beobachten und auch einschätzen lernen kann.

Die Rotarier und Lioneser werden zu Recht von den meisten Menschen als Wohltätigkeits-Organisation gesehen, weil die Johannis-Logen tatsächlich zu ihrer Tarnung unermüdlich die Wohltätigkeit in den Vordergrund stellen. Alle diese Clubs und einflussreichen, wohltätigkeitsorientierten Vereine und Organisationen stehen mit der Johannis-Freimaurerei in Verbindung bzw. werden von dieser gesteuert, weil immer mindestens einer der Rotarier oder vom Lions-Club gleichzeitig auch Freimaurer ist.

Zur Information zu den Zeugen Jehovas: Diese Religionsgemeinschaft wurde am Ende des 19. Jahrhunderts in den USA vom Großmeister des 32. Grades des Schottischen Ritus, Charles Taze Russel, gegründet. Ab 1917 übernahm der Schüler von Russel, ein anderer hochrangiger Freimaurer, Joseph Franklin Rutherford, die Präsidentschaft über die Sekte. Offiziell galt sie erst seit 1931 als anerkannte christliche Bibelforschergemeinschaft der Russelliten. Die Gemeinschaft der Zeugen Jehovas gehört der Johannis-Freimaurerei und damit der traditionellen Freimaurerei an sowie der christlichen Bibelforscherorganisation „Watch Tower Society".

Logischerweise werden in Freimaurerlogen an erster Stelle einflussreiche, intelligente Freiberufler und Akademiker, bekannte Künstler, aufstrebende neue Politiker, Unternehmer, Intellektuelle, hohe Staatsbeamte, Adlige und andere, insbesondere vermögende Leute aus verschiedenen Schichten aufgenommen, die unbedingt eine Karriere anstreben bzw. den Schutz vor der Rechtsprechung suchen, um der Strafverfolgung zu entgehen (verschiedene vermögende Ganoven). Der Rest der Bevölkerung ist uninteressant…

Wenn wir von der „richtigen Freimaurerei" sprechen, dann von den Hochgraden – sei es nun der Schotten- oder Yorkritus bzw. der Grand Orient.

Zur Erklärung: Der *Grand Orient de France* wurde im Jahr 1773 als eine der ältesten freimaurerischen Großlogen in Europa gegründet. Bei seiner Gründung spielten die Bayerischen Illuminaten mit Adam Weishaupt die bedeutendste Rolle, weil sie sich im gleichen Jahr in Ingolstadt etabliert hatten. So wurde der *Schottische Ritus* vom Gründungsjahr 1717 auf den Illuminatismus und den französischen, radikalen Ritus ausgebaut. Man nimmt offiziell an, dass der *Grand Orient*, als liberale und adogmatische Obedienz, im Jahre 1791 mit den *Bayerischen Illuminaten* die Französische Revolution herbeigeführt hatte, um die Bourbons zu stürzen und dem niedrigeren Adel den Weg an die politische Macht zu erschließen.
Anschließend entstanden Filialen des Grand Orients in Deutschland, Luxemburg, Österreich und Großbritannien. Interessant scheint die ziemlich kuriose Enthüllung des Grand Orients aus dem Jahre 1877 zu sein, dass es seine Aufgabe wäre, dem allmächtigen Baumeister aller Welten zu folgen. Vermutlich meinten sie hiermit den „allmächtigen" Satan.

Vor allem im Schottenritus sind die Namen der einzelnen Grade dieser mysteriösen Pyramide bestimmte symbolisch-okkultistische Namen zugeordnet, deren Bedeutung nur den Eingeweihten bekannt und verständlich ist. An der Spitze dieses Gebildes steht beim Schottenritus der 33. Einweihungsgrad, dem alle anderen Grade unterstehen – es ist der *Souveräne General-Großinspekteur*, der letztendlich über die weiteren freimaurerischen Karrieren der unteren Logenbrüder entscheidet.

Es drängt sich hierzu allerdings auch die Frage auf, wie die Logenbrüder von ihren Meistern verführt und gewonnen werden, damit sie bedingungslos treu und unterwürfig der freimaurerischen Hierarchie dienen. Dies wird durch Hirnwäsche erreicht, die die erfahrenen Logenmeister seit Jahrhunderten durch die folgenden Methoden perfektionierten:

Abb. 26:
George Washington als Freimaurer mit dem Winkel um den Hals dargestellt.

Abb. 27:
Eine Abbildung, welche die beiden Hochgrad-Systeme darstellt – links den Schotten-Ritus, rechts den York-Ritus.

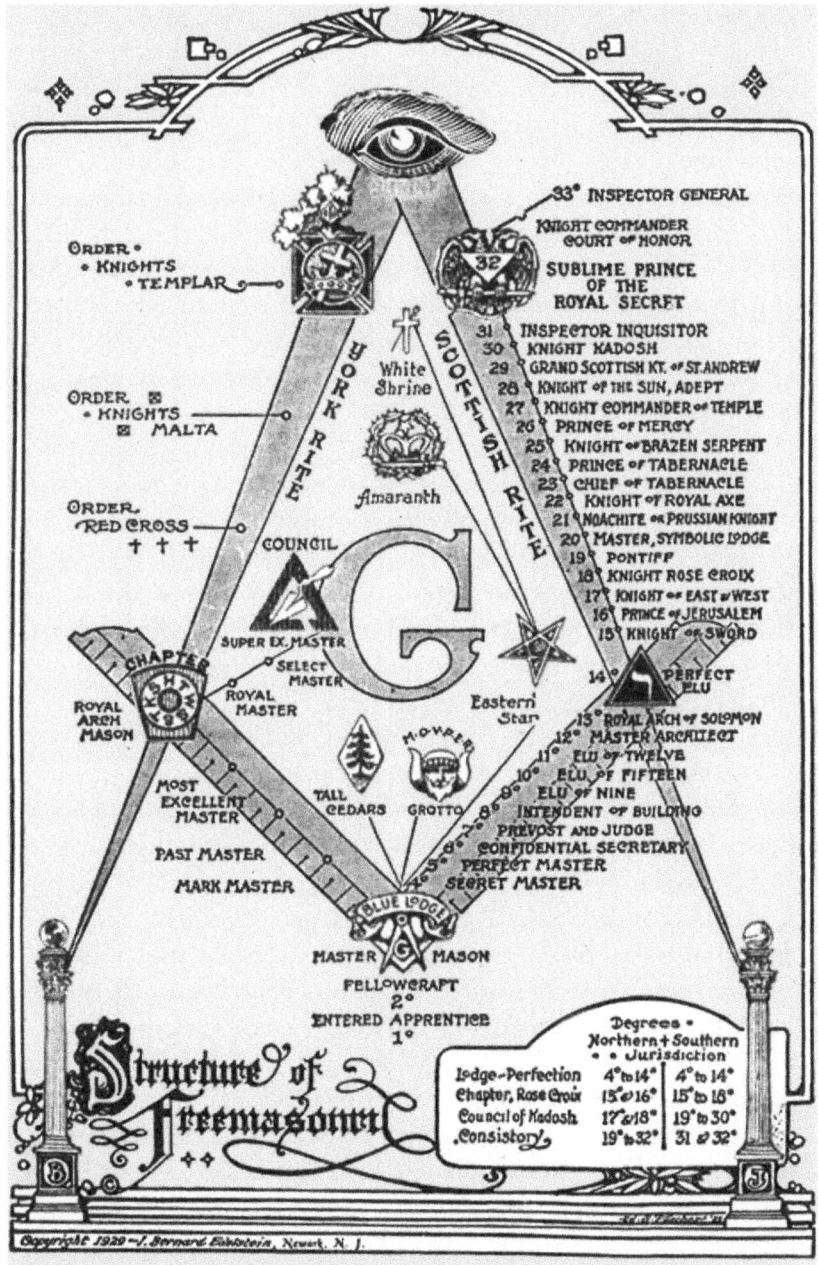

Abb. 28: Embleme und Struktur der Freimaurer. Links sind die York-Grade, auf der rechten Seite die 33 Grade des Schotten-Ritus und ihre Bezeichnungen. Unter dem Winkel sehen wir die drei Grade der Johannis-Freimaurerei (Blue Lodge).

1. Bestimmte okkulte Praktiken (schwarze Magie), an denen die Logenbrüder der einzelnen Stufen unter der Führung ihrer Meister teilnahmen. Für Nicht-Eingeweihte ist der Einfluss solcher schwarzen Praktiken vielleicht schwierig zu verstehen. Hierzu muss man wissen, dass viele der Logenbrüder der letzten, höchsten Stufen ergebene Satanisten waren. Sie lehnten strikt das Christentum ab und huldigten durch die schwarzmagischen Praktiken dem Satan (Baphomet, Belsebub, Adonai). Inwiefern das heute noch so ist, kann ich nicht sagen, aber es war nach Aussage meines Großvaters so.

2. Die Überzeugung, die den Logenbrüdern permanent eingetrichtert wurde, war, dass ausschließlich sie durch ihre zahlreichen Tugenden die besten und intelligentesten (sowie auch die reichsten) Menschen auf der Welt wären, die zum Regieren der restlichen Menschheit auserkoren waren. Daraus ergibt sich die Schlussfolgerung, warum diese Brüder die bedeutendsten politischen und wirtschaftlichen Posten innehaben sollten.

Was von Anfang an von Vorteil war, war die permanente Lehre, dass der Geheimbund der „Auserwählten" in keiner Heimat verwurzelt ist. Der Bund lehnt den Nationalismus sowie die Staatszugehörigkeit ab und ist rein kosmopolitisch orientiert. Jeder Logenbruder war und ist somit verpflichtet, AUSSCHLIESSLICH den Interessen des freimaurerischen Bundes zu dienen und keine nationalen Belange und Gefühle mehr zu vertreten. Die drei oben erstellten Prinzipien galten übrigens gleichermaßen für den französischen Ritus (Grand Orient).

Die Folgen der so tief greifenden Hirnwäsche gingen über die Jahrzehnte und Jahrhunderte letztendlich so weit, dass sie nicht mehr zu erkennen imstande waren, wie sie langsam zu Feinden des Friedens und der Menschheit wurden. Sie befürworteten den langsam kommenden Krieg, den ihre Meister vorbereitet und gezielt angestachelt hatten.

Das wichtigste Dogma, das die Logenmeister der höheren Einweihungsgrade des Schottischen Ritus ihren Schülerbrüdern der niedrigeren Stufen regelrecht eingebläut hatten, war die Annahme, dass die Zeit reif genug dafür wäre, die Menschheit durch die freimaurerische Ideologie systematisch zu verändern. Es sollte ein neuer Mensch erschaffen werden, der treu und unterwürfig der neuen Weltelite dienen würde. Die neue Gesellschaft sollte insbesondere von dem christlichen Glauben befreit und andere Religionen schrittweise abgeschafft werden.

Die so begehrte *Neue Weltordnung* sollte der zukünftigen Menschheit ein Leben in Harmonie, ohne Sorgen, Gewalt und Kriege gewährleisten, wie es der bekannte amerikanische Logenbruder der 1930er-Jahre, Aldous Huxley, in seinen Romanen darstellte. Um dieses erträumte Gleichgewicht unter den zahlreichen Völkern und Gesellschaftsklassen erreichen zu können, wäre es vonnöten gewesen, alle dagewesenen Grenzen und Unterschiede abzuschaffen. Bekannte freimaurerische Parolen, die während der Französischen Revolution für Schlagzeilen sorgten – Freiheit, Gleichheit und Brüderlichkeit –, wurden vom *Grand Orient* erschaffen und verbreitet, um die Menschen fälschlicherweise davon zu überzeugen, dass eine solche Konstellation erreichbar wäre. An diese Utopie haben viele geglaubt, darunter auch Logenbrüder.

An diese unrealistischen Parolen glaubten die Großmeister selbst nie, weder die der französischen noch die der schottischen Riten, die allerdings durch ihre intellektuellen Logenbrüder diese Dogmen geschaffen und verbreitet hatten. Noch nicht einmal die wahren Kommunisten, die dem *Palladin-Ritus* angehörten, hatten an sie geglaubt. Das war nur das Opium für die Nichteingeweihten, um sie dementsprechend gewinnen und beeinflussen zu können.

Hierzu ist es wichtig anzumerken, dass in der freimaurerischen Hierarchie die Großmeister des *Grand Orient* erstaunlicherweise höher standen, als die der schottischen Tradition. Und es gab ebenfalls Großmeister, die beiden Riten angehörten. Der sozialistische *Palladin-Ritus* wiederum bestand vorwiegend aus den höchsten Einweihungsgraden beider Riten. Ein Palladin-Bruder musste demnach in einen der drei letzten Grade (30 bis 33) des Schottischen Ritus und (oder) einen der zwei letzten Grade des Grand Orient eingeweiht gewesen sein. Prinzipiell hieß es, dass er ein Logenmeister oder Logengroßmeister gewesen sein musste, wobei es hier vereinzelt Ausnahmen gab. Am häufigsten waren die Paladin-Brüder Meister der traditionellen Schottischen Freimaurerei, wie z.B. Leo Trotzki, Wladimir Iljitsch Uljanowitsch-Lenin, Alexander Kerensky (alias Aron Adler), vermutlich Georges Sorel, Kaganowitsch, Swerdlow, Karl Liebknecht, Rosa Luxemburg und August Bebel, also angeblich hingebungsvolle Kommunisten, Sozialisten wie auch Sozialdemokraten.

Nach Aussage meines Großvaters unterstand der 33. Grad *Schottenritus* indirekt dem Großmeister des höchsten Einweihungsgrades des *Grand Orient*! Der *Palladin-Ritus* stand hingegen etwas abseits beider Riten, weil er mit speziellen Aufgaben betraut wurde: dem Aufbau eines kommunistischen Systems, an dem die britischen Rothschilds besonderes Interesse hatten. Die Rothschilds waren vermutlich in den 1870er-Jahren die Gründer des *Palladin-Ritus* mit ihrem ersten Großmeister Karl Marx und seinem Guru Albert Pike.

Fazit: Die Freimaurerei war von Natur aus seit ihrer Gründung prosozialistisch orientiert. Sie bestrebte von Anfang an sozialistische Ideale, die sie zweihundert Jahre lang gewaltsam mit Revolten und gesteuerten politischen Umwälzungen den Völkern aufzubürden versuchte. Der Parlamentarismus (Demokratie) und der Faschismus, beides freimaurerische Werke, dienten nur als ein politisch-gesellschaftliches Durchgangsphänomen, das, dementsprechend abgenutzt, später langsam aussterben sollte. Die Freimaurerei des 19. Jahrhunderts (d.h. die Großmeisterspitze) baute einstimmig und entschlossen auf den Sozialismus.

Am Anfang des 20. Jahrhunderts wurde der Sozialismus (Kommunismus) von den Logenbrüdern des *Palladin-Ritus* durch die Oktoberrevolution gewaltsam im zaristischen Russland herbeigeführt, und das internationale Freimaurertum sorgte für die erfolgreiche Ausführung dieses makabren Vorhabens. Weitere Opfer wurden China sowie die Mongolei – und Europa sollte folgen!

Des Weiteren versuchte der *Palladin-Ritus* schon 1920, den Kommunismus mit den Rotarmisten gewaltsam nach Europa zu bringen – damals mit zwei Großmeistern an der Spitze: Lenin und Trotzki. Nur der polnischen Armee ist es zu verdanken, dass die wilden Rotarmisten an der Weichsel, unweit von Warschau, geschlagen wurden und das geschwächte Europa nicht überrollten (das sogenannte *Wunder an der Weichsel*).

Betrachten wir uns nun eine weitere Gruppierung mit großem Einfluss zur damaligen Zeit: die *Bayerischen Illuminaten*. Dies war eine etablierte Gruppe von hochrangigen Freimaurern, die in den 1770er-Jahren vom jüdisch-stämmigen Professor des Kirchenrechtes in Ingolstadt, Adam Weishaupt, gegründet wurde und die sehr zur Gründung der *Grand Orient Loge* in Frankreich beigetragen hatte. Adam Weishaupt war Freimaurer des Schottischen Ritus, wie auch sein Freund und Gleichgesinnter Franz Xaver von Zwack. Beide hatten den Illuminatenorden gegründet und nach Frankreich gebracht, um eine blutige Revolution durchzuführen und die Bourbons zu stürzen. Der Illuminatismus basierte auf der Annahme, dass die Herbeiführung der freimaurerischen Ideale nur durch Gewalt (Revolution) und Krieg durchführbar wäre. Es gab nach deren Auffassung keine andere, friedliche Möglichkeit, um den „Pöbel" zu einem so überdimensionalen sozialen und gesellschaftlichen Umbruch zu zwingen. Mein Großvater fand es erstaunlich, dass ausschließlich diese so ultraradikale Fraktion in der Freimaurerei die Oberhand gewonnen hatte.

Im Laufe der Zeit wurden die Illuminaten immer erfolgreicher und einflussreicher unter den Logenbrüdern, sodass sie die Freimaurerei in der Zeit zwischen den beiden Weltkriegen tatsächlich völlig beherrschten.

Zu den bekanntesten Illuminaten gehörten: Wolfgang Amadeus Mozart, Adolph Knigge, Johann Bode, Baron de Bassus, Friedrich Nicolai, Johann Wolfgang von Goethe, J. G. Herder, Ernst von Sachsen-

Gotha-Altenburg, Prinz Karl von Hessen-Kassel, Freiherr von Schröder sowie viele bedeutende amerikanische und britische Großindustrielle und Bankiers. Die bedeutendsten Illuminaten des 19. Jahrhunderts, die die Philosophie und Strategie von Weishaupt und Zwack erheblich ausgebaut hatten, waren der Großmeister Albert Pike, sein Logenschüler Giuseppe Mazzini und der Großmeister des italienischen *Grand Orient*, Giuseppe Garibaldi.

Kommen wir nochmals auf Albert Pike und seinen Plan der drei Weltkriege zurück: Laut meinem Großvater war es bisher noch niemandem gelungen, ganz Eurasien zu beherrschen, obwohl man hier erstaunlicherweise Gemeinsamkeiten der Interessen des Hauses Windsor und der Bestrebungen von Albert Pike feststellen konnte. War das nur ein Zufall? Oder handelte Albert Pike auf Geheiß des britischen Königs und zugunsten der politischen Interessen des Commonwealth? Ein Gesprächspartner meines Großvaters, Willy Brandt, stellte fest, dass die Freimaurerei in ihrer nahezu 400-jährigen Geschichte drei Ideologen fast göttlicher Größe geboren hatte, die ausschließlich die Interessen des British Empire vertraten: Francis Bacon, Tempelritter und Rosenkreuzer Anfang des 17. Jahrhunderts, der dem britischen König James I. diente, und der hier so oft erwähnte Illuminat Albert Pike aus der zweiten Hälfte des 19. Jahrhunderts, der vermutlich insgeheim der britischen Königin Viktoria aus dem Hause Sachsen-Coburg-Gotha diente – und dazwischen der Begründer des Illuminatismus aus der zweiten Hälfte des 18. Jahrhunderts, Adam Weishaupt, der, so Willy Brandt, höchstwahrscheinlich den Interessen der Bankiersfamilie Rothschild aus London und Frankfurt diente.

Fazit: Alle Wege bezüglich der fast 400-jährigen Geschichte der Freimaurerei führten überwiegend nach London.

Mein Großvater schrieb in seinen Notizen 1993 (ein Jahr vor seinem Ableben), es würde in jedem Jahrhundert ein genialer Guru geboren werden. Dies scheint die Geschichte tatsächlich zu belegen:

1. Im 17. Jahrhundert Sir Francis Bacon aus England,

2. im 18. Jahrhundert Adam Weishaupt aus Niederbayern,

3. im 19. Jahrhundert Albert Pike aus den USA und

4. im 20. Jahrhundert Zbigniew Brzezinski aus den USA(!) – laut meinem Großvater. (Brzezinski, geb. 1928 in Warschau und verstorben 2017), war ein polnisch-amerikanischer Politikwissenschaftler und galt neben Henry Kissinger als „graue Eminenz" unter den US-amerikanischen Globalstrategen. Von 1977 bis 1981 war er Sicherheitsberater von US-Präsident Jimmy Carter. Bis 2017 war er Professor für US-amerikanische Außenpolitik an der *School of Advanced International Studies* (SAIS) der *John Hopkins University* in Washington, D. C., Berater am *Zentrum für Strategische und Internationale Studien* (CSIS) in Washington, D. C. und Verfasser von politischen Sachbüchern. Daneben betätigte er sich als Berater für mehrere große amerikanische und internationale Unternehmen.

Ähnlich wie den Messias würden die Logenbrüder die ideologischen Gurus erwarten und sie genauso willkommen heißen. Es heißt, sie würden die lodernde Flamme des Satans mitbringen, die den weiteren zu bestrebenden Weg der Freimaurer erleuchten würde.

Die Freimaurer von damals träumten von einem vereinten Paneuropa, das liberal und republikanisch regiert werden sollte, und viele waren der Meinung, dass solch ein vereintes, friedliches Europa nur durch Kriegstreiben erreicht werden konnte. Sie sahen den mittlerweile reale Züge annehmenden Weltkrieg als die einzige Möglichkeit, die freimaurerische Gesellschaftsordnung gegen den Willen des ihrer Meinung nach „dummen, unaufgeklärten Fußvolkes" herbeiführen zu können und waren fest davon überzeugt, dass infolge des Zweiten Weltkrieges das bolschewistische System in Russland sowie das nationalsozialistische Deutschland endgültig ausgerottet werden würden. Fälschlicherweise nahmen sie an, dass man Deutschland und Russland so gegeneinander aufhetzen könnte, dass in der Folge das gegenseitige Bekriegen zum Sturz beider Regime führen würde, denn dadurch wären dann die beiden mächtigen russischen und deutschen Völker von ihren drangsalierenden Diktaturen befreit. Anschließend würde man das christlich-demokratische Europa vom drohenden Joch des Bolschewismus befreien. Paradoxerweise wurden beide Ideologien – Faschismus und Kommunismus – ebenfalls in den freimaurerischen Logen erfunden. Das befreite russische Volk sollte von nun an vom freimaurerischen Bund ins zivilisierte, vereinte und demokratisch-parlamentarische Europa integriert werden. Aus diesem einfachen Grund der freimaurerischen Philosophie haben die meisten Logenbrüder den Ausbruch des Zweiten Weltkrieges unterstützt. Sie unterstützten ebenfalls den Krieg in Ostasien, um den geschwächten Japanern und Chinesen den Parlamentarismus aufzubürden und zu guter Letzt den Kommunismus in China auszumerzen.

Prinz Bernhard bestätigte gegenüber meinem Großvater die Tatsache, dass die meisten Logenbrüder höheren Ranges merkwürdigerweise durchaus von diesem utopischen Unternehmen überzeugt waren. Sie wurden mithilfe der entsprechenden okkultistischen Symbolik und Rituale von ihren Logenmeistern regelrecht der ideologischen Gehirnwäsche ausgesetzt, sodass sie letztendlich an diese weitreichenden politischen Ziele der freimaurerischen Bewegung und den „humanitären" Sinn des Krieges geglaubt haben!

Leider hatten sie nicht die geringste Ahnung, dass sie von ihren höheren Logenmeistern einfach skrupellos betrogen wurden, was in der aktiven Anstiftung zum Krieg durch freimaurerische Politiker und hohe Offiziere gipfelte – insbesondere in Großbritannien, Frankreich und Polen.

Im Beisein meines Großvaters wies Willy Brandt diesbezüglich auf zwei Logenbrüder hin: Dies war zum einen Édouard Daladier aus Frankreich (Mitglied des *Grand Orient*) und zum anderen Arthur Neville Chamberlain aus England. Sie erklärten dem Dritten Reich völlig unerwartet den Krieg, nachdem Polen am 1. September 1939 vom Deutschen Reich angegriffen worden war.

Es sei nochmals bemerkt, dass die meisten Freimaurer christlich-liberal eingestellt und keine blutrünstigen und aggressiven Illuminaten waren, obwohl viele von ihnen mehr oder weniger aktiv den Ausbruch des Ersten sowie des Zweiten Weltkriegs in die Wege geleitet hatten. Sie wussten es einfach nicht besser und vertrauten ihren Oberen. Sie hatten vorwiegend die Vision von einer neuen, modernen Gesellschaft der Zukunft, die harmonisch und ohne Gewalt und Kriege zusammen-gehalten werden sollte, und unterstützten deshalb das kapitalistische Gesellschaftssystem des freien Marktes und die Unantastbarkeit des privaten Eigentums sowie den Parlamentarismus als perfektes System der politischen Gesellschaftsordnung.

Sowohl Brandt als auch Prinz Bernhard stellten einstimmig fest, dass sich weder Daladier noch Chamberlain die Kriegserklärung gegenüber Nazi-Deutschland überhaupt gewünscht hätten. Bei dieser gravierenden politischen Entscheidung, die die meisten Logenbrüder der schotti-schen sowie französischen Riten in Verwunderung versetzte, spielte die freimaurerische Hierarchie die bedeutendste Rolle.

Nochmals kurz zur Erinnerung: 1938 übernahm Daladier die britische Appeasement-Politik und hatte zusammen mit seinem Logen-Bruder Arthur Neville Chamberlain erheblichen Anteil am Zustandekommen des *Münchener Abkommens*, das weitgehend darauf abzielte, das wirt-schaftliche Potential der Tschechoslowakei für das Dritte Reich zu nut-zen, um Hitlers Deutschland militärisch zu verstärken. Deshalb war es so wichtig, einen Krieg zwischen der Tschechoslowakei und Nazi-Deutschland zu vermeiden.

Die Notizen meines Großvaters besagen, dass Willy Brandt und Ma-rion Gräfin Dönhoff die in der offiziellen Geschichte verschwiegene Tatsache bestätigten, dass Daladier und Chamberlain *„nur den Befehl der Kriegserklärung"* gegenüber dem Dritten Reich von ihren geheimen Vorgesetzten treu ergeben ausgeführt hatten und keinesfalls selbständig handelten. Eigentlich gaben sie den Befehl gegen ihre Überzeugung, weil diese Entscheidung nicht in die gesamte, seit Jahren mühsam vorbereitete Kriegstaktik der internationalen Freimaurerkreise zu passen schien, insbesondere zu der von Großbritannien, Frankreich und den USA. Niemand in Westeuropa wünschte sich den Vernichtungs- oder Stellungskrieg gegen Deutschland und Italien!

War dies nun ein totales Missverständnis oder ein Irrtum? Nein, weder noch! Prinz Bernhard und Willy Brandt waren der Ansicht, dass der direkte und wahrhaftige Auftraggeber Daladiers und Chamberlains bei der Kriegserklärung am 3. September 1939 gegenüber Deutschland unerkannt blieb. Doch sie wussten, dass die wahren Befehle aus der höchsten freimaurerischen Osiris-Loge kamen, die völlig andere Kriegsziele verfolgte als die untertänigen freimaurerischen Mitglieder der niedrigeren Stufen, die grundsätzlich nicht verstanden, worum es sich tatsächlich in diesem Spiel drehte.

Willy Brandt betonte bei einem separaten Gespräch, dass fast alle Mitglieder des *Komitees der 300* hochrangige Freimaurer gewesen seien. Eine weitere spannende Information stammte von Prinz Bernhard, der meinem Großvater gegenüber erwähnte, dass er persönlich den damaligen Großmeister des Malteserordens, Ludovico Chigi Albani della Rovere, aus Rom gut kannte, der im November 1951 verstarb. Und es war dieser Großmeister, der den damaligen Papst überredete, das internationale Freimaurertum mit seinen Absichten bezüglich des Zweiten Weltkriegs zwischen Nazi-Deutschland und der UdSSR zu unterstützen. Großmeister della Rovere vertrat insgeheim die Interessen des europäischen Hochadels, denn er gehörte als Sohn von Prinz Mario Chigi Albani della Rovere und Prinzessin Antoinette zu Sayn-Wittgenstein-Sayn, zu den bekanntesten und ältesten Fürstengeschlechter von Rom. Prinz Bernhard führte weiter aus, dass Ludovico väterlicherseits dem *Komitee der 300* angehörte, weil er – so wurde vermutet – mit den letzten römischen Kaisern verwandt gewesen sein soll. Er unterstützte insgeheim die faschistische Bewegung und die politische Karriere von Benito Mussolini in Italien.

Was genau waren die Ziele?

1. Das Erreichen der weltweiten, politischen Umwälzungen durch Gewalt, Hass, Intoleranz und Blutvergießen sowie das Schüren von Kriegen, Revolutionen und Staatsstreichen.

2. Die Durchführung der drei geplanten Weltkriege bis zur Gründung der einheitlichen Weltregierung (nach den Richtlinien von Albert Pike).

3. Die Abschaffung des Christentums sowie anderer Religionen mit der Herbeiführung des allumfassenden Atheismus bzw. Satanismus.

Mein Großvater war davon überzeugt, dass sich die damalige Welt vor dem Ausbruch des Zweiten Weltkrieges in den Klauen der Illuminaten befand. Sogar beide Diktaturen – die faschistische und die kommunistische – sollen (durch finanzielle „Unterstützung") größtenteils von den rücksichtslosen Illuminatenkreisen kontrolliert worden sein.

Bezüglich des Zweiten Weltkriegs waren die meisten Illuminaten sowie ihre niedrigeren Logenbrüder fest davon überzeugt, dass der kommende Krieg zwischen den Achsenblöcken Deutschland-Italien gegen die Sowjetunion und Japan gegen China stattfinden wird, um den Bolschewismus auszurotten. Die Illuminaten bevorzugten fast einstimmig Stellungskriege, um damit die beiden sich zu bekriegenden Blöcke (Achsenmächte) im Laufe des Krieges langsam ausbluten zu lassen.

Zur Information: Als „Achsenmächte" oder „-staaten" bezeichnet man das Deutsche Reich und seine Bündnispartner, vor allem Italien und Japan. Der Begriff „Achse" wird heute gerne als Propagandabegriff verwendet: „Achse des Bösen" versus „Coalition of the willing" oder „Allied Forces".

Mein Großvater meinte, dass die Illuminati damit ungestört ihre wahnsinnigen Ideen in die in Schutt und Asche verwandelten, riesigen Gebiete Eurasiens bringen wollten. Dies betraf besonders Deutschland, Russland, China und Japan.

Durch die mitverfolgten Gespräche war mein Großvater sich sicher, dass sowohl Logenbrüder aus hohen als auch aus niedrigeren Einweihungsstufen davon überzeugt waren, mit ihren Methoden den Zweiten Weltkrieg so steuern zu können, dass Deutschland mit Italien gegen die Sowjetunion und Japan gegen China kämpfen würde. Dies sollte ihnen den Weg frei machen, damit zu den durch blutige Stellungskriege zerstörten Gebieten ihre wahnsinnigen Ideen gedeihen konnten.

Das *Komitee der 300* und dessen Ziele

Das *Komitee der 300* war und ist keine feste Loge, sondern entstand ursprünglich aus der *British East India Company*, die um 1600 von der britischen Königsfamilie ins Leben gerufen wurde und die später durch den Opiumhandel zu einem der reichsten Unternehmen der Welt wurde. Als es später zu den Opiumkriegen mit China kam, gründete die *British East India Company* 1729 das *Komitee der 300*, um mit internationalen Bank- und Kommerzangelegenheiten umzugehen und einen Weg zu finden, das chinesische Anti-Drogen-Gesetz auszutricksen. Zu Beginn bestand das Komitee nur aus den Insidern – hauptsächliche aus dem mit dem britischen Königshaus verbundenen Hochadel, doch schon rasch kamen aufgrund der Notwendigkeit Investoren, Bankiers und andere einflussreiche Leute hinzu, was dann schließlich zum dem wurde, was man heute unter dem Namen *Komitee der 300* kennt: die treibende Kraft hinter der Neuen Weltordnung. (Am Ende des Kapitels findet sich eine Mitgliederliste.)

Den Vorsitz dieses unvorstellbar einflussreichen Bundes hatte zu Anfang die britische Königin Viktoria von Hannover inne. Nach ihrem Ableben 1901 ging dieser an den Thronfolger Edward VII. über. Seitdem steht an der Spitze des *Komitees der 300* der jeweilige britische

Thronfolger, den alle Mitglieder nach den freimaurerischen Ritualen verehren müssen. Die Huldigung eines britischen Königs oder einer Königin weist rein freimaurerische Züge auf und basiert auf einer bestimmten Symbolik und entsprechenden Zeremonien, die auf den Baal-Kult (die Gottheit der Phönizier aus der Levante) zurückgehen. Viele dieser Riten wurden von Albert Pike ausgearbeitet und eingeführt.

Die meisten Mitglieder dieses Komitees vererbten das Privileg der Mitgliedschaft in der Familie, es sei denn, sie werden aus bestimmten Gründen aus diesem noblen Kreis ausgeschlossen oder steigen „freiwillig" aus, worüber letztendlich ebenfalls der britische König (oder die Königin) entschied.

Zwei bedeutende Ziele dieser Gruppe:

1. Das Erreichen riesiger finanzieller Gewinne durch Kriege, ungeachtet der vielen Opfer! Etwa die Hälfte des Komitees waren und sind Illuminaten und uneingeschränkt blutrünstig, rücksichtslos und entschlossen, Abermillionen von Menschen in einem Blutbad sterben zu lassen, um ihre wahnsinnigen Ziele erreichen zu können. Willy Brandt und Prof. Beitz versicherten meinem Großvater gegenüber während eines privaten Gespräches, dass sich der seltsame Wahn der Illuminaten nicht nur mit ihrer Gier nach finanziellen Gewinnen erklären ließe, sondern ebenso mit ihren abscheulichen, okkultistischen Praktiken des Satanismus. (Unter den Eingeweihten sind sie auch als Luziferianer bekannt.) Eine äußerst interessante Bemerkung!

2. Die unbeschränkten Ausbeutungs- und Ausplünderungsmöglichkeiten im durch den Zweiten Weltkrieg geschwächten Eurasien, zum Vorteil ihrer Konzerne, Banken und Unternehmen. Dies sollte auch die Ausbeutung der natürlichen Ressourcen (Rohstoffe) mit Hilfe von Sklavenarbeit der unterlegenen und ausgebeuteten Bevölkerung beinhalten.
Marion Gräfin Dönhoff stellte klar, dass, obwohl das Komitee vorübergehend die Kontrolle über den Verlauf des Krieges ver-

loren hatte, dessen Mitglieder weitere unvorstellbare finanzielle Gewinne durch die staatlichen Aufträge einfuhren. Dies betraf vor allem die USA, Großbritannien und zuletzt sogar die Achsen-Staaten.

Die Mitgliederliste des *Komitees der 300* aus dem Jahre 2010 (laut Dr. John Coleman)[12]

Abdullah II of Jordan	Kerry, John Forbes
Abramovich, Roman Arkadyevich	King, Mervyn
Ackermann, Josef	Kinnock, Glenys
Adeane, Edward	Kissinger, Henry
Agius, Marcus Ambrose Paul	Knight, Malcolm
Ahtisaari, Martti Oiva Kalevi	Koon, William H. II
Akerson, Daniel	Krugman, Paul
Albert II of Belgium	Kufuor, John
Alexander – Crown Prince of Yugoslavia	Lajolo, Giovanni
Alexandra (Princess) – The Honourable Lady Ogilvy	Lake, Anthony
Alphonse, Louis – Duke of Anjou	Lambert, Richard
Amato, Giuliano	Lamy, Pascal
Anderson, Carl A.	Landau, Jean-Pierre
Andreotti, Giulio	Laurence, Timothy James Hamilton
Andrew (Prince) – Duke of York	Leigh-Pemberton, James
Anne – Princess Royal	Leka, Crown Prince of Albania
Anstee, Nick	Leonard, Mark
Ash, Timothy Garton	Levene, Peter – Baron Levene of Portsoken
Astor, William Waldorf – 4th Viscount Astor	Leviev, Lev
August, Ernst – Prince of Hanover	Levitt, Arthur

Aven, Pyotr	Levy, Michael – Baron Levy
Balkenende, Jan Peter	Lieberman, Joe
Ballmer, Steve	Livingston, Ian
Balls, Ed	Loong, Lee Hsien
Barroso, José Manuel	Lorenz (Prince) of Belgium, Archduke of Austria-Este
Beatrix (Queen)	Louis-Dreyfus, Gérard
Belka, Marek	Mabel (Princess) of Oranje-Nassau
Bergsten, C. Fred	Mandelson, Peter Benjamin
Berlusconi, Silvio	Manning, Sir David Geoffrey
Bernake, Ben	Margherita – Archduch of Austria-Este
Bernhard (Prince) of Lippe-Biesterfeld	Margrethe II Denmark
Bernstein, Nils	Martínez, Guillermo Ortiz
Berwick, Donald	Mashkevitch, Alexander
Bildt, Carl	Massimo, Stefano (Prince) – Prince of Roccasecca dei Volsci
Bischoff, Sir Winfried Franz Wilhen „Win"	McDonough, William Joseph
Blair, Tony	McLarty, Mack
Blankfein, Lloyd	Mersch, Yves
Blavatnik, Leonard	Michael (Prince) of Kent
Bloomberg, Michael	Michael of Romania
Bolkestein, Frits	Miliband, David
Bolkiah, Hassanal	Miliband, Ed
Bonello, Michael C.	Mittal, Lakshmi
Bonino, Emma	Moreno, Glen
Boren, David L.	Moritz – Prince and Landgrave of Hesse-Kassel
Borwin – Duke of Mecklenburg	Murdoch, Rupert

Bronfman, Charles Rosner	Napoléon, Charles
Bronfman, Edgar Jr.	Nasser, Jacques
Bruton, John	Niblett, Robin
Brzezinski, Zbigniew	Nichols, Vincent
Budenberg, Robin	Nicolás, Adolfo
Buffet, Warren	Noyer, Christian
Bush, George H. W.	Ofer, Sammy
Cameron, David William Donald	Ogilvy, David – 13th Earl of Airlie
Camilla – Duch of Cornwall	Ollila, Jorma Jaakko
Cardoso, Fernando Henrique	Oppenheimer, Nicky
Carington, Peter – 6th Baron Carrington	Osborne, George
Carlos – Duke of Parma	Oudea, Frederic
Carlos, Juan – King of Spain	Parker, Sir John
Carney, Mark J.	Patten, Chris
Carroll, Cynthia	Pébereau, Michel
Caruana, Jaime	Penny, Gareth
Castell, Sir William	Peres, Shimon
Chan, Anson	Philip (Prince) – Duke of Edinburgh
Chan, Margaret	Pio, Dom Duarte – Duke of Braganza
Chan, Norman	Pöhl, Karl Otto
Charles – Prince of Wales	Powell, Colin
Chartres, Richard	Prokhorov, Mikhail
Chiaie, Stefano Delle	Quaden, Guy Baron
Chipman, Dr. John	Rasmussen, Anders Fogh
Chodiev, Patokh	Ratzinger, Joseph Alois (Pope Benedict XVI)
Christoph, Prince of Schleswig-Holstein	Reuben, David

Cicchitto, Fabrizio	Reuben, Simon
Clark, Wesley Kanne Sr. (General)	Rhodes, William R. „Bill"
Clarke, Kenneth	Rice, Susan
Clegg, Nick	Richard (Prince) – Duke of Gloucester
Clinton, Bill	Rifkind, Sir Malcolm Leslie
Cohen, Abby Joseph	Ritblat, Sir John
Cohen, Ronald	Roach, Stephen S.
Cohn, Gary D.	Robinson, Mary
Colonna, Marcantonio (di Paliano) – Prince and Duke of Paliano	Rockefeller, David Jr.
Constantijn (Prince) of the Netherlands	Rockefeller, David Sr.
Constantine II Greece	Rockefeller, Nicholas
Cooksey, David	Rodríguez, Javier Echevarría
Cowen, Brian	Rogoff, Kenneth Saul „Ken"
Craven, Sir John	Roth, Jean-Pierre
Crockett, Andrew	Rothschild, Jacob – 4th Baron Rothschild
Dadush, Uri	Rubenstein, David
D'Aloisio, Tony	Rubin, Robert
Darling, Alistair	Ruspoli, Francesco – 10th Prince of Cerveteri
Davies, Sir Howard	Safra, Joseph
Davignon, Étienne	Safra, Moises
Davis, David	Sands, Peter A.
De Rothschild, Benjamin	Sarkozy, Nicolas
De Rothschild, David René James	Sassoon, Isaac S. D.
De Rothschild, Evelyn Robert	Sassoon, James Meyer – Baron Sassoon
De Rothschild, Leopold David	Sawers, Sir Robert John

Deiss, Joseph	Scardino, Marjorie
Deripaska, Oleg	Schwab, Klaus
Dobson, Michael	Schwarzenberg, Karel
Draghi, Mario	Schwarzman, Stephen A.
Du Plessis, Jan	Shapiro, Sidney
Dudley, William C.	Sheinwald, Nigel
Duisenberg, Wim	Sigismund (Archduke) – Grand Duke of Tuscany
Edward (Prince) – Duke of Kent	Simeon of Saxe-Coburg and Gotha
Edward (The Prince) – Earl of Wessex	Snowe, Olympia
Elkann, John	Sofía (Queen) of Spain
Emanuele, Vittorio – Prince of Naples, Crown Prince of Italy	Soros, George
Fabrizio (Prince) – Massimo-Brancaccio	Specter, Arlen
Feldstein, Martin Stuart „Marty"	Stern, Ernest
Festing, Matthew	Stevenson, Dennis – Baron Stevenson of Coddenham
Fillon, François	Steyer, Tom
Fischer, Heinz	Stiglitz, Joseph E.
Fischer, Joseph Martin	Strauss-Kahn, Dominique
Fischer, Stanley	Straw, Jack
Fitzgerald, Niall	Sutherland, Peter
Franz, Duke of Bavaria	Tanner, Mary
Fridman, Mikhail	Tedeschi, Ettore Gotti
Friedrich, Georg – Prince of Prussia	Thompson, Mark
Friso (Prince) of Oranje-Nassau	Thomson, Dr. James A.
Gates, Bill	Tietmeyer, Hans
Geidt, Christopher	Trichet, Jean-Claude
Geithner, Timothy	Tucker, Paul

Gibson-Smith, Dr. Chris	Van Rompuy, Herman
Gorbachev, Mikhail	Vélez, Álvaro Uribe
Gore, Al	Verplaetse, Alfons Vicomte
Gotlieb, Allan	Villiger, Kaspar
Green, Stephen	Vladimirovna, Maria – Grand Duch of Russia
Greenspan, Alan	Volcker, Paul
Grosvenor, Gerald – 6th Duke of Westminster	Von Habsburg, Otto
Gurría, José Ángel	Waddaulah, Hassanal Bolkiah Mu'izzaddin
Gustaf, Carl XVI of Sweden	Walker, Sir David Alan
Hague, William	Wallenberg, Jacob
Hampton, Sir Philip Roy	Walsh, John
Hans-Adam II – Prince of Liechtenstein	Warburg, Max
Harald V Norway	Weber, Axel Alfred
Harper, Stephen	Weill, Michael David
Heisbourg, François	Wellink, Nout
Henri – Grand Duke of Luxembourg	Whitman, Marina von Neumann
Hildebrand, Philipp	Willem-Alexander – Prince of Oranje
Hills, Carla Anderson	William (Prince) of Wales
Holbrooke, Richard	Williams, Dr. Rowan
Honohan, Patrick	Williams, Shirley – Baroness Williams of Crosby
Howard, Alan	Wilson, David – Baron Wilson of Tillyorn
Ibragimov, Alijan	Wolfensohn, James David
Ingves, Stefan Nils Magnus	Wolin, Neal S.
Isaacson, Walter	Woolf, Harry – Baron Woolf

Jacobs, Kenneth M.	Woolsey, R. James Jr.
Julius, DeAnne	Worcester, Sir Robert Milton
Juncker, Jean-Claude	Wu, Sarah
Kenen, Peter	Zoellick, Robert Bruce

Kapitel 5
Zielgruppen und Ideologien der Freimaurer

Unausweichlich drängt sich die Frage auf, warum so viele Menschen in den letzten 400 Jahren so gerne dem Geheimbund der Freimaurerei beitraten oder beitreten wollten. Was hatte dieser Club in den 1920er- und 1930er-Jahren für die Auserwählten so Anziehendes? Die meisten Menschen, die Freimaurer werden wollten, strebten nach Macht (Karriere und finanzielle Vorteile) und Unantastbarkeit gegenüber der Rechtsprechung. Es schien völlig selbstverständlich zu sein, dass man am schnellsten durch Verbrechen und zwielichtige Machenschaften verschiedenster Art und Weise zu Geld und Reichtum kam. Um der Strafverfolgung zu entgehen, sicherten sie sich als Freimaurer den Unterschlupf in einer Loge – unter dem Schutz des allmächtigen Großmeisters. Um jedoch einer Verurteilung vor Gericht zu entkommen, mussten sie eine schwerwiegende und bindende Bedingung erfüllen: Sie mussten ihren Logenvorgesetzten (den Meistern) absolut unterwürfig und treu dienen. Das war eine der wichtigen Voraussetzungen.

Zielgruppen für zukünftige Logenbrüder waren diejenigen,

- die in der Politik Karriere machen wollten (Politiker, Minister, Parteivorsitzende);

- die eine wirtschaftliche Karriere anstrebten (künftige Vorstände, Aufsichtsräte der großen Konzerne oder Banken);

- die eine administrative Karriere anstrebten (Direktoren von Gerichten und wichtigen staatlichen Institutionen wie Polizei, Staatsanwaltschaft, Finanzamt, Universitäten);

- die schon viel Macht und Einfluss hatten, aber noch mehr anstrebten (Könige, Prinzen, andere Hochadlige);

- die schon viel Macht und Reichtum hatten, aber darum bangten, dies alles wieder zu verlieren und Angst vor der Dethronisation hatten (Könige, andere Hochadlige);

- die eine kulturelle Karriere anstrebten (Schauspieler, Schriftsteller, Musiker, Dichter);

- die eine wissenschaftliche Karriere anstrebten (Unterstützung von Stiftungen und anderen Wissenschaftlern);

- die hohe Offiziere werden wollten (Berufsmilitär) oder

- die eine organisierte kriminelle Tätigkeit ausüben wollten, ohne auf das Risiko der Strafverfolgung eingehen zu müssen (Hochkriminelle, Mafiabosse, etc.).

Von diesen neun Zielgruppen waren, im Gegensatz zu den letzten drei Gruppen, die ersten drei am wichtigsten. Es gab zusätzlich noch eine zehnte Gruppe, der meist hochgradige Freimaurer angehörten, die diese exklusive Zugehörigkeit vom Vater auf den Sohn weitervererbten. Dieser auserwählte Kreis war überwiegend von den 300 Familien der einflussreichsten Unternehmen und Hochadligen der Welt vertreten und bildete das *Komitee der 300*. Und es wird nun klar, welches Ziel die meisten zukünftigen Logenbrüder durch ihren Beitritt zur Freimaurerei verfolgten: die Karriere.

Der französische *Grand Orient* vereinte in der ersten Hälfte des 20. Jahrhunderts einflussreiche Politiker, Intellektuelle, hohe Offiziere und Beamte sowie manchmal auch Geistliche, die von ihren Meistern bewusst oder unbewusst zur Anstiftung des Zweiten Weltkrieges geführt wurden. Sie taten dies zusammen mit ihren Logenbrüdern aus Großbritannien, den USA und Deutschland, wobei am schlimmsten war, dass sie sogar ihr eigenes Volk den Qualen eines blutigen Krieges aussetzen wollten, um ihre wahnsinnigen Ideen zu verwirklichen.

Merkwürdigerweise verfolgten einzelne Einweihungsstufen oder Grade oft sogar widersprüchliche Ziele. Die gesamte internationale Freimaurerei war damals von der Idee eines vereinten Paneuropas durchdrungen, in dem Menschen sorglos und ohne Kriege ihren Lebensweg in Harmonie beschreiten sollten, wie es Aldous Huxley in seinen Romanen beschrieb. Die so definierten freimaurerischen Ideale waren durchaus sozialistisch geprägt, waren aber nicht mehr als eine Utopie. Mit diesem irrealen Zukunftstraum wurden die Logenbrüder der niedrigsten Einweihungsstufen regelrecht gefüttert, und sie wurden durch ihre Meister gezielt einer heimtückischen Gehirnwäsche ausgesetzt, die grundsätzlich darauf abzielte, die Logenbrüder von ihrer geistigen und schöpferischen Überlegenheit gegenüber den Nichteingeweihten zu überzeugen. Diese Überlegenheitsüberzeugungen wurden durch verschiedene okkulte Rituale und Symbole vertieft und gefestigt. Durch die gezielte Gehirnwäsche sollten sich die Freimaurer zum Weltregieren auserkoren fühlen, ähnlich auserwählten Göttern, die das Christentum stufenweise abschaffen und durch die eigene Ideologie ersetzen sollten. Man darf hierbei nicht vergessen, dass der demokratische Parlamentarismus und beide Diktaturideologien – Kommunismus und Faschismus – ausschließlich von den Freimaurern und dem Jesuitenorden erfunden und in der Realität manifestiert wurden!

1. Der Kommunismus entstand durch den in den 1870er-Jahren gegründeten *Palladin-Ritus*, dem Marx, Engels, Liebknecht und auch Rosa Luxemburg angehörten, später Leo Trotzki, Alexander Kerenski und Wladimir Lenin. Der *Palladin-Ritus* (d.h. die Kommunisten sowie teilweise auch Sozialisten und Sozialdemokraten) untersteht wiederum indirekt dem *Komitee der 300*, das mit der Rothschild-Dynastie kooperiert.

2. Der italienische sowie der deutsche Faschismus sind sehr tief in der Thule-Gesellschaft verwurzelt, die am Anfang des 20. Jahrhunderts teilweise von getarnten Freimaurern und Jesuiten gegründet wurde. (Rudolf Steiner sowie Rudolf Heß waren Mitglieder des *Golden Dawn*, dem auch Aleister Crowley angehörte. Freiherr Rudolf von Sebottendorf war Freimaurer, Sufi und vermutlich englischer Doppelagent.) Hierfür wollten sie bestimmte nationalsozialistisch und antisemitisch orientierte Personen aus den Kreisen des Bürgertums anlocken, insbesondere in Bezug auf die neugegründete, freimaurerische Weimarer Re-

Abb. 29, 30 und 31: Rudolf Heß (großes Bild), Freiherr Rudolf von Sebottendorf (rechts oben) und Jörg Lanz von Liebenfels

publik in der Nachkriegszeit. Zwar sind die künftigen Nazi-Größen, die in der Thule-Gesellschaft ihre politische Karriere angefangen hatten, nie zu Freimaurern geworden, trotzdem spürten sie in ihren Seelen einen Hauch von freimaurerischem Okkultismus, von dem sie durchaus überzeugt waren. Die besten Beispiele hierfür sind überzeugte Okkultisten wie Freiherr Rudolf von Sebottendorf, Jörg Lanz von Liebenfels, Heinrich Himmler und Rudolf Heß.

Fazit:

1. Die kommunistische Bewegung wurde vom *Palladin-Ritus* gegründet und kontrolliert (über die kommunistischen Parteien und die kommunistische Internationale – kurz: das *Komintern*) und war mit der Rothschild-Dynastie verbunden. Das Komintern wiederum war ein internationaler Zusammenschluss von kommunistischen Parteien zu einer gemeinsamen weltweiten Organisation.

2. Die faschistische Bewegung wurde insgeheim von Freimaurern und Jesuiten gegründet und kontrolliert (über die *Thule-Gesellschaft* und die Gründung der faschistischen Parteien). Diese Bewegung stand unter der Obhut des *Komitees der 300* und insbesondere der Familie Windsor-Mountbatten sowie der sog. Schwarzen Päpste (Jesuitengeneräle). Zwar wurde der Faschismus nach offiziellen Angaben in Italien unter Benito Mussolini in den 1920er-Jahren zum ersten Mal kreiert und als gesellschaftliches Herrschaftssystem eingeführt, seine theoretischen Grundlagen legte jedoch der französische Intellektuelle und Freimaurer Georges Eugene Sorel. Er war Mitbegründer der französischen, sozialistischen Organisation „Action Française" und unterstützte sehr aktiv die Bolschewistische Revolution in Russland.

Sorel legte die philosophischen Grundlagen für neue Begriffe wie „Dekadenz" und „Antiintellektualismus". Im Zentrum von Sorels Denken stand der Krieg: *„Das Ethos, das dem revolutionären Mythos entspricht, ist kriegerisch."* Es sind die Tugenden der Soldaten, die Sorel hervorhebt: Mut, Tapferkeit, Selbstbeherrschung und Selbstverzicht sowie Opferbereitschaft. Dies zeigt auf, dass die freimaurerischen Intellektuellen die ideologischen Grundlagen für den zukünftigen Weltkrieg langsam und verschleiert ausgearbeitet hatten.

Auf Sorel beriefen sich ebenso viele Intellektuelle des Leninismus wie auch des revolutionären Syndikalismus, von denen einige zum Faschismus übertraten. Mussolini ernannte Sorel zu seinem größten ideologischen Lehrmeister, bevor er zum italienischen Diktator wurde. Seine Partei wurde von britischen und amerikanischen Banken sowie italienischen Industriellen finanziell stark unterstützt, wie es 1933 ebenso im Falle von Adolf Hitler in Deutschland war.

Es verwundert schon sehr, dass beide utopischen Systeme – Kommunismus und Faschismus – ursprünglich vom gemeinsamen freimaurerischen Bund erfunden und von den gleichen Großindustriellen finanziert wurden, um den Zweiten Weltkrieg Schritt für Schritt in die Wege leiten zu können. Der Faschismus sollte den heimtückischen Plan für den Weltkrieg auslösen, um dem Kommunismus weltweit Tür und Tor zu öffnen.

Hinter dem Kommunismus stand der *Palladin-Ritus*, hinter dem Faschismus das *Komitee der 300* mit der französisch-britischen Freimaurerei mitsamt dem Jesuitenorden, und hinter dem Parlamentarismus stand der *Schottische Ritus* (die traditionelle Freimaurerei). Diese drei Bewegungen wurden alle von eingeweihten freimaurerischen Intellektuellen auf Bestellung der höchsten Mitglieder des *Komitees der 300* erfunden und dahingehend vorbereitet, die Menschheit schrittweise zu versklaven.

Kapitel 6
Die britische Freimaurerei und ihr kriegerischer Einfluss

Der *Schottische Ritus*, der in dem in Frankreich gewaltsam aufgelösten Templerorden tief verwurzelt war, bestimmte die gesamte weltweite freimaurerische Bewegung. Das Umwandeln der uralten Templertradition in den *Schottischen Ritus* Anfang des 17. Jahrhunderts (traditionelle Obedienz) ist durchaus dem Rosenkreuzer und Tempelritter Sir Francis Bacon zu verdanken, obwohl die offizielle Gründung dieser Loge in England erst auf das Jahr 1717 zurückging.

Die Hauptaufgabe der Freimaurerei als Kontinuum des in Schottland ansässigen mysteriösen Tempelritterordens war es, unter Mitbestimmung von Sir Francis Bacon und König James I., den britischen Kolonialismus bei der stufenweisen Welteroberung mit illegalen Mitteln zu unterstützen – insbesondere in Bezug auf den nordamerikanischen Subkontinent, die sogenannte *Virginia Company* mit ihren reichen Rohstoffen und unbegrenzten Ausbeutungsmöglichkeiten. Mein Großvater sagte, dass die freimaurerische Bewegung den kolonialen Interessen und Zielen der britischen Krone diente und hauptsächlich dieses Ziel konsequent bis zum Zweiten Weltkrieg verfolgt wurde.

Ein britischer und äußerst umstrittener Freimaurer des *Schottischen Ritus* war der am 30. November 1874 in Woodstock geborene Hochadlige Sir Winston Leonard Spencer Churchill.

Die 2002 verstorbene Marion Gräfin Dönhoff schrieb in einem Brief an meinen Großvater, dass Churchills Mutter Jenny Jerome aus einer einflussreichen jüdischen Unternehmerfamilie in New York stammte. Ihr Vater, Leonard Jerome, war ein angesehener Geschäfts-

Abb. 32: Winston Churchill

103

führer, dessen Wurzeln angeblich mit den britischen Rothschilds verflochten waren. Väterlicherseits entstammte Winston der hochadligen britischen Familie des Herzogs von Marlborough, die dem *Komitee der 300* angehörte. Aus diesem einfachen Grund hatte der junge Winston Leonard die Aufnahme in die Freimaurerei erblich zugesichert bekommen – zunächst einmal vorübergehend in die dreistufige Johannis-Loge. Der Zutritt Churchills in die Hochgrade wurde von seinem Logenmeister David Lloyd George unterstützt, der ihn auch Schritt für Schritt in die Geheimnisse des *Schottischen Ritus* einweihte. Ein weiterer Förderer war Logenbruder und britischer Premierminister Herbert Henry Asquit, der Churchill 1911 zum Marineminister machte. Trotz des so beschämenden Eklats von Churchill in der Schlacht bei Gallipoli gegen die Türken – Churchills verheerender Fehler trug zum Tod von zirka 130.000 ANZAC-Soldaten bei – lebte seine politische Karriere nach dem Ende des Ersten Weltkriegs erstaunlicherweise schnell wieder auf. Erneut half dabei sein alter Logenmeister, David Lloyd George, der Churchill 1917 zum Rüstungsminister ernannte. Nachdem sein Förderer 1922 das Premierministeramt verlor, wurde Churchill von Stanley Baldwin, einem weiteren Logenbruder und neuen Premierminister, stark bei seiner politischen Laufbahn unterstützt. Während seiner Amtszeit bis 1931 war Churchill nacheinander Kriegs-, Luftfahrt- und Kolonialminister. Mein Großvater behauptete, dass Churchill in dieser Zeit zusätzlich noch in die *Grand-Orient-Loge* aufgenommen wurde, aufgrund der Absicht, sich auf bestimmten Ebenen mit französischen Freimaurern zusammenzuschließen, insbesondere mit Herriot, Blum, De Gaulle und Daladier.

Man könnte behaupten, dass Churchill 1933, direkt vor der Machtergreifung der Nazis in Deutschland, wie bereits sein Großvater und später sein Vater Lord Randolph, in das *Komitee der 300* der Herrscherfamilien aufgenommen wurde.

Churchill wurde von da an vom *Komitee der 300* zum Hauptmotor und Förderer des kommenden Zweiten Weltkrieges auserkoren. Als angesehener, hochrangiger Logenbruder aus guter, alter britischer

Adelsfamilie mit jüdischen Wurzeln mütterlicherseits wurde er von der einflussreichen militärischen Lobby besonders willkommen geheißen und zusätzlich unterstützt.

Marion Gräfin Dönhoff und Willy Brandt waren sich darüber einig, dass der wirkliche Förderer Churchills die britische Bankiersfamilie Rothschild war, die zusammen mit den Goldsmiths seine politische Laufbahn bestimmte und unterstützte. Die Rothschilds erachteten Winston Churchill als *den* „Halbjuden", was Hitler und Goebbels mehrmals sarkastisch in ihren Reden hervorhoben. Auch der extreme Deutschenhass von Churchill wurde von den Nazis mit seinen jüdischen Wurzeln begründet – und das mit voller Überzeugung.

Insgeheim arbeitete der Freimaurer Churchill mit seinen Logenbrüdern aus Frankreich (Daladier, Blum und De Gaulle) sowie mit reichsdeutschen Brüdern (Freiherr von Schröder, von Papen und Hjalmar Schacht) die vorbereitete Strategie des langsam in die Wege geleiteten Weltkrieges aus. Churchill war Koordinator der Vorbereitungen zur Auslösung des Zweiten Weltkrieges und tat ALLES, damit der Krieg auch wirklich ausbrechen konnte. Churchill selbst vertrat die lebhaften Interessen dieses Komitees an der Vermehrung von finanziellen Gewinnen, die durch den geplanten Krieg erreicht werden sollten. (Seine Familie sowie die Rothschilds besaßen Anteile an den führenden Rüstungskonzernen, wie z.B. Vickers-Armstrong.) Mein Großvater betonte hierbei den Umstand, dass Churchill später sogar den Vorschlag Hitlers für Friedensverhandlungen und sofortige Beendigung des Krieges, den sein Abgesandter Rudolf Heß nach England mitbrachte, deswegen strikt ablehnte, weil die Mitglieder des *Komitees der 300* mit unzählbaren Rüstungsaufträgen von ihren Staaten zugeschüttet waren, die unabdingbar erfüllt werden mussten. Meinem Großvater zufolge hatte Rudolf Heß den britischen Industriellen eine finanzielle Wiedergutmachung in Aussicht gestellt, wenn sie ihre Rüstungsproduktion einstellten. Dieses Angebot wurde ebenso bedingungslos zurückgewiesen.

Abb. 33, 34 und 35: Samuel Hoare, Neville Chamberlain und Lloyd George

Ein anderer bekannter Logenbruder war Arthur Neville Chamberlain, Sohn von Joseph Chamberlain, ein britischer Politiker und ebenfalls Freimaurer. Chamberlain war von 1923 bis 1924 und von 1931 bis 1937 Schatzkanzler und wurde 1937 von seinen Logenbrüdern zum Premierminister von Großbritannien ernannt. Willy Brandt behauptete, dass Arthur Neville Chamberlain eine nur kleine Marionette des *Komitees der 300* gewesen wäre – zum Stellen der richtigen Weichen für den Ausbruch des geplanten Weltkriegs, was er bei der Ausführung der Appeasement-Politik und beim Münchener Abkommen 1938 auch zuverlässig getan hatte. Chamberlain war auch derjenige, der am 3. September 1939 Nazi-Deutschland den Krieg erklärte bzw. erklären musste. Und in Frankreich folgte ihm prompt der Logenbruder Daladier vom *Grand Orient*. Am 10. Mai 1940 wurde Neville Chamberlain offiziell des Premierministerpostens enthoben und sein Amt Winston Churchill überlassen.

Zur Information: Appeasement bedeutet übersetzt „Beschwichtigung". Appeasement-Politik steht daher für Zurückhaltung. Aggressives Verhalten und der direkte Konflikt sollte durch sie vermieden werden. Man bezeichnet mit dieser Form der Politik speziell die Haltung Chamberlains gegenüber Deutschland vor dem Zweiten Weltkrieg.

Chamberlain sollte lediglich die Grundlagen für den Ausbruch des Krieges legen, um dann in einem entsprechend günstigen Moment durch den hochgeschätzten, unterwürfigen und rücksichtslosen Winston Churchill ersetzt zu werden.

Churchills Mentor David Lloyd George hatte ich bereits erwähnt. Dessen politische Karriere begann um 1890, als er in einen Reform-Club der linksliberalen Partei aufgenommen wurde. In Wirklichkeit war dieser renommierte Club die getarnte Johannis-Loge, in die der junge und vielversprechende David Lloyd George von seinem Logenmeister und Premierminister Henry Campbell-Bannerman aufgenommen wurde, der ihn im Jahr 1905 zum Handelsminister Großbritanniens ernannte. Nach dem Ableben von Campbell-Bannerman 1908, wurde der Logenbruder Herbert Henry Asquith neuer britischer Premierminister, der David Lloyd George zum Schatzkanzler machte. Erstaunlicherweise hatte Arthur Neville Chamberlain einen ähnlichen Karriereweg durch das Bekleiden des Schatzkanzlerpostens eingeschlagen.

Mein Großvater vermutete, dass der weitere Mentor der fortgeführten politischen Karriere des David Lloyd George nach dem Tode von Campbell-Bannerman, der neue britische Premierminister und Logenbruder Herbert Asquith war. Im Jahre 1918 vertrat David Lloyd George die britischen Interessen in Versailles, zusammen mit anderen einflussreichen Logenbrüdern, dem französischen Ministerpräsidenten Georges Clemenceau (Großmeister des *Grand Orient*) und dem Präsidenten der USA, Woodrow Wilson (hochrangiger Freimaurer des *Schottischen Ritus*). David Lloyd George vertrat auf der Friedenskonferenz in Versailles eine mit Hass durchdrungene Abneigung gegen Deutschland, dem er die Hauptschuld am Kriegsausbruch anlastete, und er befürwortete die Erniedrigung und wirtschaftliche Schwächung der neugegründeten Weimarer Republik durch die horrenden Reparationen und territorialen Verluste.

In Wirklichkeit stellte das *Komitee der 300* durch seine drei Vertreter – Wilson, Clemenceau und David Lloyd George – die zukunftsweisenden Weichen zum Ausbruch des Weltkriegs.

Als Logenmeister hatte David Lloyd George die politische Karriere von Winston Churchill gefördert und unterstützt. Er hatte im Verborgenen den politischen Sturz von Arthur Neville Chamberlain im Jahr 1940 angeblich wegen der sogenannten Norwegendebatte herbeigeführt, um Churchill zum britischen Premierminister erheben zu können. Dann, so Willy Brandt, hatte Churchill seinen Förderer David Lloyd George überholt. Man darf hierbei nicht vergessen, dass Churchill väterlicherseits dem noblen, britischen Hochadel der Herzöge von Marlborough entstammte, die dem geheimen Weltbund der 300 angehörten. Dieser Umstand spielte dabei die wichtigste Rolle. 1945 wurde der schon greise David Lloyd George von seinem ehemaligen Logenschüler Churchill als der „1. Earl Lloyd George of Dwyfor" in den erblichen Adelsstand erhoben. Dieses erwähnenswerte und zugleich seltsame Procedere erfolgte auf Geheiß der Windsors und der britischen Rothschilds. Der neuadlige Logenmeister David Lloyd George verstarb im März 1945.

Bezüglich der Versailler Konferenz 1919, die nach Beendigung des Ersten Weltkriegs den Frieden einläuten sollte, ist es wichtig zu erläutern, wer tatsächlich die Fäden dabei gezogen hatte: nicht die schon erwähnten Regierungschefs der beteiligten Staaten, wie Clemenceau, David Lloyd George und Woodrow Wilson, sondern ein hochrangiger Freimaurer des *Schottischen Ritus*: der Malteserritter Colonel Mandell House. House vertrat direkt die Interessen der amerikanischen Rockefellers und der britischen Rothschilds. Vermutlich unterstanden auch Churchill und später Roosevelt Mandell House. Beide waren vermutlich keine Mitglieder der ultramächtigen Heliopolis-Loge.

Es ist bekannt, dass Präsident Wilson sich von Colonel House regelmäßig beraten ließ. Während des Ersten Weltkriegs war House der wichtigste Drahtzieher für die Interessen der USA und des Commonwealth bezüglich verschiedener Entscheidungen und Strategien. Als Illuminat hatte er nicht nur erheblich zum Ausbruch des Ersten Weltkrieges beigetragen, sondern er zog auch die Fäden während der Friedenskonferenz in Versailles, um die Grundlagen für den Ausbruch der nächsten Weltkonfrontation zu legen. Colonel House beriet diesbezüglich seinen Logenbruder David Lloyd George.

Anfang der 1930er-Jahre hatte Colonel House zur Benennung eines anderen einflussreichen Logenbruders, nämlich Franklin Delano Roosevelt, zum amerikanischen Präsidenten beigetragen. Hierbei vertrat Colonel House sehr die Interessen und Wünsche der Familien Rockefeller und Morgan, die Roosevelts Präsidentschaftskarriere in die Wege geleitet hatten.

House starb im Jahre 1938 in New York und galt damals, Zeit seines Lebens und seiner politischen Aktivität, als Berater der höchsten Kreise. Außerdem wurde er als „Graue Eminenz" bezeichnet, obwohl er häufig präsent und offiziell anwesend war.

Zur Information: „Graue Eminenz" ist eine Bezeichnung für eine nach außen kaum in Erscheinung tretende, aber einflussreiche (politische) Persönlichkeit.

Sein Nachfolger, der Befehlshaber und „Berater" für die späteren Regierungschefs der USA und Großbritanniens, nämlich Winston Churchill, war damals erstaunlicherweise wenig bekannt. War er David Lloyd Georges Nachfolger als „Graue Eminenz"?

Sowohl Prof. Berthold Beitz als auch Marion Gräfin Dönhoff waren sich einig, dass Churchills Position so stark gewesen sein könnte, dass er die Befehle aus den höchsten Kreisen des freimaurerischen Bundes, ohne einen Vermittler oder Berater, direkt von den Rothschilds und den Windsors angenommen haben könnte. Es ist auch nicht ausgeschlossen, dass Churchill sogar der Heliopolis-Loge (*Rat der 33*) angehörte. In diesem Fall wäre es nicht mehr verwunderlich, dass sich damals Hitlers Gesandter Rudolf Heß unbedingt den direkten Zugang zum britischen König verschaffen wollte – nämlich um Churchill und seine Mitarbeiter zu umgehen. Doch dazu später mehr…

Der nächste einflussreiche Logenbruder zwischen 1925 und 1934 hieß Edward Frederick Lindley Wood, Earl of Halifax, auch bekannt als Lord Irwin und schließlich von 1934 bis 1944 als Viscount Halifax. Er galt zusammen mit David Lloyd George, Arthur Neville Chamberlain und Winston Churchill als einer der Gründer der Appeasement-Politik. Sie alle hatten ein gemeinsames Ziel: den Ausbruch des Zweiten Weltkriegs. Allerdings diente Arthur Neville Chamberlain hierbei als eine Marionette der eigentlichen Drahtzieher und war somit nur ein indirekter Helfer.

Mit dem zusätzlichen Titel *1. Baron Irwin* und der Ernennung zum Vize-König von Indien zwischen 1926 und 1931, förderte sowohl König George V. von Windsor-Mountbatten, als auch der Logenmeister des *Schottischen Ritus*, David Lloyd George, die politische Karriere dieses britischen Hochadligen.

Zur Erinnerung: David Lloyd George hatte in die höheren Einweihungsgrade der traditionellen Freimaurerei Großbritanniens zwei seiner bekannten und treuen Logen-Schüler, Winston Churchill und Arthur Neville Chamberlain, stufenweise eingeführt und integriert.

Als Lord Irwin, Vizekönig von Indien, wurde er beauftragt, die antibritische Stimmung auf der indischen Halbinsel einzudämmen, was am 5. März 1931 zu einem Vertrag mit Ghandi führte. Im gleichen Jahr wurde Halifax vom britischen König in Indien abgelöst und kehrte nach England zurück, um im Jahr 1937 in das Kabinett von seinem Logenbruder Arthur Neville Chamberlain aufgenommen zu werden. Diesen politischen Schritt arrangierte der Logenmeister Lloyd George auf Geheiß der Familie Rothschild.

Jetzt musste zunächst einmal ein angesehener Feind der Appeasement-Politik aus der politischen Szene geräumt werden – der bisherige Außenminister Anthony Eden. Eden war erstaunlicherweise trotz seines Karriere-Strebens kein Freimaurer. Dennoch durchschaute er die kriegsorientierte Politik der Nazis in Deutschland und stemmte sich gegen die britisch-französische Appeasement-Politik. Deswegen wurde er umgehend am 25. Februar 1938 vom Freimaurer Arthur Neville Chamberlain des Außenministeramtes enthoben, um dieses Amt nun mit dem treuen Logenbruder Wood Halifax zu besetzen. Beide Freimaurer –Chamberlain und Halifax – gehörten dem sog. *Cliveden Set* an, eine Gruppe von Politikern, die sich auf dem Landsitz von Lady Astor traf und gemeinsam über die Appeasement-Politik gegenüber Hitler und Mussolini beriet und abstimmte. Hier sei erwähnt, dass die Familie Astor dem mächtigen *Rat der 13* angehörte.

Die Cliveden-Gruppe pflegte enge Beziehungen zu den größten britischen Rüstungskonzernen *Vickers-Armstrongs, Ltd.* sowie *Metropolitan-Cammell Carriage & Wagon Co. Ltd.* Im Besitz der Familie Armstrong befand sich außerdem die Geschützfabrik *Elswick Ordnance Company*. Inoffiziell wurde gemunkelt, dass die Armstrong-Dynastie die Partei von Arthur Neville Chamberlain finanziell sehr unterstützte. Durch den Ausbruch des Krieges konnten die britischen Rüstungskonzerne mit riesigen staatlichen Aufträgen rechnen, was die spätere Politik von Winston Churchill durchaus bestätigte. Die Kreditgeber waren Banken aus der *City of London*, die von der Rothschild-Gruppe sowie den Baring Brothers und Schroders kontrolliert wurden.

Zur Information: Die gleiche Banken-Gruppe räumte den nazideutschen Rüstungskonzernen sowie der Reichsbank, mit dem Logenbruder Hjalmar Schacht als Direktor, riesige Kredite ein!

Zur *City of London*: Die *Bank of England* wurde am 27. Juli 1694 als private Notenbank gegründet – so wie später auch die *FED*. Der englische König war so klamm, dass er von einem Konsortium privater Bankiers dringend einen Kredit in Höhe von 1,2 Millionen Pfund benötigte. Dafür musste er ihnen das Recht übertragen, fortan das offizielle britische Geld ausgeben zu dürfen – zu einem Zinssatz von 8 Prozent! Der Staat nahm also fortan Geld in Form eines Kredites von der privaten *Bank of England* auf, worauf der Staat – besser gesagt das Volk, das dieses Geld nutzen musste – der Bank 8% Zinsen zahlen musste. Der König hatte also die Arbeitskraft seines Volkes an die Bankiers verkauft, wodurch sie im Grunde deren Sklaven wurden, da sie deren Geld nutzen mussten.

Die *Bank of England* liegt im Herzen der *City of London*, die jedoch nichts mit der Stadt London zu tun hat, die um sie herum gebaut wurde. Die *City of London* ist ein exterritoriales Gebiet und gehört weder zu London noch zu England. Sie ist der größte Finanzhandelsplatz der Welt. Die *City of London Corporation* hat eine eigene Staatlichkeit, eigene Gesetze und überwacht sich selbst. Britische Gesetze gelten hier nicht. Die *City of London* ist der mächtigste Kleinstaat auf Erden, und die *Bank of England* ist das Zentrum der *City of London*.[13]

Auch der Rüstungskonzern *Vickers* war ein gut situiertes Unternehmen auf der internationalen Ebene. Hierbei sollte erwähnt werden, dass *Vickers* noch vor dem Ersten Weltkrieg für die langsam fortschreitende Aufrüstung Japans verantwortlich war, da sie die damalige japanische Kriegsflotte gebaut hatten.

Willy Brandt war davon überzeugt, dass Japan ohne *Vickers* nie eine militärische Weltmacht geworden wäre!

Die offizielle Version der politischen Einschätzungen seitens Halifax bezüglich den Kriegsbestrebungen Hitlers war verlogen und entsprach keineswegs der Wahrheit. Alles wurde mit eiskalter Berechnung herbeigeführt, um weitere, zum Weltkrieg führende Schritte einzuleiten.

Churchill ersetzte im Dezember 1940 Halifax als Außenminister durch dessen ihm bereits vertrauten Gegner und Marionette Anthony Eden, der kein Freimaurer war. Halifax wurde daraufhin als britischer Botschafter in die USA versetzt, was auf Wunsch des *Komitees der 300* und Franklin Delano Roosevelt geschah, weil der Logenbruder Halifax einwandfreie Arbeit bei der Anzettelung des Zweiten Weltkriegs geleistet hatte.

Willy Brandt meinte, dass es nicht der Wahrheit entspräche, dass Lord Halifax in Ungnade geriet, weil er die aggressive und kriegsorientierte Politik Hitlers nicht durchschaut hätte – was letztendlich zum Angriff Großbritanniens von Nazi-Deutschland geführt haben soll. Im Gegenteil: Er war von den 300 Mitgliedern des Komitees der einflussreichsten Menschen der Welt, insbesondere in den USA, sehr hoch geschätzt. So wurde er 1944 zum Lord of Halifax erhoben. Er zog sich allerdings 1946 aus der aktiven Politik zurück, bekleidete dann aber noch verschiedene Ehrenämter und wurde sogar zum Kanzler des geheimnisvollen und einflussreichen *Hosenbandordens* ernannt. Mein Großvater nahm an, dass Halifax zu einer Grauen Eminenz wurde und in höhere Einweihungsstufen im *Schottischen Ritus* aufgestiegen war. Insgeheim beriet er später bedeutende Politiker (wie z.B. Margaret Thatcher) und stieß ihre politische und freimaurerische Karriere an. Lord Halifax starb einen Tag vor Weihnachten 1959.

Zum Ende dieses Kapitels sollte in Bezug auf die britische Freimaurerei erwähnt werden, dass der Cliveden-Gruppe, die die Appeasement-Politik gegenüber Nazi-Deutschland betrieben hatte, ausschließlich hochrangige Freimaurer angehörten, wie z.B. Samuel Hoare, 1. Viscount Templewood, ein konservativer Politiker, der von David Lloyd George gefördert wurde. Hoare war *Knight Grand Commander of the Star of India (GCSI)* und wurde zusätzlich in den französischen *Grand Orient* aufgenommen, wobei er eng mit seinem Logenbruder, dem französischen Außenminister Pierre Laval, zusammenarbeitete, um das faschistische Italien zu stärken. Dies erfolgte 1935 im Rahmen des sogenannten *Hoare-Laval-Abkommens*, das zur territorialen Konzession in Äthiopien und Ogaden, einem Gebiet in Somalia, unter italienischer Vorherrschaft geführt hatte. Bei Churchills Berufung zum Premierminister 1940 verlor Hoare (angeblich!) seine Kabinettsposition und wurde als Botschafter nach Spanien entsandt.

Mein Großvater behauptete, dass Hoare zugleich Agent des britischen Außengeheimdienstes MI6 war, dessen Aufgabe es wurde, die politische Aktivität Spaniens während des tobenden Weltkriegs zu verfolgen. Man muss hierzu erwähnen, dass Francos Regime die spanische Freimaurerei fast vollständig entmachtete. General Franco hatte mehrmals offiziell und unverschleiert daran erinnert, dass der misslungene sozialistische Putsch in Spanien ein Werk der internationalen Freimaurerei gewesen war.

Kapitel 7
Die französische Freimaurerei – *Grand Orient*

Wir sollten uns an dieser Stelle etwas genauer die französische Freimaurerei ansehen, die bei der Anstachelung des Zweiten Weltkrieges Hand in Hand mit ihren britischen Brüdern zusammenarbeitete. Die meisten französischen Freimaurer der höchsten Schottischen Einweihungsstufen waren gleichzeitig ebenso in der Loge Grand Orient vertreten, wie z.B. der mehrfache Ministerpräsident einer Mitte-Linke-Koalition der 1930er-Jahre – der legendäre Édouard Daladier.

1938 übernahm Daladier die britische Appeasement-Politik und hatte zusammen mit seinem Logenbruder Arthur Neville Chamberlain erheblichen Anteil am Zustandekommen des *Münchener Abkommens*. Am 1. September 1939 hatte derselbe Daladier gemäß den Beistandsverpflichtungen dem Deutschen Reich den Krieg erklärt, nachdem die deutschen Streitkräfte Polen – den Verbündeten von Frankreich – überfielen. Beide Logenbrüder, Daladier und Chamberlain, folgten den Anweisungen ihrer Vorgesetzten aus den britischen Kreisen des *Komitees der 300*, die gemeinsam mit ihren Gleichgesinnten aus den USA langsam den Ausbruch des Zweiten Weltkriegs in die Wege geleitet hatten.

Mein Großvater meinte, dass beide keine Mitglieder des *Komitees der 300* gewesen wären. Nach der so erstaunlichen Niederlage Frankreichs gegen Nazi-Deutschland versuchte Daladier, nach Marokko zu flüchten, wurde jedoch von den Vichy-Geheimdiensten erspäht und festgenommen. Im Herbst 1941 wurde er gemeinsam mit einem anderen einflussreichen Grand-Orient-Mitglied, Léon Blum, in Riom von der Vichy-Regierung wegen Verrats angeklagt. (Riom ist eine Kleinstadt in Zentralfrankreich, die 1942 durch die Prozesse des Vichy-Regimes gegen die Verantwortlichen der Niederlage von 1940 gegen Deutschland bekannt wurde.) Der Prozess wurde jedoch absichtlich von der französischen Justiz verschleppt und 1943 auf deutsche Anweisung eingestellt! 1943 wurde Daladier, zusammen mit dem früheren Staatspräsidenten Albert Lebrun (ebenfalls vom *Grand Orient*), von der Besatzungsmacht nach Nazi-Deutschland deportiert und dort friedlich interniert. Mein Großvater meinte, dass die so friedliche Übernahme von Daladier durch die Nazis auf Geheiß des Hochgradfreimaurers und Bankiers Kurt Baron von Schröder erfolgte der großen Einfluss auf den Reichsführer-SS Heinrich Himmler hatte, und dass die beiden, Daladier und Lebrun, MI6-Agenten gewesen wären und Freiherr von Schröder persönlich sehr gut kannten. Um Daladier vor dem Vichy-Regime zu schützen, hatten sich zusätzlich zwei andere deutsche Freimaurer eingeschaltet: von Papen und Hjalmar Schacht.

Nach der Kapitulation des Deutschen Reiches kam Daladier nach Frankreich zurück, wo er bis zu seinem Ableben 1970 viele wichtige politische Posten bekleidete, vor allem als der politische Berater und Sozialist bei der *MRG (Mouvement des Radicaux de Gauche)*, einer linken Partei in Frankreich.

Das andere bekannte und vermutlich bedeutendere Mitglied des *Grand Orient* war der direkte Förderer Daladiers, Édouard Herriot, der angeblich ebenfalls ein hochrangiger Malteserritter und Jesuit war. Herriot hatte dem jungen und vielversprechenden Daladier die politische Karriere gebahnt. Schon 1924 wurde Herriot zum ersten Mal Regierungschef und Außenminister der französischen Republik und unterstützte mit größtem Eifer die utopischen Ziele eines anderen einflussreichen Freimaurers, Richard Nikolaus Coudenhove-Kalergi, der 1922 die Organisation *Paneuropa* gegründet hatte. Er war zudem offiziell Mitglied der Wiener Freimaurerloge *Humanitas*.

Nach den Wahlen 1932 wurde Herriot zum dritten Mal Regierungschef und bekleidete in den nachfolgenden Kabinetten von weiteren Freimaurern, Flandin und Laval, den Posten eines Staatsministers und Beraters. 1933 besuchte Herriot die Sowjetunion, um Stalins wirtschaftliche Bestrebungen bei den westlichen Banken, insbesondere der amerikanischen *FED*, zu unterstützen. Stalin verdankte Herriot die Bewilligung der hoch verzinsten Kredite aus den USA und Großbritannien, um die Sowjetunion langsam und planmäßig aufzurüsten. Nach der militärischen Niederlage Frankreichs wurde er vom Vichy-Regime unter Hausarrest gestellt. Und nach der Landung der Alliierten in der Normandie im Juni 1944 (D-Day) wurde Herriot von den Deutschen bis zum Kriegsende im elsässischen Mareville interniert und geschützt! Nach dem Krieg kehrte er zurück und übernahm das Bürgermeisteramt von Lyon und verstarb schließlich 1957. Interessanterweise wurde er von den Nazis besonders zuvorkommend und freundlich behandelt, wie die meisten bedeutenden Mitglieder der *Grand-Orient-Loge*.

Hierbei ist es wichtig zu erwähnen, dass die Herriot-Regierung offiziell die Sowjetunion anerkannte und politisch unterstützte!

Die weiteren Beispiele der freimaurerischen Aktivitäten in Frankreich betreffen Paul Reynaud und Léon Blum. Reynaud war ein bekannter Gegner der sozialistischen und kommunistischen Bewegungen. In den häufig wechselnden Kabinetten von 1930 bis 1932 war er Finanz-, Kolonial- und Justizminister und schlug gegenüber dem nationalsozialistischen Deutschland einen klaren Konfrontationskurs ein. Vom 21. März bis 16. Juni 1940 war er der vorletzte Ministerpräsident in Frankreich. Nach dem deutsch-französischen Waffenstillstand ließ Pétain den flüchtigen Reynaud mit Georges Mandel Rothschild (ist nicht mit Mandell House verwandt; Cousin der englischen Bankiersfamilie Rothschild) auf der Flucht in Marokko verhaften und nach dem Prozess in Riom an die Gestapo übergeben. Bis zum Ende des Krieges blieb Reynaud in Deutschland in Gefangenschaft. Danach wurde er entlassen und kehrte in seine Heimat zurück, wo er ab 1958 an der neuen französischen Verfassung mitarbeitete. Er unterstützte zudem die damalige Politik von de Gaulle und war ein einflussreiches Mitglied der *Grand-Orient-Loge*, bis er 1966 starb.

Der jüdischstämmige Léon Blum war von Anfang an bei der Einigung der verschiedenen sozialistischen Strömungen in der *Section française de l'Internationale ouvrière* (die Partei SFIO) beteiligt. Dank seiner Bestrebungen gelang 1936 ein Bündnis zwischen Kommunisten, Sozialisten und Gewerkschaften, sodass Blum nicht nur als der erste aktive Linke, sondern auch als erster jüdischer Politiker zum französischen Ministerpräsidenten gewählt wurde.

Nach der deutschen Westoffensive ließ ihn die Vichy-Regierung verhaften und veranlasste seine Inhaftierung. Am 5. April 1943 wurde Blum gemeinsam mit Daladier an Deutschland ausgeliefert und bis 1945 in den Konzentrationslagern Buchenwald und Dachau eingesperrt, wo er ebenfalls äußerst milde behandelt wurde. Mein Großvater behauptete, dass Blum Agent des britischen MI6 war und gleichzeitig ein direkter Verbindungsmann der Familie Rothschild zur französischen Regierung. Er verbreitete in Frankreich gezielt kommunistische Parolen, und wenn die weitreichenden Pläne der Rothschilds gelungen wären, hätte auf Blum im kommunistischen Frankreich der Nachkriegszeit eine goldene Karriere gewartet. Mein Großvater vermutete, dass Blum sogar Mitglied des kommunistischen *Palladin-Ritus* war, wie Leo Trotzki und Kaganowitsch. Auch der sowjetische Sympathisant Édouard Herriot, gehörte vermutlich dem *Palladin-Ritus* an.

Ein weiterer Palladin-Bruder und sowjetischer Sympathisant sowie angeblich Pazifist und Kommunist war der Cousin der britischen Rothschildfamilie, Georges Mandel Rothschild. Die weltherrschenden Bankiersmogule aus der *City of London* benutzten ihren weiteren Verwandten in Paris, um Frankreichs Politik bei der Finanzierung des Krieges entsprechend beeinflussen zu können. 1936 war Mandel sowohl Postminister als auch Hochkommissar für Elsass-Lothringen. Am 16. Juni 1940 bot ein britischer Freimaurer, General Edward Spears (Churchills militärischer Verbindungsoffizier in Bordeaux) Mandel an, zusammen mit Charles de Gaulle nach England zu fliehen, was Mandel aus wenig geklärten Gründen ablehnte. Am 8. August 1940 wurde er auf Befehl von Laval in Marokko verhaftet, wo er zusammen mit Paul Reynaud, Édouard Daladier und General Maurice Gamelin gefangen gehalten wurde. Nach dem Prozess in Riom wurden Mandel und Reynaud im November 1942 der Gestapo übergeben. Mandel verbrachte zusammen mit Léon Blum eine relativ gnädige Haft in den KZs Oranienburg und Buchenwald, und am 4. Juli 1944 wurde er erstaunlicherweise von der Gestapo entlassen und nach Paris zurückgeschickt. Unter unklaren Umständen wurde Mandel – angeblich von der französischen Widerstandsbewegung – kurze Zeit später auf einer Straße bei Nemours ermordet. Es ist bis heute ungeklärt, warum Mandel ermordet wurde und wer dafür verantwortlich war. Vielleicht hatte Mandel zu viele Informationen, die er nicht geheim halten wollte? Vielleicht standen sogar hinter diesem Meuchelmord seine eigenen, britischen Cousins? Mein Großvater vermutete, dass die Rothschilds Mandel absichtlich geraten hatten, nicht nach England zu fliehen, um sich den SS-Größen in Deutschland zu ergeben. Des Weiteren war er vermutlich ein Verbindungsmann zwischen den Rothschilds und der SS. Es ist schon erstaunlich, dass Mandel am 4. Juli 1944 aus der deutschen Haft entlassen wurde, sage und schreibe 16 Tage vor dem Attentat auf Hitler in der Wolfschanze. Vielleicht gibt es einen Zusammenhang zwischen diesen beiden Ereignissen? Oder ist es nur reiner Zufall? Der Wahrheit werden wir vielleicht nie auf den Grund gehen können…

Zur Erinnerung: Der *Grand Orient de France* wurde im Jahr 1773 als eine der ältesten freimaurerischen Großlogen in Europa gegründet und umfasst heute 1.200 Freimaurerlogen mit rund 47.000 Mitgliedern.

Zum *Grand Orient* gehörte offenbar auch General Charles de Gaulle, obwohl man behauptet, dass er ein hundertprozentiger Katholik gewesen sei. Mein Großvater war hingegen der Ansicht, dass de Gaulle zumindest im Grand Orient Mitglied war und in der Vorkriegszeit enge Kontakte zur britischen und deutschen Freimaurerei pflegte. Hierzu ist zu erwähnen, dass der junge de Gaulle während des polnisch-russischen Krieges im Jahre 1920 angeblich freiwillig der französischen Militärmission in Polen beigetreten war und zum Infanterieausbilder der neuen Streitkräfte unter der Führung des Marschalls Pilsudski (Freimaurer sowie Agent der französischen und preußischen Geheimdienste) wurde. Die Aufgabe de Gaulles bestand in der Unterstützung der polnischen Freimaurerei bei der Aufrechterhaltung des russischen Bolschewismus, was die weiteren militärischen Taten von Pilsudski eindeutig bestätigt hatten.

Als der Zweite Weltkrieg ausbrach, war de Gaulle Oberst. Als Kabinettsmitglied lehnte er den Waffenstillstand mit den Deutschen strikt ab, und am 16. Juni 1940 traf er sich mit Winston Churchill, um eine gemeinsame britische und französische Strategie gegen Hitler auszuarbeiten. Dem gegenüber stand der nazideutsche Sympathisant Marschall Philippe Pétain, der die Pläne der beiden Politiker vollständig durchkreuzte. Erneut wurde de Gaulle gezwungen, seine Heimat zu verlassen, und dank eines geheimen Fonds vom bereits erwähnten Freimaurer Paul Reynaud, der 10.000 Goldfranc zur Verfügung gestellt hatte, konnte er nach England gehen. De Gaulle galt während des Krieges unangefochten als die Verkörperung Frankreichs. Trotz des durch die Verträge zwischen ihm und Churchill besiegelten Vertrauens, waren die Beziehungen teilweise gespannt, aber niemals ungesund.

Willy Brandt fügte diesbezüglich hinzu, dass de Gaulle der britischen Freimaurerei vorwarf, den Verlauf des geplanten und erwünschten Weltkriegs nicht ausreichend durchdacht und vorbereitet zu haben, sodass die regierende freimaurerische Weltelite auf der sprichwörtlichen Klippe ihrer Existenz stünde. De Gaulle war misstrauisch gegenüber seinen britischen und amerikanischen Logenbrüdern, obwohl er sie nie verraten hätte. Er durchschaute die wirklichen Eroberungspläne der höchsten Illuminaten mit den geheimnisvollen Räten (der 33 und der 13) sowie die rein egoistischen Pläne der drei einflussreichsten Familien der Welt – der Rothschilds, Rockefellers und Windsors. Vor diesem Hintergrund ergab sich die deutlich erkennbare Zurückhaltung und Isolation de Gaulles gegenüber den Mitgliedern des *Komitees der 300* in seiner politischen Aktivität der Nachkriegszeit. Er durchschaute die perversen Absichten der Schwerindustrie- und Aufrüstungsmogule insbesondere in den USA und Großbritannien, die sich um jeden Preis durch den von ihnen ausgelösten Krieg enorm bereichern wollten – ohne jegliche Zukunftsvision.

Willy Brandt meinte hierzu, dass sich de Gaulle von seinen Logenbrüdern in der Nachkriegszeit immer mehr distanzierte. Dies betraf insbesondere seine Außenpolitik gegenüber Großbritannien und den USA. Er war zudem gegen den Beitritt von Großbritannien in die EU sowie zu den französischen Streitkräften der NATO. De Gaulle betrieb außerdem eine eigene Atomwaffenpolitik in seiner Heimat, ohne Rücksicht auf die USA.

War er ein souveräner, enttäuschter Freimaurer? Teilweise stimmt das wohl, denn es gab Gerüchte, dass das *Komitee der 300* ein Attentat auf ihn plante. Und de Gaulle fürchtete tatsächlich, einem Attentat zum Opfer gefallen zu sein, obwohl er es nie wagte, den seiner Meinung nach wirklichen potentiellen Attentäter zu benennen. Das bekannte Attentat vom 22. August 1962 auf einer Kreuzung in Petit-Clamart bei Paris wurde von der Organisation der geheimen Armee (OAS) verübt – allerdings ohne Erfolg. Der Attentäter Bastien-Thiry wurde jedoch hingerichtet. Mein Großvater vermutete, dass die OAS, die der Algerienpolitik de Gaulles gewaltig trotzte, tatsächlich insgeheim von der CIA und dem MI6 mitfinanziert und unterstützt wurde. Das wiederum würde bedeuten, dass hinter diesem Attentat die amerikanischen und britischen Geheimdienste standen, die auf Geheiß des *Komitees der 300* versuchten, de Gaulle zu stürzen, weil er es wagte, eine souveräne Außenpolitik zu betreiben. Das Attentat wurde also direkt der Organisation der geheimen Armee in die Schuhe geschoben. De Gaulle wusste jedoch, wer tatsächlich dahinter steckte. Trotzdem blieb er weiterhin selbstbewusst und ließ sich von seinen Logenbrüdern nicht einschüchtern.

War de Gaulle ein Abtrünniger, weil er eine eigene, souveräne Politik betrieb und dies sogar fast mit dem Leben bezahlt hatte? Und weil er mehrmals den Anweisungen der einflussreichen Bilderberger-Gruppe zu seiner mutigen und kompromisslosen Außenpolitik Frankreichs nicht gehorchte? Das misslungene Attentat von Bastien-Thiry wurde von manchen Insidern vielmehr als eine Warnung erachtet, anstatt eines richtigen Versuchs, de Gaulle zu töten.

Es wird behauptet, dass de Gaulle in der Nachkriegszeit während seiner politischen Laufbahn aus der Freimaurerei ausgestiegen ist und deswegen mit einem Attentat bestraft wurde, es gibt allerdings keine stichhaltigen Beweise.

Kapitel 8
Kriegstreibende Persönlichkeiten in Illuminatenkreisen

Franklin Delano Roosevelt entstammte einer amerikanisch-niederländischen, einflussreichen Industriellenfamilie, die dem *Komitee der 300* angehörte. Der ehemalige US-Präsident Theodore Roosevelt war zwar nur ein Cousin fünften Grades von Franklin Delano, doch er hatte die gleichen familiären Einflussbereiche in den USA. So hatten die Roosevelts große Anteile bei dem Rüstungskonzern *General Electric Co.*, der in den 1920er-Jahren an der Elektrifizierung der Sowjetunion beteiligt war. Alle Roosevelts waren außerdem einflussreiche und hochrangige Freimaurer des *Schottischen Ritus*. Franklin Delano selbst war vor der Übernahme der US-Präsidentschaft Freimaurer des 33. Grades und genauso wie sein Cousin Theodore mit dem sozialen freimaurerischen *New-Deal-Programm* betraut.

Zur Information: Das *New-Deal-Programm* umfasst mehrere Wirtschafts- und Sozialreformen, die von Franklin Delano Roosevelt wegen der Weltwirtschaftskrise durchgesetzt wurden. Hierdurch fand in den USA ein gewaltiger Umbruch bezüglich Wirtschaft, Sozialwesen und Politik statt.

Es ist wichtig zu wissen, dass die Mutter von Franklin Delano, Sara Ann Delano (geborene Lyman), von einer jüdischen Familie aus New York stammte, was letztendlich belegt, dass Roosevelt mütterlicherseits ein Jude war. Gleiches galt für Winston Churchill, dessen Mutter Jenne Jerome ebenfalls eine New Yorker Jüdin gewesen ist. Es ist äußerst schwer einzuschätzen, ob die späteren Karrieren der amerikanischen und britischen Regierungschefs mit ihren jüdischen Wurzeln und den Machenschaften des Zweiten Weltkrieges zu tun hatten.

Mein Großvater wies in diesem Zusammenhang unverblümt darauf hin, dass der Großmeister und freimaurerische Guru aus den USA, Albert Pike, von seien weltweiten Logenschülern Folgendes verlangte:

Der Zweite Weltkrieg sollte nationalsozialistische und antisemitische Züge aufweisen – also die zweite These.

Um dieses unfassbare, vorgeplante Ziel tatsächlich zu bewerkstelligen, waren aus deren Sicht unbedingt erforderlich, dass die Regierungschefs eine jüdische Abstammung aufwiesen! Dies betraf insbesondere die Hauptförderer des Krieges – die Großmächte des Commonwealth. Man darf nicht vergessen, dass Albert Pike das Komitee der 300 und die noch höher stehende Heliopolis- sowie die Horus-Loge ins Leben gerufen haben soll.

Wenn es tatsächlich so war, dass Pike sich das gewünscht hatte, dann war es verständlich, dass die hochrangigen Illuminaten auf die jüdischen Wurzeln der einflussreichen angelsächsischen Politiker achteten. Selbst die vermutlich im 18. Jahrhundert als Emigranten aus den Niederlanden in die USA eingewanderten Roosevelts (Rosenfeld) sind jüdischer Abstammung väterlicherseits.

Sowohl mein Großvater als auch sein Gesprächspartner Willy Brandt waren sich darüber einig, dass Franklin Delano Roosevelt während seiner Präsidentschaft bis 1938 von seinem Logenmeister und Förderer Colonel Mandell House geführt und beraten wurde. Es ist allerdings unklar, wer nach dem Ableben von House 1938 seine Funktion als Berater von Präsident Franklin D. Roosevelt übernahm. Im Sommer 1921 erkrankte Roosevelt schwer an einer seltenen, neurologischen Krankheit, dem damals wenig erforschten Guillain-Barré-Syndrom und an Kinderlähmung, die ihn im Laufe der Zeit an den Rollstuhl fesselte. Trotzdem waren Willy Brandt, Prinz Bernhard und Prof. Beitz felsenfest davon überzeugt, dass Roosevelt am 12. April 1945 das Opfer eines Meuchelmordes geworden war, und ihre Meinung teilte sogar Stalin.

Roosevelt wehrte sich sehr gegen den geplanten Abwurf der Nuklearbomben auf zivile Ziele in Japan, wozu das *Komitee der 300*, dem Roosevelt trotz seiner familiären Beziehungen unterstand, jedoch unermüdlich drängte. Vermutlich lehnte er die barbarischen Pläne seiner

Logenbrüder und der aggressiven und rücksichtslosen Illuminaten sehr entschieden ab und geriet letztendlich deswegen in Ungnade.

Offiziell starb Roosevelt am 12. April 1945 an einer Hirnblutung. Wahrscheinlicher ist jedoch, dass er vergiftet wurde. Weil bekannt war, dass er an einer chronischen Nervenkrankheit litt, war die internationale Öffentlichkeit nicht überrascht und hinterfragte die Umstände seines plötzlichen Todes nicht weiter.

Ein anderer einflussreicher Freimaurer und Mitglied des *Komitees der 300* war Sir Henri Wilhelm August Deterding, ein niederländischer Industrieller. Er war Gründer sowie Hauptaktionär des *Shell-Konzerns* und zu seiner Zeit einer der reichsten Männer der Welt, genannt *„der Napoleon des Öls"*. Sein ungewöhnlicher Werdegang von einem durchschnittlichen Bürger zum Milliardär ging über geheime Umwege, die seine steile Karriere erst möglich machten. So wurde der junge Deterding Ende der 1890er-Jahre von August Kessler, einem hochrangigen deutschen Freimaurer, als Verkaufsdirektor in sein privates, mineralölförderndes Unternehmen *N.V. Koninklijke Nederlandse Petroleum Maatschappij* aufgenommen.

Mein Großvater fügte hinzu, dass Kessler den jungen Deterding in die Loge eingeführt hatte. Testamentarisch festgelegt, übernahm Deterding das Unternehmen nach dem Ableben seines Förderers August Kessler. Anschließend lernte er den einflussreichen, jüdischen Freimaurer Marcus Samuel (1. Viscount Bearsted) kennen, der das von seinem Vater gegründete Unternehmen *The Shell Transport and Trading Company p.l.c.* leitete. Mit ihm tat sich Deterding zusammen, doch in Wirklichkeit stand hinter dem Unternehmen *Shell* die Familie Rothschild, da diese das Unternehmen finanzierte. Auf Geheiß der Rothschilds kaufte Deterding nun alles an Ölquellen auf dem US-amerikanischen Boden. In China erfolgte jedoch aufgrund eines Abkommens aus dem Jahre 1911 die Teilung der Ölinteressen zwischen der *Standard Oil Company* (Rockefeller) und der *Shell-Cie.* (Rothschild). Noch vor dem Ausbruch des Ersten Weltkrieges förderten die Rothschilds durch ihre *Shell-Cie.* bis zu 40% des Öls aus dem Boden der USA.

Nach dem Ende des Ersten Weltkriegs wurde Deterding Mitglied im *Komitee der 300* und begann bereits ab 1921 damit, die faschistische Bewegung in der Weimarer Republik sowie die Thule-Gesellschaft regelmäßig finanziell zu unterstützen. Deterding vertrat die Interessen der Bankiers und Ölmogule der britischen und französischen Rothschilds, die sich durch den Ausbruch des kommenden Weltkrieges die Übernahme der asiatischen Rohstoffe (vor allem Öl- und Gas) erhofften.

Man darf nicht vergessen, dass vor der Oktoberrevolution 1917 etwa 60% der kaukasischen Erdölvorkommen (um die Stadt Baku) dem *Shell-Konzern* und etwa 30% der *Standard Oil Company* gehörten, die von der sowjetischen Regierung enteignet wurden. Paradoxerweise gründete Deterding gemeinsam mit seinem Logenbruder des *Schottischen Ritus* und des kommunistischen *Palladin-Ritus*, Wladimir Iljitsch Lenin, im Jahr 1922 die *Internationale Gruppe der Ölgesellschaften* in der Sowjetunion, um deren Erdölvorkommen mit den neuesten Förderungstechnologien auszustatten. Die Initiative wurde nach der Machtübernahme von Josef Stalin vorübergehend abgebrochen, dann allerdings bei der Ausführung des *Leih- und Pachtgesetzes* im Jahre 1941 erneut mit voller Kraft wieder aufgenommen.

Zur Information: Durch das *Leih- und Pachtgesetz (Lend-Lease Act)*, wurde die gesetzliche Grundlage geschaffen, für den Krieg wichtiges Material, wie Waffen, Munition, Fahrzeuge, Treibstoffe usw., an die gegen die Achsenmächte (Deutschland, Italien, Japan) kämpfenden Staaten wie Großbritannien, UdSSR und China zu liefern, was somit der Verteidigung der USA diente.

Im Jahre 1922 wurde dem mächtigen Deterding ein politischer Berater zugewiesen – der Freimaurer George MacDonogh, Leiter des britischen Militärgeheimdienstes –, um ihm bei der finanziellen Unterstützung der faschistischen Bewegung in Deutschland behilflich zu sein. Mein Großvater behauptete, dass George MacDonogh eine graue Eminenz im Dienste von Lionel Walter Rothschild aus London war.

1937 spendete Deterding 10 Millionen holländische Gulden an A-dolf Hitler. Seine Verbindungsmänner zur SA und später zur SS waren der internationale Spion und Freimaurer George Bell (Agent der MI6) – George Emil Bell war gebürtiger Deutscher – und noch später ein hochrangiger Illuminat, der Bankier und Schatzkanzler des Freundeskreises von Himmler, Baron Freiherr von Schröder aus Hamburg.

Mein Großvater vermutete, dass beide, Deterding und von Schröder, dem *Komitee der 300* angehörten und offenbar als hochrangige Logenbrüder miteinander befreundet waren. Deterding erwarb im Jahre 1936 das Rittergut Dobbin bei Krakow am See in Mecklenburg, wobei sein persönlicher Freund und Logenbruder, der Direktor der *Deutschen Bank*, Emil Georg von Stauß, sein Gut in unmittelbarer Nachbarschaft hatte.

Übrigens ist auch bekannt, dass Deterding an Hitlers *NSDAP (Nationalsozialistische Deutsche Arbeiterpartei)* bis zu 55 Millionen Pfund gespendet haben soll und etwa 40 Millionen Reichsmark dem deutschen Winterhilfswerk. Deterding, so mein Großvater, hatte erheblich zum Aufstieg des Nationalsozialismus und dessen Machtübernahme in Deutschland beigetragen. An seiner freimaurerischen Karriere waren anfänglich drei alte Logenmeister aus der angelsächsischen Elite beteiligt: Colonel Mandell House, David Lloyd George und Bernard Baruch. Alle drei waren Mitglieder des *Komitees der 300*.

Kapitel 9
Die drei Halbgötter der *Osiris-Loge* und ihre Intrigen

Wenn mein Großvater mit mir über den Zweiten Weltkrieg und die Machenschaften der Geheimgesellschaften sprach, betonte er mehrmals, wie entsetzlich es ist, dass letztendlich ausschließlich drei Personen für dieses größte kriegerische Blutbad der Weltgeschichte verantwortlich waren. Er nannte sie *„die drei Halbgötter der damaligen Welt"*:

1. Viktor Rothschild, 3. Baron Rothschild seit 1943, zusammen mit seinem Cousin Baron Guy de Rothschild (als Duo) aus London,

2. der König von England, George VI. Windsor-Mountbatten aus London, und

3. John Davison II. Rockefeller aus New York.

Die Rothschilds und Rockefellers bestimmten vorwiegend durch ihre Finanzierungen den Ablauf des Krieges und Windsor-Mountbatten durch politische Allianzen und schwerwiegende logistisch-strategische Entscheidungen.

Nach den Berichten meines Großvaters kam die Idee des Putsches gegen Hitler (die *Operation Walküre*) wahrscheinlich direkt vom britischen König George VI., der die britischen und amerikanischen Geheimdienste damit betraut hatte (durch seinen Verbindungsmann Winston Churchill, der anschließend F. D. Roosevelt diesbezüglich verständigte).

Diese drei mächtigsten Herren der damaligen Zeit verfolgten intensiv und zielstrebig ihre Pläne. Welche Ziele sie mit ihren teilweise schlimmen Methoden erreichen wollten, werde ich nachfolgend gemäß den Schilderungen meines Großvaters zusammenfassen:

Die britische Königsfamilie betrachtete die Vereinigten Staaten von Amerika, Kanada, Australien und Neuseeland als ihre Kolonien. Eine besondere Rolle spielte dabei offensichtlich die bedeutendste Kolonie, die *Virginia Company* (die heutige USA). Die offizielle Unabhängigkeit all dieser Kolonien war zwar politisch festgesetzt und definiert, in Wirklichkeit unterstanden ihre Regierungen jedoch der britischen Krone (inoffiziell bis 1939). Sie waren zum Bestandteil des British Empire und des finanziellen Imperiums der Rothschilds geworden.

Die Windsors beabsichtigten mit Hilfe des Ersten Weltkriegs die Vergrößerung ihres Imperiums um den gesamten asiatischen Kontinent! Da sie für die Ausführung ihrer Kriegspläne sehr viel Geld benötigten, kam es zur geheimen Allianz zwischen den Windsors, den Rothschilds und Goldsmiths aus Großbritannien sowie den Rockefellers und Morgans aus den USA. Die Grundlagen für diese Allianz wurden ja bereits von Albert Pike durch die Gründung der Superlogen gelegt, deren reiche und einflussreiche Mitglieder die Königsfamilie finanziell und politisch unterstützen sollten.

Die höchste Loge, die Osiris-Loge, war für den britischen König und zwei seiner Paladine vorgesehen. Willy Brandt und Prinz Bernhard stellten dazu fest, dass die Windsors die vollständige Kontrolle über Russland, China, Japan und Kleinasien sowie ganz Afrika mit dessen Erdölvorkommen und anderen Rohstoffen übernehmen wollten. All diese Ressourcen sollten unter den drei genannten Familien aufgeteilt werden.

Prinz Bernhard erläuterte weiterhin, dass es zwischen den Windsors und den Rothschilds zu einer Einigung gekommen sei, weil die größten Bankiersdynastien der Welt dem britischen König nur dann finanziell behilflich sein wollten, wenn das vom Commonwealth gewaltsam eroberte Eurasien kommunistisch werden würde.

Die Rothschilds planten schon im Voraus, alle Ressourcen und Betriebe Eurasiens zusammen mit den Rockefellers zu verstaatlichen. Hiervon ausgenommen sollten nur ursprüngliche britische Kolonien sein, mit Indien an der Spitze. Es sollte ebenfalls eine staatliche Zentralbank gegründet werden, die von der Bankengruppe der *Londoner City* und der *Federal Reserve Bank* von der Wall Street aus kontrolliert werden sollte.

Der britische König akzeptierte dabei die Ausrottung der europäischen Völker durch die gezielt inszenierten Stellungskriege, was insbesondere das deutsche und französische Volk betraf. Beide sollten sich gegenseitig im Stellungskrieg wie bei Verdun ausrotten! Anschließend planten sie, dass man den Bolschewismus aus der Sowjetunion zusammen mit den Rotarmisten in das in Schutt und Asche verwandelte Europa holen sollte, um das von den Kapitalisten unterdrückte Proletariat zu befreien. Anschließend sollte noch das Papsttum und das gesamte Christentum in Europa abgeschafft werden. Alle bisherigen weltweiten Kolonien der übrigen europäischen Staaten sollten durch den kommenden Krieg entmachtet werden und dem Commonwealth zufallen.

Prinz Bernhard berichtete im Verlauf des Gespräches sehr überzeugend, dass George V. durchaus diesem unfassbaren Programm zugestimmt habe. Sein Thronfolger jedoch, König Edward VIII., war für die Durchführung dieser Pläne wohl zu schwach oder gutmütig und wurde deshalb gezwungen abzudanken. Offiziell wurde seine Liebe zu einer einfachen Bürgerin, mit der er sein Leben teilen wollte, für seine Amtsniederlegung verantwortlich gemacht. Sein Nachfolger, König George VI., hatte dagegen keine Skrupel und offenbar alle Charaktereigenschaften eines blutrünstigen Illuminaten. Er träumte davon, durch ein unvorstellbares Blutbad sowohl das gesamte Eurasien als auch Afrika zu erobern.

Bemerkenswert finde ich Prinz Bernhards Ausführung, dass diese Menschen die Lügen tatsächlich glaubten, einfach weil sie diese glauben wollten. Gespannt hörten während dem Gespräch alle Teilnehmer Prinz Bernhard zu, als er weiter ausführte, dass viele bedeutende Industrielle des Komitees eigentlich keinen erneuten Weltkrieg wollten.

Dennoch lief es darauf hinaus, dass die Rockefellers, Rothschilds, Morgans und Barings 1929 den Börsenkrach an der Wall Street künstlich auslösten und somit die Weltwirtschaftskrise herbeiführten, um den Opportunismus der Mitglieder an den Wurzeln zu packen. Plötzlich verschwanden etwa $ 30 Mrd. aus der New Yorker Börse, sodass ein großer Teil des nordamerikanischen Kapitals aus Westeuropa zurückgezogen wurde, was zu einer verheerenden Wirtschaftskrise mit der Inflation und massiver Arbeitslosigkeit führte. Hiervon waren vor allem die amerikanischen Schwerindustrie-Konzerne betroffen, was auch der Zweck dieser Aktion war. Die Unternehmen bekamen im Jahre 1931 nach dem Zusammenbruch der Banken, die von der *Federal Reserve Bank* kontrolliert wurden, keine neuen Kredite mehr für Neuinvestitionen, was sie schlussendlich in den Konkurs führte.

Bereits im Dezember 1970 hatte Willy Brandt in Warschau mit seinem Wissen die Aussagen von Prinz Bernhard gegenüber meinem Großvater bestätigt, dass die Weltwirtschaftskrise lediglich eine Folge des inneren Krieges zwischen den höchsten Freimaurern der Welt gewesen ist, um die Opportunisten der höchsten Logen zu den Kriegsvorbereitungen zu zwingen.

Die einflussreichen und mit dem Bankrott bedrohten Logenbrüder hatten danach schnell ihren „Meistern" aus dem Bankenwesen die Hand zur Kooperation gegeben. Franklin Delano Roosevelt verkündete außerdem seine Bereitschaft, so bald wie möglich Krisenpräsident der USA zu werden, um die gespannte wirtschaftliche Lage seines Landes mit einem neuen ökonomischen Programm, dem *New Deal*, retten zu können. (Der *New Deal* war eine Serie von Wirtschafts- und Sozialreformen, die in den Jahren 1933 bis 1938 unter US-Präsident Franklin Delano Roosevelt als Antwort auf die Weltwirtschaftskrise durchgesetzt wurden. Er stellt einen großen Umbruch in der Wirtschafts-, Sozial- und Politikgeschichte der Vereinigten Staaten dar.) Tatsächlich jedoch war die Roosevelt-Dynastie bereit, den kriegerischen Plänen der höheren Osiris-, Horus- und teilweise Heliopolis-Loge nachzukommen. Unter dem Einfluss der mächtigen Vertreter der Heliopolis-Loge, Mandell House und Bernard Baruch, wurde Franklin D. Roosevelt im Jahr 1933 dann wirklich Präsident der USA.

Die beispielhaften Profiteure des herankommenden Krieges: Der Berater Präsidenten F. D. Roosevelts, Owen Young, wurde in den 1930er-Jahren zum Vorstand der FED ernannt. Die Dynastie der Roosevelts besaß die Mehrheitspakete bei der *General Electric International* (GEI), zu der auch reichsdeutsche Rüstungskonzerne wie *AEG* (*Allgemeine Elektricitäts-Gesellschaft*) und *Osram* gehörten. Dem US-Riesen *General Motors* (GM) gehörten wiederum die Anteile des nazideutschen Konzerns *Opel* aus Rüsselsheim. Die Familie Roosevelt plante schon im Vorfeld große Investitionen der *General Electric* in der UdSSR nach dem Krieg. Diese Tatsache erklärt eine zuvorkommende Stellungnahme Roosevelts gegenüber Stalin, was häufig zum Ärgernis Churchills führte.

Die einflussreiche Hoover-Dynastie huldigte ihren Logenmeistern ebenfalls mit dem Hoover-Moratorium. Viele vermögende Mitglieder des Komitees bangten sehr um ihre Reichtümer und stimmten deshalb den wahnsinnigen Plänen der Illuminaten zu, und wie sich später bestätigte, konnten sie dadurch tatsächlich wieder hohe Gewinne einfahren.

Zur Information: Das Hoover-Moratorium war eine Erklärung des damaligen US-Präsidenten Hoover, wegen der Weltwirtschaftskrise die Zahlungsverpflichtungen für ein Jahr auszusetzen. Dies galt unter anderem für die deutschen Reparationszahlungen an die europäischen Siegermächte des Ersten Weltkriegs, aber auch für die Kriegsschulden von Großbritannien und Frankreich gegenüber den USA.

Willy Brandt äußerte sich entsetzt, dass auf diese Art und Weise, ohne Rücksicht auf die Weltbevölkerung, der Widerstand der damaligen britischen Kolonie in den USA gebrochen wurde. Die Weltwirtschaftskrise hätte im Grunde ausschließlich der britische König, als Vorsitzender des *Komitees der 300*, mit seinem mächtigen Bankier Lionel Walter Rothschild, 2. Baron Rothschild, herbeigeführt, um die USA zur Beteiligung am nächsten Weltkrieg zu zwingen.

Zum Schluss des Gespräches fügte Willy Brandt lachend hinzu:

„Sie wissen, geehrter Herr Lipinski, was die einträchtigsten Gewinne bringt?

1. *der Krieg,*
2. *dann lange, lange nichts,*
3. *der internationale Drogenhandel,*
4. *die Schwerindustrieproduktion und*
5. *der Waffenhandel und die -produktion zu Friedenszeiten.*

Übrigens versuchten die drei Teufel, alle ihre Untertanen auszutricksen, was Gott sei Dank völlig fehlschlug.
Auch die Existenz des Ostblocks ist nur eine Frage der Zeit."

Kapitel 10
Hitler – Nur ein Werkzeug der Weltherrscher?

Hitler hielt Deutschland für ein Bollwerk gegen den bevorstehenden Untergang Europas durch die modernen asiatischen Hunnen. Er meinte damit *„die wilden russischen Untermenschen"*, geführt von der jüdischen Elite nach dem Zusammenbruch des zaristischen Reiches infolge der Oktoberrevolution anno 1917. Mehrmals hatte Hitler in seinen Reden den russischen Bolschewismus mit Attilas Hunnen sowie mit den Mongolen verglichen, die nur Europas Untergang im Sinn hätten. Nur Deutschland war laut Hitler imstande, die Eroberungspläne des Bolschewismus auf Eis zu legen. Aus diesem Grund brauchte sein Land die moralische und materielle Unterstützung vom gesamten bedrohten Westen, woraufhin ein geheimes Abkommen mit den Regierungen Großbritanniens, Frankreichs, der USA und des Vatikans geschlossen wurde. Alle waren offiziell sehr daran interessiert, Hitler gegen das bolschewistische Russland mit allen möglichen Mitteln zu unterstützen, denn diese Länder hatten große Angst vor dem kommunistischen Bösewicht, der der europäischen Zivilisation ernsthaft drohte.

Hitler glaubte an dieses Märchen, vielleicht auch der Papst und die katholische autoritäre Hierarchie. Großbritannien und die USA hatten weniger Angst vor der Sowjetunion. Im Gegenteil: Deutschland sollte aus ihrer Sicht nie das sowjetische Reich angreifen! Hitler hatte damals nicht rechtzeitig kapiert, dass die Sowjetunion das geliebte Kind des britisch-amerikanischen Establishments war. Hitler glaubte zutiefst daran, die westliche Erlaubnis zur Ausrottung des kommunistischen Reiches und die zu diesem Zweck dienenden Mittel zu bekommen. Hitler sollten nämlich riesige Kredite eingeräumt werden, um das bolschewistische Reich ausradieren zu können.

Das inoffizielle Abkommen sah also vor, Hitler in Bezug auf Russland freie Hand zu geben. Mit den dort gewaltsam eroberten Ressourcen sollten die hohen Kredite der *FED*-Gruppe sowie der britischen Geldinstitute, samt den wachsenden Zinsen, im Laufe der Zeit ausgeglichen werden. Mit dieser Regelung waren anscheinend beide Seiten zufrieden. Hitler hätte die gewünschten Gebiete in Osteuropa für seine Heimat erobert und gleichzeitig die kommunistische Gefahr an seinen Wurzeln gepackt und vernichtet. Für die Bankiers waren die dann eroberten russischen Ressourcen eine Sicherheit für die Kreditrückzahlung samt Zinsen. Außerdem würde dadurch das Ausradieren des kommunistischen Reiches erfolgen – und die Gefahr für Privatkapital und Christentum wäre damit endgültig gebannt.

Hitler hatte sich naiv in diese taktische Falle locken lassen, was er allerdings erst viel zu spät erkannte. Er meinte, in etwa 20 bis 30 Jahren alle westlichen Schulden, deren Gelder für die Aufrüstung Deutschlands verwendet werden sollten, durch Sklavenarbeit, Rohstoffe und billige landwirtschaftliche Erzeugnisse aus Russland begleichen zu können. Andererseits hatte sich Hitler Ende der 1920er-Jahre bewusst für einen Pakt mit dem Teufel entschieden, so betonte jedenfalls mein Großvater gerne.

Der Vorschlag der westlichen Banken schien für die immer kräftiger werdende NSDAP in der kriselnden Weimarer Republik völlig unablehnbar zu sein. Hierbei darf man nicht die unvorstellbar hohen Reparationskosten vergessen, die man Deutschland 1918 mit dem Versailler Vertrag auferlegt hatte.

Die unzufriedene Gesellschaft von damals war ein geeigneter Nährboden für die marxistischen Ideen, und somit bekam die kommunistische Bewegung mehr und mehr Zuwachs, und ein Staatsstreich nach sowjetischem Vorbild drohte. Das bekannte und etablierte Deutschland der letzten Jahre stand zu dieser Zeit auf der Kippe. Entweder würde Deutschland nun endgültig untergehen oder in viele kleine und unbedeutende staatsähnliche Bezirke zerfallen. So würde das gesamte deutsche Volk zu einem kleinen Völkchen schrumpfen. Hitler hatte damals eigentlich nur die Option, auf den Vorschlag der angelsächsischen Banken und Politiker einzugehen, weswegen Ende der 1920er-Jahre ein geheimes Treffen zwischen den Nazigrößen und den Vertretern der *FED*-Gruppe von der Wall Street stattfand, bei welchem dem *NSDAP*-Führer Adolf Hitler ein klares finanzielles Programm vorgegeben wurde. Gemäß diesem Programm sollte Hitler zur Kooperation mit den amerikanischen und britischen Banken bereit sein, damit seine Partei für die kommenden Wahlen finanzielle und logistische Unterstützung bekommen sollte, um eine faschistische Diktatur nach italienischem Vorbild zu errichten und in Mitteleuropa ein neues Gleichgewicht zu erschaffen. Der Präsident der Reichsbank, Hjalmar Schacht, knüpfte als Freimaurer enge Verbindungen zu den einflussreichsten Mitgliedern des angelsächsischen Establishments weltweit. Schacht pflegte ebenfalls seine Verbindungen zu preußischen Hochindustriellen, die anfingen, Hitler und seine Partei durch die *FED*- und *Bank-of-England*-Garantien finanziell zu unterstützen. Die Mogule der preußischen Schwerindustrie, wie Mannesmann, Thyssen, Krupp, Flick und Schmitz, waren sich völlig im Klaren darüber, dass die hohen, ausschließlich Hitler eingeräumten Kredite für ihre Konzerne zahlreiche Aufträge sowie Gewinne bedeuten würden. Hier wird klar, warum die *NSDAP* so massive Unterstützung bei den deutschen Industriellen fand.

Man muss sich hierbei allerdings auch fragen, was die größten Kreditinstitute der Welt grundsätzlich mit der seltsamen Finanzierung der jungen, faschistischen Arbeiterpartei in der Weimarer Republik erreichen wollten. Was war ihre wahre und teuflische Absicht? Die gleichen Kreditinstitute hatten in der Geschichte schon den Burenkrieg 1903, den russisch-japanischen Krieg 1905-1906, die Oktoberrevolution 1917 und auch den Ersten Weltkrieg 1914-1918 aktiv mitfinanziert und dadurch enorme Gewinne eingestrichen. All das ergibt nur einen Sinn, wenn man die hier behandelten Hintergründe der Logen kennt.

Mein Großvater hatte mir erzählt, dass die wirklichen Absichten dieses gigantischen finanziellen Unternehmens der *FED*-Gruppe nur ganz Wenigen bekannt waren – nämlich nur denjenigen, die einen neuen Weltkrieg durchsetzen wollten für ihr geplantes Ziel: die Idee, mit Hilfe des Zweiten Weltkrieges in Eurasien eine Neue Weltordnung (NWO) zu etablieren.

Kommen wir nochmals zurück zu Amerika:

Man darf nicht vergessen, dass die USA, genauso wie Australien, Kanada und Neuseeland, nach wie vor britische Kolonien waren und somit äußerst wichtige, strategische Bestandteile des Commonwealth, obwohl sie weltweit als unabhängige und freie Staaten galten. Ihre Außenpolitik wurde nach wie vor von der britischen Krone und der angelsächsischen Freimaurerei bestimmt. Gewissermaßen als Wahrzeichen auf ihrem Weg zur Neuen Weltordnung, schenkten die französischen Freimaurer der *Grand-Orient-Loge* in den USA die Freiheitsstatue.

Alle staatlichen Symbole der USA sind auch heute noch durchaus freimaurerisch geprägt: die Dollarnote, die Ausrichtung der Straßen und Alleen in Washington D.C. sowie die neuantike Architektur der staatlichen Institutionen mit dem ägyptischen Obelisk gegenüber dem Kapitol.

Angefangen hatte dies alles mit Sir Francis Bacon, dem ersten Gouverneur der britischen Krone der *Virginia Company*, die die meisten Ostseeküstenstaaten der heutigen USA umfasste. Er war einer der größten Intellektuellen Anfang des 17. Jahrhunderts, Philosoph und den Gerüchten zufolge der uneheliche Sohn der Königin Elisabeth I.

Darüber hinaus wird gemunkelt, dass hinter dem großen William Shakespeare in Wahrheit Sir Francis Bacon mit seinem Halbbruder De Feur steckten. Dieses Gerücht könnte sogar stimmen, weil das gesamte Gedankengut in Shakespeares Werken auf freimaurerischem Symbolismus beruht und sich dem „Blauen Blut" widmet.

Sir Bacon war ein sehr einflussreicher Rosenkreuzer (wie fast ein halbes Jahrhundert vorher Martin Luther aus Eisleben) und gleichzeitig Templer. Er galt unangefochten als anerkannter Begründer der wissenschaftlichen Forschungsweise (Empirismus) in der modernen Epoche der Aufklärung, die den christlich-religiösen Irrationalismus bis zum heutigen Tag mit besten Erfolgen ersetzt. Sir Bacon genoss nicht nur besondere Anerkennung wegen seines „Blauen Blutes" oder als wichtigster persönlicher Berater des Königs James I., sondern auch wegen seiner höchsten Einweihung in die Mysterien des Templerordens, der in

Schottland seit dem 14. Jahrhundert im Verborgenen operierte. Die offizielle Gründung der Freimaurerei des *Schottischen Ritus* mit 33 Einweihungsgraden, die sich direkt vom Templerorden ableitet, geht auf das Jahr 1717 in England zurück. Die Grundlagen für die Gründung des *Schottischen Ritus* sowie die Übernahme der geheimen Symbolik der Templer und die Einführung der Einweihungsgrade scheint allein auf Sir Francis Bacon zurückzugehen.

Aber was genau hat nun Francis Bacon, der im 17. Jahrhundert in der Epoche der Konterreformation und der Aktivität des Jesuitenordens lebte, mit Adolf Hitler und dem Nationalsozialismus im 20. Jahrhundert zu tun?

Mein Großvater erklärte mir damals, der Zusammenhang sei in der geplanten Weltverschwörung der Geheimbünde zu sehen, die mit dem Tempelritterorden in Verbindung standen – insbesondere die freimaurerische Bewegung, die den neuen, kommenden Weltkrieg anstacheln wollte.

Zu beiden Seiten des deutschen und amerikanischen Establishments standen dieselben Personen, die eine doppelte Rolle im gleichen System spielten, wie die Gebrüder Schmitz in der *IG Farben*, der amerikanisch-deutsche Staatsbürger Hjalmar Schacht (Direktor der Reichsbank) und Ernst Hanfstaengl als Bindeglied zwischen Roosevelt und Hitler. Kurt Freiherr von Schröder war trotz seiner jüdischen Abstammung ebenso ein Bindeglied zwischen seiner eigenen Kölner Bank und der Londoner *Schröder-Bank*, die seinen Verwandten gehörte. Beide Banken unterstützten mit hohen Summen Hitlers Nazi-Deutschland. Kurt von Schröder war außerdem Schatzkanzler des berühmten Freundeskreises des Reichsministers der SS, Heinrich Himmler. Alle diese einflussreichen Personen des internationalen Bankwesens waren Freimaurer und unterstanden den mächtigen, amerikanischen Rockefellers und den britischen Rothschilds, die die Spitze der Verschwörungspyramide bildeten, und beide waren von den sozialistisch-kommunistischen Ideen von Karl Marx und dem bayerischen Adam Weishaupt besessen. Im Grunde genommen meinte Hitler zu Recht, dass der Sozialismus von den jüdischen Gelehrten erfunden und experimentell durch die Oktoberrevolution in Russland eingeführt worden war. Dies stimmte jedoch nur teilweise, weil die lebhaften Interessen am sowjetischen Kommunismus (Bolschewismus) auch nicht-jüdische Industrielle und Politiker vertreten hatten.

Zur Erinnerung: Sowohl nicht-jüdische als auch jüdische Adelsvertreter gehörten dem gleichen freimaurerischen Bund an, und beide Ideologen – Marx aus Trier und Weishaupt aus Ingolstadt – waren Freimaurer des *Schottischen Ritus*. Weishaupt hatte 1773 die traditionelle Freimaurerei in die Bayerischen Illuminaten umstrukturiert, wobei es darum ging, die höchsten Einweihungsstufen (Meistergrade) des *Schottischen Ritus* ausschließlich dem satanistischen Okkultismus und entsprechenden schwarzen Ritualen zu widmen.
Die Bayerischen Illuminaten (was so viel heißt wie „die Erleuchteten von Luzifer"), also die neue freimaurerische Elite, sollte Gewalt und Blutvergießen bevorzugen, um die Weltherrschaft erreichen zu können. Die meisten Illuminaten sollten demnach Satanisten werden und den Baphomet (Baal-Adonai) anbeten bzw. dem Sonnenkult des Pharaos Echnaton huldigen (spätere Heliopolis-Loge). Der Illuminatismus sollte sich außerdem vom Christentum endgültig abschotten. Die weitere Umstrukturierung des Illuminatismus setzten Giuseppe Mazzini und vor allem Albert Pike fort, der die geheime Heliopolis-Loge gründete. Ein zusätzlicher Grund für die reformatorische Aktivität von Weishaupt lag darin, den jüdischstämmigen Personen und Kabbalisten den Zugang in die Freimaurerei zu ermöglichen, was vorher relativ selten der Fall war. Unter anderem lag dies daran, dass Francis Bacon den Juden gegenüber eher feindlich gesinnt war.

Wie erwähnt, standen damals, Anfang des 20. Jahrhunderts zur Nazizeit, auf beiden Seiten des Atlantiks – in Deutschland und in den USA – seltsamerweise die gleichen Einflussnehmer, die beim Aufstieg des Nationalsozialismus eine doppelte Rolle spielten. Als Freimaurer waren sie verpflichtet, die Befehle ihrer Meister aus den Logen vollständig auszuführen, ohne es zu wagen, ihre unklaren Aktivitäten infrage zu stellen. Überall in den USA war der alte britische Adel mittlerweile ansässig, jedoch noch fest in Großbritannien verwurzelt. Mein Großvater vertrat die Meinung, dass bis zum Ende des Zweiten Weltkrieges und Anfang des Kalten Krieges die britische Krone die Außenpolitik der USA bestimmte und somit mehrmals unter falscher Flagge handelte. Selbst die Wahl von Roosevelt zum neuen Präsidenten der USA wurde heimlich vom britischen Adel vorbestimmt und bei

Abb. 36:
Guiseppe Mazzini

den amerikanischen Wählern vertuscht, genauso wie Adolf Hitlers Wahl zum Reichskanzler.

Kurz und gut: Die wichtigsten und schwerwiegendsten Entscheidungen, die zum Ausbruch des Zweiten Weltkrieges beigetragen hatten sowie dessen Verlauf beeinflussten, kamen aus Großbritannien und nicht aus den USA.

Auch wenn Dynastien wie die der Rockefellers, Rothschilds und Windsors all dies planten und auch finanzierten – jemand musste all das umsetzen. Dazu benötigte man Industrielle wie:

- Harrimann, der Erbauer der Eisenbahn in den USA;
- Prescott Bush, Bankier und Öl-Magnat;
- Carter, Bankier;
- Roosevelt, Anteilseigner bei General Electric (GE);
- Mellon, Bankier;
- Ford, Autoindustrie;
- Du Pont, Schwerindustrie;
- Morgan, Bankier und Schwerindustrie, mit großen Anteilen bei *General Motors* (GM) und in der Passagierschifffahrt.

Diese einflussreichen Großindustriellen beeinflussten die Außen- und Innenpolitik der USA in den 1930er- Jahren entscheidend. *General*

Electric z.B. wurde von der Familie Roosevelt kontrolliert und war sehr aktiv an der Elektrifizierung der verhassten, bolschewistischen UdSSR in den 1920er bis 1930er-Jahren beteiligt. Die Firma *AEG* in Deutschland war eine Tochtergesellschaft von *General Electric*. (Es war übrigens AEG-Präsident Walther Rathenau, der den zu Eingang des Buches aufgeführten Satz von sich gab: *„Es gibt ein Komitee von 300 Leuten, die die Welt regieren und deren Identität nur ihresgleichen bekannt ist."*) Zwei weitere Megakonzerne, die das Nazi-Regime großzügig finanziell unterstützten, waren *General Motors* (Opel) und *ITT*, die von der Bankiersdynastie *Morgan (JP Morgan Chase & Co.)* kontrolliert wurden.

Die Wurzeln der Morgans reichten unter anderem bis nach Frankreich, und sie stammten indirekt von den französischen Bourbonen ab. Der minderjährige Sohn des enthaupteten Königs Ludwig XVI., der zehnjährige Charles Louis, soll im Wirrwarr der Französischen Revolution 1795 insgeheim mithilfe des britischen Adels in die Kolonie *Virginia Company* geschleust und dort in hohem Maße finanziell von seinen Gleichgesinnten (Untertanen) unterstützt und großgezogen worden sein. Der junge Bourbon gründete dann die Familie Payseur, die später mit der Familie Morgan kooperierte. Dies schrieb Marion Gräfin Dönhoff in einem Brief an meinen Großvater.

Sehr aktiv waren vor allem die deutschstämmigen Hochfinanz- und Industriemogule, die Rockefellers. Inoffiziell gehörte den Rockefellers der weltgrößte Konzern der 1930/1940er-Jahre, die *IG Farben*, und sie bestimmten ebenfalls die Erdöl-Förderung am Kaspischen Meer. Auf Geheiß der Rockefellers wurden der Sowjetunion in den 1920er-Jahren bei der Ausführung des NEP-Programms von Lenin technologische Patente von *General Electric* und *Ford Motor Company* übertragen, die das bolschewistische Reich wirtschaftlich Schritt für Schritt für die Aufrüstung vorbereiten sollten.

Zur Information: NEP ist die englische Abkürzung für *Neue Ökonomische Politik*, ein wirtschaftspolitisches Konzept der Sowjetunion. Es führte zu einer Verbesserung der Versorgung und zu relativen gesellschaftlichen Freiheiten.

Die meisten Bankhäuser gehörten den jüdischen Mitgliedern, während die meisten Großkonzerne dem angelsächsischen Adel gehörten, und beide hatten sich damals mehr oder weniger bewusst gegen den Rest der zivilisierten Welt verschworen, insbesondere gegen die alten Völker und Staaten in Europa, wobei sie vor allem versuchten, das deutsche und französische Volk gegeneinander aufzuhetzen und sie in einen Vernichtungskrieg zu stürzen, um dem internationalen Kommunismus Tür und Tor zu öffnen.

Damit das große Ziel, die Eroberung Eurasiens und die Erweiterung des Commonwealth, weiter erfolgreich verfolgt werden konnte, brauchte die britische Krone finanzielle Unterstützung.

Die größten Kreditinstitute der Welt verwalteten in ihrem Sinne meisterhaft den Geldumlauf und kontrollierten die Börsen, während der Hochadel sich seit Jahrhunderten traditionell mit der Politik befasste. Deswegen haben sich die Vertreter beider Mächte im freimaurerischen Bund zusammengetan, um im Geheimen gemeinsam für ihr Ziel zu operieren. Niemals durfte die Öffentlichkeit erfahren, wer hier die Fäden zog und vor allem nicht, zu welchem Zweck. Die Geheimhaltung gelang sehr gut, wie wir heute wissen, denn kaum jemand konnte auch nur ahnen, wer wirklich hinter der bisher größten Katastrophe der Menschheit gestanden hatte.

Die geliebten Kinder der mit Machtgier besessenen Illuminaten waren die bereits erwähnten Mitglieder des radikalsozialistischen *Palladin-Ritus*, Wladimir Iljitsch Lenin, Lew Dawidowitsch Bronstein, gen. Leo Trotzki, sowie Alexander Kerensky (alias Aron Adler), Kaganowitsch und Swerdlow. Der erste genannte Kommunist Trotzki wurde von der Hochfinanzelite der USA und der britischen Krone zum künftigen Anführer und Eroberer des allmählich verblühenden kapitalistisch-christlichen Europas auserkoren.

Lenin hatte die Grundlagen zum bolschewistischen Experiment in Russland durch die Oktoberrevolution gelegt, indem er von der preußischen Freimaurerei im plombierten Zug nach Sankt Petersburg geschleust wurde, um die blutige Revolte gegen den Zar zu entfachen.

Dann betrauten die Illuminaten beide Paladiner – Lenin und Trotzki – mit vier gravierenden Aufgaben, falls ganz Europa unter die bolschewistische Herrschaft geraten sollte:

1. Abschaffung des kapitalistischen Systems,

2. Abbau der Klassengesellschaft,

3. Gründung der Zentralbank, und

4. Abschaffung des Christentums durch die Ausrottung der Geistlichen.

Angeblich sollten von diesem grausamen und wahnsinnigen Plan viele einflussreiche Nationalsozialisten und der Papst gewusst haben.

Ich möchte die Ziele des *Rates der 13* nochmals kurz zusammenfassen: Die Rockefellers und Rothschilds verfolgten mehrere Ziele. Eines davon war die Errichtung eines kommunistischen, eurasischen Staates mit einer Zentralbank, die unter der Kontrolle der *FED* stehen sollte. Des Weiteren sollten die gesamten Völker des kommunistischen Eurasiens enteignet und ihr Vermögen von der Zentralbank beschlagnahmt werden. Als Vorbild dienten ihnen hierbei sowohl Russland als auch China und die Mongolei. Alle Völker Europas sollten zur Sklavenarbeit gezwungen sowie das Klassensystem der Gesellschaft abgeschafft werden. Die unermesslichen Ressourcen aus Eurasien sollten den Banken Großbritanniens und der USA, die man ja noch immer als britische Kolonie (*Virginia Company*) betrachtete, unendlich hohe Reichtümer bescheren. Der angelsächsische Adel sollte durch diesen Reichtum für immer finanziell abgesichert sein, wenn er sich an diesem teuflischen Plan beteiligen würde.

Jetzt kann man verstehen, welchem Ziel das Experiment „kommunistische Sowjetunion" diente und warum die Banken der Wall Street die Oktoberrevolution finanziert haben. Dieses Experiment sollte bestätigen, dass der aggressive und fortschreitende Sozialismus dem westlichen Kapital und Imperialismus durchaus größte Dienste leisten konnte. Hitler war besessen von dem Gedanken der weltweiten Verschwörung des internationalen Judentums, was er mehrmals publik machte, obwohl er sich von Beginn an völlig darüber im Klaren war, dass sein Regime von Anfang an von zum Teil jüdischstämmigen Bankiers finanziert wurde.

Diese Bankiersclans von der Wall Street und aus der *City of London* mit Goldmann-Sachs, Warburg, Schröder-Schröder und Lehmann unterstanden indirekt der *FED*, die wiederum den Rothschilds und Rockefellers unterstand. Zusammengefasst unterstützte das jüdische Kapital das nationalsozialistische Deutschland im Grunde genommen nur durch zwei Bankiersmogule – den amerikanischen Rockefeller und den britischen Rothschild, die gleichzeitig ab 1913 die reichsten Banken der Welt besaßen. Andere einflussreiche jüdischstämmige Kreditinstitute unterstanden und gehorchten entweder nur den Rockefellers oder den Rothschilds. Aber nur die zwei letztgenannten Vertreter dieser Bankiersclans suchten im Zweiten Weltkrieg einen optimalen Weg zur Errichtung des kommunistischen eurasischen Megastaates mit einer Zentralbank an der Spitze, die natürlich von der *FED* kontrolliert werden sollte.

Nachdem Europa infolge des Krieges dem Erdboden gleichgemacht sein sollte, war der Plan, dass auch seine zwei stärksten kontinentalen Mächte – Deutschland und Frankreich – für immer verschwinden, um Platz für den Kommunismus aus dem Osten zu machen. Als Retter des von den schlimmen Kapitalisten unterdrückten und im Krieg gequälten Proletariats sollten die sowjetischen Streitkräfte den ganzen Kontinent überrollen, um einen kommunistischen Block mit einer Zentralbank zu gründen. Nicht angegriffen werden sollte nur Großbritannien, wo die wahren Herrscher der Welt im Verborgenen ihre einflussreichen Pläne schmiedeten.

Die Sowjetunion sollte Europa unter der Führung von Leo Trotzki vom kapitalistischen Joch befreien, nachdem mit der Unterstützung der westlichen Geheimdienste ein Staatsstreich in Moskau durchgeführt werden sollte, der den Sturz von Stalin und seiner Regierung zum Ziel hatte.

Trotzki wurde vom internationalen Freimaurertum zum Anführer des künftigen, bolschewistischen Europas auserkoren. Das soll Stalin gewusst und ihn deswegen aus der Sowjetunion verbannt haben. Bronstein-Trotzki sollte das verhasste Christentum in Europa abschaffen, den Papst hinrichten und den Vatikan in Brand stecken.

Man kann aus alldem schlussfolgern, dass es nicht ganz stimmte, dass allein die Juden, wie Hitler es immer wieder hervorhob, die Verantwortung für die weltweite Verschwörung hatten.

Die Juden galten in diesem Spiel nur als Sündenböcke, die angeblich den Weltkrieg zu eigenen Zwecken und nur wegen Gewinnen angestiftet hatten, was nur teilweise stimmte.

Der Zweite Weltkrieg war wahrhaftig eine weltumfassende Verschwörung der internationalen Illuminaten, d.h. der Vertreter der höchsten Einweihungsgrade des Freimaurertums. Diese wiederum waren zusammengesetzt aus einflussreichen jüdischstämmigen Bankiers und europäischen Hochadligen, die die meisten Weltkonzerne in ihrem Besitz hatten und haben.

Im Endeffekt war Hitler ein Werkzeug der freimaurerischen Pläne und Intrigen, denn er war sich längere Zeit nicht der Tatsache bewusst und erkannte erst viel zu spät, dass er in eine gigantische Falle hineingelockt worden war. Er hatte die wahren Pläne der Briten und Amerikaner anfangs nicht durchschaut und meinte nach wie vor ziemlich naiv, dass er vom Westen beauftragt worden war, den verfluchten kommunistischen, russischen Moloch zu vernichten, um die europäische Zivilisation zu retten.

Seine Geldgeber hatten dies, so dachte er, von ihm doch genau so gewünscht und verlangt. Doch wie bereits erwähnt, verfolgte Hitler eigene politische Ziele durch die Eroberung Russlands. Er träumte von einem Lebensraum für das deutsche Volk in Osteuropa, *„wo es keine intellektuellen Eliten mehr geben würde und wo der unmenschliche Kommunismus mit seinen minderwertigen Untermenschen längst im Chaos erstickt wäre"*.

Die Elite des Vatikans bestätigte Hitler mehrmals, dass durch den Kommunismus eine reale Gefahr für das gesamte zivilisierte Europa und das Christentum bestünde. Diese eindeutige Stellungnahme des Vatikans stärkte Hitlers Überzeugung bezüglich der weltweiten Unterstützung der westlichen Mächte beim Angriff auf die Sowjetunion. Durch deren Eroberung und Ausbeutung sollte Hitler imstande sein, mit der Zeit die hohen Kredite, die ihm von westlichen Banken eingeräumt worden waren, samt den steigenden Zinsen zu begleichen. Hitler musste seine Kreditgeber mit einem klaren und durchsichtigen Plan überzeugen, um bedenkenlos eine gigantische finanzielle Spritze erhalten zu können. Er hatte sicherlich schnell begriffen, dass die Kreditgeber von ihm eine Aufrüstung mit den dazugehörigen militärischen Zielen erwarteten, weil die meisten deutschen Schwerindustriekonzerne auf eine militärische Produktion aus waren. Selbst der Autobahnbau, mit dem die Straßenbauunternehmen beauftragt wurden, diente letztendlich auch nur strategisch-militärischen Zielen.

Kapitel 11
Polen – Ein strategischer Spielball

Hitler war davon überzeugt, dass er ohne Schwierigkeiten die polnische Regierung mit Präsident Ignacy Moscicki zur Zusammenarbeit mit dem Dritten Reich gegen das von den Polen verhasste Russland überreden konnte. Ansonsten würde in Polen die antisemitische Atmosphäre ansteigen und der polnische Nationalismus weiter an Kraft gewinnen. Politiker wie Dmowski und Piasecki waren bereits europaweit bekannt durch ihren Antisemitismus und Antikommunismus, deswegen war das Naziregime davon überzeugt, den polnischen Staat leicht für sich gewinnen zu können. Völlig unerwartet scheiterten jedoch alle diese Pläne und Vorschläge zur Zusammenarbeit.

Eigentlich ging es auch nur darum, die Genehmigung zum Bau einer Autobahnstrecke von Stettin über Ostpommern und das polnische Westpreußen nach Elbing und weiter nach Königsberg in Ostpreußen zu erhalten sowie die Freie Stadt Danzig ins Reich einzugliedern. Dafür garantierte Deutschland Polen einen Nichtangriffsplan für 25 Jahre. Die polnische Regierung hatte alle deutschen Vorschläge zurückgewiesen, die den militärischen Zwecken der Deutschen gegen die Sowjetunion dienen sollten. Es ging damals ganz konkret um die sowjetrussische Frage. Hitler war absolut davon überzeugt, dass ihm die ganze kapitalistisch-christliche Welt den Weg zur Ausrottung des kommunistischen Reiches in Osteuropa ebnen würde, doch erstaunlicherweise scheiterten schon am Anfang die ersten Vorhaben seines so komplexen Planes am polnischen Bollwerk. Hitler brauchte jedoch unbedingt polnische Unterstützung beim geplanten Angriff auf die Sowjetunion. Weitere Verbündete des Naziregimes, wie Ungarn, Rumänien und Bulgarien, hatten der deutschen Wehrmacht die entsprechenden Genehmigungen für den Durchzug durch ihre Gebiete mit den entsprechenden Verträgen erlassen. Der wichtigste strategische Feldzug gegen die Sowjetunion verlief jedoch durch polnisches Staatsgebiet. Um Russland militärisch zu besiegen, brauchte Hitler dringend die Unterstützung der polnischen Regierung in Form eines entsprechenden

Bündnisses oder andere Sonderregelungen, die eine Verlegung der deutschen Armeen durch das polnische Staatsgebiet gen Osten ermöglichen konnten. Polen blieb aber nach wie vor stur und lehnte jede Form eines militärisch orientierten Bündnisses ab.

Die Gründe dieser dubiosen Situation erklärte mein Großvater folgendermaßen: An der Spitze der damaligen polnischen Regierung befanden sich Mitglieder der Freimaurerei, die direkt verschiedenen Logen in Frankreich und Großbritannien unterstanden. In der freimaurerischen Hierarchie spielten sie allerdings eine eher untergeordnete Rolle. Der Außenminister Josef Beck, der Präsident Ignacy Moscicki sowie Premierminister General Slawoj-Skladkowski waren nur treue Diener der britisch-französischen Freimaurerei. Die gleiche Rolle spielte vor seinem Tod der polnische Marschall Pilsudski, der 1918 als Freimaurer von seinen preußischen Logenbrüdern aus dem Gefängnis in Magdeburg direkt ins neu gegründete freie Polen überführt worden war, um in seiner Heimat die Macht zu übernehmen. Das freie Polen wurde dann ebenfalls ein Spielplatz des internationalen Freimaurertums, und Bruder Pilsudskis Aufgabe war es, die in Russland frisch entfachte kommunistische Revolution vor dem Untergang zu schützen!

In der Tat – was auch historisch belegt wurde – rettete die neugegründete polnische Armee die langsam zu Ende gehende Oktoberrevolution. Dies geschah, weil sich die polnischen Streitkräfte unter Führung von Marschall Josef Pilsudski nicht rechtzeitig mit der Armee von General Denikin, die im Süden operierte, zusammengeschlossen hatten, um die schwachen Rotarmisten in einem Kessel zu zerschlagen. Dieses Unterlassen seitens Marschall Pilsudski trug zum Sieg der sowjetischen Kommunisten unter der Führung von Lenin und Bronstein-Trotzki bei, wodurch das experimentelle Werk der Freimaurer überleben konnte. Und obwohl Pilsudski die Kommunisten hasste und sie kompromisslos verfolgte, hatte er damit den Kommunismus absichtlich vor dem drohenden Untergang gerettet. (Der damalige Außenminister Josef Beck handelte nicht selbstständig, sondern folgte blindlings den Befehlen des französischen Grand Orient, um Polen in den Krieg mit Nazideutschland zu verwickeln. Das war ein gravierender Staatsverrat. Der polnischen Regierung wurden beträchtliche Anleihen für die Aufrüstung gewährt – überwiegend von französischen, mit den Rothschilds verbundenen Finanzinstituten.)

Bevor Hitler am 1. September 1939 Polen angriff, hatte er einen Nichtangriffsvertrag mit Stalin geschlossen, bekannt als „Ribbentrop-Molotow-Pakt". Die Sowjets hatten demnach den Deutschen in Polen freie Hand gelassen, um nach gewisser Zeit selbst den östlichen Teil Polens militärisch zu übernehmen, was auch am 17. September erfolgte. Stalin erhielt dafür die deutsche Genehmigung für die Übernahme der Baltikumstaaten sowie Bessarabien. Für Polen war dies die vierte, in der Geschichte bekannte Teilung, diesmal unter Nazi-Deutschland und der Sowjetunion. Für Hitler wurde hiermit das östliche Terrain Europas für den Angriff auf Polen abgesichert. Hitler hatte höchstwahrscheinlich nicht die geringste Ahnung, was für eine böse Überraschung ihn bald erwarten würde, denn hätte er gewusst, dass Frankreich und England ihm den Krieg erklären würden, hätte er sicher niemals Polen überfallen. Möglicherweise hätte er versucht, die Sowjetunion von den Balkanstaaten her und direkt aus Ostpreußen und Klaipeda anzugreifen, um den Westalliierten keinen Grund für die Kriegserklärung zu geben. Vielleicht…

Aus rein geostrategischen Gründen war die Sowjetunion nämlich ohne Übernahme der polnischen Ostgrenze zu der Ukraine und Weißrussland unangreifbar.

Nachdem Deutschland am 1. September 1939 Polen überfallen hatte, erklärten einige Tage später die polnischen Verbündeten Frankreich und England Deutschland den Krieg. Es wurde durchaus von vielen Zeugen bestätigt, dass Hitler infolge dieser für ihn unvorhersehbaren Ereignisse zutiefst erschüttert war. Seine damals bekannt gewordene Reaktion war schlicht: *„Und was jetzt?"*

Meinem Großvater zufolge begriff Hitler am 3. September 1939, dass er seinen Krieg zu genau diesem Zeitpunkt verloren hatte, bevor er überhaupt begann. Aus diesem Grund – des polnischen Präzedenzfalles – hasste Hitler besonders das polnische Volk, das von den westlichen Illuminaten als Sündenbock geopfert wurde.

Ein Militäreinsatz der Wehrmacht in Polen zeigte die sehr gute Kriegsbereitschaft der deutschen Streitkräfte, die mit der modernsten Technik der damaligen Zeit ausgestattet waren und eine neue Kriegstaktik verwendeten, den sogenannten Blitzkrieg. Jetzt konnten die Kreditgeber anhand dieses erfolgreichen Militäreinsatzes sehen, dass sich die Finanzierung des Hitler-Regimes tatsächlich gelohnt hatte. Die Banker und Konzernchefs wünschten sich nämlich genau diese militärische Präsenz im besetzten Polen, um das deutsche Kriegspotential bewerten zu können. Natürlich konnte sich niemand in seinen dunkelsten Albträumen vorstellen, dass ein Blitzkrieg gegen Frankreich den gleichen Erfolg haben könnte und somit die Pläne der Illuminaten wie eine Seifenblase zerplatzen lassen würde. Die Albträume wurden jedoch wahr, und statt dem ersehnten Stellungs-Vernichtungskrieg, der sich ja eigentlich jahrelang hinziehen sollte, wurde Frankreich nach dem Sitzkrieg (*Drôle de querre*) innerhalb von drei Wochen besiegt!

Es ging darum, das gesamte polnische industriell-militärische Potential als Ausbeutungsgebiet ins Dritte Reich einzugliedern, wie das im Fall der Tschechoslowakei und Österreich war. Von besonderer Wichtigkeit waren die Erdölvorkommen im Beskidy-Gebirge unweit der polnisch-slowakischen Grenze. Sie wurden sofort auf Geheiß Görings von dem deutschen Konzern *Karpathen ÖL AG* übernommen. Dieser Ölkonzern war mit der *Standard Oil* aus New Jersey verbunden. Der Sitz dieses Unternehmens, dessen Chef der junge Bankier Berthold Beitz aus Mecklenburg-Vorpommern war, befand sich in dem Städtchen Boryslaw.

Niemand hatte ernsthaft mit der genialen Strategie des Blitzkrieges und den Fähigkeiten der preußischen Generäle der Wehrmacht gerechnet. Damit zeigte Hitler jetzt allen seine unvorhersehbare, teuflische Genialität.

Zunächst hatte Hitler Dänemark und Norwegen im schnellen Feldzug erobert, um sich an der Nordsee einen günstigen Ausgangspunkt gegen Großbritannien zu beschaffen. Die Offensive gegen die skandinavischen Länder hatte Frankreich und England jedoch kaum beunruhigt. Die französisch-britische Freimaurerei hatte diesbezüglich einen schlauen Plan ausgearbeitet, um Deutschland zum Angriff gegen Polen zu zwingen und somit den direkten Vorwand für eine Kriegserklärung zu erhalten.

Zur Erinnerung: Es ging grundsätzlich um einen strategisch-logistischen Plan für die Anstiftung eines Krieges in Europa. Frankreich und England sollten demnach militärisch gegen zwei Achsenstaaten (Deutschland und Italien) antreten. Der erste Angriff sollte von Deutschland ausgehen, wie es schon beim Ersten Weltkrieg der Fall war, um erneut die ganze Schuld für den Kriegsausbruch den Deutschen in die Schuhe schieben zu können. Gemäß dem Plan war vorgesehen, dass Deutschland Polen angreift, was der Auslöser für die Kriegserklärung von Großbritannien und Frankreich gegen Deutschland sein sollte.

Deswegen hatten sich England und Frankreich vertraglich mit Polen verbündet, was natürlich ein Bluff war, weil die französisch-britisch-polnische Freimaurerei völlig andere, rein egoistische Ziele verfolgte und sich auf eine komplett andere Taktik geeinigt hatte. Das war ein unglaublicher Verrat des freimaurerischen Geheimbundes gegen eigene Völker und Staaten, um ihre machtstrebenden und teuflischen Pläne durchsetzen zu können. Es ist unglaublich, dass die polnische Regierung durchaus wusste, dass die Verbündeten sie im Falle eines deutschen Angriffes militärisch nicht unterstützen und Polen absichtlich im Stich lassen würden. Die französisch-britische Freimaurerei benötigte einen Grund für eine direkte Kriegserklärung gegenüber dem deutschen Regime, ohne es jedoch darauffolgend direkt anzugreifen, um damit das militärisch schwach gerüstete Polen wenigstens ein bisschen zu entlasten und den sowjetischen Angriff vom Osten her zu vereiteln.

Es war geplant, dass die polnischen Streitkräfte von den Deutschen schnell geschlagen und zur Kapitulation gezwungen werden. Danach wollten Frankreich und England dem Deutschen Reich den Krieg erklären, ohne es militärisch anzugreifen. Hitler sollte demnach zuerst Frankreich angreifen, wodurch er seinen ersehnten Angriff der Sowjetunion für einige Zeit auf Eis legen müsste.

Die französische Republik war zum damaligen Zeitpunkt hervorragend gerüstet und mit der unüberwindbaren Maginot-Linie vor Deutschland geschützt (ein Verteidigungssystem, bestehend aus einer Linie von Bunkern entlang der gesamten französischen Westgrenze). Es ist ebenso eindeutig belegt, dass Frankreich 1939 militärisch stärker war als das Dritte Reich. Hinzu kam die Unterstützung der Engländer mit ihrer zur damaligen Zeit besten Kriegsmarine und Luftstreitkraft der Welt (*RAF*). Nachdem Deutschland im September 1939 Polen erobert hatte, konnte man allerdings sehen, dass es sich durchaus mit dem französisch-britischen Potential messen konnte.

Wie bereits behandelt, war von den Logenbrüdern ein vernichtender Stellungskrieg zwischen den französisch-britischen und dem deutsch-italienischen Block geplant gewesen, der sich vorwiegend in Mittel- und Westeuropa abspielen und sich fünf lange Jahre hinziehen sollte – wozu es jedoch nicht kam.

Die Frage ist nun, ob Hitler diesen schlauen Plan der Freimaurer rechtzeitig durchschaute oder einfach instinktiv handelte.

Kapitel 12
Frankreichs Rolle im Zweiten Weltkrieg

Frankreich befand sich seit dem 3. September 1939 offiziell im Krieg gegen Deutschland – ohne jedoch anzugreifen. Die Kriegserklärung kam direkt, nachdem Hitler mit seinen Streitkräften am 1. September 1939 Polen überfallen und damit den Zweiten Weltkrieg ausgelöst hatte. Der damalige französische Premierminister Édouard Daladier hatte nun also dem Deutschen Reich den Krieg erklärt, ohne es militärisch anzugreifen, genauso wie der britische Premierminister Neville Chamberlain. Noch heute fragt man sich, warum die französisch-britischen Streitkräfte das durch den polnischen Feldzug geschwächte Deutschland nicht einfach sofort gemeinsam angriffen. Hierzu sollte man wissen, dass sowohl die französische als auch die britische Regierung grundsätzlich nicht auf eine militärische Auseinandersetzung gegen Deutschland vorbereitet waren. Sie hatten nicht mit einem Krieg gegen das Deutsche Reich gerechnet und einen solchen deshalb auch nicht in ihre Pläne einbezogen. Wie wir bereits wissen, wurden sowohl Daladier als auch Chamberlain von den eigentlichen Drahtziehern hinter den Kulissen dazu gezwungen, Deutschland offiziell den Krieg zu erklären. Diese Informationen bekam mein Großvater von Gräfin Dönhoff, was aus seinen Unterlagen hervorgeht.

Alle Beteiligten, auch Mussolini und Hitler mit ihrem gesamten Generalstab, waren damals wegen der Kriegserklärung von Daladier und Chamberlain überrascht. Es war für alle unfassbar, dass sich Frankreich und England in einen Krieg gegen Deutschland verwickeln ließen.

Natürlich wusste damals auch niemand, dass die unerwartete Kriegserklärung vom *Rat der 33* kam, insgeheim jedoch von König George VI. und dem Baron Viktor Rothschild.

Willy Brandt informierte meinen Großvater darüber, dass der bekannte französische Generalstabschef von damals, Maurice Gamelin, ein hochrangiges Mitglied der *Grand-Orient-Loge* war und den internen

Anweisungen seiner Logenmeister folgte. Nach der schnellen Niederlage Frankreichs wurde er am 19. Mai 1940 seines Amtes enthoben und im Februar 1942 vom Vichy-Regime im Prozess in Riom als Mitverantwortlicher für die Niederlage angeklagt. Das Urteil kam jedoch nicht zur Vollstreckung, sondern er wurde mit anderen wichtigen französischen Politikern in deutsche Gefangenschaft überführt.

Auf diese Art und Weise entgingen viele einflussreiche französische Vorkriegspolitiker und sogenannte „graue Eminenzen" der Vergeltungsphalanx des Marschalls Philippe Pétain, der mit den Nazis sympathisierte.

Wie war es überhaupt möglich, dass der Patriot Marschall Pétain in den gerichtlichen Prozessen in Riom viele französische Politiker und hohe Offiziere offiziell wegen des Verrates am eigenen Volk beschuldigte und dementsprechend verurteilte? Wie konnte das Nazi-Regime eine solche kuriose Vorgehensweise dulden?

Ohne zu zögern hatte Willy Brandt diesen Umstand kommentiert und behauptet, dass man diese heikle Tatsache bewusst verschwieg, damit ausschließlich die französischen Freimaurer aus den Regierungskreisen wegen des organisierten Verrates bestraft würden. Damit fanden sie dann auch letztendlich die Zustimmung der Nazis. Marschall Pétain lastete der internationalen Freimaurerei die Schuld am Ausbruch des Krieges und an der Niederlage Frankreichs an. Seine Anschauung teilte er mit General Franco, der die spanische Freimaurerei in dieser Zeit fast vollständig entmachtete.

Es ist interessant, dass die „Judenfrage" bei Pétain eine eher zweitrangige Rolle spielte, denn alle diese Schauprozesse aus Riom waren grundsätzlich gegen die freimaurerische Bewegung gerichtet.

Brandt fuhr hier fort, dass die meisten Verurteilten aus Riom kurioserweise dem Reichsführer-SS, Heinrich Himmler, und seinem treu ergebenen Anhänger Baron Kurt von Schröder zu verdanken hätten, dass sie im Dritten Reich eine angenehme, ruhige Gefangenschaft verlebten und nach Ende des Krieges sofort freigelassen wurden. Genau so wünschten es sich die freimaurerischen Kreise aus den USA, Großbritannien und sogar Deutschland!

Ein weiteres gravierendes historisches Ereignis stimmt vor allem dann nachdenklich, wenn man die offizielle Geschichtsschreibung skeptisch betrachtet: Warum nur hatte Hitler sich dazu entschieden, den Westen anzugreifen? War er verrückt oder größenwahnsinnig geworden und hörte nicht mehr auf seine militärischen Berater? Das alles erschien völlig sinnlos, denn mit seiner schnellen Eroberung von Dänemark und Norwegen gab Hitler dem Westen bewusst das Signal, dass er nun ebenso Frankreich und Großbritannien in sein militärisches Visier genommen hatte und diese Länder durchaus angreifen würde.

Dies geschah natürlich entgegen der Erwartungen der eigentlichen Kriegspläne, die man inoffiziell geschmiedet hatte, und entgegen der Tatsache, dass Frankreich und Großbritannien Deutschland zwar den Krieg erklärt, militärisch jedoch keinerlei Schritte eingeleitet hatten.

Gräfin Dönhoff stellte hierzu in einem Brief klar, dass bestimmte Kreise im Westen mit der Kriegserklärung gegen Deutschland versuchten, um jeden Preis Hitlers militärisches Interesse hinsichtlich Osteuropa für einen möglichst langen Zeitraum zu durchkreuzen, obwohl das Deutsche Reich ja längst das *Ribbentrop-Molotow-Abkommen* (Nichtangriffspakt) mit der Sowjetunion unterzeichnet hatte.

Zur Information: Das *Ribbentrop-Molotow-Abkommen*, auch bekannt als *Hitler-Stalin-Pakt*, war ein Freundschaftsvertrag zwischen Deutschland und der Sowjetunion, der im August 1939 geschlossen wurde. Hierin war die Aufteilung der Ostblockstaaten festgelegt. Deutschland wurde der westliche Teil von Polen, Litauen, die Slowakei, Rumänien, Bulgarien und Ungarn zugesprochen. Dafür sollte die Sowjetunion Finnland, Litauen, das bessarbische Gebiet in Rumänien und den östlichen Teil von Polen zugewiesen bekommen. Für Hitler war dieses Abkommen wichtig, um Polen ohne das Einschreiten der Sowjetunion angreifen zu können, und die Sowjetunion fühlte sich sicher vor Hitlers aggressivem Regime. Allerdings brach Adolf Hitler 1941 diesen Pakt durch den Angriff der Sowjetunion.

Diese Kreise übten entsprechenden Druck in Richtung Kriegserklärung auf Daladier und Chamberlain aus. Nach den Aussagen von Gräfin Dönhoff wäre ihnen jedoch klar gewesen, dass sie damit einen militärischen Streit gegen den deutsch-italienischen Block riskieren würden.

Nachdem Hitler das polnische Gebiet im Oktober 1939 in das Generalgouvernement verwandelte und in Krakau einen seiner Getreuen, den Rechtsanwalt mit angeblich jüdischer Abstammung, Hans Frank, zum deutschen Residenten erhob, entwickelte sich eine völlig neue wirtschaftliche Situation für das zu diesem Zeitpunkt noch sehr erfolgreiche Deutsche Reich. Der damalige Wirtschaftsminister Fritz Todt wurde von Hitler mit der sehr wichtigen Aufgabe betraut, das ehemalige polnische Gebiet wirtschaftlich umzustrukturieren, um einen einwandfreien militärischen Nachschub für die zukünftigen Aktivitäten der Wehrmacht im geplanten Feldzug gegen die Sowjetunion zu garantieren. Bereits zu diesem Zeitpunkt war diese militärische Planung trotz des *Ribbentrop-Molotow-Abkommens* in vollem Gange.

Die „Organisation Todt" plante dementsprechend, das Generalgouvernement in ein riesiges Arbeitslager zu verwandeln, wozu vorwiegend das jüdische Volk aus Polen versklavt werden sollte. Die Schwerindustrie sollte sich Todts Plan nach konzentriert im Ruhrgebiet und in Sachsen (Gebiet zwischen Leipzig, Riesa, Zwickau, Chemnitz und Dresden) und die Chemiekonzerne (vor allem *I.G. Farben*, *BASF* und *Bayer AG*) sollten sich im Raum des oberschlesischen Steinkohlegebietes (Gleiwitz, Hindenburg und Kattowitz) befinden.

Die *I.G. Farben* errichtete deshalb große Betriebe unweit von Oswiecim (südwestlich von Krakau) mit dem Konzentrationslager Auschwitz-Monowitz. Dort wurde, vorwiegend von jüdischen und polnischen Sklavenarbeitern, rund um die Uhr aus der oberschlesischen und böhmischen Steinkohle das Benzin für Panzer und Lastwagen hergestellt. Ein weiterer Grund für die Eingliederung des Sudetenlandes in das Deutsche Reich waren neben den Sudetendeutschen auch die reichen Braunkohlevorkommen im nordböhmischen Komotau, Brüx und Aussig (*Sudetenländische Treibstoffwerke AG-Hydrierwerke*). Gräfin Marion Dönhoff ergänzte hierzu die sensationelle Tatsache, dass die Familie Rockefeller aus dem fernen New York sogar für die Ernennung von Hans Frank zum Generalgouverneur in Krakau verantwortlich war, weil die meisten Anteile an der *I.G. Farben* der *Standard Oil Company* gehörten. Für die Rockefellers war es von enormer Wichtigkeit, mit Hans Frank einen Verantwortlichen mit angeblich jüdischen Vorfahren für das Organisieren der Sklavenarbeit seiner Glaubensbrüder einzusetzen. Des Weiteren gründete er später noch hunderte jüdische Ghettos, in denen Sklavenarbeit für das Deutsche Reich verrichtet wurde.

Um das polnische Sperrgebiet industrialisieren zu können (mit dem Ausbau der Infrastruktur), brauchten Fritz Todt und Hjalmar Schacht dringend Geld aus dem Westen. Jedoch waren die Zinsforderungen aus früheren Krediten so stark angestiegen, dass Hitler gezwungen war, den Anweisungen des Chemieriesen *I.G. Farben* nachzugeben, um die Zinsen zahlen und neue Kredite bekommen zu können.

In einem weiteren vertraulichen Gespräch informierte Prof. Beitz meinen Großvater, dass Hitler neue, riesige Kredite von der *Chase Manhattan Bank*, die ebenfalls den Rockefellers unterstand, eingeräumt wurden, aber nur unter der Bedingung, dass er den Westen auch wirklich angreifen würde! Mein Großvater erzählte mir, dass er sehr erschüttert war, als ihm durch diese Information einmal mehr klar wurde, wer die eigentlichen Drahtzieher hinter dem offiziellen Kriegsgeschehen waren.

Willy Brandt meinte weiterhin, Hitler hätte sich ständig vom Westen bedroht gefühlt, und dies nicht grundlos, denn Frankreich und England hätten ja jeden Moment angreifen können. Diese unsichere politische und wirtschaftliche Lage in Deutschland verlangte, trotz der erstaunlichen militärischen Siege, schnelle und neue Entscheidungen. Denn ungeachtet des Anschlusses von Österreich, der Tschechoslowakei, Memelland und der militärischen Eroberung von Polen, stand die deutsche Wirtschaft im Oktober 1939 finanziell auf der Kippe.

Gigantische Kredite waren teilweise bereits aufgebraucht, und die Zinsen wuchsen kontinuierlich. Zudem hatte die wirtschaftliche Ausbeutung des polnischen Gebietes gerade erst begonnen und konnte die Forderungen der Gläubiger in Übersee nicht ausreichend decken.

Hitler war deshalb gezwungen, den Krieg fortzusetzen, um die finanzielle Sicherheit des Deutschen Reiches erhalten zu können. Willy Brandt sagte hierzu, dass Hitler zu diesem Zeitpunkt (Ende 1939) von den westlichen Bankern komplett an der Nase herumgeführt worden war. Insbesondere die Kreditinstitute, die den Rockefellers unterstanden, zwangen Hitler zu weiteren, scheinbar verrückten militärisch-politischen Entscheidungen, welche schrittweise die Basis für den unabdingbaren deutsch-französischen Krieg schufen.

Zur Erinnerung: Es ging den damals reichsten Dynastien der Welt (*Rat der 3* und *Rat der 13*) grundsätzlich um die Anzettelung der Stellungskriege zwischen dem deutsch-italienischen und dem französisch-britischen Blöcken.

Hitler hatte sich in privaten Gesprächen mit seinen Untergebenen – vor allem bei Göring, Keitel, Jodl und Guderian – beschwert, dass das westliche (jüdische) Kapital ihn gezielt und kaltblütig in völlig neue und andere Kriegspläne und -verläufe verwickelte, die den geplanten Eroberungsfeldzug gegen die Sowjetunion letztendlich in Frage stellten. Walter Ulbricht sagte in den 1960er-Jahren zu meinem Großvater, dass Hitler den drohenden und vermutlich vernichtenden Stellungskrieg gegen Frankreich und England ernsthaft in Betracht gezogen hatte. Friedrich Paulus soll in Dresden Ulbricht, dem späteren Ersten Sekretär der *SED (Sozialistische Einheitspartei Deutschlands)*, mitgeteilt haben, dass Hitler schon im November 1939 vermutlich die wahren und hinterlistigen Absichten der Bankierseliten aus dem Westen durchschaute und angeblich sogar bereit gewesen wäre, den Krieg in Europa sofort nach dem geglückten Feldzug gegen Polen einzustellen! Angesichts des erschütternden, wirklichen Verlaufs des weiteren Krieges ist dies eine bemerkenswerte Aussage!

Hitler hatte sich dann doch, wie uns die Geschichte lehrt, anders entschieden und folgte den Anweisungen seiner Kreditgeber. Deutsche Banken und Rüstungskonzerne wurden erneut mit hohen Krediten versorgt, um den Krieg gegen den Westen zu forcieren.

Glaubte Hitler in dieser Zeit vielleicht tatsächlich an das Wunder, durch seine neue Blitzkrieg-Taktik sogar das sehr gut aufgerüstete Frankreich, unterstützt durch die britische Luftwaffe und Kriegsmarine, in einem schnellen Feldzug vernichten zu können? Es sollte alles getan werden, um einen Stellungskrieg zu vermeiden, denn niemand in Deutschland wollte ein neues, sinnloses Verdun, wo im Ersten Weltkrieg eine grausame, sinnlose Schlacht mit furchtbar vielen Toten stattfand. Wäre diese Taktik gelungen, wären alle hinterlistigen Pläne des internationalen Finanzwesens und der industriellen Kreise aus den USA und England wie eine Seifenblase zerplatzt. Es stellte sich dann ja auch heraus, dass Hitler diesmal mit großem Erfolg auf dieses Risiko eingegangen war.

1940 kapitulierte Frankreich schneller als britische Streitkräfte sich für eine militärische Unterstützung vorbereiten konnten. Die geniale Offensive der deutschen Wehrmacht über die Ardennen, Luxemburg und Belgien (über die Schlieffenlinie) ermöglichte Hitler das Umgehen des französischen Stolzes – der Maginot-Linie –, was die französischen Generäle nicht rechtzeitig in Betracht gezogen hatten. Die französische Freimaurerei, besonders die *Grand-Orient-Loge*, die zur deutschen Provokation durch den Angriff auf Polen beigetragen hatte, war entsetzt und musste zu ihren Logenbrüdern nach Großbritannien fliehen, um eine neue Strategie auszuarbeiten.

Die Situation war sehr ernst, denn alle Pläne, die die Illuminaten geschmiedet hatten, schienen außer Kontrolle geraten zu sein, und das Deutsche Reich schien ständig an Kraft zu gewinnen. Nachdem Frankreich im Sommer 1940 besiegt worden war, ging auch sein Kriegspotential an Deutschland über. Das Deutsche Reich verfügte demzufolge völlig unerwartet über die wirtschaftlichen und militärischen Potentiale von der Tschechoslowakei, Österreich, Dänemark, Norwegen, Polen, Holland, Belgien und zuletzt der Weltmacht Frankreich. Bei diesem Zusammenschluss schien Großbritannien in Europa nun völlig auf sich allein gestellt zu sein. Hitler unternahm im Anschluss den in der Geschichte Europas beispiellosen Versuch, durch vereinte Angriffe der Luftwaffe und Kriegsmarine die britische Insel zu erobern. Doch wegen des amerikanischen Nachschubs und der besten Kriegsmarine der Welt war dieses Unternehmen erfolglos, da die britische Festung unangreifbar blieb. Doch erst einmal zitterten die wirklichen Urheber des Zweiten Weltkrieges, die britische Krone und die Rothschilds, in ihren teuren Palästen, als die deutschen Bomben auf London fielen und über der britischen Ostküste die Flugzeugschlachten tobten (bekannt als der „Kampf um England"). Dies war tatsächlich eine äußerst kuriose Situation, denn Hitler hatte zu diesem Zeitpunkt (zwischen Sommer 1940 und Frühling 1941) freie Hand in fast ganz Europa und musste nach der geglückten Balkanoffensive in Europa niemanden mehr fürchten.

In dieser Zeit also tobte der deutsch-britische Krieg und der um die Vorherrschaft im Mittelmeer und in Nordafrika. Doch was plante Hitler weiter? Kannte er wirklich den exakten Plan der Illuminati, Deutschland in einen Vernichtungskrieg gegen Frankreich und England zu verwickeln, um das dann erschöpfte Europa dem sowjetischen Kommunismus zu opfern? War er sich vielleicht sogar im Klaren darüber, dass er die teuflischen Pläne der Illuminaten vollständig durchkreuzte? War er tatsächlich imstande, den wahrhaftigen Urheber des Zweiten Weltkrieges – Großbritannien – zu besiegen?

Nach den mir von meinem Großvater übermittelten Informationen, nein. Hitler war sich wohl darüber bewusst, dass er bald zu einem Krieg an zwei Fronten gezwungen sein würde, der zur unausweichlichen Niederlage führen musste, denn die Einmischung der USA in den Krieg war nur eine Frage der Zeit. Jedoch funktionierte die Kriegsmaschinerie des Deutschen Reiches bis Mitte 1941 perfekt und einwandfrei. Nach wie vor versorgte das deutsch-amerikanische Imperium, die *I.G. Far-*

ben, die Opel-Panzer von *General Motors* mit dem künstlich aus Braunkohle hergestellten Treibstoff, der von der *Standard Oil Company* patentiert und an das deutsche Militär verkauft wurde.

Wie bereits mehrmals angemerkt, waren nur die höchsten Illuminaten in die wirklichen Ziele eingeweiht gewesen. Die meisten Mitglieder des *Rates der 33* und des *Komitees der 300* hatten keine Ahnung, was tatsächlich hinter den Kulissen vor sich ging. Hätten sie gewusst, dass es sich nur um egoistische Privatbelange der drei einflussreichsten Familien der Welt handelte, hätten sie höchstwahrscheinlich mit vereinten Kräften dagegen rebelliert und den Krieg niemals befürwortet. Als Besitzer der großen Konzerne, Marionetten-Politiker und Finanzmogule rechneten sie allerdings mit enormen finanziellen Gewinnen, die durch den Krieg im Allgemeinen erzielt werden konnten.

Man nimmt dementsprechend an, dass schon in den 1930er-Jahren die riesigen staatlichen Aufträge für die Schwerindustrie und die Rüstungskonzerne für etwa fünf Jahre im Voraus erteilt worden waren. Man ging außerdem nach wie vor davon aus, dass die Stellungskriege zwischen dem demokratischen und faschistischen Block in Europa sowie dem chinesisch-japanischen Block in Ostasien etwa fünf Jahre andauern würden. So lange sollte es dauern, bis sich alle Seiten langsam ausgerottet hätten. Während der Zeit dieser langjährigen Gefechte sollten die multinationalen Rüstungskonzerne alle Seiten gleichmäßig mit Waffen versorgen und dadurch enorme Gewinne einstreichen. Finanzielle Mittel für dieses Ziel hatte die *FED*, kontrolliert von den Rockefellers und Rothschilds, in Form von gigantischen Anleihen den angelsächsischen sowie den faschistischen Regierungen unbegrenzt – wie das Beispiel Hitlers zeigte – zur Verfügung gestellt, um einen langjährigen Krieg führen zu können. Aber wie sollten die in dieser Art bei der *FED* verschuldeten Regierungen die unvorstellbar hohen Kredite im Laufe der Zeit zurückbezahlen?

Hierfür gab es grundsätzlich fünf Möglichkeiten:

1. Durch die materielle Kriegsausbeute (also durch Diebstahl und die Versklavung des Gegners),

2. durch die Besteuerung des eigenen Volkes (erst in der Nachkriegszeit möglich),

3. durch die Besteuerung der Produktion (sogar der Kriegsproduktion) und der kleinen privaten Unternehmen sowie die Erhöhung der Zölle,

4. durch die Gewinne aus den staatlichen Betrieben (Schiffsverkehr, Eisenbahn, Bodenschätze) und

5. durch den Verkauf der eigenen Goldreserven sowie anderer Edelmetalle.

Man darf nicht vergessen, dass die *FED* und ihre internationalen Tochterfilialen seit 1913 über das Monopol des unbegrenzten Druckens von Dollarnoten verfügten, die keine Deckung in Gold hatten. Die Regierung der USA wurde vom *Komitee der 300* gezwungen, dem Weltkrieg nicht nur länger zuzuschauen, sondern mitzumischen, um zusammen mit der Sowjetunion die unerwartet erfolgreichen Achsenstaaten aufzuhalten.

Wusste Hitler das alles? Wenn ja, wundert es nicht, dass er seinen Friedensemissär Rudolf Heß im Mai 1941 nach Großbritannien geschickt hatte, um Deutschland rechtzeitig aus diesem Schlamassel herauszuziehen.

Deutschland standen im Mai 1941 folgende Ressourcen der europäischen Bündnispartner zur Verfügung:

1. Militärische und politische Unterstützung der souveränen Staaten Italien, Ungarn, Rumänien, Bulgarien und Finnland.

2. Mit dem Dritten Reich sympathisierende und zusammenarbeitende Staaten, wie Spanien, Portugal, Schweden und bis zum 22. Juni 1941 sogar die Sowjetunion!

3. Neutrale Staaten, wie die Schweiz, Island, Schweden, Irland und die Türkei.

Das aktuelle Kriegsgeschehen zu dieser Zeit sah demnach wie folgt aus:

Die deutsche Kriegsmarine kontrollierte vorwiegend die Ostsee, die britische Kriegsflotte und die US-Navy kontrollierten die Nordsee und den Atlantik. Um die Vorherrschaft im Mittelmeer samt Gibraltar kämpfte die deutsch-italienische Kriegsmarine gegen die britische. Hierbei ging es vor allem um die Übernahme der Kontrolle des Suez-Kanals und den anschließenden Zugang zu den asiatischen Rohstoffreserven (vor allem den Ölvorkommen im Persischen Golf). Gleichzeitig dauerten heftige Stellungskämpfe zwischen der deutschen Wehrmacht und den britischen Bodentruppen in Nordafrika um die ehemaligen französischen Kolonien an. Anfänglich schien es, dass es den Deutschen unter der Führung des genialen Feldmarschalls Rommel wirklich gelingen würde, die Briten aus Nordafrika zu vertreiben. Dies hätte schwerwiegende Konsequenzen für die zukünftige, geopolitische Lage der Westalliierten gehabt. Hiermit hätten sich nämlich die Deutschen den Zugang zu Kleinasien sichern können.

Abb. 37: „Wüstenfuchs" Erwin Rommel

161

Kapitel 13
Rudolf Heß, internationale Rüstungskonzerne und deutsche Kriegstechnologien

Mein Großvater hatte mir erzählt, dass Rudolf Heß auf persönlichen Befehl Hitlers handelte. Heß soll Großbritannien einen Friedensvertrag mit sofortiger Wirkung vorgelegt haben. Am 10. Mai 1941 landete er in Schottland, um Churchill und der britischen Regierung den Friedensplan vorzustellen. Insbesondere suchte Heß den Zugang zum britischen König – wahrscheinlich, weil ihm klar geworden war, wer die eigentlichen Drahtzieher der Kriegsereignisse waren. Hitler war erstaunlicherweise trotz der deutschen militärischen Erfolge in Europa, die man zu diesem Zeitpunkt nur bewundern konnte, entschlossen, den Krieg sofort zu beenden. Wusste Hitler tatsächlich schon, dass er den Krieg bedingungslos verlieren würde, er keine reale Chance mehr hatte? Zumindest nach außen machte er einen optimistischen Eindruck, während seine Wehrmacht an fast allen Fronten Europas als Sieger triumphierte. Trotzdem war Hitler pessimistisch, aber warum eigentlich?

Hitler wusste angeblich durch seine Nachrichtendienste und Spione, dass sich im Frühling 1941 die Mitglieder des *Komitees der 300* heimlich in den USA zusammengefunden hatten, um einen strategischen Plan auszuarbeiten, der die baldige Niederlage der Achsenstaaten vorsah. Demnach sollten schon sehr bald die USA und die Sowjetunion gegen das Dritte Reich kämpfen.

Die Beschlüsse des in der Geschichte einmaligen Zusammentreffens des gesamten *Komitees der 300* besiegelten die Zukunft Deutschlands und Japans:

1. Baldige Kriegserklärung der USA, entweder gegen Japan oder Deutschland. Es musste ein direkter Vorwand erfunden werden, um die zwei größten Achsenstaaten zu provozieren.

2. Die bis dato beispiellose Aufrüstung der Sowjetunion durch ein spezielles Hilfspaket, den *Lend-Lease Act*, der das kommunistische Russland praktisch zu einer Weltmacht machen sollte.

3. Beide Weltmächte, die USA und die neuerschaffene militärische Weltmacht Sowjetunion, sollten Deutschland in Europa und Japan im Pazifik und Ostasien endgültig besiegen.

Zur Erinnerung: Die Mitglieder des *Komitees der 300* waren die einflussreichsten, vorwiegend angelsächsischen Adligen, die der britischen Krone unterstanden und dieser treu ergeben waren. Sie waren die Besitzer sämtlicher großen Konzerne der Schwerindustrie, der Waffenindustrie und natürlich der einflussreichsten und größten Banken der Welt. Aus dieser adligen Elite des *Komitees der 300* kamen die Mitglieder des *Rates der 33* und der *13*.

Der *Rat der 13* koordinierte und kontrollierte die Arbeit der unteren Mitglieder des Komitees. Doch selbst dieser Rat unterstand den drei bedeutendsten Familien der damaligen Zeit – Rothschild, Rockefeller und Windsor-Mountbatten –, die im Verborgenen operierten und über das Schicksal der Welt berieten und entschieden. Man darf nicht vergessen, und ich möchte es hier nochmals betonen, dass dieser geheimnisvolle *Rat der 3* über den Ausbruch des Zweiten Weltkrieges entschieden und diesen sowohl finanziell als auch politisch herbeigeführt hatte, um letztendlich den Kommunismus in Europa einzuführen.

Dieser Plan scheiterte jedoch völlig unerwartet aus den bereits erwähnten und den folgenden Gründen: Die amerikanische *Federal Reserve Bank* (FED) hatte dem amerikanischen Staat vor dem Ausbruch des Zweiten Weltkrieges unvorstellbar hohe Kredite bewilligt, die für die Finanzierung der Schwerindustrie verwendet werden sollten. Die amerikanische Regierung unter Franklin D. Roosevelt, der außerdem den Konzern *General Electric* kontrollierte, hatte diese Gelder als Anleihen an Hitlers Regime übergeben, um die Aufrüstung in unbekanntem Ausmaße anzukurbeln. Die *Reichsbank*, das heißt der deutsche Staat, hatte diese Anleihen für militärische Aufträge bei eigenen und internationalen Schwerindustrie- und Chemiekonzernen verwendet. Das bedeutet klipp und klar, dass sich die Mitglieder des *Komitees der 300* untereinander finanziell unterstützten und einen enormen, in sich geschlossenen Einfluss-Kreislauf auf das von ihnen künstlich erschaffene „Angebot und Nachfrage"-Gesetz hatten. Sie handelten und halfen sich hierbei stets wie eine riesige Familie, die unter allen Umständen zusammenhält.

Man weiß nun nicht genau, wann die Nazis mit den ersten Experimenten, die zum Bau einer Atombombe beitrugen, anfingen. Uranlagerungen waren vorwiegend im Erzgebirge und im Sudetenland vorhanden, die man gewonnen und dementsprechend verarbeitet hatte. Das wichtigste Problem bestand jedoch darin, dass die Nazis über viel zu wenig reines Uran verfügten, um eine wirklich hochwertige Atombombe bauen zu können – zumindest damals, während der Zeit des Weltkrieges. Man schätzt sehr vorsichtig, dass man mit den ersten Experimenten in diesem Bereich Mitte oder Ende 1941 angefangen hatte. Die Gebiete, in denen man unterirdische Komplexe zu experimentellen, nuklearen Untersuchungen errichtet hatte, waren Thüringen (Gotha, Ohrdruf, Mühlberg, Jonastal), Sachsen (zwischen Freiberg und Tharand bei Dresden) und teilweise ebenfalls im Eulengebirge in Schlesien (zwischen Waldenburg und dem Schloss Fürstenstein). Sowohl die V1-Raketen aus dem geheimen Waffenindustriekomplex in Peenemünde auf der Insel Usedom als auch die ersten Experimente beim Bau einer Nuklearwaffe im Thüringer Wald waren zum bedeutendsten Teil der unvorstellbaren technologischen Errungenschaften der damaligen deutschen Wissenschaft bei der Entwicklung der sogenannten Wunderwaffen geworden, die der Westen besonders fürchtete. Die V1 (Vergeltungswaffe 1) und die späteren Langstreckenraketen V2 (Vergeltungswaffe 2) sollten in naher Zukunft die größten britischen Städte und Industriezentren

Abb. 38: Franklin Delano Roosevelt

in Schutt und Asche verwandeln, um eine anschließende Invasion der deutschen Streitkräfte auf die britische Insel zu ermöglichen. Die Idee einer Nuklearwaffe lag damals dennoch nach wie vor im Bereich einer theoretischen, wissenschaftlichen Spekulation und wurde schon drei Jahre später zur traurigen Wirklichkeit.

Ausgenommen hiervon sind die legendären Prototypen der anderen Wunderwaffen, die nie zu endgültigem Kriegswerkzeug weiterentwickelt wurden. Zu diesen Prototypen gehörten sicherlich erste Düsenmotoren für die Luftwaffe sowie ballistische interkontinentale Langstreckenraketen, welche die amerikanische Ostküste erreichen sollten und mit starken Sprengstoffen ausgestattet waren. Weiterhin gibt es den Mythos der Supergeheimwaffen, deren Existenz sich offiziell nicht nachweisen ließ, die als streng geheim eingestuft oder einfach gezielt vom Militär verschwiegen wurden. Dazu gehörten beispielsweise die mit den genannten Düsenmotoren oder Tachyonen angetriebenen fliegenden Untertassen, die angeblich bei Prag und Salzburg sowie im Eulengebirge hergestellt wurden, bekannt als *Haunebu I* und *II*. Des Weiteren soll es zigarrenförmige, äußerst schnelle Luftfahrzeuge, bekannt als „Andromeda", gegeben haben, die auf riesigem Gebiet der deutschen Luftwaffe bei Brandenburg und Genthin unter der persönlichen Aufsicht von Hermann Göring getestet wurden. Es gibt zahlreiche Zeugen und Fachliteratur, welche die Existenz dieser Geheimwaffen tatsächlich belegen.

Die scheibenförmigen *Haunebus* hatten angeblich den geheimen Vril-Antrieb, der der Antigravitationstechnologie entsprang, die von der esoterisch-okkultistischen Gruppe *Vril-Gesellschaft* Anfang der 1920er-Jahre in Oberbayern zum ersten Mal erwähnt wurde. Inwieweit dies nur der mystischen Fantasterei eines okkultistischen Kreises entsprungen war, dem Hitler, Himmler, Röhm und Heß angehörten, weiß man leider nicht. Mein Großvater hatte sich leider nicht weiter dazu geäußert.

Mein Großvater legte sehr viel Wert darauf, diesen technischen Stand zur damaligen Zeit in Deutschland näher zu beschreiben, da das Land Anfang 1945 in technologischer Hinsicht weltweit führend war.

Das Deutsche Reich war sogar zwischen 1933 und 1945 wissenschaftlich und technisch, vor allem in militärischer Hinsicht, den USA ungefähr um zehn Jahre voraus.

Jetzt war der Krieg in vollem Gange und die Rüstungskonzerne mussten den staatlichen Aufträgen und Waffenbestellungen ununterbrochen nachkommen – was sie hinsichtlich der hohen Gewinne natürlich nur zu gerne taten. Sie mussten zusehen, dass sie Munition, Flugzeuge, Fahrzeuge, elektrische Ausstattungen, Panzer, Kriegsschiffe, U-Boote, Kanonen, Bomben usw. ununterbrochen liefern konnten. Wie bereits erwähnt, belieferten paradoxerweise die gleichen Konzerne (*General Motors, General Electric, AEG, I.G. Farben, ITT, Du Pont, Vickers* und andere) mit Hilfe ihrer Tochtergesellschaften beide Seiten des Atlantiks – sowohl die USA und Großbritannien als auch Nazideutschland und Italien. Diese internationalen, kosmopolitischen Konzerne machten dadurch enorme Gewinne, während sich die auftraggebenden Staaten immer mehr verschuldeten und gegenseitig zu Grunde richteten. Und weitere, neue Aufträge gigantischen Ausmaßes sollten den kosmopolitischen Industrie-Riesen noch höhere Profite bescheren, denn am Horizont tauchte ein vielversprechender Auftraggeber auf: die Sowjetunion. Für diese sollte von nun an das neue *Leih- und Pachtgesetz* (*Lend-Lease Act*) gelten, um Deutschland im entsprechenden Moment von östlicher Seite angreifen zu können.

Die geplante Belieferung der Sowjetunion mit den neuesten Technologien, wie Waffen, Maschinen zum Bau der Waffenfabriken, militärischen Fahrzeugen, Bestandteilen für moderne Panzer und Flugzeuge, sollte vorwiegend über den persischen Korridor erfolgen. (Die Russen und Engländer planten die Invasion und Aufteilung des Irans – und damit des persischen Versorgungskorridors – bereits einen Monat vor Deutschlands „Überraschungsangriff" auf Russland!) Dies war nur deshalb möglich, weil es den Nazis selbst nach schweren Kämpfen im Mittelmeerraum und in Nordafrika nicht gelungen war, die britische Vorherrschaft in diesem Bereich zu beenden. So war der Suez-Kanal nach wie vor unter britischer Kontrolle. Außerdem kontrollierte die britische Flotte sowohl das Rote Meer als auch den Persischen Golf und letztendlich den Zugang zum Persischen Korridor, der beim Inkrafttreten des *Land-Lease Acts* eine entscheidende Rolle spielte. Adolf Hitler wollte die militärische Belieferung der Sowjetunion über diese Nachschubroute dringend verhindern und lieferte sich aus diesem Grund heftige Gefechte mit den Briten.

Die Belieferungskanäle nach Murmansk über das Nordkap sowie nach Wladywostok über den Nordpazifik spielten hierbei eine eher zweitrangige Rolle, obwohl auch sie strategisch wichtig waren.

Die usurpatorische, freimaurerische Weltelite, die den Zweiten Weltkrieg absichtlich angezettelt hatte, hatte noch keine Ahnung, wie sehr Hitler alle noch überraschen würde und wie wahrscheinlich der Untergang der Freimaurer und der britischen Krone in Eurasien war. Niemand durchschaute zu diesem Zeitpunkt den perversen und zugleich genialen Plan Hitlers – den völlig unerwarteten Angriff auf die Sowjetunion.

Kapitel 14
Die Sowjetunion als Dreh- und Angelpunkt

Das Unternehmen „Barbarossa" war wohl der letzte Versuch Hitlers, seine Wahnidee und Sehnsucht, ein tausendjähriges Deutsches Reich zu errichten und aufrechtzuerhalten, umzusetzen. Am 22. Juni 1941 erfolgte völlig unerwartet der militärische Angriff der deutschen Streitkräfte auf ihre eigentlichen Verbündeten, die kommunistische Sowjetunion, wodurch der *Ribbentrop-Molotow-Pakt* einseitig von Hitler gebrochen wurde. Zu diesem Zeitpunkt waren die Sowjets viel zu schwach und nicht ausreichend vorbereitet, um mit ihrer im Grunde besten Armee der Welt einen wirkungsvollen Widerstand leisten zu können. Die deutsche Offensive wurde von rumänischen, ungarischen sowie bulgarischen Streitkräften unterstützt und verdrängte und vernichtete blitzartig die Rotarmisten, die anschließend zu Hunderttausenden in deutsche Gefangenschaft gerieten oder so schnell wie möglich gen Osten flohen. Einzelne sowjetische Armeen wurden in der Ukraine und Weißrussland eingekesselt und entweder aufgelöst oder einfach vernichtet. Die blitzartige Offensive der deutschen Front in Russland erschütterte die überraschte Weltelite und westliche Politiker. Die internationale Schattenregierung schaute erstaunt zu, wie das deutsche Militär die eigentlich gute sowjetische Abwehr zwischen Mitteleuropa und Moskau innerhalb von drei Monaten völlig zerstörte. Nach der Offensive folgten den Wehrmachtsarmeen die SS-Streitkräfte, die eine Säuberungspolitik gegenüber den kommunistischen Volkskommissaren und den russischen Juden betrieben.

Der wahnsinnig schnelle Rückzug der sowjetischen Streitkräfte ohne ernsthaften Widerstand war jedoch nur eine berechnende Taktik, die von den Westalliierten ihrem neuen Verbündeten, dem Diktator Stalin, angeboten wurde. Damit hatte er die Möglichkeit, die meisten seiner sowjetischen Streitkräfte vor dem deutschen Militär retten zu können, bevor die westliche Finanzelite die Sowjetunion mit dem *Lend-Lease Act* unterstützen würde.

Mein Großvater meinte dazu, dass die Westalliierten zum damaligen Zeitpunkt nicht wussten, wie sich der östliche deutsche Verbündete Japan in Bezug auf das „Unternehmen Barbarossa" verhalten würde. Man befürchtete, dass Hitler einen geheimen militärischen Unterstützungspakt mit Japan geschlossen hatte für den Fall, dass sein Plan schon im Anfangsstadium scheitern sollte. Deswegen hatten die westlichen Berater Stalin vorgeschlagen, keinen richtigen Widerstand zu leisten, um Hitler und eventuell auch die Japaner mit den überraschenden Erfolgen der Offensive einzulullen. Auffallend war, dass die Russen bei ihrem Rückzug die meisten Rüstungsfabriken leer räumten und die gesamten Produktionen mit hunderten von Güterzügen nach Osten abtransportierten, damit sie nicht in die Hände der Deutschen fallen konnten.

Mein Großvater betonte mehrmals, dass die Sowjets bei der blitzartigen Offensive der Deutschen sofort logistische Unterstützung der Westalliierten bekommen hätten, um sich während des harten russischen Winters im tiefen Osten sammeln und eine gewaltige Armee aufbauen zu können. Zu fürchten brauchten sie jetzt nur noch die Reaktion der Japaner, denn man konnte zu diesem Zeitpunkt noch nicht einschätzen, ob die japanischen Streitkräfte ihrem deutschen Verbündeten zu Hilfe kommen würden. Es wäre aber auf jeden Fall eine reale Chance gewesen, die sowjetische Armee einzukesseln und endgültig zu vernichten, wenn die Japaner zusammen mit den deutschen Streitkräften von der mandschurisch-mongolischen Grenze von südöstlichen Richtung aus gemeinsam angegriffen hätten. Wäre dies genauso eingetreten, hätte es das sichere Ende von Russland bedeutet.

Während zahlreicher Gespräche mit den alten Wehrmachtsoffizieren der DDR in den 1960er- und 1970er-Jahren wurde meinem Großvater nochmals bestätigt, dass aus rein logistischen Gründen die damalige Sowjetunion nur mit der gewaltigen, militärischen Unterstützung Japans besiegbar gewesen wäre. Hitlers schwerwiegender Fehler war zu glauben, dass die deutsche Wehrmacht imstande gewesen wäre, Russland alleine zu besiegen. Doch dies war trotz der absolut disziplinierten und sehr gut ausgestatteten deutschen Streitkraft undenkbar!

169

Schon im August 1941 hatten die britisch-amerikanischen Politiker mit ihren sowjetischen Amtskollegen in Placentia Bay in Neufundland während der *Atlantik-Konferenz* beschlossen, die Waffenlieferungen an die Sowjetunion im Rahmen des Leih- und Pachtgesetzes auszuweiten. Diese beispiellose Hilfe seitens der USA und Großbritannien erfolgte auf Geheiß von Churchill und Roosevelt, um das kommunistische Reich vor dem unausweichlichen Untergang zu retten. Dies geschah natürlich nicht aus Sympathie zur Sowjetunion, sondern aus kaltblütiger Berechnung, um den Einflussbereich der britischen Krone und der freimaurerischen Weltelite in Eurasien um jeden Preis zu erhalten. Im Gegensatz zu den gigantischen Krediten bei der Finanzierung der verschiedenen Parteien, die am Zweiten Weltkrieg beteiligt waren, ließ die Weltelite der Sowjetunion völlig unentgeltlich und unverbindlich ein riesiges Hilfspaket zukommen. Die gesamte Menge an verschiedenem Kriegsmaterial, Rohstoffe, Munition, Maschinenteile für moderne Flugzeuge und Panzer, Nahrungsmittel und Ausrüstung für die Söldner, vermutlich auch Devisen und Wertpapiere, die man Stalin zur Verfügung stellte, übertrifft bis heute jegliche Vorstellungskraft. Das war die größte, in der Weltgeschichte bekannte, finanzielle und materielle Hilfe, die man ohne weitere finanzielle Verbindlichkeiten einem großen Staat wie Russland ohne Gegenleistung hatte zukommen lassen.

Diese gigantische Menge an Rüstungsmaterial wurde mit Kriegsschiffen aus den USA und Großbritannien an der südafrikanischen Seeküste (Kap-Hoorn) vorbei und weiter über den indischen Ozean direkt in den Persischen Golf oder an die iranische Küste verfrachtet. Von dort aus ging der Transport mit Güterzügen, LKWs und Transportflugzeugen weiter durch den persischen Korridor, östlich am Kaspischen Meer entlang über Kasachstan, über Flughäfen in Yakutien und Chukotka. Andere Transportwege im Sinne des *Land-Lease Acts* erfolgten nach Murmansk über das Nordkap unter dem Schutz der britischen Kriegsmarine und über den Nordpazifik nach Wladywostok auf der Halbinsel Kamtschatka unter dem Schutz der amerikanischen Kriegsflotte. Hierzu sollte man noch wissen, dass die USA zu diesem Zeitpunkt nicht im Krieg gegen Nazideutschland und Japan standen, im

Gegensatz zu Großbritannien. Die Briten wiederum verwendeten zusätzliche Transportwege über Bombay und Kalkutta und gelegentlich auch über das Mittelmeer und den Suez-Kanal. Von allerwichtigster Bedeutung jedoch war bei der Lend-Lease-Vereinbarung der breite persische Korridor, der sich während des gesamten Zweiten Weltkriegs in britischen Händen befand. Es ist Hitler nie gelungen, die Vormacht der Briten im Mittelmeerraum und in Nordafrika zu brechen und dadurch deren Kontrolle über den Suez-Kanal und den Persischen Golf mit seinen reichen Ölvorkommen zu unterbinden. Auffallend ist, dass der *Standard Oil Company* und der britischen *BP* hohe Anteile an dem kaspischen Öl in Baku gehörten und sie im Rahmen des *Lend-Lease Acts* fast alle Ölvorräte der sowjetischen Armee zur Verfügung gestellt hatten. So wurden letztendlich die militärischen Fahrzeuge von *Ford* und *General Motors* in der Sowjetunion mit dem Treibstoff von der *Standard Oil Company* aus Baku angetrieben.

Hier schließt sich der Kreis der finanziellen Machenschaften zwischen Politik, Wirtschaft und Krieg: Die von Rockefellers kontrollierte *FED* unterstützte finanziell die Lieferung von Treibstoff an die Sowjetunion. So flossen diese Gelder in ihren privaten Öl-Konzern, die *Standard Oil Company*. Und dieses Öl trieb dann amerikanische Militär-LKWs und Panzer an, die wiederum von amerikanischen und britischen Rüstungskonzernen massenhaft hergestellt wurden.

Die *FED* hatte außerdem dem amerikanischen Staat neue Kredite eingeräumt, um den Schwerindustrie- und Rüstungskonzernen neue Aufträge erteilen zu können. Die *Standard Oil Company* aus New Jersey wiederum machte riesige Profite (wie oben erwähnt) mit dem hohen Bedarf an Treibstoffen für das Betanken von Hunderten von Güter- und Kriegsschiffen, U-Booten und Transportflugzeugen, die das Rüstungsmaterial in die Sowjetunion verfrachten mussten. Die *Bank of England* und die *Barcleys Bank*, die unter der Aufsicht der Bankiersfamilie Rothschild standen, erließen Anleihen an die britische Regierung, um die Rüstungsindustrie – insbesondere die Kriegsmarine und Luftwaffe – um ein Vielfaches anzukurbeln.

Mein Großvater erklärte mir diesbezüglich, dass die mittlerweile panischen, angelsächsischen Illuminaten einen unfassbaren weltpolitischen Vorgang ins Rollen gebracht hatten, der die mittelstarke Sowjetunion binnen weniger Jahre zur Weltmacht erhob. Die Aufrüstung des sowjetischen Imperiums war außer Kontrolle der Westmächte geraten, und man war nun an einen kritischen Punkt gelangt, wo es schon kein Zurück mehr gab. In militärisch-wirtschaftlicher Hinsicht wurde die Sowjetunion zwischen 1944 und 1945 zu einer Weltmacht, die sich sogar mit den USA messen konnte. Trotzdem bevorzugten die Weltilluminaten das feindselige, kommunistische Imperium Stalins, was das endgültige Todesurteil für Nazideutschland bedeutete. Es gab allerdings noch einen äußerst sensiblen strategischen Punkt, der die Pläne der Westmächte trotz des *Lend-Lease Acts* zunichte machen konnte. Man durfte nämlich keinesfalls zulassen, dass sich die Nazis mit den Japanern auf einen gemeinsamen Feldzug gegen die Sowjetunion verständigten. Man musste die Japaner um jeden Preis von einem solchen Vorhaben ablenken. Bekannt wurde dieses fürchterliche Ablenkungsmanöver als *Pearl-Harbor-Desaster*...

Zur Information: US-Präsident Roosevelt hatte die Japaner damals zum Kriegseintritt gereizt, indem er am 26. November 1941 ein Kriegsultimatum stellte, in dem er verlangte, die Japaner sollten sämtliche Truppen aus Indochina und China (Mandschurei) abziehen.
Roosevelts Kriegsultimatum ist dem amerikanischen Kongress vorsätzlich bis nach dem Angriff auf Pearl Harbor vorenthalten worden. Alle waren sich darin einig, dass den Japanern keine andere Möglichkeit als Krieg bleiben würde. Die Japaner selbst hatten fast alles getan, um einen Krieg mit den USA zu verhindern. Prinz Kenoye, der Botschafter Japans in den USA, hatte wiederholt angeboten, nach Washington oder Honolulu zu kommen, um sich mit Roosevelt zu treffen und eine Alternative zu finden. Er war später sogar bereit, die Forderungen der USA zu befolgen, um dem Krieg aus dem Weg zu gehen, doch Roosevelt lehnte es mehrmals ab, mit ihm zu sprechen, da der Krieg mit Japan ja schon längst geplant war – wie vorher mit Deutschland.

Gleichzeitig erklärte Roosevelt dem amerikanischen Volk:

„Während ich zu Euch Müttern und Vätern spreche, mache ich Euch noch eine Zusicherung. Ich habe dies schon früher gesagt, und ich werde es immer und immer und immer wieder sagen: Eure Jungs werden nicht in irgendwelche ausländischen Kriege geschickt werden."

Dass die Japaner Pearl Harbor zuerst angreifen würden, war den amerikanischen Militärs aus mehreren Quellen schon vorher bekannt:

1. Der US-Botschafter in Tokio, Joseph Grew, schrieb in einem Brief an Roosevelt am 27. Januar 1941, dass im Falle eines Krieges zwischen Japan und den USA, Pearl Harbor das erste Angriffsziel wäre.
2. Kongressmitglied Dies hatte Präsident Roosevelt im August 1941 nicht nur das Angriffsziel Pearl Harbor, sondern auch noch den strategischen Angriffsplan mit Karte überreicht. Er wurde zum Schweigen gezwungen.
3. Dem amerikanischen Geheimdienst war es 1941 gelungen, den diplomatischen wie auch den militärischen Code der Japaner zu entschlüsseln. Roosevelt und seine Berater kannten im Voraus das genaue Datum, die Uhrzeit und das Angriffsziel.

Die japanische Kriegsflotte beherrschte im Jahre 1941 den Westpazifik vollständig und drohte der amerikanischen Kriegsmarine, die im Ostpazifik eine herrschende Rolle spielte. Die Regierung von Roosevelt bevorzugte die Option einer Provokation im Pazifikraum, um Japan den Krieg erklären zu können und dessen Streitkräfte – die stärkste Kriegsflotte Asiens – in einen Krieg gegen die USA zu verwickeln, um damit letzten Endes eine gemeinsame Front mit den Deutschen gegen die Sowjetunion zu verhindern. Diesen schlauen Plan hatte man ausgeheckt, doch konnte niemand voraussagen, wie die Naziregierung Hitlers darauf reagieren würde. Man wusste nicht, ob Deutschland als Japans engster Verbündeter den USA ebenfalls den Krieg erklären würde. Doch die ferngesteuerte Regierung der USA wünschte sich, unbedingt und so schnell wie möglich militärisch gegen das japanische Kaiserreich anzutreten. Erneut wurden gigantische Kriegsaufträge erteilt und Anleihen aus der Wall Street für Schwerindustrie- und Rüstungskonzerne flüssig gemacht, weil Japan als ein neuer starker Gegner in Sichtweite war.

Während einer privaten Reise nach Grünberg in Polen 1974 war Prinz Bernhard von Detmold zu Lippe-Biesterfeld zu Gast bei meinem Großvater. Er erzählte mir, dass sie während eines sehr vertraulichen Gespräches unter anderem auf Pearl Harbor zu sprechen kamen.

Der Prinz bestätigte ausdrücklich, dass die offizielle Geschichtsschreibung darüber schweigt, dass das Pearl-Harbor-Desaster einzig und allein darauf abzielte, den eventuellen militärischen Zusammenschluss zwischen Nazideutschland und Japan gegen die Sowjetunion zu verhindern. Prinz Bernhard betonte ausdrücklich, dass *„gewisse Kreise"* sehr darauf bedacht gewesen wären, so schnell wie möglich diese Provokation zu inszenieren, um das von ihnen geplante Eurasien vor der Eroberung der Achsenstaaten zu retten.

Das gewaltige *Leih- und Pachtgesetz* bedurfte sogar der Notwendigkeit (in England und den USA), die eigenen staatlichen Goldreserven zu verkaufen, um dieses riesige, zusätzliche Unternehmen auch finanzieren zu können. Hitler hatte zu diesem Zeitpunkt zu Recht bemerkt, dass in der ganzen Welt die Goldreserven schnell schrumpften bzw. in den USA und Großbritannien reichlich gehortet wurden. Das unendliche Gewähren der Fiat-Gelder, ohne jegliche Standarddeckung von der *FED*, hätte die amerikanische Wirtschaft ruinieren können. Deswegen hatte die Regierung Roosevelts beschlossen, auf eigene Goldreserven zuzugreifen, um staatliches Geld für weitere Kriegsaufträge zu beschaffen. Man darf hierbei nicht vergessen, dass sich die meisten Schwerindustrie- und Rüstungskonzerne der USA, Großbritanniens, Kanadas und Australiens in privaten Händen der vorwiegend angelsächsischen Aristokratie befanden. Das Gleiche galt für Rohstoff- und Treibstoffkonzerne. Staatlich war nur das Militär, welches für seine Aufrüstung von den privaten Industriekonzernen durch staatliche Aufträge versorgt wurde.

Eine kurze Abweichung von der Grundthematik ist an dieser Stelle notwendig, um zu verstehen, inwieweit die Interessen der Rothschild-familie mit denen der Windsors verflochten waren. Offensichtlich waren Hitler diese Verbindungen bekannt, was seinen obsessiven Antisemitismus begründete. Marion Gräfin Dönhoff vertrat die Meinung, dass der Erste Weltkrieg bereits vom gleichen *Rat der 3* ausgelöst worden war, um die mit der britischen Krone konkurrierenden Adelsfamilien Europas – Habsburg, Hohenzollern und Romanow – wegen der weltweiten kolonialen Interessen auszuschalten. Somit hatte das British Empire freie Hand, die unermesslichen Rohstoffressourcen in Asien alleine auszubeuten.

Durch den historischen „Welteliten-Staatsstreich" mit Hilfe des Ersten Weltkriegs zwischen 1914 und 1918 waren die drei einflussreichsten Adelsfamilien der damaligen Welt mit zwei deutschstämmigen Kaisern und dem russischen Zaren zum Abdanken gezwungen.

Gräfin Dönhoff behauptete weiter, dass Zar Nikolaus II. die Zugehörigkeit zum freimaurerischen Bund strikt ablehnte, was er vermutlich mit seiner Hinrichtung in Jekaterinburg bezahlen musste. Anscheinend wollte sich der letzte Romanow der britischen Königsfamilie nicht ergeben. Im Gegensatz zu Romanow ließen sich die Hohenzollern und Habsburger in die Freimaurerei einweihen, sodass sie ihre einflussreiche politische Position und ihr Vermögen behalten durften, jedoch nur unter der Voraussetzung, dass sie Untertanen der Windsors wurden.

Mein Großvater betonte mir gegenüber, dass Marion Gräfin Dönhoff bestens informiert war, da sie einer ostpreußischen Adelsfamilie entstammte, die in die Geheimnisse der damaligen politischen Umwälzungen offensichtlich eingeweiht war. Sie war sich ganz sicher, dass sich das britische Königshaus und die Bankiersfamilien absichtlich mit dem restlichen europäischen Adel zusammengetan hatten.

Um diese Annahme zu bestätigen, hatte mein Großvater auf die ziemlich kuriose Tatsache aufmerksam gemacht, dass direkt nach 1918 die drei superreichen Adelsgeschlechter – die Romanows, Hohenzollern und Habsburger – fast vollständig von der politischen Weltbühne verschwunden waren. Nur die Windsors behielten ihren alten Weltmachtstatus, worum es in Wirklichkeit ja ausschließlich ging. Nach dem Ersten Weltkrieg waren somit die Windsors die bedeutendste und einflussreichste königliche Familie der Welt. Alle anderen Adelsgeschlechter spielten eine zweitrangige Rolle und unterstanden mehr oder weniger der britischen Krone. Nach der verheerenden Niederlage im Zweiten Weltkrieg wich den späteren Windsor-Battenbergs sogar die politisch sehr einflussreiche kaiserliche Familie aus.

Heute wissen wir von der damals geheimen Allianz zwischen den Windsors und den britischen Rothschilds im Jahre 1917, die als *Balfour-Deklaration* bezeichnet wurde. Dieses einzigartige politische Abkommen zwischen der britischen Regierung und der privaten Bankiersfamilie ließ den heimatlosen, in Diaspora lebenden Juden ein provisorisches Gebiet in Palästina zur Verfügung stellen. Dieses sollte die politische Rolle eines britischen Protektorats übernehmen, unweit von reichen und immer bedeutenderen Ölvorkommen in dieser Region der Welt. Dieser Plan wurde von der britischen Regierung sorgfältig ausgeführt, um trotz der Feindseligkeit des arabischen Volkes in Zukunft den jüdischen Staat zu gründen und die weitreichende Rolle des schwarzen Goldes am Persischen Golf, im Iran und am Kaspischen Meer zu sichern.

Deswegen standen die zwei so wichtigen Seestützpunkte Gibraltar und der Suez-Kanal unter britischer Kontrolle. Es ging bereits damals grundsätzlich nur um das schwarze Gold. Churchills Regierung war in diesem Spiel lediglich eine Fassade vom bekannten britischen Parlamentarismus. Hinter dieser Fassade zogen allein die Windsors und ihre hochadligen Untertanen fast alle Fäden der Weltpolitik.

Zur Information: Mein Autorenkollege Michael Morris hat in seinem Buch „Der Goldkrieg" eine hervorragende Recherchearbeit geleistet und zur Balfour-Deklaration Folgendes zusammengetragen: Im Jahre 1882 begann **Edmond James de Rothschild** (1845-1932) damit, Grundstücke in Palästina zu erwerben und förderte die Gründung der Siedlungen *Zichron Ja'akow* und *Rischon leTzion* und war einer der aktivsten Unterstützer und Finanzier des Zionismus. 1889 übergab Edmond de Rothschild 25.000 Hektar palästinensischen Agrarlandes samt den darauf befindlichen Siedlungen an die *Jewish Colonization Association*. In den 1880er Jahren unterstützte er dann zahlreiche russische Emigranten dabei, sich in Palästina anzusiedeln, und 1924 gründete Edmond James de Rothschild dann noch die *Palestine Jewish Colonization Association*, die nochmals mehr als 500 Quadratkilometer Land in Palästina erwarb – eine Fläche doppelt so groß wie Frankfurt am Main. Zwischen 1887 und 1925 unternahm Edmond insgesamt fünf Reisen nach Palästina, um die Entwicklung seiner „zionistischen Kolonien" zu verfolgen. Es wird geschätzt, dass er für diese Unternehmungen mehr als 50 Millionen Dollar ausgab.

Die Bezeichnung „Zionismus" ist zum ersten Mal 1893 durch Nathan Birnbaum eingeführt worden, aber es ist der Ungar Theodor Herzl, der als Gründer der zionistischen Ideologie betrachtet wird. Der Grund ist sein 1896 erschienenes Buch „Der jüdische Staat", worin er verkündet, das beste Mittel, den „Antisemitismus" zu bekämpfen, sei die Gründung eines jüdischen Staates. Aus seiner Sicht war der beste Ort, dies zu verwirklichen, in Palästina.

Für Edmond James de Rothschild war die Idee eines eigenen Staates offenbar ebenfalls verlockend, denn er konnte ihn nach seinen Vorstellungen gestalten – vielleicht bringt es auch steuerliche Vorteile, wenn man einen eigenen Staat besitzt? Auf jeden Fall konnte er sich ein Denkmal setzen. Deshalb unterstützte er die Zionisten. Heute sind nach Edmond de Rothschild und anderen Familienmitgliedern der *Rothschild Boulevard* in Tel Aviv sowie zahlreiche israelische Gebäude, Einrichtungen, Stiftungen, Schulen, Krankenhäuser, Galerien und Museen im ganzen Land benannt.

Der Erste Weltkrieg hätte ohne das Zutun der Großbanken so nicht stattfinden können, denn sie gaben die Kredite dafür. J. P. Morgan finanzierte die Rüstung Englands und Frankreichs, die Rothschilds finanzierten allem Anschein nach Deutschland und Österreich.

Da Morgan und Rothschild aber spätestens seit der gemeinsamen Gründung der FED 1913 eng verbunden sind, kann man sagen, dass sie gemeinsam alle Seiten finanzierten.

Als der Erste Weltkrieg Ende 1916 so gut wie zu Ende war, weil Deutschland im Grunde bereits gewonnen hatte, boten die Zionisten den Engländern heimlich an, die USA mit ins Spiel zu bringen – wodurch die Karten neu gemischt wurden. Als Gegenleistung wollten die Zionisten Palästina, um dort ihren eigenen Staat zu errichten.

Offenbar haben die Engländer zugestimmt, denn die *Balfour-Deklaration* aus dem Jahre 1917 bestätigt nicht nur diese geheime Vereinbarung, sondern auch, dass die Rothschilds die Nutznießer dieses Abkommens waren und „ihr Land" Israel erhalten sollten. Diese Vereinbarung zwischen der englischen Regierung und Lionel Walter Rothschild wurde etwas schwülstig formuliert, damit sie nicht für jedermann sofort zu entschlüsseln war, dennoch ist der Inhalt eindeutig:

„Verehrter Lord Rothschild,
ich bin sehr erfreut, Ihnen im Namen der Regierung Seiner Majestät die folgende Erklärung der Sympathie mit den jüdisch-zionistischen Bestrebungen übermitteln zu können, die dem Kabinett vorgelegt und gebilligt worden ist:
‚Die Regierung Seiner Majestät betrachtet mit Wohlwollen die Errichtung einer nationalen Heimstätte für das jüdische Volk in Palästina und wird ihr Bestes tun, die Erreichung dieses Zieles zu erleichtern, wobei, wohlverstanden, nichts geschehen soll, was die bürgerlichen und religiösen Rechte der bestehenden nicht-jüdischen Gemeinschaften in Palästina oder die Rechte und den politischen Status der Juden in anderen Ländern in Frage stellen könnte.' Ich wäre Ihnen dankbar, wenn Sie diese Erklärung zur Kenntnis der Zionistischen Weltorganisation bringen würden. Ihr ergebener Arthur Balfour"

Foreign Office,
November 2nd, 1917.

Dear Lord Rothschild,

I have much pleasure in conveying to you, on behalf of His Majesty's Government, the following declaration of sympathy with Jewish Zionist aspirations which has been submitted to, and approved by, the Cabinet

"His Majesty's Government view with favour the establishment in Palestine of a national home for the Jewish people, and will use their best endeavours to facilitate the achievement of this object, it being clearly understood that nothing shall be done which may prejudice the civil and religious rights of existing non-Jewish communities in Palestine, or the rights and political status enjoyed by Jews in any other country"

I should be grateful if you would bring this declaration to the knowledge of the Zionist Federation.

[signature: Arthur James Balfour]

Abb. 39:
Glückwunsch-Schreiben zur Gründung des Zionisten-Staates Israel von Arthur Balfour im Namen der britischen Regierung an Lord Rothschild

J. P. Morgan hatte bereits seit etwa 1910 die wichtigste US-Presse unter Kontrolle, und Präsident Wilson wollte wieder gewählt werden – was ihm ohne die Unterstützung der mächtigen Bankiers nicht gelungen wäre. Also war es für das Bankenkartell nicht weiter schwierig, die USA in den Krieg zu involvieren.

Dank der Beteiligung der US-Streitkräfte gewannen die Alliierten Frankreich, Russland und England dann auch recht zügig den Ersten Weltkrieg. England erhielt das Protektorat über Palästina, das bis dahin zur Türkei gehörte. Es kam zu einer großen jüdischen Einwanderungswelle und zum Bau vieler Siedlungen und Städte. 1948 – nachdem die Alliierten dank US-Hilfe auch den Zweiten Weltkrieg gewonnen hatten – wurde schließlich offiziell der Staat Israel gegründet.

Edmonds ältester Sohn James-Armand de Rothschild und dessen Ehefrau Dorothy führten das Lebenswerk Edmonds fort. Sie spendeten 16 Millionen israelische Pfund für den Neubau des israelischen Parlaments (der *Knesset*) und ließen auf eigene Kosten den obersten Gerichtshof Israels erbauen.

Edmond James de Rothschild und seine Frau Adelheid wurden zunächst auf dem Pariser Friedhof *Père Lachaise* beigesetzt, erhielten aber 1954 ihr endgültiges Grab im Rahmen eines Staatsbegräbnisses nahe der Stadt *Binjamina* in Israel am Hügel *Ramat haNadiv* („Hügel des Wohltäters").

Die einzelnen Zweige der Familie Rothschild sind alle miteinander verwoben. Die wichtigsten Standorte der Zweige waren im 19. Jahrhundert Frankreich, Österreich, Deutschland, England, Italien, Spanien und Australien. Nach und nach wurden aber Familiensitze und Ableger in allen Teilen der Erde, auch in Asien, Nord- und Südamerika gegründet. Der Inzucht wird in der Familie Rothschild bis heute gefrönt, denn dies ist der sicherste Weg, Loyalität zur Familie zu garantieren, dafür zu sorgen, dass das Geld in den eigenen Reihen bleibt und dass die Geheimnisse der Familie auch solche bleiben. 1865 etwa heiratete *Evelina de Rothschild* ihren Cousin *Ferdinand James von Rothschild*, nachdem bereits zuvor ihre Mutter *Charlotte von Rothschild* deren Cousin *Baron*

Lionel de Rothschild geehelicht hatte. Freiherr *Wilhelm Karl von Rothschild* heiratete seine Cousine *Mathilde von Rothschild*, sein Cousin *Freiherr Mayer Karl von Rothschild* wiederum ehelichte seine Cousine *Louise Mayer von Rothschild*. Die Liste ließe sich endlos fortsetzen.

Dieser kurze Ausflug, weg von der eigentlichen Thematik, war wichtig, um das weitere Vorgehen Adolf Hitlers zu verstehen. Wir waren stehengeblieben bei seinem offensichtlichen Antisemitismus: Sein antijüdischer Wahn begründete sich darauf, dass durch die Machenschaften von Rockefeller und Rothschild die uralte arisch-adlige Weltordnung bedroht war, was Hitler als Beweis für eine jüdische Weltverschwörung genügte.

Hitler war offensichtlich sehr gut darüber informiert, dass der Zweite Weltkrieg damals ursprünglich in London beschlossen worden war, genau so, wie der Erste Weltkrieg, wobei dessen Finanzierung damals überwiegend von New York aus erfolgte. Inwieweit er die gravierende Rolle der blaublütigen Windsors bei dieser Verschwörung verstand, konnte mein Großvater nicht klar belegen. Sicherlich war sich Hitler aber im Klaren darüber, dass Churchill in diesem Spektakel nur eine Marionette war und eine eher zweitrangige Rolle in der britischen Außenpolitik zu spielen schien.

Aus diesen Gründen sah er die letzte Möglichkeit, den sinnlosen Krieg zu beenden, darin, 1941 seinen Emissar Rudolf Heß für Friedensverhandlungen direkt in England zu senden.

Die Briten hatten jedoch bekannterweise den Friedensplan Hitlers aus rein ökonomischen Gründen zurückgewiesen. Infolgedessen hatte Nazideutschland die Sowjetunion überfallen, sodass das Leih- und Pacht-Abkommen in vollem Umfang starten konnte.

Zur Erinnerung: Im Herbst und Winter 1941 tobte der Zweite Weltkrieg an mehreren Fronten, insbesondere im Mittelmeerraum, im Atlantik und Pazifik sowie an der Nordsee zwischen Großbritannien und Deutschland. Die britische Überseefront wurde nach Pearl Harbor von der amerikanischen Kriegsmarine logistisch sehr unterstützt. Die wie-

181

derholten Angriffe der deutschen Luftwaffe auf England blieben erfolglos, genauso wie der Versuch, die Briten aus Gibraltar und dem Suez-Kanal zu vertreiben. In der Ukraine und Weißrussland stießen die deutschen Streitkräfte unaufhaltsam Richtung Moskau vor. Die sowjetischen Streitkräfte waren zu diesem Zeitpunkt entweder vernichtet oder zogen sich gen Osten zurück, um dem entscheidenden und vernichtenden Schlag zu entgehen. Dabei nutzten sie die gut ausgearbeitete Taktik der Ausweitung der russischen Front um Hunderte von Kilometern, um damit die deutsche Gefechtslinie zu schwächen. Gleichzeitig wurden durch den persischen Korridor riesige Mengen an Kriegsmaterial aus den USA, Großbritannien, Kanada und Australien für die sowjetische Front transportiert. Zwischen Dezember 1941 und Januar 1942 konnte sich die sowjetische Armee daraufhin mit Hilfe dieser militärischen Güter und Hilfsmittel im Ural neu aufstellen. Vor und hinter dem Ural, teilweise auch in Westsibirien, gründete man ein riesiges, vorläufiges Militärindustriegebiet, in dem man eine gigantische Waffen- und Aufrüstungsproduktion für alle sowjetischen Armeen in Gang setzte. Die deutschen Truppen erreichten im November 1941 die westliche Vorstadt von Moskau, blieben dort jedoch durch den eiskalten Frost und ohne entsprechenden Nachschub vom Westen stecken. Auf die gleiche Art wurde Leningrad umkesselt und von der Außenwelt abgeschnitten, jedoch erfolglos umkämpft.

Die Sowjets bezogen die Treibstoffe für ihre Panzer, LKWs und Flugzeuge vorwiegend aus eigenen Ölvorkommen an der Mündung der Wolga und aus dem südlichen Uralgebiet. Die größte Ölförderung kam aus dem riesigen Ölvorkommen am Kaspischen Meer um Baku, dessen moderne Infrastruktur von der *Standard Oil Company* aufgrund des gemeinsamen sowjetisch-amerikanischen Abkommens, das noch in zaristische Zeit zurückreichte, eingerichtet worden war. Ohne Baku wäre die sowjetische Front niemals imstande gewesen, dem deutschen Angriff anno 1941/1942 standzuhalten. Später wurden die sowjetischen Streitkräfte im Rahmen des *Lend-Lease Acts* zusätzlich mit amerikanischem und britischem Treibstoff (meist aus den persischen Ölvorkommen) versorgt.

Im Grunde genommen konnte Hitler mit der Barbarossa-Offensive gegen die Sowjets zufrieden sein – zumindest bis Dezember 1941. Die Eroberung Moskaus schien damals jedenfalls nur noch eine Frage von wenigen Monaten zu sein. So schätzte zumindest Hitler zu diesem Zeitpunkt – fälschlicherweise – die Lage ein, obwohl er bestens von seinem eigenen Nachrichtendienst über das *Lend-Lease-Abkommen* informiert war. Vielleicht unterschätzte er das Ausmaß dieser militärischen Unterstützung der Sowjets, oder er war der Meinung, die sowjetischen Streitkräfte rechtzeitig bis zum Frühjahr 1942 zu vernichten.

Mein Großvater erzählte mir immer wieder, dass die wahre Geschichte des Zweiten Weltkrieges völlig anders war, als uns die Geschichtsbücher glauben machen wollen. Er sagte, dass man es das gravierende, geheime Abkommen zwischen Nazideutschland und Japan bis heute verschweigen würde. Es wurde damals zur gleichen Zeit getroffen wie das *Lend-Lease-Abkommen* in der Placentia Bay vor Neufundland. Dies wurde meinem Großvater unter anderem von ehemaligen, in der DDR ansässigen Wehrmachtsoffizieren zu dem Barbarossa-Plan berichtet.

Sie informierten ihn über dieses geheime militärische Abkommen, das ungefähr im November 1941 zwischen Deutschland und Japan geschlossen wurde und von höchster strategischer Bedeutung für den weiteren Verlauf des Krieges und dessen Entwicklung in Eurasien war. Aufgrund dieses Abkommens sollten sich deutsche und japanische Streitkräfte von Anfang bis Mitte 1942 zu einer gemeinsamen, gigantischen Front gegen die Sowjetunion zusammenschließen, um mit vereinten Kräften die sowjetischen Streitkräfte einzukesseln und auszulöschen. Anschließend wollten sie die Kontrolle über Eurasien übernehmen und es unter sich aufteilen. Hitler wusste damals ganz genau, dass er das sowjetische Reich nur mit Hilfe von Japan besiegen konnte. Ohne Japans Unterstützung waren die meisten sowjetischen Streitkräfte angesichts der riesigen Gebiete in West- und Ostsibirien für die Deutschen uneinnehmbar. Durch die permanente Erweiterung der sowjetischen Front in östlicher Richtung hätte dessen Zentrum von der deutschen Wehrmacht allein niemals erreicht werden können, was im Laufe der Zeit zur langsamen Umzingelung der deutschen Streitkräfte geführt hätte und sogar deren Niederlage hätte bedeuten können.

Dies recherchierte insgeheim der deutsche Generalstab und informierte Hitler dementsprechend, und er akzeptierte diese strategischen Erwägungen durchaus. Dennoch wird bis heute das Gegenteil behauptet und dadurch versucht, uns weiszumachen, dass der Führer so dumm und naiv war zu glauben, die Sowjetunion allein mit der deutschen Wehrmacht besiegen zu können.

Nochmals zur Erinnerung: Um diese deutsch-japanische Allianz gegen die Sowjetunion um jeden Preis zu verhindern, wurde das Pearl-Harbor-Desaster kreiert, um Japan in einen erfolglosen Krieg gegen die USA zu verwickeln und dadurch Russland vor dem bevorstehenden Niedergang zu retten!

Das geheime deutsch-japanische Abkommen sah vor, dass die japanischen Streitkräfte (Bodentruppen von bis zu zwei Millionen Soldaten, zusammen mit hunderten Panzern, tausenden Militär-LKWs sowie hunderten Flugzeugen) vom Altaj-Gebirge sowie von der Westmongolei aus in die nordwestliche Richtung vorstoßen sollten, um sich der deutschen Front in einem bestimmten Gebiet anzuschließen. Erwogen wurden hierbei der Südural und die Wolgamündung, je nachdem, wo weitere Kämpfe stattfinden würden. Die deutschen Streitkräfte planten, nach der Winterpause sofort die Barbarossa-Offensive weiter auszuführen, um vor allem die sowjetische Front von dem Ölvorkommen in Baku abzuschneiden.

Die Japaner planten, sich der deutschen Front voraussichtlich zwischen April und Juni 1942 anzuschließen. Sie brauchten Zeit, um ihre gesamten Bodenstreitkräfte zu mobilisieren und riesige Gebiete Zentralasiens zu bewältigen. Besonders zeitraubend beim Errichten eines ausreichenden Nachschubsystems zur fortdauernden Versorgung der geplanten japanischen Front waren die harten asiatischen Winterverhältnisse.

Bis zu diesem Zeitpunkt sollte die deutsche Front weitere Kämpfe mit den Sowjets zwischen Moskau und Stalingrad fortsetzen und versuchen, Moskau einzunehmen. Die Japaner planten ebenfalls, die russischen Häfen an der Pazifikküste anzugreifen, um dort Blockaden zu errichten. Das wichtigste Ziel bestand jedoch darin, die Sowjets von den Erdölvorkommen in Baku abzuschneiden.

Am 7. Dezember 1941 wurde dann plangemäß das deutsch-japanische Unternehmen von den USA komplett zerstört. An diesem denkwürdigen Tag hatte sich die japanische Kriegsflotte in Pearl Harbor im fernen Pazifik von den Amerikanern provozieren lassen. Anschließend sind beim Angriff der Japaner auf Pearl Harbor fast 3.000 US-Marinesoldaten ums Leben gekommen. Roosevelt und seine Regierung erklärten daraufhin Japan einige Tage später den von den USA ersehnten Krieg. Durch diese planmäßig gelungene Katastrophe wurden die Japaner endgültig an der gemeinsamen Front mit Nazideutschland gehindert. Japan war – wie gewünscht – infolge dieses Ereignisses außerstande, den deutschen Verbündeten in Zentralasien bei der weiteren Ausführung des Barbarossa-Plans behilflich zu sein.

Willy Brandt ergänzte dazu, dass durch dieses von langer Hand geplante Ereignis das Schicksal der Nazis im Grunde genommen besiegelt war. Hitler wusste ganz genau, dass die deutschen Streitkräfte an der östlichen Front gegen den russischen Riesen, der außerdem von den Westalliierten unterstützt wurde, allein nichts mehr ausrichten konnte. Er befürchtete zu Recht die baldige westliche Front, die die USA mit Großbritannien gegen Hitler und Mussolini errichten würden.

Glauben Sie, dass Hitler sich nach dem Ausschalten der japanischen Front noch realistische Chancen auf einen siegreichen Ausgang des Krieges erhoffte? Wohl kaum. Doch sofort nach Pearl Harbor erklärte Hitler den USA den Krieg, womit er endgültig den Weltkrieg ausgerufen hatte. Rechnete er tatsächlich optimistisch mit weiteren, erfolgreichen Kämpfen an der Ostfront gegen die Sowjetunion? Willy Brandt meinte hierzu, dass Hitler ein absoluter Realist gewesen wäre, der allgemeinen Ansicht zum Trotz, dass er sich langsam in seinem Größenwahn von der Wirklichkeit entfernte. Nachdem Japan sich in den Krieg mit den USA hatte verwickeln lassen, hoffte Hitler wohl ganz einfach auf Glück bei der weiteren Kriegsführung. Es gab ja in der Weltgeschichte viele bewiesene Beispiele, dass Glück und Willenskraft im Krieg eine entscheidende Rolle spielen können.

War nicht sein letzter erfolgter Feldzug gegen Frankreich das beste Beispiel dafür? Die ganze Welt hatte ja auch erstaunt den Atem angehalten, als die deutschen Streitkräfte das stolze Frankreich binnen drei Wochen zur Kapitulation gezwungen hatten.

Gemäß den Aussagen der ehemaligen Wehrmachtsoffiziere gegenüber meinem Großvater, hoffte Hitler nach dem Pearl-Harbor-Desaster auf folgende, vielversprechende Strategien der weiteren Kriegsführung und erachtete diese als durchaus erreichbar:

1. Die sowjetische Front von den Ölvorkommen aus Baku abzuschneiden und sie zukünftig zu kontrollieren.

2. Die Eroberung Moskaus und Leningrads.

3. Die Einbindung amerikanischer Streitkräfte durch die militärischen Erfolge Japans gegen die USA im Pazifik – weit weg von Europa.

4. Das Erhalten eines militärischen Gleichgewichtes an der Westfront gegen Großbritannien, bis die deutschen Streitkräfte die Sowjetunion besiegt hätten.

5. Ausreichende finanzielle Mittel. Das Deutsche Reich verfügte immer noch über Devisenreserven (aus den Anleihen, den eigenen und den erbeuteten Goldreserven) sowie Bodenschätze in den besetzten Gebieten. Dazu kamen zahlreiche Stein- und Braunkohlegebiete in Oberschlesien, in Böhmen, im Saarland und in den südukrainischen Donetsk-Dnepropetrovsk-Industriegebieten, welche den Panzereinheiten der Wehrmacht die ununterbrochene Versorgung mit künstlichem Benzin garan-

tierten. Dafür sorgte der internationale Chemiekonzern *I.G. Farben*.

Zur Erinnerung: I.G. Farben war sehr stark mit der *Standard Oil Company* der Familie Rockefeller verflochten, die gleichzeitig die sowjetische Front im Rahmen des *Lend-Lease Acts* mit Treibstoff versorgte sowie mit Öl aus Baku.

6. Dem Deutschen Reich europaweit zur Verfügung stehende Sklavenarbeit in den Konzentrationslagern sowie billige Arbeitskräfte in den besetzten Staaten, die für die weitere militärische Aufrüstung sorgten.

Das waren optimistische Strategien, an die sich Hitler zu halten versuchte. Er wollte damit zumindest seinen eher pessimistisch eingestellten Generalstab von einem noch möglichen Sieg überzeugen. Die meisten Feldmarschälle und Generäle bezweifelten jedoch den Endsieg, was Hitler als Schwarzmalerei herunterspielte.

Darüber hinaus verfügte das Dritte Reich über eigene Ressourcen:

1. Ständiger Zugang zu deponierten Devisenreserven in deutschen Banken (insbesondere bei der Reichsbank), die dem Deutschen Reich als Anleihen ab 1933 von westlichen – vor allem amerikanischen – Banken eingeräumt worden waren.

2. Die Einstellung der Zahlung der Kreditforderungen einschließlich Zinsen von den westlichen Banken, zumindest seit Hitler den USA den Krieg erklärte.

Der weitere Verlauf des Zweiten Weltkriegs ist den meisten Lesern gut bekannt: 1942 kämpften die Deutschen noch sehr hart gegen die Sowjetunion, und es schien noch nicht alles verloren zu sein. Jedoch gelang es den Deutschen trotz des starken Nachschubs vom Westen nicht, Moskau einzunehmen. Nun wurde die deutsche Front in südwestliche Richtung verschoben, um das Kaspische Meer zu erreichen. Dem strategischen Plan zufolge sollten die Sowjets von den Ölvorkommen in Baku abgeschnitten und diese unter deutsche Kontrolle gebracht werden. Das entscheidende Scheitern dieses Plans erfolgte durch die Schlacht bei Stalingrad, wo die deutsche Front zum ersten Mal in der Geschichte des Zweiten Weltkrieges für kurze Zeit zusammenbrach. Stalingrad war somit historisch betrachtet der Wendepunkt des Krieges und für den sicheren, bevorstehenden Niedergang des Deutschen Reiches. Ab 1942 begannen zusätzlich noch die massiven Luftangriffe der britischen Bomber auf deutsche Städte und Industriezentren.

Das Deutsche Reich verfügte jedoch bis Ende 1943 nach wie vor über zahlreiche Steinkohlevorkommen im Saarland, Ruhrgebiet, in Oberschlesien (Kattowitz-Hindenburg) und in der Südukraine (Donetsk-Dnepropetrovsk), die die Versorgung des Militärs sicherten. Dank des organisatorischen Genies Albert Speer wurden die deutsche Rüstungsindustrie sowie die Schwerindustrie noch 1944 zu einer Rekord-Produktion angekurbelt. Durch die ständigen, zerstörerischen Luftangriffe der britischen Luftwaffe auf die Industriezentren verlegte man zwischen 1943 und 1944 etwa 50% (!) der Rüstungsindustrie in unterirdische Militärkomplexe. Nach wie vor wurden die mobilen Wehrmachtseinheiten gegen harte Devisen unter anderem mit zusätzlichem Treibstoff aus Rumänien (auch von der *Standard Oil Company*) versorgt, um Nazideutschland die Weiterführung des Krieges zu ermöglichen. Wobei sich nochmals die Frage aufdrängt, wie es möglich war, dass das Dritte Reich noch bis Mitte 1944 die höchste Rüstungsproduktion aufweisen konnte, während sein Schicksal im Grunde genommen seit der Niederlage bei Stalingrad und bei Kursk (Panzerschlacht um den Bogen von Kursk) besiegelt war? Dazu kamen verheerende Bombenangriffe der britischen Luftwaffe, die ganze Städte und Industriegebiete dem Boden gleichmachten.

Abb. 40: Albert Speer

Mein Großvater übergab mir seine Unterlagen mit den entsprechenden Informationen:

1. Die deutsche Schwer- und Rüstungsindustrie florierte nach wie vor bestens aufgrund der staatlichen Aufträge und der entsprechenden Koordination mit der Reichsbank, die Geld zur Verfügung stellte von den gigantischen Anleihen von vor 1939 aus der *FED*-Gruppe und den britischen Bankinstituten mit Deterding an der Spitze. Deterding war, wie bekannt, ja auch nur eine Marionette der britischen Rothschilds.

   a. Die zur Verfügung gestellten Anleihen waren dank der äußerst flexiblen und ausgeglichenen Zusammenarbeit zwischen Hjalmar Schacht und dem Rüstungsminister Albert Speer noch nicht gänzlich aufgebraucht.

   b. Dank der Kriegserklärung von Hitler gegen die USA am 8. Dezember 1941 wurden die deutschen Banken mit einem „Paukenschlag" von ihren amerikanischen Gläubigern abgeschnitten.

Das hieß jetzt klipp und klar, dass die deutschen Banken ihren Kriegsgegnern mit dieser Kriegserklärung nichts mehr schuldeten. Dies betraf sowohl die Grundanleihe als auch deren Verzinsung. Erstaunlicherweise war Deutschland vorübergehend komplett schuldenfrei! Das war der Hauptgrund für die Kriegserklärung dem amerikanischen Staat gegenüber. Auf diese Gelegenheit wartete Hitler gespannt und ungeduldig, und er nutzte letzten Endes das Pearl-Harbor-Desaster zumindest für die Vorteile im finanziellen Bereich.

2. Die perfekte Logistik und Organisation der Rüstungsindustrie wurde unter der Aufsicht von Rüstungsminister Albert Speer realisiert.

3. Es gab den kriegsführenden Zielen dienende, massive Sklavenarbeit in hunderten von Konzentrations- und Arbeitslagern europaweit – vorwiegend in Osteuropa.

4. Der Umtausch der ausgeraubten Güter (vorwiegend jüdisches Eigentum und das der osteuropäischen Völker) in westliche Währung erfolgte über die *BIZ* in Basel – die für ihre kriminellen Machenschaften bekannte Schweizer *Bank für Internationalen Zahlungsausgleich*, über die sehr hohe Geldsummen unter höchster Geheimhaltung gewaschen wurden.

5. Noch bis Mitte 1944 war der Bedarf an verschiedenen Treibstoffen für die mobilen Einheiten der deutschen Kriegsmaschinerie ausreichend gedeckt. Gleiches galt für Gummiprodukte und Sprengstoffe. Der tatsächlich spürbare Zusammenbruch für die Kriegsführung bezüglich des Treibstoffmarktes erfolgte erst im Winter 1944/45!

6. Es gab erstaunliche, wissenschaftliche Errungenschaften der deutschen Ingenieure und Konstrukteure in militärischen Bereichen, die Hochtechnologien ausgearbeitet hatten, welche den amerikanischen deutlich überlegen waren. Dies bezog sich insbesondere auf zwei außergewöhnliche Bereiche der modernen Waffen, deren Bedeutung für die Zukunft der Welt eine wichtige Rolle spielte:

    a. Kurzstreckenraketen vom Typ V1 und später V2 (etwa 1944), mit denen London und britische Industriegebiete beschossen wurden. V2-Raketen sollten als Prototypen für Langstreckenraketen sogar die amerikanische Ostküste erreichen und den Stolz der Amerikaner, nämlich New York, in Schutt und Asche verwandeln. Dies war jedoch, wie wir wissen, den deutschen Konstrukteuren nicht gelungen.

    b. Die Idee der Nuklearwaffe, die den Verlauf des Zweiten Weltkrieges tatsächlich noch in den letzten Monaten zugunsten der Nazis hätte ändern können. Es war weltweit bekannt, dass die Amerikaner parallel ebenso intensiv mit den Experimenten für den Bau einer Atomwaffe in Los Alamos beschäftigt waren.

Die Strategie ging für Deutschland nach der Niederlage bei Stalingrad jedoch nicht auf, weil es Hitler nicht gelungen war, die Ölvorkommen um Baku zu übernehmen und somit die Sowjets von ihrer wichtigsten Treibstoffquelle für die weitere Kriegsführung abzuschneiden. Dazu kam, dass die russische Hauptstadt nicht eingenommen werden konnte. Aus diesen Gründen musste Hitler ohne zu zögern mit den Westalliierten verhandeln, was ebenfalls scheiterte. Niemand im Westen wollte auf Hitler hören oder mit ihm verhandeln – im Gegenteil: Er sollte so schnell wie möglich entmachtet oder umgebracht werden.

Hier stellt sich die Frage, weswegen die westlichen Länder Hitler als so gefährlich einschätzten, dass sie sich um jeden Preis seinen schnellen Tod wünschten. Es gab jedoch wirklich ausreichend Gründe dafür, die mein Großvater und Prinz Bernhard der Niederlande ausdrücklich klarstellten. Demnach hatte Hitler mit seinen visionären und weitsichtigen Plänen Folgendes verfolgt:

1. Die Einführung eines zinsfreien, vorwiegend staatlichen Bankwesens, das nicht auf dem Goldstandard beruhen, sondern sich an völlig anderen Wertkriterien orientieren sollte. Welche Kriterien er dabei in Betracht zog, blieb letztendlich unklar.

Zur Information: Das zukünftige Deutschland sollte sich an die revolutionären Richtlinien einer zinsfreien, kapitalistischen Marktwirtschaft halten. Dies beruhte auf den Ideen des Wirtschaftstheoretikers Gottfried Feder (1883-1941). Dieser schrieb 1918 unter dem Eindruck des verlorenen Ersten Weltkriegs das *„Manifest zur Brechung der Zinsknechtschaft des Geldes"*, in dem er die Idee formulierte, dass die Wurzel allen Übels die Zinsen seien. Darin schrieb er: *„Der Leihzinsgedanke ist die teuflische Erfindung des Großleihkapitals, sie ermöglicht allein das träge Drohnenleben einer Minderzahl von Geldmächtigen auf Kosten der schaffenden Völker und ihrer Arbeitskraft, sie hat zu den tiefen, unüberbrückbaren Gegensätzen, zum Klassenhass geführt, aus dem der Bürgerkrieg und Bruderkrieg geboren ist."*

2. Das eroberte Eurasien sollte mit Japan und Italien in bestimmte und eingegrenzte Einflussbereichszonen geteilt werden. Demnach sollte Deutschland das einstige russische Gebiet bis zum Ural zufallen und außerdem das Kasachstangebiet mit Persien und der gesamten indischen Halbinsel. Die Briten sollten verständlicherweise aus Indien und Bengal vertrieben werden. Nazideutschland sollte des Weiteren alle Ölvorkommen im Iran, in Kuwait und am Kaspischen Meer übernehmen, und alle Ölkonzerne sollten demnach verstaatlicht werden. Umstritten blieb die zukünftige Aufteilung von Tibet unter Japan und Deutschland.

Japan sollte ganz China, die Mongolei und ein großer Teil von Ostsibirien mit seinen reichen Bodenschätzen zufallen sowie die Halbinsel Kamtschatka, die Philippinen, Indonesien, Indochina und Malaysia bis nach Burma und Buthan.

3. Das westsibirische Gebiet zwischen dem Ural und Ostsibirien sollte als Pufferzone unter deutsch-japanischer Kontrolle gegründet werden. In diesem Gebiet sollten die verschiedenen Nomadenvölker mit den dort zusammengepferchten Russen und Juden geduldet werden.

4. In dem deutschen Einflussbereich sollte der seit über 200 Jahren von der britischen Krone betriebene Heroinhandel über die *East India Company* gewaltsam abgeschafft werden. Hitler hielt den Drogenhandel für besonders gesellschaftsschädlich und hätte deshalb dieses dekadente, freimaurerische Unternehmen im besetzten Eurasien vernichtet. Die Drogen sollten aber den versklavten Völkern im sibirischen Puffergebiet gezielt verabreicht werden, um sie besser kontrollieren und beeinflussen zu können.

5. Die Verstaatlichung der meisten Schwerindustrie- und Ölkonzerne, wobei der private Anteil unter 50% liegen sollte. Auf diese Art und Weise sollten alle deutschen Konzerne vom Staat

kontrolliert werden. Dies alles entsprach den nationalsozialistischen Idealen, die auf einem zinsfreien Marktwirtschaftssystem basieren sollten. Es ist ungewiss, ob auch die Japaner das gleiche System einführen wollten.

6. Der dreistufige Plan der weiteren Welteroberung, der von Deutschland, Japan und Italien fortgesetzt werden sollte:

Stufe 1: Die militärische Besetzung von Afrika und Australien mit ihren reichen Bodenschätzen.

Stufe 2: Die militärische Besetzung von Südamerika als Ausgangspunkt für den Angriff auf die USA.

Stufe 3: Der kompakte Angriff der deutsch-italienischen Kriegsflotte vom Atlantik her und der japanischen Kriegsflotte vom Pazifik her. Angriff der USA aus südlicher Richtung über das besetzte Mexiko, unterstützt von deutsch-japanischen Bodeneinheiten und der gemeinsamen Luftwaffe. Bei dieser Stufe rechnete man mit den verheerendsten Kämpfen der Weltgeschichte, wobei die amerikanisch-britische Kriegsmarine und ihre Bodeneinheiten bei der letzten Schlacht gegen die Achsenstaaten sicherlich einen enormen Widerstand leisten würden.

Prinz Bernhard sagte dazu, dass dieser dubiose dreistufige Plan der faschistischen Achsenstaaten zur Welteroberung angeblich insgeheim 1940 von der deutschen und japanischen Regierung verabschiedet wurde. Von diesem Welteroberungsplan wusste der britische Geheimdienst MI6 durch seine Spione in deutschen Regierungskreisen. Der Plan klang zwar etwas zu fantastisch, lieferte jedoch einen zusätzlichen Grund für die sofortige Ausführung des Pearl-Harbor-Desasters.

Zu diesem Zeitpunkt wurde die Nuklearwaffe noch nicht in Betracht gezogen. Die ersten Experimente von deutschen Physikern standen damals noch am Anfang, und so setzte man nach wie vor auf konventionelle Waffen.

Prinz Bernhard ergänzte hierzu, dass dieser scheinbar utopische Plan der Nazis unter gewissen Umständen tatsächlich erfolgreich hätte umgesetzt werden können, nämlich dann, wenn die Russen von der gemeinsamen deutsch-japanischen Front geschlagen worden wären. Nur die Ereignisse um Pearl Harbor hatten die Pläne durchkreuzt und höchstwahrscheinlich die ganze Welt vor dem Hakenkreuz gerettet. Wäre Eurasien unter die Kontrolle der Achsenstaaten geraten, wäre diese teuflische Allianz durch die Ausbeutung der unterjochten und versklavten Völker sowie den Zugang zu unermesslichen Rohstoffen tatsächlich imstande gewesen, den Weltkrieg mit besten Erfolgen gegen die USA fortzusetzen. Ebenso wäre Großbritannien schnell besiegt und all seine asiatischen Kolonien abgeschafft worden.

„Wir hielten das alles für durchaus realistisch.", sagte Prinz Bernhard zu meinem Großvater, wobei er mit *wir* sicherlich seinen späteren Gesinnungskreis der Illuminati meinte. Damals war er noch ein junger SS-Offizier und verfolgte alle diese Ereignisse aus einer völlig anderen Perspektive. Mit der Ausführung dieses dreistufigen Welteroberungsplanes rechneten die Westalliierten innerhalb der nächsten 20 bis 30 Jahre. Die Amerikaner fragten sich natürlich, ob ihr Kriegspotential in Nord-, Mittel- und Südamerika einen sicheren und ausreichenden Zugang zu den kriegsdienlichen Rohstoffen gewährleisten konnte. Diese brauchten sie insbesondere zur Herstellung von Stahl, Öl und Treibstoffen, denn nur so hätten sie in weiteren Kriegsjahren gegen die vereinten Streitkräfte der Achsenstaaten bestehen können. Diese Prognose fiel im Vergleich zu den unbegrenzten Ressourcen der Achsenstaaten (samt der Sklaverei) eher pessimistisch aus.

Besonders furchterregend jedoch war die geplante Einführung der zinsfreien Marktwirtschaft im deutschen Sektor, denn man wusste nicht, wie effizient dieses System funktionieren könnte. Prinz Bernhard war in diesem Punkt erstaunlich ehrlich, als er festzustellen wagte, dass dieses zinsfreie System von Gottfried Feder für den damaligen Westen als äußerst bedrohlich angesehen wurde. Es hätte in der Welt eine völlig neue Epoche anbrechen können mit unvorhersehbaren Konsequenzen und Spätfolgen. Dass diese auch im positiven Sinne hätten eintreten können, fürchtete die Weltelite von damals sehr. Das war der Hauptgrund, warum Hitler aus ihrer Sicht so schnell wie möglich sterben musste und warum niemand mit ihm paktieren wollte, was das Scheitern der Friedensverhandlungen von Heß und Canaris in London eindeutig bewiesen hatte. Die Westalliierten hätten jedoch gerne auf Heinrich Himmler gesetzt und das trotz seines wahnsinnigen und ungehemmten Verbrechertums gegen die Menschheit, das vermutlich das von Hitler weitaus überstieg. Himmler passte als Karrierist, der nichts zu verlieren hatte, gut in ihre Vorstellungen von einer Weltelite. Vielleicht hatte er deshalb sein Leben retten können.

Zwei historische Ereignisse erfolgten dann auch nicht zufällig innerhalb von nur drei Tagen:

1. Am 20. Juli 1944 wurde Hitler von Claus Schenk Graf von Stauffenberg in der Wolfschanze durch ein Bombenattentat getötet. (Wird gleich näher erklärt.)

2. Am 22. Juli 1944 fand ein äußerst bedeutendes Zusammentreffen im amerikanischen Bretton Woods statt, wo die entsprechenden Weichen für die zukünftige Weltpolitik gestellt wurden, die bis heute zu gelten scheinen.

Zur Information: Zum Bretton-Woods-Abkommen erfahren wir von *wikipedia*: „*Als Bretton-Woods-System wird die nach dem Zweiten Weltkrieg neu geschaffene internationale Währungsordnung mit Wechselkursbandbreiten bezeichnet, die vom US-Dollar als Ankerwährung bestimmt war. Die an seiner Organisation Beteiligten hatten versucht, ein System zu schaffen, welches die Vorteile eines flexiblen Wechselkurssystems mit denen eines festen vereint. Die tatsächliche Umsetzung folgte einem Vorschlag von Harry Dexter White (1892-1948).*"

Tatsächlich war das Abkommen von Bretton Woods neben der Gründung der privaten FED der größte Betrug in der Wirtschaftsgeschichte der Erde. Damit versklavte das amerikanische Bankenkartell um Rothschild, Rockefeller, Warburg und Morgan mit einem simplen Trick die gesamte Menschheit.

Ich erlaube mir erneut, einen längeren Abschnitt von meinem Autorenkollegen Michael Morris zu zitieren, da er die Thematik wirklich sehr treffend ausformuliert hat:

„Da die Alliierten USA, England, Frankreich und Russland sich bereits 1944 als Sieger wähnten, luden sie die Vertreter 40 weiterer Staaten ein, um gemeinsam die Welt neu zu ordnen. Vom 1. bis 23. Juli 1944 trafen sie sich in Bretton Woods, einem Stadtteil der beschaulichen Kleinstadt Carroll in New Hampshire. Es gab einen internen Machtkampf zwischen England und den USA um die Vorherrschaft der Neuen Welt – genauer müsste man sagen, zwischen den englischen und den amerikanischen Banken, denn die Zentralbanken der beiden Staaten waren ja in Privatbesitz.

Es ist schwer einzuschätzen, wie sehr die europäischen Banken um Rothschild und Warburg und die US-Banken um Rockefeller und Morgan zusammenarbeiteten. Sie hatten zwar 1910 ein Kartell gegründet und besaßen nun gemeinsam die FED, dennoch wirkt es beim Studium der Unterlagen jener Zeit für mich so, als versuchte dennoch jeder von ihnen, den anderen auszubooten, um die alleinige Nummer eins zu werden. Aber vielleicht trügt dieser Schein auch, und all die Verhandlungen um eine Neuordnung der Währungen waren nur eine Show für die naive Masse. Ich halte beide Varianten oder auch eine Mischung davon für möglich.

Der Dollar war bislang die Weltleitwährung gewesen, der Bezugspunkt, zu dem sich alle anderen Währungen frei definierten. Das bedeutet, dass sich der Wechselkurs einer jeden Währung zum Dollar ständig änderte, je nachdem, wie erfolgreich eine Währung war. Das war den Amerikanern nicht recht, denn wenn ein Land sich nun gewaltig anstrengte, viel produzierte und exportierte, dann waren die Chancen hoch, dass die Währung dieses Landes erfolgreich wurde und den Dollar überflügeln könnte. Wenn dann andere Länder in diese bessere Währung mehr Vertrauen hätten, dann könnte der Dollar seine Vormachtstellung verlieren. Also musste etwas am System der freien Wechselkurse geändert werden.

Gold zur Deckung von Währungen wurde von den Bankern bekanntlich ausgeschlossen. Nun schlugen die Engländer vor, vertreten durch den Ökonomen *John Maynard Keynes*, eine fiktive, echte Weltwährung (den *Bancor*) einzuführen und für alle regionalen Währungen einen bestimmten Umrechnungskurs zu ihr festzulegen. Jeder hätte in seinem Land die eigene Währung behalten dürfen, aber untereinander hätten die Länder dann mit dem Bancor gehandelt.

Keynes zog nach langen Verhandlungen gegen den Vertreter der US-Regierung, *Harry Dexter White*, den Kürzeren. White war ein Litauisch-jüdischer US-Einwanderer, der es später bis zum stellvertretenden Finanzminister schaffte, ehe er als russischer Spion enttarnt wurde. Er verstarb jedoch noch, ehe sein Prozess begann.

Zwischenbemerkung:
Ich muss an dieser Stelle festhalten, dass ich bei meinen Recherchen fassungslos darüber war, wie viele Zocker, Falschspieler, Betrüger und dubiose Gestalten das Finanzwesen und die Politik im Laufe der Jahrhunderte in Europa und den USA bestimmten. Es ist erstaunlich, dass die Menschen aller Nationen sich offenbar gerne von schillernden Persönlichkeiten beeindrucken und blenden lassen. Unzählige Male in der Geschichte haben wir dubiosen Gestalten willenlos und kritiklos unser Schicksal anvertraut. Wenn ich an die Gegenwart denke, scheint es mir, als würde unser Bedürfnis, uns belügen und manipulieren zu lassen, sogar noch stärker werden. Aber dies nur am Rande.

Harry Dexter White setzte sich jedenfalls mit seinem Plan gegen Keynes durch. Der US-Dollar, Eigentum einiger weniger Bankiersfamilien, wurde die neue Weltleitwährung, und es sollte künftig keine freien Wechselkurse mehr geben. Man legte ein für alle Mal fixe Wechselkurse fest. Das bedeutete, egal wie sehr die Wirtschaft eines bestimmten Landes in Zukunft auch wachsen würde, wie sehr sich dessen Bewohner auch anstrengen würden, ihre Währung würde international nicht mehr wert werden. Der Wechselkurs, der am 22. Juli 1944 festgesetzt wurde, sollte für immer gelten. Der Bancor war Geschichte – zumindest vorerst, denn er wird uns in Teil 3 dieses Buches wieder begegnen.

Es gab aber immer noch einige störrische Nationen, die nicht ganz auf Gold als Regulativ verzichten wollten. Sie wollten gerne wieder zu einem Goldstandard zurückkehren, den sie für den Ersten Weltkrieg aufgegeben hatten. Dazu schrieb Keynes:

„Ich wusste, dass die führenden Zentralbanken niemals freiwillig die damalige Form des Goldstandards preisgeben würden. Und ich sehnte keine Katastrophe herbei, die heftig genug gewesen wäre, sie unfreiwillig davon abzubringen. Die einzige Hoffnung bestand also in einer langsamen Entwicklung in Form einer gelenkten Weltwährung, für die man den existierenden Goldstandard als Ausgangspunkt nahm.“[30]

So sicherte man den Teilnehmern der Konferenz zu, dass der Dollar durch die üppigen Goldreserven der USA gedeckt wäre. Die Welt vertraute darauf, denn die FED schwamm in Gold. Die USA hatten sich nicht nur nach dem Ersten Weltkrieg das Gold der Kriegsverlierer Deutschland, Österreich und Japan unter den Nagel gerissen, sie hatten ja auch die eigene Bevölkerung enteignet, als sie ihr 1933 ihr Gold weggenommen hatte.

Der Wert jeder Währung wurde zum Dollar als fester Wechselkurs festgelegt. Jedes Land musste Dollar kaufen, wenn es handeln wollte, und bekam Dollar zurück, wenn es verkaufte. Alle wichtigen Rohstoffe mussten ab diesem Zeitpunkt in Dollar bezahlt werden, egal wo der Handel stattfand. Alle Preise für Waren mussten im internationalen Handel in Dollar angegeben werden. Verkaufte der Iran etwa Deutschland ein Fass Rohöl, dann geschah dies in Dollar. Der Dollar war das neue Gold. Deswegen wird der Preis für Diamanten, Gold, Silber oder Öl bis heute in Dollar angegeben. Damit war der Dollar im Grunde die Weltwährung.

Es ist schwer zu sagen, ob die Politiker oder deren Vertreter, die diese Verträge aushandelten, sich zu diesem Zeitpunkt darüber im Klaren waren, dass der Dollar nicht von den USA, sondern von privaten Bankiers herausgegeben wurde. Es spielt aber insofern keine Rolle. Es ist im Grunde bedeutungslos, ob sie aus Inkompetenz gehandelt haben oder gekauft waren. Was zählt, sind die Folgen für die Menschheit! Möglicherweise hatten die Teilnehmer der Konferenz den Vertrag in der Form aber überhaupt nie unterschrieben. Der Autor von „Welt Macht Geld", Georg Zoche, schreibt dazu in seinem Aufsatz „Der Dollar war's. Und nicht die Gier":

„...Wie kam es, dass der US-Dollar seine spezielle Rolle einnehmen konnte? Wer dieser Frage nachgeht, bekommt meist die gleiche Antwort, wonach sich die Länder der westlichen Welt 1944 auf der Konferenz von Bretton Woods auf den US-Dollar als Weltleitwährung geeinigt hätten. Falsch! Weder haben sich die Länder auf den US-Dollar als Weltleitwährung geeinigt, noch wurde dieser Punkt in Bretton Woods überhaupt verhandelt! Es lief ganz anders: Während der Konferenz – in der Nacht vom 13. auf den 14. Juli 1944 – haben die USA die Dokumente heimlich umgeschrieben. Als die aus 44 Nationen stammenden Konferenzteilnehmer den Vertrag schließlich unterzeichneten, ahnten sie nicht, dass die USA in dem Dokument das Wort „Gold" jeweils um den Zusatz „oder US-Dollar" erweitert hatten. Auf diese, später von Großbritannien als Betrug bezeichnete Weise wurde der US-Dollar zur Weltleitwährung und die USA zur Supermacht. Dieser Betrug ist mehr als tragisch: denn ohne ihn hätte sich die heutige Finanzkrise (2008; A.d.A.) nicht entwickeln können, da das zur Krise führende enorme Ungleichgewicht zwischen den USA und der Welt erst durch die Sonderrolle des US-Dollars ermöglicht wurde."

Es gibt tatsächlich deutliche Hinweise darauf, dass die amerikanische Delegation die Verträge einfach manipuliert hatte. Zur selben Zeit befand man sich auch noch im Zweiten Weltkrieg. Der Druck auf alle Beteiligten muss groß gewesen sein. Dennoch: Warum fochten sie die Verträge später nicht an? Hatten sie Angst, sich lächerlich zu machen?

Die USA versprachen nun allen anderen Ländern, ihre Dollars, die sie durch Handel anhäufen würden, jederzeit wieder zurückzunehmen und gegen Gold einzutauschen. Als Wechselkurs wurden 35 Dollar je Feinunze festgelegt, was somit von nun an auch der Preis für Gold auf dem Weltmarkt war: Eine Unze Gold (31,1 Gramm) war also immer 35 Dollar wert. Die Banker hatten somit auch noch das verhasste Gold besiegt!

Die Bundesrepublik Deutschland trat dem System fester Wechselkurse 1949 bei, da sie keine andere Wahl hatte. Wenn die Wirtschaftsleistung eines Landes nicht mehr dem Wechselkurs seiner Währung zum Dollar entsprach, etwa weil es besser wirtschaftete als gedacht, dann musste es, um die Balance wieder herzustellen, noch mehr Dollar kaufen. Daraus ergaben sich für Länder, die ihre Produktivität steigerten, wie etwa Deutschland, große Nachteile. Interessant ist in dem Zusammenhang auch die Tatsache, dass es keine Beschränkungen für die Geldmenge des Dollars gab. Die FED druckte einfach so viele bunte Zettel wie sie wollte. Offenbar gingen alle Mitglieder davon aus, dass die USA nur so viel Geld in Umlauf bringen würden, wie sie auch Gold hatten. Es gab aber keine Pflicht der FED, diese unbegrenzten Goldreserven auch zu beweisen. Eine Welt voller Vertrauen!

Zur Kontrolle und Durchsetzung der Vereinbarungen wurden in Bretton Woods die Organisationen *Weltbank* und *Internationaler Währungsfonds* (IWF) geschaffen. Sie sollten fortan dafür sorgen, dass die Spielregeln der US-Banker eingehalten wurden.

Der IWF und die Weltbank-Gruppe – eine Organisation mit vielen Tochterunternehmen und zehntausenden Mitarbeitern – wurden der bis dahin bedeutungslosen UNO (Vereinte Nationen) unterstellt, die ebenfalls unter der Dominanz der Amerikaner steht. Erst sollten sie den Wiederaufbau der Welt koordinieren, später sicherstellen, dass die FED nicht an Macht verlor.

Der Wiederaufbau nach dem Zweiten Weltkrieg kostete viel Geld, und die Banken verdienten daran im großen Stil. Die neuen UNO-Organisationen legten fest, welches Land wie viel Geld seiner eigenen Währung herausgeben durfte und kontrollierten dadurch das Wachstum der einzelnen Länder. Als die Politiker und Ökonomen begriffen, worauf sie sich in Bretton Woods eingelassen hatten, war es bereits zu spät. Die FED hatte nicht nur die fremden Währungen fest in den Griff bekommen, sondern fügte auch den USA erheblichen Schaden zu, weil jeder Dollar, der gedruckt und in Umlauf gebracht wurde, vom Staat als Schuld bei den Bankern aufgenommen werden musste und dank Zins und Zinseszins zu einer immer größeren Last für die Bürger wurde, die dann die Zeche in Form immer höherer Steuern bezahlen mussten.

Haben Sie das verstanden? Wenn das nicht der größte kriminelle Coup der Neuzeit ist? Präsident John F. Kennedy suchte einen Ausweg aus dieser Falle. Am 4. Juni 1963 unterschrieb er fast unbemerkt einen Präsidentenerlass (Executive Order 11110), mit dem Ziel der Ausgabe von Banknoten, die durch die Silber-Reserven des US-Schatzamtes gedeckt waren. Er wollte also einen eigenen „echten" US-Dollar herausgeben, der ohne die FED auskam! Das hätte alles verändert. Das hätte die Welt verändert! Kennedy hatte begriffen, was Politiker weltweit ignorierten: dass sie einigen privaten Bankiers auf den Leim gegangen waren.

Vier Milliarden dieser zins- und schuldenfreien Banknoten, Kennedy-Dollar genannt, wurden in Umlauf gebracht. Dann, am 22. November 1963 wurde John Fitzgerald Kennedy ermordet. Der angebliche Täter, Lee Harvey Oswald, bestritt die Tat vehement und wurde zwei Tage nach Kennedys Ermordung auf dem Polizeirevier selbst erschossen, noch ehe er einen Anwalt hinzuziehen durfte. Keine seiner Aussagen während der Verhöre wurde protokolliert.

Die neuen Kennedy-Banknoten wurden 1964 vom neuen Präsidenten Lyndon B. Johnson sofort wieder eingezogen mit der Begründung: *„Silber ist mittlerweile zu wertvoll, um es als Geld zu verwenden!"* Seitdem hat kein Präsident mehr gewagt, gegen die „unsicht-

bare Regierung" der Bankiers vorzugehen, und sie geben weiter ihre privaten Dollar heraus – und die ganze Welt verwendet sie bis heute.

Der Vietnamkrieg und seine hohen Rüstungsausgaben zwangen den amerikanischen Staat, immer höhere Kredite bei der FED aufzunehmen. Die Staatsschulden stiegen, ebenso die Inflation, die Preise verdoppelten sich, dadurch war der Dollar im Ausland nur noch die Hälfte wert, was viele andere Länder, die ja in Dollar handeln mussten, in Bedrängnis brachte. Um ihre Schulden bei den Banken zu senken, mussten die USA immer wieder Gold verkaufen, außerdem tauschten „Partner" gelegentlich ihre überschüssigen Dollars in Gold, was zu raschem Schwund führte.

Langsam dämmerte den Verbündeten der USA, dass die Amerikaner dank ihrer immensen Kriegsausgaben und dem gigantischen Schuldenberg zahlungsunfähig waren. Als der französische Präsident Charles de Gaulle, der kein Freund der FED war, die gesamten französischen Dollarreserven auf einmal gegen Gold eintauschen wollte, musste er feststellen, dass dafür nicht mehr genügend Gold übrig war. Andere Staaten folgten, aber wo nichts zu holen ist, ist nichts zu holen...

1971 betrug der Wert der Goldreserven der FED angeblich 9,7 Milliarden US-Dollar, während die ausländischen Staaten Geldreserven in Höhe von 60 Milliarden US-Dollar angehäuft hatten. Das heißt, dass nur noch 16 Prozent der Dollar, die weltweit im US-Ausland existierten, durch US-Gold gedeckt waren – ein klarer Bruch des Golddeckungs-Versprechens von Bretton Woods.

Am 15. August 1971 löste Präsident Richard Nixon einfach die Verpflichtung auf, US-Dollar gegen Gold zu tauschen. Viele Mitgliedsländer verkauften daraufhin ihre Dollarbestände auf dem Devisenmarkt. Da sie aber kaum jemand haben wollte, kam es zu einer Abwertung, einem enormen Absinken des Dollarkurses. Der US-Dollar erlebte seinen bisherigen Tiefststand.

An dieser Stelle verkürze ich die Chronologie der Ereignisse ganz bewusst, denn es gab einige Jahre zähen Ringens zwischen den USA und dem Rest der Welt, da allen klar war, dass das Abkommen von Bretton Woods ein böser Streich war und die USA nicht mehr genügend Gold hatten. Es wurde ein Goldpool gegründet, der den Preis und die Nachfrage noch stärker manipulieren sollte, als das Goldfixing im Hause Rothschild das ohnehin schon tat."[14]

Zwischen dem erfolgten Attentat auf Hitler und dem wohl wichtigsten wirtschaftlichen Zusammentreffen in Bretton Woods in der zweiten Hälfte des 20. Jahrhunderts lag nur ein Tag. Zufall? Wohl kaum. In der gleichen Zeit und im gleichen Bretton Woods wurde ein zusätzliches, streng geheimes Abkommen zwischen den Westalliierten und den Gesandten von Heinrich Himmler geschlossen, das die Neue Weltordnung und das zukünftige Schicksal von Deutschland nach dem Zweiten Weltkrieg besiegelte.

Mein Großvater war hierbei der Meinung, dass das Bretton-Woods-Zusammentreffen auf Geheiß der drei einflussreichsten Familien der Welt – den Windsor-Mountbattens, Rockefellers und Rothschilds – stattgefunden hatte, um die Zukunft der Welt nach dem Krieg unter strengster Kontrolle der höchsten Illuminatikreise beeinflussen zu können. Doch dazu später mehr...

Die deutsche Frage war ja grundsätzlich schon gelöst, nachdem Himmler den bisherigen Führer Adolf Hitler am 20. Juli 1944 ablöste. Insgeheim aber wurde das Deutsche Reich ein Bündnispartner der Westalliierten gegen den sowjetischen Riesen. Offiziell zumindest musste das nationalsozialistische Deutschland als die Verkörperung des Bösen für immer verschwinden. Inoffiziell allerdings tauchte das Deutsche Reich nur unter und wurde, mit der Zustimmung und Unterstützung der Westalliierten, in die im Untergrund agierende „Dritte Macht" umgewandelt.

Abb. 42: Heinrich Himmler

Die sogenannte Dritte Macht, im Geheimen regiert von Himmler, wurde bewusst von den Weltilluminaten erschaffen, um zwei weitreichende Ziele verfolgen zu können:

1. Den westlichen Kapitalismus vor dem sowjetischen Kommunismus zu retten.

2. Den Weg zur freimaurerischen Weltordnung weiter Schritt für Schritt zu festigen (d.h. die Welt weiter zu versklaven). Die zahlreichen technologischen und wissenschaftlichen Errungenschaften des Deutschen Reiches sollten demnach dem wirtschaftlichen Potential der USA zugeführt werden, um den Sowjets sowie ggf. anderen Mächten diesbezüglich zuvorzukommen und sich dadurch die künftige Kontrolle über die Welt zu sichern.

Das wichtigste und bedeutendste Ziel der deutsch-amerikanischen Annäherung und des darauffolgenden geheimen Paktes war die Weiterentwicklung der Atomwaffe. Bisherige Experimente der deutschen Nuklearphysiker waren in diesem Bereich weiter fortgeschritten als die ihrer amerikanischen Kollegen. Die technischen Errungenschaften zum

Bau der ersten Atombomben befanden sich unter der sicheren Bewachung der SS und unterstanden demzufolge direkt dem Reichsführer Himmler. Auch weitere Entwicklungsarbeiten an anderen Geheimwaffen, von V1 bis V7, waren strengstens von der SS gesichert. Deswegen brauchte der Westen unbedingt Himmler und seine SS zur sofortigen Kooperation.

Nuklearwaffenexperimente fanden seit 1940 im Thüringer Wald (Jonastal, Ohrdruf, Gotha), im Tharandter Wald (Tharandt-Freiberg) in Sachsen, an bestimmten, geheimen Orten der Protektorate Böhmen und Mähren sowie auf der Insel Rügen statt. Der bedeutendste Ort der Nuklearwaffenentwicklung befand sich in Thüringen, wo ein ultrageheimes Projekt, SIII, betrieben wurde. Dieses Projekt gipfelte vermutlich in zwei Zündungsversuchen kleiner Nuklearladungen im Oktober 1944 auf der Halbinsel Bug im westlichen Teil der Insel Rügen, und 1945 Anfang März bei Mühldorf in Thüringen. Im Erzgebirge und im niederschlesischen Sudetenland gab es reiche Uranvorkommen.

Prinz Bernhard ergänzte diesbezüglich, dass es dem Deutschen Reich Anfang 1945 aber an einer wirklich „effektiven" Atombombe fehlte, um durch diese Wunderwaffe sowohl die Westalliierten als auch die Sowjets an beiden Fronten zu besiegen. Dadurch hätte der Verlauf des Krieges im letzten Moment noch beeinflusst werden können. Man darf nicht vergessen, dass Hitler zu diesem Zeitpunkt (Anfang 1945) längst tot war und Himmler insgeheim das langsam untergehende Deutsche Reich mit Unterstützung der Westalliierten regierte. Über die nukleare Entwicklung und die beiden kleinen Sprengversuche in Rügen und Thüringen entschied ausschließlich Himmler.

Dieses heikle Thema besprach mein Großvater 1954 ebenfalls mit Willy Brandt in Stade an der Elbe. Der spätere Bundeskanzler bestätigte ihm ohne zu Zögern, dass tatsächlich beide Nuklearwaffenversuche 1944 und 1945 in Deutschland stattgefunden hätten.

Mein Großvater hatte bei diesem Gespräch mit Brandt das Attentat auf Hitler bewusst nicht angesprochen, um ihm dieses heikle Thema zu ersparen. Diesmal ging es ausschließlich um Nuklearwaffen und deren Entwicklung, wobei Willy Brandt auch selbst Hitler mit keinem Wort erwähnte. Es war in diesem Zusammenhang immer nur die Rede von Himmler und dem SS-General Hans Kammler. Wie bereits Prinz Bernhard berichtet hatte, bestätigte auch Brandt, dass für die Weiterentwicklung und Zündversuche der kleineren Nuklearladungen allein Himmler und die SS verantwortlich gewesen waren. Das Gleiche gilt für die erste Langstreckenrakete der Welt, die V2, die in den unterirdischen Anlagen, unter anderem im Harz (Komplex „Mittelwerk DORA"), vorwiegend von den Häftlingen aus dem KZ Buchenwald hergestellt wurde. Das Wichtigste jedoch, was Brandt dazu noch sagte, war die Tatsache, dass seit ungefähr Juli/August 1944 die deutschen und amerikanischen Nuklearphysiker gemeinsam und natürlich streng geheim an der Weiterentwicklung der Atomwaffen gearbeitet hatten! In diesem Zeitraum erfolgte der Austausch der technischen Errungenschaften des amerikanischen Manhattan-Projektes und des deutschen SIII-Projektes aus Thüringen. Dies alles geschah unter der strengen Bewachung eines speziellen SS-Geheimdienstes, der direkt dem Reichsführer Heinrich Himmler unterstand (wie später die NS-Organisation *Werwolf*).

Wie konnte so etwas Undenkbares überhaupt passieren? Zwar hat sich Willy Brandt in diesem Gespräch nicht direkt dazu geäußert, aber es sah so aus, als ob die zwei gelungenen Explosionsversuche auf Rügen und in Thüringen ein Erfolg der gemeinsamen deutsch-amerikanischen Kooperation auf diesem Gebiet waren. Ohne die Fusion des Manhattan-Projektes mit dem SIII-Projekt hätte es wohl niemals eine wirklich effektive Atombombe gegeben. Die fertigen Atombomben-Prototypen (kleine Nuklearladungen mit entsprechendem Gerüst und Ausstattung) befanden sich vermutlich in den unterirdischen Anlagen bei Ohrdruf und Jonastal in Thüringen. Diese mussten aus amerikanischer Sicht letztendlich in deren Hände gelangen, um

Abb. 43: General der Waffen-SS Hans Kammler

206

das Manhattan-Projekt bei Los Alamos in den USA so schnell wie möglich fortsetzen zu können.

Die Amerikaner vereinbarten in einem geheimen Abkommen mit den Deutschen, dass man gegen Herausgabe der deutschen Prototypen eine für sie friedliche Nachkriegszeit einschließlich hoher Profite garantiere. Zusätzlich würde man das Deutsche Reich zur „Dritten Macht" umwandeln und Himmler dessen Führung zusichern. Vermutlich wurde dies alles während eines Treffens mit einer ausgewählten Gruppe von Nationalsozialisten in Bretton Woods beschlossen. Das Hakenkreuz hatte somit den Krieg überlebt und wurde nicht, wie uns die offizielle Geschichtsschreibung glauben lassen möchte, ausgemerzt oder gar verboten. Dies bestätigten neben Willy Brandt auch Prinz Bernhard sowie Prof. Beitz gegenüber meinem Großvater.

Sie alle waren sich auch darüber einig, dass die Westalliierten nun nicht mehr Deutschland fürchteten, sondern Angst vor einer möglichen neuen eurasischen Weltmacht hatten – der Sowjetunion. Brandt wies ebenso darauf hin, dass die amerikanischen Generäle mit Putton und Marshall an der Spitze die Regierung der USA sehr scharf kritisierten, weil sie durch das *Lend-Lease-Abkommen* die Sowjetunion letztendlich zur zweiten Weltmacht erhoben hatten. Dies hätte sogar eine militärische Bedrohung für die USA darstellen können.

Brandt führte weiter aus, dass die Sowjetunion nicht nur reichlich mit Kriegsmaterial und Devisen versorgt wurde, sondern auch mit zahlreichen Technologien, die den Sowjets ermöglicht hatten, ein gigantisches, modernes Kriegspotential aufzubauen – einzig und allein durch das in der Weltgeschichte als eines der größten bekannt gewordene Hilfspaket.

Die Amerikaner brauchten unbedingt und um jeden Preis die deutschen Erfindungen und Errungenschaften im Bereich der Nuklearphysik, um ihre eigenen Forschungen und Entwicklungen zu ergänzen und damit letztendlich eine taugliche Atombombe zu bauen. Brandt berichte weiter, dass das deutsche SIII-Projekt dem Manhattan-Projekt deutlich überlegen war.

Die Amerikaner und Briten brauchten auch deshalb dringend eine effektive Waffe, weil sie Stalin und seine Eroberungspläne gegen den Kapitalismus und Westeuropa fürchteten. Bereits 1943 machte es Stalin in Teheran den Westalliierten gegenüber zur Bedingung, dass er die mittelosteuropäischen Staaten als Nachkriegsbeute erhalten wolle. Churchill und Roosevelt fürchteten damals, Stalin zu widersprechen, und so wurde wahrscheinlich schon zu diesem Zeitpunkt das traurige Schicksal von Polen, der Tschechoslowakei, Ungarn, Rumänien, Bulgarien und der Baltikumstaaten besiegelt. Sie mussten Stalin durch das Akzeptieren seiner Forderungen bei Laune halten, weil zu diesem Zeitpunkt nur die Sowjetunion den Niedergang des Deutschen Reiches garantieren konnte. Niemand sonst in Europa wäre 1943 in der Lage gewesen, Nazideutschland zu besiegen.

Willy Brandt berichtete, dass die Westalliierten zu Recht befürchteten, dass Stalin noch viel schlimmere Pläne zu schmieden schien. Er informierte meinen Großvater darüber, dass die Sowjets ab dem Sommer 1944 die größte militärische Macht der Welt waren und sogar der amerikanisch-britischen Allianz deutlich überlegen, allerdings nicht mit ihrer Kriegsmarine. Die sowjetischen Bodeneinheiten jedoch wären damals durchaus imstande gewesen, ganz Europa ohne größere Widerstände bis zur Atlantikküste zu überrollen. Was jedoch viel wichtiger zu sein schien, war die Tatsache, dass die Russen über einen uneingeschränkten Zugang zu den militärischen Nachschüben im Osten verfügte. Aus fast ganz Asien konnten sie ihre Armeen in unbegrenzten Mengen mit Treibstoffen, Waffen und neuen Soldaten versorgen und neu formieren. Hinzu kam die Sklavenarbeit der politischen Häftlinge in tausenden von Arbeitslagern (Gulags), die auch unbegrenzt und unentgeltlich rund um die Uhr für die Rüstungsaufträge schuften mussten. Die Rotarmisten wären somit schnell in der Lage gewesen, die westalliierten Einheiten aus dem kontinentalen Europa zu vertreiben. Den Westalliierten fehlte es zu jenem Zeitpunkt an ausreichendem, ununterbrochenem Nachschub über den Atlantik.

In logistischer Hinsicht war dem US-Generalstab damals völlig klar, dass im Falle eines offenen Krieges um Europa die Westalliierten gegen Stalin eine rasche Niederlage einstecken müssten. Das hieß, dass ganz Europa dann gnadenlos in sowjetische Hände geraten würde, und das samt den schweizerischen Banken und ihren Goldreserven, dem Vatikan und tausenden von Museen und Galerien europaweit mit ihren Kunstschätzen und Juwelen. Das Christentum würde dann sicher gewaltsam abgeschafft sowie das deutsche Volk teilweise ausgelöscht und nach Sibirien zur Zwangsarbeit verschleppt. Der Kommunismus würde, so die Befürchtungen, die europäische Zivilisation in eine seelenlose Wüste verwandeln.

Prinz Bernhard bestätigte die teuflisch ausgeklügelten Pläne Stalins, die durch die *Organisation Gehlen* und zahlreiche andere nachrichtendienstliche Kanäle aufgedeckt wurden und Roosevelt, Churchill und vor allem ihre geheimen Vorgesetzten in Angst und Panik versetzten. Noch nicht einmal in seinen dunkelsten Träumen hätte sich jemand 1941 vorstellen können, welche verheerenden Konsequenzen und Machtverschiebungen das *Lend-Lease-Abkommen* einmal haben würde. Es gab aus Sicht der Westalliierten wohl nur noch ein Mittel, um die außer Kontrolle geratene Sowjetunion aufzuhalten: eine wirklich taugliche Atomwaffe!

Roosevelt und Churchill waren sich einig, dass Stalin mit Hilfe der Rotarmisten sowohl Japan als auch ganz Europa in sein kommunistisches Reich eingliedern würde, nachdem er Nazideutschland besiegt hatte. Zahlreiche Spione der nazideutschen und westlichen Geheimdienste, die häufig ihre Nachrichten aus der Sowjetunion untereinander austauschten, bestätigten diese geheimen Pläne von Stalin und seines Generalstabs mit Marschall Zukow.

Eine bedeutende Rolle spielte dabei das bekannte Spionagenetzwerk *Fremde Heere Ost (FHO)*, welches von General Gehlen in der Sowjetunion während der Besatzungszeit und auch später geleitet wurde. Gehlen nutzte das unvorstellbare Wissen vom bekannten, deutschen Spion Richard Kauder, der stets mit einem anderen Spionagemeister, Prinz Anton Vasilievitch Turkul, zusammenarbeitete.

Auf diese beiden Spionageprofis hatte mein Großvater Willy Brandt angesprochen. Brandt erzählte ihm daraufhin, dass die Agenten während des gesamten Weltkrieges als „graue Eminenzen" der internationalen Weltelite gegolten hätten. Angeblich war der deutsche Jude Richard Kauder ein persönlicher Spion des Hauses Rothschild und Prinz Anton Turkul, der mit den ermordeten Romanovs verwandt war, ein persönlicher Spion der britischen Windsors. Alle bedeutenden Politiker der damaligen Zeit wussten davon und respektierten deshalb die beiden Spionageprofis. Niemand hätte es gewagt, sie zu verhaften oder umzubringen. Brandt fügte noch hinzu, dass diese beiden grauen Eminenzen sehr bedeutende Freimaurer waren, die viel mehr für die internationale Außenpolitik der Häuser Rothschild und Windsor getan hatten, als es im Spionagegewerbe nötig war. Beide hatten demnach zusätzlich für die *Organisation Gehlen* gearbeitet. Von diesen beiden Agenten, die sogar die sowjetischen Geheimdienste *NKWD (Volkskommissariat für innere Angelegenheiten)* und *GRU* (ehemals sowjetischer, jetzt russischer Geheimdienst) infiltrierten, hatten die Amerikaner und Briten erfahren, welche Eroberungspläne Stalin im Geheimen mit seinem Generalstab schmiedete.

Der bereits erwähnte Kurt Baron von Schröder, ein Freimaurer und Schatzkanzler des Freundeskreises von Heinrich Himmler, war ebenfalls mit Kauder und Anton Turkul befreundet und zugleich ein Agent des britischen Geheimdienstes MI6. Prinz Bernhard betonte mehrmals ausdrücklich, dass die bedeutendste Rolle bei der Ausführung des Attentates auf Hitler der Freundeskreis von Himmler und Baron von Schröder spielten. Himmler wurde inoffiziell direkt durch von Schröder zum Staatsstreich sowie zur Zusammenarbeit mit den Westalliierten geworben, um Hitler so schnell wie möglich zu stürzen. Das nächste Ziel betraf die Übergabe der Nukleartechnologie an die amerikanischen Wissenschaftler und Militärs. Die Situation war damals, Anfang 1944, für die Westalliierten sehr ernst, denn laut den geheimen Nachrichten der *Organisation Gehlen* plante Stalin nicht nur Japan, sondern auch ganz Westeuropa samt Großbritannien militärisch zu erobern, was folgerichtig zur direkten Konfrontation der Sowjetunion gegen die USA und Großbritannien führen musste. Willy Brandt meinte, dass Stalin beabsichtigte, ganz Europa unter sowjetische Herrschaft zu bringen, auch wenn ihn dieses Unterfangen einen Krieg gegen die USA kosten würde!

Laut den Unterlagen meines Großvaters war 1944 das bedeutendste Jahr des Zweiten Weltkrieges – ein äußerst ominöses und in der Tat geheimnisvolles Kriegsjahr. Die offizielle Geschichtsschreibung vertuscht diesbezüglich viel und verbreitet Lügen.

Die wahren, mehr oder weniger bekannten Begebenheiten des Jahres 1944 waren:

1. Vertrag von Bretton Woods in den USA

2. Mutmaßlicher deutscher Atomwaffentest auf der Halbinsel Bug (Insel Rügen)

3. Attentat auf Hitler in der Wolfschanze in Ostpreußen am 20. Juli 1944

4. Geheime SS-Verschwörung mit Himmler an der Spitze gegen Hitler, auf Geheiß von Großbritannien und den USA.
Ein geheimer, politisch-militärischer Pakt zwischen Himmler und den Westalliierten über die Zukunft Deutschlands nach dem Weltkrieg.

5. Nuklearwaffenexperimente in den USA (*Manhattan-Projekt*)

Besonders die Punkte 3 und 4 sollten mit größter Aufmerksamkeit beachtet werden. Der Reichsführer-SS Himmler nahm Kontakt mit dem westlichen Geheimdienst OSS (spätere CIA) und dem britischem MI6 auf. Hierbei war sein Ziel das Attentat auf Hitler und die Übernahme der Macht über Nazideutschland und die SS.

Kapitel 15
Heinrich Himmler und die *Operation Walküre*

Mein Großvater erzählte mir, dass die folgenden Informationen von Prinz Bernhard zum Attentat auf Hitler mit die spannendsten waren, die er jemals in diesen vertraulichen Gesprächen erhalten hatte: In den 1970er-Jahren bestätigte der Prinz meinem Großvater während seines Besuches in Polen ausdrücklich, dass die Geheimdienste von Großbritannien und den USA Himmler vermutlich im April/Mai 1944 eine Zusammenarbeit für den Staatsstreich gegen Hitler vorgeschlagen hatten. Demnach sollte ein Attentat auf Hitler durchgeführt werden, dessen wahrer Ausgang der Öffentlichkeit verschwiegen werden sollte. Der heimtückische Plan sah ernsthaft vor, dass der Führer des Deutschen Reiches das Attentat angeblich – zumindest für die Öffentlichkeit – überleben sollte: Der *wahre* Adolf Hitler sollte tatsächlich durch das Attentat sterben. Er hatte allerdings einen perfekten Doppelgänger, welcher der Öffentlichkeit als echter Hitler präsentiert werden sollte. Es sollte den Anschein haben, als hätte Hitler wie durch ein Wunder das Attentat nur leicht verletzt überlebt, was uns so ja auch berichtet wurde. Laut dem Attentats-Plan war es von enormer Wichtigkeit, dass der falsche Hitler überlebte, der wahre Adolf Hitler aber getötet wurde.

Der Hintergrund war, dass man Himmler versprochen hatte, nach Hitlers Tod der neue Führer zu werden – allerdings im Verborgenen und instruiert von den geheimen Weltherrschern. Er sollte der Mittelsmann zwischen den eigentlichen Drahtziehern und dem wundersamerweise am Leben gebliebenen Adolf Hitler werden – dem Doppelgänger. Dieser Doppelgänger war nötig, um der Öffentlichkeit weiter den echten Hitler vorzugaukeln und gleichzeitig einen Reichsführer an der Hand zu haben, den man leicht lenken, kontrollieren und beeinflussen konnte.

Prinz Bernhard berichtete, dass die britischen und amerikanischen Geheimdienste die gesamte, detaillierte Planung des Staatsstreiches ebenso Himmler übergeben hatten. Finanzielle und logistische Unterstützung bekam Himmler direkt von dem Schatzkanzler Baron Kurt von Schröder, dem Agenten des britischen Geheimdienstes MI6.

Baron Kurt von Schröder pflegte beste Beziehungen zu seinen Cousinen in den britisch-amerikanischen Banken der Familie Schröder, deren Fäden wiederum direkt zu Deterding in England und somit zu den Rothschilds sowie zu den Rockefellers und Morgans an der Wall Street führten. Und das heißt zusammengefasst, dass hinter dem Attentat auf Hitler wieder einmal die reichsten Bankiersfamilien der Welt standen. Sie waren die eigentlichen Drahtzieher hinter dem Attentat auf Hitler. Himmler wollte den für Deutschland offenbar verlorenen Krieg überleben und war zu einem Militärputsch gegen Hitler auf Geheiß der Westalliierten bereit. Es wurde schon damals gemunkelt, dass Hitler durch die enormen Strapazen der Kriegsführung unzurechnungsfähig zu werden begann. (Es gab damals auch Gerüchte, dass Hitler extrem toxische Gase als chemische Waffe gegen die West- und Ostalliierten einzusetzen plante. Riesige, bei Münster gelagerte Mengen von Tabun und Sarin, die von den nazideutschen Chemikern entwickelt worden waren, fielen in die Hände der Westalliierten.)

Prinz Bernhard hatte zwar wegen der freimaurerischen Geheimhaltung gegenüber meinem Großvater die beiden Bankiersfamilien nicht direkt verraten, sagte jedoch, dass hinter diesem Attentat *„die bedeutendsten Herrschaften des Westens"* gestanden hätten. Himmler war nur ein treuer Diener und Werkzeug der westlichen Geheimdienste, die ihren Attentats-Plan in Zusammenarbeit mit den ranghöchsten Offizieren der SS und der Wehrmacht durchgeführt hatten. So sollte der württembergische Adelige von Stauffenberg, der einen direkten Zugang zum vertrauten Kreis von Hitler hatte, das Attentat im Sommer 1944 ausführen. Offiziell sollte die *Operation Walküre* das Schicksal des untergehenden Deutschen Reiches etwas schneller und effektiver abwenden. Gegenüber der Öffentlichkeit sollte das Attentat eine leider missglückte Rettung Deutschlands vor dem teuflischen Hitler darstellen. Inoffiziell sollten sich die Deutschen jedoch anschließend sofort mit den Westalliierten gegen die neue, anrückende Weltmacht verbünden – die kommunistische Sowjetunion. Die meisten Komplizen der *Operation Walküre* hatten nicht die geringste Ahnung, dass sie absichtlich vom britischen und amerikanischen Geheimdienst in eine betrügerische Operation gezogen wurden, die zur heimlichen und verborgenen Machtübernahme in Deutschland durch den Reichsführer Heinrich Himmler führen sollte.

Dass Graf von Stauffenberg fast sofort nach dem Attentat in Rastenburg (in der Wolfschanze) so brutal von der SS hingerichtet wurde, hatte den einfachen Grund, dass er Augenzeuge vom Tod des wahren Adolf Hitlers war, der laut ihm durch die Bombenexplosion regelrecht in Stücke gerissen worden sein soll! Graf von Stauffenberg meldete noch direkt nach dem Attentat nach Berlin, dass Hitler tot sei, was in der Tat der Wahrheit entsprach.

Nach Hitlers Tod wurde sofort sein Doppelgänger ins Amt berufen, der unter der direkten Kontrolle von Martin Bormann und Himmler stand. Laut Prinz Bernhard hatten viele SS-Offiziere sehr wohl gewusst, dass Hitler seit etwa 1935 einen perfekten Doppelgänger hatte. Dieser war so ausgebildet und informiert, dass er zu jeder Zeit das Amt des Führers übernehmen konnte, um eine Destabilisierung der politischen Lage Deutschlands zu verhindern. (Interessanterweise rief Hitler die Operation „Walküre" persönlich ins Leben, um im Falle seiner Ermordung oder eines plötzlichen natürlichen Todes seinen Doppelgänger ins Amt zu befördern, um die politisch-militärische Lage Deutschlands zu stabilisieren. Es war nur unklar, wer diesen Doppelgänger danach „führen" sollte: Göring, Himmler, Rommel oder Bormann?)

Abb. 44: Martin Bormann

Die engsten Vertrauten um Hitler hatten alle einen Eid ablegen müssen, sich nie etwas anmerken zu lassen, wenn der Doppelgänger des Führers anstelle von ihm selbst irgendwo auftauchte – vorausgesetzt, sie bemerkten überhaupt den Unterschied. Angeblich wurden sicherheitshalber nur zwei Personen davon in Kenntnis gesetzt, warum und wann nicht der Führer, sondern sein Doppelgänger eingesetzt wurde. Dies geschah meist auf den persönlichen Wunsch oder Befehl Hitlers. Diese zwei ausgewählten Personen waren Bormann und offensichtlich Himmler, dessen SS-Leibgarde den Führer auch in der Wolfschanze rund um die Uhr bewachte.

Prinz Bernhard meinte, dass für diese dubiose Walküre-Verschwörung gegen Hitler folgende Personen von Himmler angeworben wurden (selbstverständlich nach der geheimen Genehmigung der westlichen Geheimdienste):

1. Reichsminister und Stellvertreter Hitlers, Martin Bormann,
2. der Brigadegeneral der SS, Hans Kammler,
3. Gestapo-Chef Heinrich Müller sowie
4. vermutlich getrennt davon, ebenfalls der Sicherheitsdienst-Chef Canaris und Großadmiral C. Dönitz. (Es ist hierbei fraglich, ob die beiden direkt von Himmler angeworben wurden oder von den westlichen Geheimdiensten.)

Seltsamerweise sind die Schicksale von einigen nicht wirklich geklärt. Bei Hans Kammler heißt es offiziell, dass er Selbstmord begangen hat, was jedoch auch von Historikern angezweifelt wird. Bei Himmler war es so, dass er zunächst in der Uniform der Geheimen Feldpolizei geflohen ist, am 20.5.1945 von britischen Soldaten in Meinstedt verhaftet wurde und am 23.5.1945 im Verhörzimmer Selbstmord begangen haben soll, indem er auf eine Zyankalikapsel biss. Sein Leichnam wurde danach sofort begra-

Abb. 45: Heinrich „Gestapo"-Müller

215

ben, der Ort wurde allerdings nicht gekennzeichnet. Das lässt Spielraum für Spekulationen. Diese fünf einflussreichen Funktio-
näre des Naziregimes hatten das Attentat auf
Hitler am 20. Juli 1944 geplant und ausgeführt. Sie folgten dabei genau den Richtlinien der britisch-amerikanischen Geheimdienste, die diese gesamte, streng geheime
Operation koordiniert hatten.

Abb. 46: Karl Dönitz

Hierdurch wird klar, warum das Attentat
auf Hitler in der Wolfschanze überhaupt erfolgen konnte. Hitler hatte vermutlich nur
zwei „Schutzengel", die allein darüber ent-
scheiden konnten, direkt auf seinen perfekten Doppelgänger zurückzu-
greifen: sein Stellvertreter Martin Bormann und der SS-Chef Himmler.
Das Attentat auf den Führer konnte nur deshalb gelingen, weil man die
beiden mit entsprechenden Mitteln entweder bestochen oder ausge-
schaltet hatte. Himmler und Bormann waren sich beide im Klaren darüber, dass der Untergang des Deutschen Reiches endgültig besiegelt
war. Besonders Himmler musste mit den schlimmsten Folgen und Be-
strafungen seiner Verbrechen gegen die Menschheit und besonders das
Judentum rechnen. Ein eventueller Fluchtversuch hätte ihm zwar gelingen können, jedoch mit keinen guten Erfolgsaussichten, weil er weltweit viel zu viele Feinde hatte. Himmler wusste, dass er nur dann sicher
überleben konnte, wenn er mit den Westalliierten zusammenarbeiten
würde. Er zögerte deshalb nicht, diese einmalige und verlockende Gelegenheit zu nutzen.

Die nun folgenden, detaillierten Informationen zu dem Attentat auf
Hitler und seiner Entstehung bekam mein Großvater hauptsächlich und
exklusiv von Prinz Bernhard: 1943 schmiedete Stauffenberg bereits gemeinsam mit General Friedrich Ulbricht, Alfred Ritter Mertz von
Quirnheim und Henning von Treckow erste, geheime Pläne für einen

Staatsstreich gegen Hitler. Die Idee des Staatsstreiches hatte angeblich Helmuth James Graf von Moltke, der im Januar 1944 von der von Himmler kontrollierten Gestapo inhaftiert wurde. Später koordinierte von Stauffenberg seine Attentats-Pläne mit Carl-Friedrich Goerdeler und Ludwig Beck sowie den Mitgliedern des *Kreisauer Kreises* – Julius Leber und Wilhelm Leuschner.

Die Widerstandsorganisation *Kreisauer Kreis* wurde von getarnten Agenten eines speziellen Geheimdienstes der SS auf persönlichem Geheiß von Himmler geduldet und sogar von den westalliierten sowie sowjetischen Geheimdiensten infiltriert und beobachtet.

Wie wir heute von der offiziellen Geschichtsschreibung wissen, wurden die Attentäter ganz schnell, und zwar noch in der Nacht des erfolgten Attentats vom 20. auf den 21. Juli 1944, im Berliner Bendlerblock hingerichtet (von Stauffenberg, Werner von Haeften, Albrecht Ritter Merz von Quirnheim und General Ulbricht). Der SS lag hierbei besonders viel daran, vor allem den Hauptverschwörer Graf von Stauffenberg schnellstens zu töten, um mit ihm die geheimen Spuren zu all denen, die in den Staatsstreich verwickelt waren, zu beseitigen. Außerdem hatte von Stauffenberg Hitler ja angeblich direkt nach der Bombendetonation tot und zerfetzt gesehen.

Deutlich umstrittener erscheint der in das Attentat verstrickte Generaloberst Friedrich Fromm, Chef der Heeresrüstung und Befehlshaber des Ersatzheeres. Es ist schon seltsam, dass er das Schicksal der Hinrichtungs-Opfer aus dem Bendlerblock nicht teilen musste. General Fromm arbeitete teilweise für Himmler und war aufgrund dessen höchstwahrscheinlich über die wahren Hintergründe des Attentates informiert. Aus wenig bekannten Gründen wurde Fromm jedoch erst am 12. März 1945 auf dem Schießplatz des Zuchthauses Brandenburg-Görden (Plötzensee) auf Befehl Himmlers erschossen.

Warum so spät? Vielleicht wusste Fromm tatsächlich zu viel über die wahren Hintergründe des Attentates? Vielleicht fürchteten Himmler und seine engsten Vertrauten auch ganz einfach, dass Fromm mit all seinem Wissen in die Hände der heranrückenden Sowjets geraten könnte. In diesem Fall wäre er natürlich ein äußerst unbequemer Zeuge für die Machenschaften Himmlers und der Westalliierten gewesen. (Die gesamte Operation war äußerst heikel, denn die Westalliierten befürchteten, dass es nach einem gelungenen Staatsstreich zu einem Bürgerkrieg im Deutschen Reich kommen könnte – zum Beispiel, wenn die Wehrmacht die Waffen-SS angegriffen hätte, um Himmler zu entmachten und den Putsch zu bestrafen. Aufgrund dessen strebte man die Übernahme des Oberstpostens des Ersatzheeres durch den Reichsführer-SS Heinrich Himmler an, um einem eventuellen Bürgerkrieg entgegenzuwirken.)

Interessant ist die Geschichte der Widerstandsgruppe *Kreisauer Kreis*, die 1940 von den tatsächlichen Widerstandskämpfern, Helmuth Graf von Moltke und Peter Graf Yorck von Wartenburg, gegen das Nazi-Regime in Schlesien gegründet wurde. Laut der offiziellen Geschichtsschreibung wusste die Gestapo angeblich jahrelang nichts von der Existenz dieser Organisation, welche Anfang 1944 aufgelöst wurde. Doch der Gestapo und Himmler waren diese Organisation und ihre Pläne natürlich durch die Beobachtungen ihrer eingeschleusten Agenten bekannt. Ungewiss ist lediglich, warum der Gestapo-Chef Heinrich Müller diese Gruppe nicht sofort auflöste und ihre Mitglieder verhaftete…

Etwa 1943/1944 hatte Himmler einige seiner geheimen Agenten in den *Kreisauer Kreis* geschleust, deren Informationen sich später, im Frühling und Sommer 1944, bei der Ausführung des Attentates auf Hitler als besonders nützlich herausstellten. Von besonderer Bedeutung waren zwei von Himmlers Maulwürfen, die zusätzlich vom britischen MI6 geworben wurden:

1. Carl Dietrich von Trotha, Moltkes Vetter unter dem niederschlesischen Adel. Im *Kreisauer Kreis* arbeitete er mit Einsiedel in der Arbeitsgruppe „Wirtschaft". 1952 wurde von Trotha während seines Aufenthaltes in den USA unter ungeklärten Umständen umgebracht. Offensichtlich war er nach wie vor äußerst gefährlich für gewisse Kreise der ehemaligen SS-

Größen, die in den USA einen sicheren Unterschlupf gefunden hatten, sowie für die CIA selbst.

2. Horst von Einsiedel, der eng mit von Trotha zusammengearbeitet hatte. Erstaunlicherweise entging Einsiedel der Verhaftungswelle nach dem 20. Juli 1944 und starb 1948 im sowjetischen Speziallager Sachsenhausen bei Oranienburg.

Beide wurden höchstwahrscheinlich von Agenten des MI6 und dem Schatzkanzler des Freundeskreises von Himmler, dem Bankier Baron Kurt von Schröder, angeworben und möglicherweise auch geleitet. Zu den Maulwürfen könnte außerdem der Pädagoge Adolf Reichwein aus Bad Ems gehört haben. Er war schon Ende der 1920er-Jahre, während seiner Reisen durch die USA und Japan in seiner Jugendzeit, von der amerikanischen OSS als Spion angeworben und dann in die politischen Behörden der Weimarer Republik eingeschleust worden. 1928 wurde er Referent und persönlicher Vertrauter des preußischen Kulturministers Becker. Für den *Kreisauer Kreis* vermittelte er die unklaren Verbindungen zu anderen bedeutenden Widerstandskämpfern wie Carlo Mierendorf und Theodor Haubach. 1944 wurde er von der Gestapo verhaftet und anschließend hingerichtet. Sicherlich wusste Reichwein zu viel, um lebend davonzukommen.

Ein weiteres Mitglied des *Kreisauer Kreises* war Lothar König, der wichtige und enge Beziehungen zu verschiedenen Bischöfen im Deutschen Reich pflegte. Es heißt, er wäre damals, im Herbst 1944, angeblich der Racheaxt von Himmler entgangen und offiziell 1946 an den Folgen einer Krankheit verstorben. Willy Brandt war jedoch der Meinung, dass König höchstwahrscheinlich unter dem „heiligen" Schutz des ODESSA-Unternehmens stand und über die sogenannte Rattenlinie nach Südamerika flüchten konnte.

Zur Information: ODESSA war die Abkürzung für *Organisation der ehemaligen bzw. entlassenen SS-Angehörigen*. Diese Organisation ermöglichte den Regime-Treuen und deren Familien die Flucht aus dem untergehenden Nazi-Deutschland. Die Fluchtrouten bezeichnete man als „Rattenlinie", die dieser Organisation, dem NS-Regime und der SS bekannt waren. Diese führten u.a. – wahrscheinlich unter Mithilfe der katholischen Kirche – über Italien nach Südamerika.

Erstaunlicherweise hielt der spätere Bundeskanzler Willy Brandt 1954 im Gespräch mit meinem Großvater in Stade an der Elbe sowohl Moltke als auch andere Adlige für Agenten des britischen MI6 (Yorck, von Haeften, Adam von Trott zu Solz). Trott zum Beispiel kannte Moltke bereits aus seiner Zeit in England. Er hielt es außerdem nicht für ausgeschlossen, dass die meisten oben genannten Adligen aus dem *Kreisauer Kreis* Freimaurer waren und noch vor der Nazi-Zeit vom britischen Adel angeworben wurden. Brandt hielt es sogar für möglich, dass Moltke und Yorck den sehr einflussreichen Freimaurer Baron Kurt von Schröder persönlich sehr gut gekannt und mit ihm zusammengearbeitet hatten.

Der *Kreisauer Kreis* war also durchzogen von zahlreichen Spionen und Agenten – vorwiegend aus britischen und französischen Geheimdiensten. Es schien, als wäre die sonst so brutale Gestapo deswegen mit den meisten Mitgliedern eher milde umgegangen. Im Januar wurde Moltke verhaftet und genoss eine, im Vergleich zur sonstigen NS-Praxis, eher lockere Haft. Was ebenso wie die angenehmeren Haftbedingungen erstaunte, war seine spätere Freilassung. Himmler, der mit Freiherr von Schröder vertraut war, wusste wohl durch ihn, dass Moltke Freimaurer und MI6-Agent war.

Nach der offiziellen Auflösung des *Kreisauer Kreises* entstand eine neue und viel extremere Widerstandsgruppe um Graf von Stauffenberg, der sich bekannte Persönlichkeiten wie Yorck, Haubach, Haeften, Trott, Reichwein, Leber, Gerstenmaier, van Husen, Lukaschek, Stelzer sowie Poelchau, Gablentz und Peters anschlossen. Erstaunlicherweise wurden fast alle sofort nach dem angeblich missglückten Umsturzversuch von der Gestapo festgenommen. Poelchau, Gablentz und Peters ist es gelungen, der Inhaftierung und der Strafverfolgung zu entkommen. Dies stimmte jedoch nur teilweise, denn Brandt meinte, dass die drei Agenten der Gestapo zum innersten Kreis der Widerstandsgruppe um Stauffenberg gehörten. Sie unterstanden offenbar Himmler und seiner Clique. Lukaschek und van Husen bekamen mit drei Jahren Freiheitsentzug ein vergleichsweise lächerliches und mildes Urteil, und der Prozess des wichtigen Widerstandskämpfers Rösch wurde erstaunlicherweise auf unbefristete Zeit verschoben. Theodor Stelzer wurde nach schwedisch-norwegischer Intervention zum Tode verurteilt, jedoch dank dem Einfluss des Leibarztes von Himmler, Felix Kersten, begnadigt.

Prinz Bernhard erklärte, dass Dr. Felix Kersten möglicherweise ein Agent von zwei oder drei verschiedenen westlichen Geheimdiensten war und als Doppelagent vermutlich direkt Kurt Baron von Schröder unterstand. Beide waren einflussreiche Freimaurer, was Himmler bestens bekannt war. Diese zwei Widerstandskämpfer um Stauffenberg (van Husen und Lukaschek), die die Zuchthausstrafe zu verbüßen hatten, waren Maulwürfe des britischen MI6 und wurden deswegen von Himmler so mild behandelt. Gleiches galt offensichtlich für Dr. Kersten. Man muss sich hierbei bewusst sein, dass die Widerstandsorganisation *Kreisauer Kreis* um Moltke im Januar 1944 von Himmler aufgelöst wurde (mit Hilfe der Gestapo). Später hatte Himmler dann mit seinen geheimen Vertrauten aus den Westalliierten Geheimdiensten eine neue Organisation um Graf von Stauffenberg ins Leben gerufen. Mit deren Hilfe sollte Hitler offiziell gestürzt werden, um anschließend die gesamte Schuld diesen Nazi-Gegnern zu geben.

Meinem Großvater war es wichtig zu erwähnen, dass der *Kreisauer Kreis* mit Moltke und Yorck deutliche freimaurerische Züge aufwies und in enger Beziehung zu britischen Freimaurern stand. Himmler schätzte die undurchdringlichen Geheimnisse der Freimaurerei, besonders des *Schottischen Ritus* außerordentlich und verfolgte im Verborgenen durch seine Maulwürfe und Spione ihre Aktivitäten.

Übrigens war Himmler ein sehr intelligenter Mensch, und er war sich der Macht der freimaurerischen Geheimbünde bewusst, insbesondere was deren finanzielle Beteiligung bei der Errichtung des Deutschen Reiches betraf.

Trotzdem wurde Graf von Moltke am 11. Januar 1945 aufgrund des Urteils des Volksgerichtshofes in Berlin-Plötzensee erhängt, obwohl ihm angeblich die direkte Beteiligung am Staatsstreich nicht nachgewiesen werden konnte. Mein Großvater vermutete, dass Moltke unbedingt beseitigt werden musste, weil er zu viel über die wahren Hintergründe der seltsamen Aktivitäten des *Kreisauer Kreises* gewusst hatte. Es ist auch nicht auszuschließen, dass seine Hinrichtung ebenfalls von den Westalliierten erwünscht war.

Äußerst merkwürdig erscheint zudem die Rolle des Freiherrn von Schröder, der sogar später SS-Brigadegeneral war und Himmler bei verschiedenen Belangen unterstützte und ihn begleitete. Somit war er nicht nur Schatzkanzler, sondern er gehörte seit November 1944 auch zum Stab des Reichsführers-SS, Heinrich Himmler. Außerdem war er Mitglied der *Akademie für Deutsches Recht*, des *Reichsverkehrsrates* und der Beiräte der *Deutschen Reichsbahn* und der *Deutschen Reichspost* sowie Senator der *Kaiser-Wilhelm-Gesellschaft*. Weiterhin war er noch Ratsherr der Stadt Köln, Mitglied des Kuratoriums der *Universität zu Köln* sowie königlich-schwedischer Generalkonsul. Er war außerdem in den Aufsichtsräten der Aufrüstungsgiganten *Rheinisch-Westfälische Industrie-Beteiligungs AG*, *Standard Elektrizitätsgesellschaft AG (SEG)* in Berlik, *Braunkohle-Benzin AG* (BRABAG) sowie *Mitteldeutsche Stahlwerke AG* in Riesa bei Leipzig.

Dies lässt darauf schließen, dass er in der Tat eine „graue Eminenz" war. Himmler und Hitler wussten, dass von Schröder ein hoher Freimaurer war, der engste Verbindungen zu den britischen Rothschilds und Deterding pflegte. Die Nazis hatten allein von Schröder ihre riesigen Kredite und den Aufbau der militärischen Macht des Dritten Reiches zu verdanken. Hinter der Gründung der Widerstandsorganisation um Graf von Stauffenberg beziehungsweise als Auftraggeber und Verantwortlicher für die Ausführung des Staatsstreiches im Juli 1944 sollte tatsächlich auch Kurt Baron von Schröder gestanden haben! Offensichtlich hatte er nicht alleine gehandelt, sondern nach den Richtlinien und Anweisungen des *Komitees der 300*, dem er vermutlich ebenfalls angehörte. Man könnte sogar ganz mutig annehmen, dass Freiherr von Schröder auf Befehl des oben erwähnten Komitees indirekt Himmler und die SS kontrollierte. Himmler war sich über diesen Umstand völlig im Klaren, insbesondere in Bezug auf die immer schlimmer werdende politische und militärische Lage des Deutschen Reiches im Verlauf des Krieges. Aus Himmlers Sicht und vor diesem Hintergrund war es letztendlich nötig, sich mit dem freimaurerischen Bund der Westalliierten Elite in Bretton Woods zu versöhnen und den erwünschten Staatsstreich durchzuführen. Damit wollte er die Macht des langsam untergehenden Dritten Reiches gemäß dem Wunsch der Westalliierten an sich reißen. Himmler glaubte ja letztendlich, Herr der Lage gewesen zu sein, obwohl auch er nur eine Marionette der eigentlichen Weltherrscher war. Von all diesen Geschehnissen hinter den Kulissen hatten die meisten damaligen Reichsbürger natürlich keine Ahnung...

Am 12. November 1947 wurde von Schröder von den Briten vor dem Bielefelder Spruchgericht wegen Verbrechen gegen die Menschheit zu nur drei Monaten Haft und einem geringen Bußgeld verurteilt! Seine letzten, glücklichen Jahre verbrachte er in Hohenstein bei Eckernförde. Es ist schon erstaunlich, dass von Schröder nicht vor dem Gerichtstribunal in Nürnberg zur Rechenschaft gezogen wurde, und man fragt sich in der Tat, woran das gelegen hatte. Dies geschah allein auf Wunsch des *Komitees der 300*, welches diese Nürnberger Schau-Prozesse inszeniert hatte.

Meinem Großvater fiel hierzu noch ein, dass Prinz Bernhard ihm gegenüber erwähnte, sich bis zu seinem Tod 1966 mehrmals privat mit von Schröder getroffen zu haben, sodass er annehmen konnte, dass diese Informationen aus erster Hand kamen und der Wahrheit entsprachen. (Meinem Großvater zufolge war Baron von Schröder ein geheimer Mentor des ostpreußischen Komplottes und der wichtigste Mittelsmann zwischen Himmler und den Westalliierten. Zu den anderen wichtigen Mittelsmännern gehörten Allan Dulles und der Chef der OSS (der späteren CIA), William Donovan.)

Ebenfalls sehr glaubwürdige Personen, wie Marion Gräfin Dönhoff, Willy Brandt und Prof. Beitz, hatten ausdrücklich betont, dass die offizielle Geschichtsschreibung den *Kreisauer Kreis* seit Jahrzehnten als eine Widerstandsorganisation der niederschlesischen Adligen gegen das Nazi-Regime darstellte. Dies stimmte jedoch ganz und gar nicht. Mit dem *Kreisauer Kreis* war vielmehr der mysteriöse Ort gemeint, an dem sich insgeheim die schlesischen Freimaurer aus dem adligen Milieu zu bestimmten Ritualen und Gesprächen zusammenfanden. Weil die freimaurerische Bewegung in Nazideutschland zumindest auf dem Papier strafrechtlich verboten war, wurden auch die Kreisauer um Moltke und Yorck als Nazi-Gegner abgestempelt. Doch erst die nächste Widerstandsgruppe um Graf von Stauffenberg aus dem baden-württembergischen Adelshaus rebellierte tatsächlich aktiv gegen das Nazi-Regime und verübte letztendlich das Attentat auf Hitler.

Himmler und die Freimaurerei

Himmler war ein leidenschaftlicher Bewunderer und Kenner des geheimnisvollen Freimaurertums. In Niederschlesien war diese Bewegung insbesondere im adligen Milieu auch äußerst aktiv, was der *Kreisauer Kreis* ausdrücklich bewiesen hatte. Im Schloss des kleinen niederschlesischen Städtchens Schlesiersee, unweit von Glogau, befand sich eine riesige, private Bibliothek Himmlers, die vorwiegend der Freimaurerei sowie anderen verwandten Geheimbünden gewidmet war. Himmler war ebenfalls ein Okkultist und Mystiker, der vor allem den Freimaurern und Templern eine schwerwiegende historische Rolle um das Geheimwissen zugeschrieben hatte. Auf dem Schloss Wewelsburg bei Paderborn gründete Himmler den *Schwarzen Orden*, der eine anti-freimaurerische und arisch-germanische Organisation für Eingeweihte in die Geheimnisse der „Schwarzen Sonne" war. Himmler verachtete und bewunderte gleichermaßen die freimaurerische Bewegung als semitischarische Missgeburt und Nachlass der Tempelritterbewegung, die er ausschließlich mit dem verhassten Judentum in Verbindung brachte. Der arisch-nordische *Schwarze Orden* basierte auf völlig anderen Grundlagen der vergangenen, heidnischen und vorchristlichen Epoche der legendären Hyperboräer beziehungsweise Atlanter (d.h. der „Übermenschen"), deren Wurzeln bis nach Tibet und Grönland zu reichen schienen. Auf dem Wewelsburger Schloss hatte er zusammen mit seinen 13 Eingeweihten (von ihm persönlich ausgewählte SS-Generäle) und *Weisthor* den Orden geführt und verschiedene schwarze, okkultistische Praktiken abgehalten. (Karl Maria Wiligut, auch *Weisthor* genannt, war österreichischer Okkultist, SS-Brigadeführer und hatte den Totenkopfring der SS entworfen.)

Viele Mitarbeiter und Untergebene Himmlers machten sich über seinen Okkultismus lustig, ohne zu wissen, dass er durch die Esoterik und den Mystizismus unermüdlich versuchte, hinter das Geheimnis zum Erlangen der Weltherrschaft zu kommen – das Geheimnis, das die Vorgänger der Nazis, die Templer, und ihre direkten Nachfolger, die freien Maurer des *Schottischen Ritus*, schon längst kannten und seit mindestens 800 Jahren erfolgreich praktizierten und in die Praxis umgesetzt hatten. In der okkultistischen Symbolik vermuteten Himmler und ein anderer leidenschaftlicher Esoteriker, Rudolf Heß, den versteckten Schlüssel zu finden, der das Tor zur Weltherrschaft öffnen sollte. Beide waren als Mitglieder der *Thule-Gesellschaft* davon überzeugt, dass man nicht nur durch die Anstiftung eines Weltkriegs die Weltherrschaft erlangen könnte.

Des Weiteren meinte Himmler, dass es alleine mit Geld und dessen Verwaltung, wie es beispielsweise die *FED* seit 1913 getan hatte, nicht möglich wäre, die Welt zu beherrschen, jedenfalls nicht so, wie es die freimaurerische Elite durch die Anstachelung der beiden Weltkriege – zumindest teilweise – erreicht hatte. Himmler war fest davon überzeugt, dass die Illuminaten durch geheime okkultistisch-esoterische Praktiken regelmäßig in einem ausgewählten Kreis von Eingeweihten satanistische Riten aus dem Baalskult abhielten, um damit ihren weltweit betriebenen Materialismus zu unterstützen. Dies ließ sich seiner Meinung nach nur durch bestimmte und nur den hoch Eingeweihten bekannte Symbolik und esoterische Praktiken erreichen. Er war ebenfalls davon überzeugt, dass die Illuminaten kosmopolitisch und international, ohne Heimat und jeglichen Patriotismus funktionierten. Sie waren im Grunde genommen organisierte und ergebene Satanisten, die sogar den Kult der blutigen Opfer praktizierten, weil sie das gut gehütete „Geheimnis des Blutes" seit Hunderten von Jahren kannten. Himmler unterstellte den Illuminaten sogar das Trinken des frischen Blutes von Menschenopfern, vorwiegend von Kindern. Himmler glaubte dies nur zu gerne, denn er war seit jeher besessen von dem Gedanken, dass Juden Kinder misshandelten und opferten, weil sie nach deren Blut trachteten – und genau dies munkelten wohl ebenso einige Christen.

Zu seinem engsten Kreis der Eingeweihten auf dem Schloss Wewelsburg gehörten folgende SS-Größen:

1. Chef des persönlichen Stabes des Reichsführers, Karl Wolff
2. Chef des SS-Hauptamtes, Gottlob Berger
3. Chef des SS-Führungshauptamtes, Hans Jüttner
4. Chef der SS-RUSHA, Walther Darre
5. Chef des SS-Hauptgerichtes, Paul Scharfe
   (später Franz Breithaupt)
6. Chef des SS-Personalhauptamtes, Walter Schmitt
7. Chef der RSHA, Reinhard Heydrich
   (nach dessen Tod Ernst Kaltenbrunner)
8. Chef der HA-Orpo, Kurt Daluege
9. Chef der NAPOLAS-Schulen, August Heißmeyer
10. Chef des Hauptamtes Volksdeutsche Mittelstelle, Werner Lorenz
11. Chef der HA-RKFD, Ulrich Greifelt
12. Chef der SS-WVHA, Oswald Pohl
13. Und zu guter Letzt der 13. an der Spitze, Weisthor,
    (Standartenführer-SS, Karl Maria Wiligut aus Wien)

Hier taucht schon wieder die geheimnisvolle Zahl 13 auf, die in Bezug auf die Numerologie sowohl bei den Satanisten als auch bei den Freimaurern und Templern eine äußerst wichtige Rolle spielt (z.B. *Rat der 13*) – als satanistisches Machtsymbol der Asymmetrie im Gegensatz zu den Symmetriegesetzen der arisch-germanischen Gottheit.

Um das Thema der Widerstandsaktivitäten des *Kreisauer Kreises* und des Grafen von Stauffenberg abzuschließen, wollte mein Großvater unbedingt wissen, warum Stauffenberg so schnell und noch am gleichen Tag des Attentats sterben musste. Willy Brandt sagte ihm, dass er einfach viel zu viel wusste. Durch seine Widerstandsaktivitäten gelangte er an stichhaltige Beweise dafür, dass er insgeheim von der britischen Regierung aktiv und bewusst unterstützt wurde. Dies war für ihn Beweis genug, dass der geplante Putsch von den Westalliierten gewollt, erwünscht und initiiert war, was ja auch den Tatsachen entsprach. Nur wusste Stauffenberg wohl nicht, dass er von dem Reichsführer-SS Himmler – und von ihm sogar am meisten – bei seinen Umsturzabsichten unterstützt wurde.

Wäre Stauffenberg der Gestapo in die Hände gefallen, hätte man ihm sicherlich unter brutalster Folter viele Namen und Fakten entlocken können, was für Himmler selbst und den britischen MI6-Auslandsgeheimdienst äußerst unangenehm hätte werden können. Allein aus diesem Grund musste er so schnell wie möglich sterben. Anschließend konnte man ihn dann offiziell bequem als Hauptdrahtzieher und Organisator der Verschwörungsorganisation und des Attentats beschuldigen. Und das steht leider unverändert bis heute in unseren Geschichtsbüchern…

Himmler verfügte während seiner Amtszeit als Reichsführer-SS über die gesamten polizeilichen und geheimpolizeilichen Streitkräfte des Deutschen Reiches und des deutschen Besatzungsgebietes. Erstaunlicherweise war er dennoch nicht imstande, die freimaurerische Bewegung und deren Mitglieder auszuschalten, obwohl derartige Aktivitäten ab 1933 grundsätzlich verboten waren. Hier fragt man sich natürlich, warum Himmler die Störenfriede der damaligen politischen Ordnung nicht vollständig vernichtete. Entweder wollte oder konnte Himmler das nicht – oder es war ihm ganz einfach verboten!

Dazu das Geständnis des Zeugen Waffen-SS-General Erich von dem Bach-Zelewski in Nürnberg 1946: *„Ich war persönlich gegen das Attentat auf Hitler vom 20. Juli 1944... Ich meine ganz persönlich, dass Himmler selbst am Attentat beteiligt war.“*[15]

Im Laufe des Weltkriegs, doch insbesondere nachdem Hitler im Dezember 1941 den USA den Krieg erklärt hatte, war klar, dass Deutschland unaufhaltsam untergehen würde – es war nur eine Frage der Zeit. Hitler war sich ebenfalls völlig im Klaren darüber, wer hinter dem Ausbruch des Krieges stand und wer ihn nutzte und kontrollierte.

Wie bereits erwähnt, war die freimaurerische Aktivität in den östlichen Landstrichen des Deutschen Reiches stark präsent. Dieser Fakt lässt sich auf die alte Tradition der preußischen Freimaurerei, insbesondere in Niederschlesien, Ostbrandenburg und Obersachsen, zurückführen. Selbst Hitlers Idol, König Friedrich der Große, war zur Zeit seiner Regentschaft in Preußen Meister vom Stuhl. Äußerst bedeutend waren hierbei zwei einflussreiche Logen, *Carpatia* und *Silesia*, die fast ausschließlich für den preußisch-schlesischen Adel gegründet worden waren.

1974 versuchte mein Großvater, während eines Gespräches mit Prinz Bernhard, der mit diesem Thema sicherlich am besten vertraut war, herauszufinden, was es Gravierendes mit den geheimen, privaten Archiven von Himmler auf sich hatte. Dies betraf beispielsweise das barocke Schloss Schlesiersee (Schlawa) und das Schloss Bad Muskau nahe Görlitz, über deren Archive man offiziell nur wenig weiß. Der Prinz versicherte meinem Großvater, dass all diese Archive im Besitz der am höchsten ein-

Abb. 47: Erich von dem Bach-Zelewski

geweihten Insider des *Schwarzen Ordens* um den Reichsführer-SS waren. Die direkte Einsicht in all diese Unterlagen und Dokumente war wahrscheinlich nur der oben genannten, elitären Gruppe der 13 SS-Größen der Wewelsburg erlaubt gewesen. Letztendlich aber entschied allein Himmler, wer das geheimnisvolle Dokumentengut einsehen durfte.

Viele Unterlagen wurden von der SS verbrannt, nachdem russische Truppen das Schloss Schlesiersee im Frühwinter 1945 besetzt hatten. Die Dokumente mussten vernichtet werden, weil die Westalliierten das so wollten, erwähnte Willy Brandt. Andere wichtige Unterlagen wurden von der SS in den Westen des Landes gebracht und versteckt und zum Teil an die Amerikaner und Briten übergeben. Wichtig war hierbei, dass sie auf gar keinen Fall den Russen (besonders dem NKWD) in die Hände fielen.

Mein Großvater gab sich mit den Informationen noch nicht zufrieden und fragte den ehemaligen Bundeskanzler, warum um Gottes Willen eine so große Geheimnistuerei um diese Dokumente gemacht wurde, dass sie sogar teilweise verbrannt werden mussten? Willy Brandt antwortete, dass viele Dokumente, die grundsätzlich die freimaurerische Bewegung anbelangten, hunderte von Namen und Briefwechsel der reichsdeutschen Freimaurer mit ihren „Brüdern" europaweit bis in die USA beinhaltet hatten. Es wäre nicht auszuschließen, dass dort ebenfalls die Namen und Vorgehensweisen des *Kreisauer Kreises* und der Widerstandsgruppe um Stauffenberg zu finden waren. Außerdem konnten die Namen der SS- und Gestapo-Agenten sowie Maulwürfe auftauchen, die verschiedene freimaurerische Logen und Gesellschaften im Deutschen Reich infiltrierten. Auch Namen der Freimaurer, die insbesondere 1944/1945 mit der SS und westlichen Geheimdiensten zusammengearbeitet hatten, waren eventuell Inhalt der Dokumente gewesen.

Wären solch wichtige Schriftstücke in die Hände der heranrückenden Russen oder Polen gelangt, hätten sie sehr aufschlussreiches Beweismaterial über die Zusammenarbeit von Himmler mit seiner SS und den deutschen Freimaurern seit 1944 gehabt – genauso wie über seine insgeheim enge Zusammenarbeit mit den westalliierten Geheimdiensten, um sich mit dem Westen zu versöhnen und mit ihm politisch gegen Hitler und die Sowjetunion vorzugehen. Dies war ja sogar im Bretton-Woods-Vertrag vom 22. Juli 1944 beschlossen worden. Auf gar keinen Fall und unter keinen Umständen durften Stalin und Geheimdienstchef Lawrenti Beria diese aufschlussreichen Dokumente zu Gesicht bekommen!

Alle Gesprächspartner – Prinz Bernhard, Willy Brandt sowie Gräfin Dönhoff (lt. ihrer Korrespondenz) – waren fest davon überzeugt, dass Stalin über den verräterischen Vertrag von Bretton Woods und dessen Inhalte informiert war, jedoch keine richtigen Beweise hatte, um dem Westen den direkten Verrat anzulasten. Er beabsichtigte vermutlich, sich aus den Potsdamer Gesprächen zurückzuziehen, um den Westalliierten den Krieg erklären zu können. Jedoch schreckte Stalin der gelungene Test („Trinity-Test") einer effektiven Atombombe bei Los Alamos von dieser grausamen Absicht ab.

Wie bekannt, war im Deutschen Reich seit 1933 die freimaurerische Bewegung offiziell verboten. Ihre Mitglieder wurden von der Gestapo inhaftiert, in Konzentrationslager eingesperrt und die Logen aufgelöst. Dies betraf jedoch nur die kleinen Fische, d.h. die wenig bedeutenden Freimaurer der Johannis-Freimaurerei, die keine wesentliche, politische oder wirtschaftliche Bedeutung hatten. Die großen Haie dagegen, d.h. die Hochgradmaurer, wie die große Zahl der preußischen Industriellen und Bankiers, blieben erstaunlicherweise verschont. Sie waren zu einflussreich und zu bedeutend für die Nazi-Diktatur, um entmachtet zu werden.

Hierzu einige Mitglieder: Alfried Krupp von Bohlen und Halbach, Thyssen, Frick, Freiherr von Schröder, ter Meer, Mannesmann, Hjalmar Schacht, Schmitz, Porsche, Opel, von Papen. Sie alle waren Mitglied in einer der genannten Logen, zum Teil sogar bei den Jesuiten, Templern oder Maltesern.

Fazit: Hatte Hitler jemals eine Chance in Anbetracht der mächtigen Weltverschwörer? (Mal ganz abgesehen davon, dass er sogar von seinen Nazikameraden Himmler und Bormann verraten wurde.) Wohl kaum… Das Schicksal Hitlers wurde mit der *Operation Walküre* besiegelt. Alle, die irgendetwas zu dieser Operation wussten oder sogar einen völlig anderen Hintergrund des Attentates vermuteten, wurden schnellstens zum Tode verurteilt. Diejenigen, die zu viel wussten, wie Graf von Stauffenberg, wurden sofort hingerichtet. Die sorgfältige Auslöschung der gefährlichen Zeugen und Verschwörer hatten Himmler und der Gestapo-Chef geleitet – selbstverständlich mit der stillen Zustimmung ihrer Auftraggeber, der britischen und amerikanischen Geheimdienste (*MI6* und *OSS*).

Abb. 48: Subhash Chandra Bose und Adolf Hitler in der Reichskanzlei in Berlin am 29 Mai 1942.

Bei Abb. 48 und 49 handelt es sich mit Sicherheit um den echten Hitler, da die Fotos vor dem 20. Juli 2044 aufgenommen wurden.

Abb. 49: Auch diese Aufnahme zeigt Adolf Hitler vor 1944

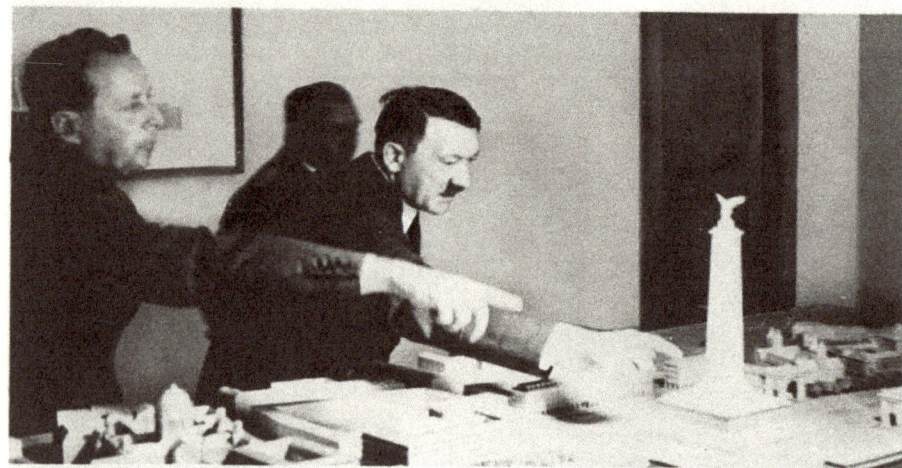

Abb. 50 oben: Adolf Hitler spricht mit Architekt Hermann Giesler über dessen Modell über eine Neugestaltung der Stadt Linz, 1944.

Abb. 51: rechts Hitler in Berlin am 20. April 1945

Abb. 50 und 51 zeigen Hitler nach dem Stauffenberg-Attentat. Wurde er dabei tatsächlich ermordet, muss es sich hier um den Doppelgänger handeln.

232

Kapitel 16
Warum musste Hitler sterben?

Warum und zu welchem Zweck erfolgte die geheime Machtübernahme von Himmler mit der Zustimmung der Westalliierten?

Der Tod von Adolf Hitler im Sommer 1944 war ein sensationeller Wendepunkt im Zweiten Weltkrieg, von dessen wirklichen Hintergründen bis heute fast keiner auch nur die geringste Ahnung hat. Weil es ein zu heikles Thema ist? Gewiss, ja. Aber warum diese extreme Geheimhaltung? Bedeutet das folgerichtig, dass das, was sich in Hitlers Bunker in Berlin im April 1945 abspielte, nur ein ausgeklügeltes, theatralisches Spektakel war und dass alle damals stattgefundenen Ereignisse nur ein Haufen Lügen waren, um die Welt so perfide zu täuschen?

Es ist noch viel schlimmer, als wir vermuten. Prinz Bernhard erläuterte dazu, dass Stalin angeblich durch seine Spione und den sowjetischen Geheimdienst (vor allem GRU-Nachrichtendienst) über diese Verschwörung und den geheimen deutsch-westlichen Pakt bestens informiert war! Deswegen wusste er, dass im Berliner Bunker (der Führerbunker, in dem Hitler am 30. April 1945 Selbstmord begangen haben soll) nicht die echte Leiche von Hitler geborgen wurde, sondern die seines Doppelgängers und einer fremden, geopferten jungen Frau, die anstelle von Eva Braun sterben musste. Stalin wusste, dass die Leichen weder Hitler noch seine frisch gebackene Ehefrau Eva Braun waren. Doch er kannte nicht die volle Wahrheit. Stalin behauptete bis zu seinem Tod, dass Hitler überlebt habe und entkommen sei. Es war ihm auf jeden Fall klar, dass etwas nicht stimmte und die angebliche Leiche Hitlers im Führerbunker nur ein Doppelgänger war.

Während des Nürnberger Prozesses 1946 war Göring wegen des gefällten Todesurteils so erschüttert, dass er angeblich in seiner letzten Rede vor dem internationalen Publikum die ganze Wahrheit über das Attentat und den geheimen, verräterischen Pakt zwischen Himmler und den Westalliierten verkünden wollte. Deswegen wurde er rechtzeitig vergiftet und umgebracht, bevor er seine Aussage machen konnte. Dies jedenfalls teilte Prinz Bernhard meinem Großvater mit.

Und nochmals stellt sich hier die Frage: Warum musste Hitler im Sommer 1944 so gewaltsam sterben?

Hitler war ein Ideologe und eine Persönlichkeit, die es in der Weltgeschichte so noch nie gegeben hatte, besessen von Nationalismus, Militarismus und Antisemitismus, was er zu einer kompakten Weltanschauung verband. Er hatte eine gewaltige Anziehungskraft, in deren Bann er Millionen von Menschen zog. Abgesehen von seiner Tyrannei war Hitler ein Genie, das für die Nachwelt sogar in friedlichen Zeiten zu gefährlich war. Deswegen musste er für immer von der Weltbühne verschwinden. Hitler sollte für die zukünftigen Denkfabriken nur ein Verbrecher ungeahnten Ausmaßes bleiben, und darauf sollte die Geschichtsschreibung festgelegt werden. Hitler war zu gefährlich für die damalige Weltordnung, die seit etwa Anfang des 20. Jahrhunderts durch die internationale Freimaurerei und das *Komitee der 300* bestimmt wurde. Es ging offensichtlich um den Kampf um die internationalen Einflussbereiche, die Hitler mit seiner Weltanschauung und Weltpolitik ernsthaft bedrohte. Beinahe wäre für die Weltelite das große Ziel „Eurasien" verloren gewesen, und die Zukunft der ganzen Welt hätte infolgedessen völlig anders aussehen können. Deswegen musste Hitler unabdingbar sterben. Je schneller, desto besser!

Hitler suchte noch ein zweites Mal die Möglichkeit für eine Friedensverhandlung mit den Westalliierten. Der erste Versuch im Mai 1941 mit Rudolf Heß war ja bereits gescheitert. Demzufolge war Hitler gezwungen gewesen, die Sowjetunion anzugreifen. Nachdem die Schlacht um Stalingrad am 2. Februar 1943 scheiterte, war sich Hitler völlig im Klaren darüber, dass das Schicksal des Deutschen

Abb. 52: Wilhelm Canaris

234

Reiches unausweichlich besiegelt war. Im März 1943 versuchte Hitler über seinen Friedensemissär Canaris insgeheim entsprechende Annäherungsversuche mit den Briten in Istanbul. Die offizielle Geschichtsschreibung stellt dieses Ereignis erneut irreführend dar, nämlich so, als hätte Hitler nichts über dieses Unternehmen von Canaris gewusst, was nicht der Wahrheit entspricht. Im Gegenteil: Dieses geheime nachrichtendienstliche Unternehmen wurde von Hitler selbst initiiert.

Die Westalliierten waren zu Recht davon überzeugt, dass Himmler alle Bedingungen des Bretton-Woods-Vertrages zuverlässig und pflichtbewusst ausführen würde. Es handelte sich im Prinzip um den Fortbestand des gesamten nazideutschen Vermögens, das im Laufe des Krieges europaweit durch Ausbeutung, Diebstahl und Sklavenarbeit gehortet wurde. Prinz Bernhard hatte diesbezüglich bestätigt, dass Himmler in dieser heiklen Angelegenheit von den meisten rüstungsorientierten deutschen Industriellen unterstützt wurde, denn er hatte die deutschen Großindustriellen und Schweizer Bankiers im August 1944 im Hotel „Maison Rouge" in Straßburg umgehend davon in Kenntnis gesetzt, dass sie ihr Kapital nicht verlieren würden, wenn sie ihm und seinen Anweisungen genau folgten. Er informierte sie außerdem darüber, dass sie nur *seinen* Anweisungen folgen sollten und erstaunlicherweise nicht denen von Adolf Hitler.
Wussten die deutschen Großindustriellen damals, als dieses Zusammentreffen in Straßburg stattfand, dass der echte Hitler schon längst tot war und die weiteren, politisch-militärischen Ereignisse einer völlig anderen Realität entsprachen als offiziell angenommen? Waren sie vielleicht sogar in die Geschehnisse involviert? Sie wussten auf jeden Fall, dass etwa 5.000 angebliche Mitverschwörer der Gestapo und der SS verfolgt und hingerichtet wurden. Sie wussten ebenfalls, dass für die gesamten, ominösen und verbrecherischen Verfolgungsmaßnahmen Himmler persönlich verantwortlich war. Angeblich, so Prinz Bernhard, standen auf der Liste der Mitverschwörer auch die Menschen, die aus verschiedenen Gründen äußerst gefährlich für die Geheimdienste der Westalliierten waren und deswegen ebenfalls sterben sollten – insbe-

sondere diejenigen, die von der geheimen und verräterischen Allianz zwischen Himmler und den Westalliierten wussten. Deswegen kann man annehmen, dass alle, die von den Einzelheiten dieses Komplottes wussten, wie sicherlich auch die Großindustriellen, zu diesem Thema vorsichtshalber einfach schwiegen und so taten, als hätten sie nicht die geringste Ahnung. Niemand wollte Himmler mit unerwünschtem Hinterfragen belästigen oder auf sich aufmerksam machen, wenn er nur den Fortbestand des Großkapitals der Rüstungskonzerne nach Ende des Krieges gewährleistete.

Ende 1944 war die Teilung Deutschlands unter den Westalliierten und der Sowjetunion laut den entsprechenden Verträgen in Teheran und Jalta schon abgeschlossen. Himmler und andere Mitverschwörer wussten, dass Deutschland in zwei Teile gespalten werden sollte und kannten den voraussichtlichen Verlauf der Grenzen zwischen dem kapitalistischen West- und sozialistischen Ostteil. Nach dem gelungenen Attentat auf Hitler wussten Himmler, Canaris und Dönitz zusätzlich, dass Stalin die große Ostoffensive gegen Nazideutschland für den Versuch nutzen würde, ganz Europa militärisch zu erobern und unter die Herrschaft der Sowjetunion zu bringen. Prinz Bernhard und Willy Brandt äußerten diesbezüglich, dass Himmler absolut davon überzeugt war, dass er nicht verräterisch und unfair handelte, sondern versuchte, Deutschland, Westeuropa und das Christentum vor dem Kommunismus und den verwilderten Rotarmisten zu retten. Seine Handlungen und eingeleiteten Schritte waren seiner Meinung nach durchaus richtig, denn er wurde ja sogar mit der Unterstützung des Vatikans belohnt (Operation ODESSA), insbesondere des im Verborgenen agierenden Jesuitenordens.

Der offizielle Vertrag von Bretton Woods legte ökonomische und politische Grundlagen für die weltweite Expansion der angelsächsischen Weltelite in der anbrechenden Nachkriegszeit fest. Der britische Kolonialismus wurde scheinbar abgeschafft, und mehrere britische sowie niederländische, belgische und französische Kolonien wurden von den internationalen Imperialisten teilweise befreit und im Laufe der Zeit langsam in „souveräne" Staaten umgewandelt. Dies erfolgte jedoch nur zum Schein, da die meisten ehemaligen Kolonien direkt nach Ende des Krieges bei der in Bretton Woods neu gegründeten Weltbank *IWF* enorm verschuldet waren und ohne ihre alten Herrscher überhaupt nicht überleben konnten. Sie hatten sich von ihnen über hunderte von Jahren wirtschaftlich und ökonomisch zu sehr abhängig gemacht. Durch diese merkwürdige Vorgehensweise hatte das Commonwealth die Kontrolle über seine einstigen Kolonien wieder übernommen. Sie wurden zwar im Laufe der Zeit zu „souveränen" Staaten, tatsächlich waren sie aber vollkommen der modernen Versklavung und Ausbeutung durch die amerikanischen und britischen Banken ausgesetzt.

Der Bretton-Woods-Vertrag war ein Beweis für die bestehende und traditionelle Kontinuität des weltweiten britischen Kolonialismus durch die wirtschaftlich-ökonomische Macht der legendären *Virginia Company* (also der USA), deren Grundlagen der britische König James I. mit seinem engsten Berater und Majordomus Sir Francis Bacon am Anfang des 17. Jahrhunderts gelegt hatte. Die USA waren und sind das bedeutendste politische Werk des internationalen Freimaurertums, ein Tempel des angelsächsischen Illuminatismus, so wie Sir Bacon damals in seinem Standardwerk „Neues Atlantis" ausführlich die zukünftige Rolle der *Virginia Company* darlegte. Wie bereits mehrmals erwähnt, unterstand die *Virginia Company* den höchsten britischen Illuminaten, den Rothschilds und Windsors (offiziell unter diesem Namen erst seit 1917).

Die direkte Kontrolle über die USA übten und üben bis heute im Verborgenen die illuminierten Familien aus, die anno 1913 die *Federal Reserve Bank (FED)* gründeten und sie heimlich leiten. Das Zusammenkommen in Bretton Woods bestätigte all diese seltsamen Verbindungen und Abhängigkeiten unter den angelsächsischen Eliten, die für die meisten Menschen auf der Welt völlig undurchsichtig bleiben werden und einfach absurd klingen mögen. Diesem mysteriösen *Rat der 33* und dem *Komitee der 300* unterstehen die meisten Massenmedien, Verlage und Denkfabriken der Welt (wie z.B. das Tavistock-Institut, Brookings- und Stanfordinstitut). Diese haben dafür zu sorgen, dass die meisten Menschen keinerlei Informationen über die Realität der bestehenden Weltverschwörung der Illuminaten bekommen, die immer noch konsequent das New Age anstrebt. Die Illuminaten, die das Zusammentreffen in Bretton Woods ins Leben gerufen hatten, teilten durch entsprechende Verträge den gesamten Globus in drei Bereiche auf. So wurde die sogenannte „Dritte Welt" geschaffen, die damals größtenteils aus ehemaligen Kolonien bestand.

Mein Großvater fügte hinzu, dass der aus Polen stammende Illuminat Zbigniew Brzezinski auf Geheiß seiner Vorgesetzten, den Rockefellers (damals David Rockefeller), als Berater von Jimmy Carter ausgewählt wurde. Insbesondere für politische Angelegenheiten gegenüber der Sowjetunion wurde im Jahre 1973 eine einflussreiche politische Organisation, die *Trilaterale Kommission*, ins Leben gerufen. (Anmerkung: Die *Trilaterale Kommission* wurde von dem Multimilliardär David Rockefeller gegründet – und zwar während einer *Bilderberger*-Konferenz. Die *Trilaterale Kommission* bezeichnen sich selbst als eine politische Diskussionsgruppe, wobei hier zwischen 300 und 400 einflussreiche Leute aus Nordamerika, Europa und Japan zusammenkommen, um die Richtung der Weltpolitik zu planen.) Die Aufgabe der Trilateralen Kommission bestand des Weiteren darin, die Nationen der Dritten Welt noch mehr zu verschulden, um anschließend als Gegenleistung ihre Bodenschätze ausplündern und ausbeuten zu können. So war die unüberwindbare Armut der sogenannten „Dritten Welt" tatsächlich vorprogrammiert. Mein Großvater mutmaßte, dass Brzezinski dem amerikanischen Präsidenten die Befehle und Anweisungen von David Rockefeller direkt ins Ohr flüsterte. Carter wusste, dass er Brzezinskis Anweisungen unverzüglich und untertänig nachgehen musste, genau so, wie es früher Roosevelt und Truman getan hatten. Beide wurden, genauso wie er selbst, von einer Banken- und Schwerindustrielobby beherrscht.

Zusätzlich wurde in Bretton Woods eine spezielle Bank, die *International Bank for Reconstruction and Development* (IBRD), ins Leben gerufen, die für den wirtschaftlichen Aufbau der infolge des vergangenen, verheerenden Krieges zerstörten Staaten zuständig sein sollte. Letzteres betraf durch den Marschall-Plan auch Deutschland sowie fast ganz Westeuropa, das mit Krediten in Höhe von 14 Milliarden Dollar zugeschüttet wurde. Brzezinski war in den 1970er-Jahren ein Guru der angelsächsischen Illuminaten, so wie einst Sir Francis Bacon Anfang des 17. Jahrhunderts auf dem Hof des britischen Königs James I. Nur diente Brzezinski nicht mehr dem König, sondern dem damals bedeutendsten Bankier und Unternehmer der USA – David Rockefeller aus New York. Und so wie Sir Francis Bacon die weitreichenden Pläne der Freimaurer in seinem Werk „Neues Atlantis" publik machte, so tat es Brzezinski fast 350 Jahre später mit seinem Werk „Die technotronische Ära". Brzezinskis Buch wurde vom *Club of Rome* in Auftrag gegeben. Es ist eine offene Ankündigung der Methoden, mit denen die Vereinigten Staaten in Zukunft kontrolliert werden sollen. Es spricht auch vom Klonen und von „Robotoiden", also von Leuten, die aussehen und handeln wie Menschen, aber keine sind. Brzezinski erklärte, dass sich die Vereinigten Staaten *„in ein Zeitalter bewegen, das sich von allen vorhergehenden unterscheidet"*. Weiter erklärte er, dass unsere Gesellschaft *„sich derzeit in einer Informationsrevolution befindet, basierend auf einer Konzentration auf Vergnügen und Zuschauerspektakel (Einschaltquotenrekorde im Fernsehen bei Sportveranstaltungen), welche das Opium für eine zunehmend ziellose Masse sind."*

An einer anderen Stelle schreibt er:
„Zur gleichen Zeit wird das Vermögen zunehmen, soziale und politische Kontrolle über das Individuum zu ergreifen. Es wird bald möglich sein, die Bürger beinahe kontinuierlich zu kontrollieren und aktuelle Dossiers zu führen, die zusätzlich zu den üblicheren Daten auch die intimsten Details über Gesundheit und persönliches Verhalten jedes Bürgers enthalten werden.
Die Behörden werden auf diese Dossiers sofortigen Zugriff haben. Die Macht wird sich in die Hände jener verlagern, die die Informationen kontrollieren. Unsere existierenden Institutionen werden durch Krisen-Voraus-Management-Institutionen abgelöst werden, deren Aufgabe es sein wird, drohende soziale Krisen bereits im Voraus zu erkennen und Programme zu entwickeln, um damit zurechtzukommen. (Dies be-

schreibt bereits die Struktur der FEMA, die viel später eingerichtet wurde).

Das wird die nächsten Jahrzehnte hindurch die Tendenz auf eine technotronische Ära hin fördern, eine Diktatur, die sogar noch weniger Raum für politische Prozeduren lässt, als wir es jetzt kennen. Wenn wir weiterhin eine Vorausschau auf das Ende des Jahrhunderts machen, so könnten die Möglichkeiten biochemischer Bewusstseinskontrolle und genetischer Experimente mit dem Menschen, einschließlich Wesen, die wie Menschen funktionieren und denken werden, einige schwierige Fragen aufwerfen.“

Hierzu möchte ich eine zusätzliche Anmerkung machen:
In den 1980er- und 1990er-Jahren wurde ein gewisser Samuel Huntington als weiterer Guru des immer noch wachsenden Illuminatismus bekannt. Er predigte in seinen Werken – vor allem in seinem Buch „Kampf der Kulturen“ – genau diesen Kampf zwischen dem Christentum und dem Islam und sagte diesen voraus. Die amerikanischen Konservativen sind stark durch die Gedanken und Wahnideen von Samuel Huntington geprägt. Letztendlich schrieb Huntington seine Auffassungen für die Aufrüstungs- und Schwerindustrielobbyisten nieder, die aus Mitgliedern des Komitees der 300 bestanden und sich mit ganzer Seele dem Illuminatismus verschrieben hatten. Solche Gurus wie Brzezinski und Huntington sind die Erfindung der zahlreichen Denkfabriken, die von den Mitgliedern des Komitees der 300 zahlreich gegründet und finanziert werden. Der 44. Präsident der USA, Barack Obama, unterstand der Kontrolle Brzezinskis, der angeblich diesen jungen, schwarzen Jurastudenten an der *Columbia Universität* entdeckte und ihm den Weg zur Präsidentschaft ebnete.

Jetzt drängt sich die Frage auf, welche Vereinbarungen das streng geheime Abkommen zwischen den Amerikanern, den Briten und Heinrich Himmler beinhaltete, das am 22. Juli 1944, also zwei Tage nach dem gewaltsamen Tod von Adolf Hitler, in Bretton Woods in New Hampshire in den USA vereinbart wurde.

Das wichtigste Ziel von Bretton Woods war es, neben dem Beschluss über eine neue, an den US-Dollar gebundene Währungsordnung, alle erhältlichen und zugänglichen Mittel des amerikanischen Militärs sofort zur Verfügung zu stellen, um die sowjetische Gefahr für ganz Europa und Eurasien abwenden zu können. Um dieses Ziel erreichen zu können, wurden sowohl politische als auch finanzielle Mittel in Betracht gezogen. Die deutsch-japanisch-italienische Frage wurde durch Hitlers Tod bereits zu diesem Zeitpunkt als gelöst eingestuft. Die Achsenstaaten sollten besiegt werden, obwohl die härtesten Kämpfe im Pazifik und in Europa nach wie vor tobten und bereits hunderttausende Opfer auf beiden Seiten gefordert hatten. Der unausweichliche Niedergang der Achsenstaaten war jedoch nur eine Frage der Zeit und sollte in den nächsten 10 bis 20 Monaten erreicht werden, was richtig eingeschätzt wurde. Offen blieb das völlig neue Problem mit der Sowjetunion, das so schnell wie möglich einer Lösung mit vereinten internationalen Kräften bedurfte – es sei denn, die Nazis würden die gesamte Welt mit einer Wunderwaffe überraschen und so in der Lage sein, im letzten Moment den Verlauf des Krieges zu ändern. Aber Prinz Bernhard sagte, dass die westlichen Geheimdienste von verschiedenen glaubwürdigen Quellen wussten, dass die Nazis NUR über hochentwickelte Waffenprototypen von militärisch ausschlaggebender Bedeutung verfügten, die sowohl für die Westalliierten als auch für die Sowjets zu diesem Zeitpunkt keine ernste Bedrohung darstellten.

Zurück zum Bretton-Woods-Abkommen und natürlich zu seinem geheimen Teil: Sowohl Willy Brandt als auch Prinz Bernhard hatten bei den Gesprächen mit meinem Großvater die Tatsache bestätigt, dass während des Bretton-Woods-Zusammentreffens am 22. Juli 1944 das zusätzliche, äußerst heikle und streng geheime Abkommen mit Himmlers Gesandten beschlossen wurde! Zusätzliche Zusammentreffen zwischen den Vertretern der Westalliierten und Himmlers Gesandten fanden mehrmals (!) in der Zeit vor und nach Bretton Woods in Großbritannien, Frankreich und in der Schweiz statt, was wir uns nun noch eingehender betrachten wollen.

Kapitel 17
Hinter den Kulissen der Bretton-Woods-Konferenz

Die weltbekannte, ökonomisch geprägte Konferenz fand offiziell vom 1. Juli bis zum 24. Juli 1944 im US-Bundesstaat New Hampshire statt, wo Finanzminister und Notenbankgouverneure aus 44 Staaten das sog. Bretton-Woods-Abkommen unterzeichneten – das wissen wir offiziell.

Die Geschichtsschreibung schweigt sich allerdings darüber aus, dass hinter den Kulissen dieses Zusammentreffens äußerst wichtige strategisch wichtige geopolitische Entscheidungen anderer Art getroffen wurden, über die nur ein bestimmter Kreis von Eingeweihten Bescheid wusste. Willy Brandt sagte dazu, dass außer den finanziellen Vertretern der insgesamt 44 teilnehmenden Nationen zwei leitende freimaurerische Finanzexperten anwesend waren. Dies war zum einen Harry Dexter White aus den USA, der die Interessen der Bankiersfamilien Rockefeller und Morgan vertrat, und zum anderen Nobelpreisträger John Maynard Keynes aus Großbritannien, der mit den Interessen der Familie Rothschild betraut war. Des Weiteren waren insgeheim viele einflussreiche hohe Logenbrüder aus den politisch-militärischen und geheimdienstlichen Kreisen anwesend, unter anderem der Direktor des amerikanischen Außengeheimdienstes (OSS) und Hochgradfreimaurer Allen Dulles. Außerdem anwesend waren wohl der wahre Herrscher der USA, John D. Rockefeller, wie auch beide Rothschilds, Baron Viktor mit seinem französischen Cousin Guy, die Europa vertraten. Brandt meinte dazu, dass ebenfalls ein Vertreter der britischen Krone dabei gewesen sei, dessen Name jedoch anonym blieb. Die politische Elite der geheimen, freimaurerischen Superlogen *Osiris*, *Horus* und *Heliopolis* sowie zahlreiche Vertreter des *Komitees der 300* waren in Bretton Woods ebenfalls anwesend, obwohl viele bekannte internationale Zuschauer dies gar nicht bemerkt hatten. Die meisten Journalisten waren natürlich dazu verpflichtet, dies einfach zu verschweigen, da die Massenmedien ja von den Logen kontrolliert wurden. Welcher Journalist würde schon den Verlust seiner Arbeitsstelle riskieren? Der angeblich freie Journalismus diente schon damals nur den privaten Interessen des Establishments.

Brandt und Gräfin Dönhoff bestätigten einstimmig, dass der tatsächliche Leiter dieser mehrtägigen Konferenz John D. Rockefeller war. Die Konferenz wurde jedoch von den europäischen Rothschilds und dem britischen König George veranlasst, um die neue Weltordnung der kommenden Nachkriegszeit wie üblich nach eigenem Gutdünken zu bestimmen, obwohl der Krieg an allen Fronten weltweit noch tobte und Deutschland noch nicht besiegt war. Prinz Bernhard berichtete sehr überzeugend, dass in Wirklichkeit alle Eingeweihten in Bretton Woods am 20. Juli gespannt auf die neuesten Nachrichten aus Deutschland warteten. Es sollte eine neue historische Epoche anbrechen, wenn der Putsch in Deutschland gelingen und Adolf Hitler entmachtet sein würde!

Heinrich Himmler soll seinen Bündnispartnern aus westalliierten Geheimdiensten nachdrücklich beteuert haben, dass das Attentat im ostpreußischen Rastenburg sicher gelingen würde. Er wusste ganz genau, dass er in diesem Moment nicht versagen durfte, denn das Rad der Geschichte schien sich in eine für ihn günstige Richtung zu drehen.

Prinz Bernhard sagte zu meinem Großvater, dass ihm die Namen der deutschen Gesandten, die den Reichsführer-SS vertreten hatten, nicht bekannt wären – doch mein Großvater glaubte ihm in diesem Fall nicht. Der Prinz deutete ihm auch nur durch die sprichwörtliche Blume an, dass viele beteiligte Persönlichkeiten vermuteten, dass in Bretton Woods der Leiter der *Abwehr*, des militärischen Geheimdienstes der Wehrmacht, Canaris, persönlich anwesend war, der direkt nach dem geglückten Attentat auf Hitler das entsprechende Abkommen mit den Westalliierten unterzeichnet haben soll. Als Leiter des Militärgeheimdienstes tat er sich mit dem Chef der mächtigen *OSS* (spätere CIA), Allan Dulles, zusammen – der direkt dem amerikanischen Präsidenten F. D. Roosevelt unterstand – sowie mit dem damaligen Direktor des britischen Außengeheimdienstes *MI6*.

Prinz Bernhard betonte, dass dies nur ein Gerücht sei, welches er selbst nicht bestätigen könne. Wenn das Attentat auf Hitler misslungen wäre, hätte es den offiziell bekannten Bretton-Woods-Vertrag höchstwahrscheinlich nicht gegeben.

Aus diesem Grund zitterte nicht nur die geheime deutsche Delegation, sondern auch die Chefs der britisch-amerikanischen Geheimdienste, die sich an der Ausführung der Walküre-Operation in Deutschland beteiligt hatten. Allan Dulles bangte angeblich extrem angespannt um seine weitere freimaurerische und politische Karriere.

Doch wie wir wissen glückte der Putsch, und Hitler wurde in der Wolfschanze von Graf von Stauffenberg umgebracht. Nach der Bestätigung seines Todes kam es zum sofortigen Unterzeichnen eines streng geheimen Zusatzprotokolles zwischen den Westalliierten und der deutschen Delegation.

Eine äußerst interessante Rolle hatte hierbei der britische Nobelpreisträger der Ökonomie und Freimaurer John Maynard Keynes, der die mathematischen Grundlagen für das neu festgesetzte Währungssystem nach Bretton Woods gebracht hatte. Keynes war unter den angelsächsischen Insidern auch wegen seiner interessanten und umstrittenen Theorie bekannt, dass die unvorstellbaren militärisch-wirtschaftlichen Erfolge der größten Diktaturen des Zweiten Weltkrieges sich vorwiegend mit der Sklavenarbeit begründen ließen. Seiner Meinung nach spielten die riesigen Kredite und die weitere finanzielle Unterstützung eine zweitrangige Rolle – tatsächlich eine äußerst umstrittene These.

Kapitel 18
Bedingungen der Alliierten an Himmler

Punkt 1

Die Fortsetzung des Krieges an der Westfront gegen den Overlord-Angriff in der Normandie, um die bestehende Kriegsmaschinerie der Rüstungsindustriellen aus den USA, England und Kanada um jeden Preis aufrechtzuerhalten. Demnach sollten die Wehrmachts- und SS-Einheiten den am 6. Juni 1944 an der Küste Frankreichs gelandeten Streitkräften der Westalliierten (D-Day) einen starken Widerstand leisten, um den Bedarf an Kriegsmaterial und dessen Verbrauch um ein Vielfaches anzukurbeln.

Prinz Bernhards Meinung hierzu war, dass Roosevelt angeblich heftige Einwände gegen diesen Plan bekundete, weil er das Leben von zigtausenden von amerikanischen, britischen und kanadischen Soldaten nicht in solch unnötigen Gefechten gegen die Deutschen aufs Spiel setzen wollte. Das Establishment (*Komitee der 300*) vertrat dagegen eine völlig andere Ansicht. Die staatlichen Rüstungsaufträge in den USA, Großbritannien und Kanada trugen zum Überschuss an Kriegsmaterial bei, das unbedingt „verpulvert" werden musste. *„Im wahrsten Sinne des Wortes."*, kommentierte dies der Prinz.

Eigentlich würde man erwarten, dass Adolf Hitler in seinem (laut Göring gefälschten) Testament seinen Nachfolger bestimmt hatte, doch laut Willy Brandt waren es die Westalliierten, die Großadmiral Carl Dönitz in das Amt beriefen. Angeblich hatten ihn der amerikanische und britische Geheimdienst insgeheim sogar schon Anfang 1944 zur Zusammenarbeit gewonnen. (Interessanterweise wurde das berühmte Testament nicht persönlich von Hitler, sondern im Auftrag von seinem Stellvertreter Martin Bormann unterzeichnet. Der offizielle Grund dafür war die nach dem Attentat in der Wolfschanze zitternde rechte Hand des Führers.)

Die abtrünnige, neue deutsche Regierung aus Mürwik und Plön in Schleswig-Holstein wurde in Wirklichkeit nicht von Dönitz, Speer und

Graf Schwerin von Krosigk geleitet, sondern von Himmler. Diese Tatsache bestätigen die Aussagen der Zeugen und die Fakten. Die historischen Fakten belegen, dass es ausschließlich Himmler zu verdanken war, dass die deutschen Streitkräfte den Briten und Amerikanern fast widerstandslos Schleswig-Holstein, Nordniedersachsen und letztendlich die „Alpenfestung" übergaben, um einer bevorstehenden Invasion der Rotarmisten zuvorkommen – damit die Westalliierten vor den Russen die äußerst wichtigen Rüstungsanlagen in Thüringen (SIII) und im Harz („DORA" mit Raketen V2) sowie die V3-Anlagen bei Dannenberg (Herzogtum Lauenburg) vertragsgemäß besetzen konnten. Auch der blutige Warschauer Aufstand vom 1. August 1944 bis Ende Oktober 1944 wurde von der polnischen Regierung im Londoner Exil ausgerufen und von Himmler und seiner SS auf Geheiß der Westalliierten herbeigeführt, um die Sowjets für mehrere Monate an der Weichsel festzuhalten.

Heinrich Himmler sollte für die makellose Durchführung des Attentates auf Hitler sorgen und Carl Dönitz für die problemlose Kapitulation des Deutschen Reiches. Beide Verschwörungsparteien, das angelsächsische Establishment sowie Himmlers Truppe, waren sich darüber einig, dass es nur noch eine Möglichkeit gab, das westliche Europa und möglicherweise auch ganz Eurasien vor dem sowjetischen Kommunismus zu retten: die umgehende Entwicklung und Fertigstellung einer vernichtenden Atombombe!

Auch Prinz Bernhard bestätigte, dass die Entwicklung einer effektiven Nuklearwaffe zu diesem Zeitpunkt (1944/1945) das wichtigste Ziel der amerikanischen Regierung war, da sie darin ihre einzige Chance sah, die Rotarmisten überhaupt noch rechtzeitig aufhalten zu können. Trotz des Zusammentreffens in Teheran und Jalta misstrauten Roosevelt und Churchill Stalins Friedensplänen. Dies war einer der Hauptgründe, den Staatsstreich in Deutschland durchzuführen. Hitler sollte gestürzt werden, um das fortgeschrittene deutsche Atomprogramm widerstandslos ins amerikanische Manhattan-Projekt einbauen zu können. Es blieb den Amerikanern keine andere Wahl als die verräterische Zusammenarbeit mit den Nazi-Größen und die entsprechenden Verträge mit ihnen, um an die begehrten deutschen Errungenschaften in der Nuklearforschung zu kommen. Erstaunlicherweise erfolgten nach dem Bretton-Woods-Abkommen zwei geglückte, kleine Nuklearversuche im Oktober 1944 auf der Insel Rügen und Anfang März 1945 bei Mühldorf im Thüringer Wald, wo man die sogenannten „uneffektiven" Atombomben testete.

Die gelungenen Nuklearversuche waren das erfolgreiche Ergebnis der deutsch-amerikanischen Zusammenarbeit, deren Einzelheiten in Bretton Woods detailliert festgelegt wurden.

Punkt 2

Himmlers Regierungsstab wurde zur bedingungslosen Übergabe der gesamten, von den Nazi-Wissenschaftlern entwickelten Rüstungstechnologien verpflichtet. Von großem Interesse war hierbei das Projekt SIII. Das gesamte Abkommen über die Rüstungstechnologien wurde unter den Decknamen *Paperclip* (USA) und *Matchbox* (England) geführt. Beide Operationen wurden vom *Supreme Headquarters Allied Expeditionary Forces* (SHAEF) mit Sitz in Versailles (später in Frankfurt am Main) koordiniert, die direkt dem Pentagon unterstanden.

Das würde natürlich bedeuten, dass es den in den Geschichtsbüchern beschriebenen „Patentraub" nie gegeben hat, sondern die Übergabe der Patente Teil des Abkommens zwischen Himmler und den Westalliierten war.

Prinz Bernhard war davon überzeugt, dass der Brigadegeneral Hans Kammler für die Ausführung des Paperclip-Abkommens persönlich verantwortlich war. Doch die gesamte Patentübergabe an die Amerikaner sollte angeblich Hitlers Nachfolger, Großadmiral Dönitz, koordinieren.

Diese Hintergrundinformationen machen die wahre Geschichte des „Patentraubes" verständlich: Unschätzbar viele Patente lagerten absichtlich in Archiven in Westdeutschland. Diese waren den westlichen Geheimdiensten natürlich nicht zufällig bestens bekannt, und es wäre naiv zu glauben, dass die SS nicht in der Lage gewesen wäre, diese Dokumente entsprechend zu bewachen, zu verteidigen und zu schützen bzw. umgehend zu vernichten.

Gleiches galt für die bedeutendsten und begabtesten deutschen Wissenschaftler mit Wernher von Braun und Walter Dornberger an der Spitze, die entspannt und in bester Laune in Oberbayern auf ihre „Inhaftierung" durch die Amerikaner warteten. Obwohl sie damals in Bad Kissingen streng von einer SS-Garde bewacht wurden, übergab man die zirka 100 Mitarbeiter seltsamerweise friedlich und ohne die geringste Gegenwehr an die Amerikaner.

Eine besondere Rolle bei dem damaligen amerikanischen Militärgeheimdienst spielte der geniale Raketenforscher und Erfinder Wernher von Braun (V1, V2 und V3), der mit seinem Wissen um jeden Preis von den Militärs übernommen werden sollte. Prinz Bernhard erinnerte nochmals daran, dass damals die deutschen Technologien den amerikanischen voraussichtlich um fünf bis zehn Jahre voraus waren. Dieses Potential sollte den Amerikanern ganz friedlich, gewissermaßen als kostenlose Kriegsbeute übergeben werden. Als Ausgleich sollten Himmler und seine engsten Mitarbeiter aus den SS-Kreisen nach dem Krieg mit Freiheit und Unantastbarkeit belohnt werden.

Tatsächlich bezahlte Himmler jedoch einen hohen Preis für seine Freiheit und das inoffizielle Fortbestehen des Deutschen Reiches:

Der Direktor der OSS (spätere CIA), Allen Dulles, wünschte sich nämlich von Himmler nicht nur den brillanten Raketenforscher von Braun mit seinem engsten Team aus Peenemünde und den DORA-Werken im Harz, sondern viele weitere für die amerikanische Regierung und Wissenschaft bedeutende Nazi-Funktionäre und Wissenschaftler. Es soll für die Putschisten eine Liste mit den in Frage kommenden Persönlichkeiten gegeben haben. Aufgelistet wurden unter anderem:

Abb. 53: Wernher von Braun

248

1. Hans Kammler, Brigadegeneral der SS und Leiter der streng geheimen, militärischen Projekte V1 bis V7 samt dem ultrageheimen *Projekt Glocke*.
   Es hieß damals, er wäre angeblich mit einem Flugzeug samt seinem wertvollen Archiv den anrückenden sowjetischen Truppen entkommen. Wohin er aus dem Sudetenland floh, ist offiziell unbekannt.

2. General Gehlen, der Chef des Aufklärungs-Geheimdienstes für die von den Deutschen besetzten Gebiete der Sowjetunion. Er hatte ein für die Amerikaner und Briten äußerst wichtiges Archiv und Verbindungen zu den weltweit besten Spionen.

3. Dr. Josef Mengele, der in dem Konzentrationslager Auschwitz-Birkenau an tausenden, vorwiegend jüdischen Häftlingen verschiedene makabere medizinische Untersuchungen durchführte. Von besonderem Interesse für die Amerikaner waren seine Erfolge und Ergebnisse auf dem damals wenig erforschten Gebiet der Bewusstseinskontrolle und deren Beeinflussung. Dr. Mengele (Pseudonym Dr. Green) stand nach dem Krieg unter dem Schutz der OSS (später der CIA) und wurde heimlich in die USA geschleust, wo er zusammen mit seinen amerikanischen Kollegen an tausenden menschenverachtenden Versuchen zum Thema Bewusstseinskontrolle arbeitete (*MK-Ultra-Programm* und *Monarch-Projekt*).

Bei diesem Thema vermied Prinz Bernhard es bewusst, auf Einzelheiten einzugehen. Er stellte nur fest, dass Wernher von Braun als Pionier der Raketenforschung galt und Dr. Mengele als Pionier der Bewusstseinsforschung. Dr. Mengele bezeichnete er hierbei als *„Monster im weißen Kittel"*.
Die Amerikaner erreichten das militärische Sperrgebiet im südlichen Harz zwischen Nordhausen und Mühlhausen (zwischen Thüringen und Sachsen-Anhalt) – wo in einem unterirdischen Komplex (Mittelbau-DORA) rund um die Uhr von tausenden von Häftlingen die V2-

Raketen fertiggestellt wurden – vor den sowjetischen Truppen. Die SS hinterließ einen großen Teil des DORA-Werkes mit hunderten, fast komplett zusammengebauten Raketen den amerikanisch-britischen Truppen, damit sie den Verträgen entsprechend kampflos in den Besitz der Westalliierten gelangen konnten. Als die Russen dort ankamen, war bereits fast das gesamte Ausstattungsinventar samt den V2-Raketen von den Amerikanern abgebaut und nach Westen verlegt worden. Der geniale russische Raketenforscher Kirylow war leider nicht imstande, innerhalb der nächsten Jahre die V2-Raketen nachzubauen. Letztendlich haben die Russen die erfolglose Mission des Nachbauens aufgegeben und mit großen Erfolgen eigene Raketen gebaut.

Prinz Bernhard berichtete, dass Allen Dulles gemeinsam mit General Reinhard Gehlen im Jahr 1947 den bisherigen amerikanischen Außengeheimdienst *OSS* umstrukturiert und in *CIA* umbenannt hatte. Etwa 30% der bedeutendsten Berater der frisch gebackenen *CIA* waren ehemalige hohe SS-Offiziere und wichtige NS-Funktionäre, die ihre Wurzeln in verschiedenen nazideutschen Geheimdiensten hatten, wie die *SD*, das *Jahnkebüro* um Ribbentropp und sogar die Gestapo. Reinhard Gehlen wurde außerdem die rechte Hand und Vertrauter von Allen Dulles und später von Donovan – selbstverständlich inoffiziell. Amerikanische Geheimdienste und die Regierung Trumans haben der weltweiten Öffentlichkeit solch unfassbare Informationen der weltweiten Öffentlichkeit verständlicherweise vorenthalten. Viele NS-Mitarbeiter hätten vor ihrem Hintergrund als Nazi-Verbrecher niemals, zumindest nicht offiziell, in die USA eingebürgert werden und bei der *CIA* mitarbeiten dürfen. Selbst Menschen wie Wernher von Braun, die keine direkten Nazi-Verbrecher waren, stießen hinsichtlich ihrer Einbürgerung bei den zuständigen US-Behörden auf großen Widerstand. Die Behörden waren offensichtlich bestens darüber informiert, unter welchen unmenschlichen Bedingungen tausende von Häftlingen in dem Konzentrationslager Mittelbau-Dora im Südharz gearbeitet hatten. Das amerikanische Establishment fürchtete Widerstände vom eigenen Volk und war deswegen äußerst vorsichtig und wachsam.

Um den Hass gegen die Sowjetunion zu schüren, hatte die amerikanische Freimaurerei eine Hetze gegen den der zivilisierten Welt drohenden Kommunismus und gegen seine Anhänger in den USA organisiert. Sie prangerten die Kommunisten als Feinde des Volkes an, um zusammen mit den ehemaligen Nazis ein gigantisches Bollwerk gegen Stalin errichten zu können.

All diese Informationen lassen darauf schließen, dass – durch die enge Zusammenarbeit des amerikanischen *OSS* mit den ehemaligen nazideutschen Geheimdiensten – 1947 der mächtigste Geheimdienst der Welt entstand: die *CIA (Central Intelligence Agency)*.

Die *CIA* wurde zu diesem Zeitpunkt (während der Nachkriegszeit und der Anfangszeit des Kalten Krieges) von der amerikanischen Regierung Trumans mit der Bekämpfung der sowjetischen Weltmacht betraut, weshalb sie auch ursprünglich gegründet wurde.

Reinhard Gehlen pflegte enge Beziehungen zu den besten Spionen und Geheimdiensten der Welt, auch hinter dem eisernen Vorhang der kommunistischen Besatzungszone in Eurasien. Deswegen spielte er eine so bedeutende Rolle bei der Gründung der *CIA*. Übrigens spannten die ehemaligen deutschen NS-Mitarbeiter, die hohe Positionen bei der *CIA* hatten, einen undurchlässigen Schutzschirm über die weltweit zerstreuten Nazi-Verbrecher, damit sie gemäß dem Bretton-Woods-Vertrag nie gefasst und vor Gericht gestellt werden konnten.

Punkt 3
Die Übergabe der erbeuteten und der eigenen Goldbestandsreserven, die den USA als Kriegsbeute zugeführt werden sollten.

Erstaunlicherweise fielen den amerikanischen Truppen die größten deutschen Goldbestandsreserven aus einem unterirdischen Lager in Merkers in Thüringen in die Hände sowie weitere Goldbarren, Devisen und geraubte Kunst aus weiteren geheimen Lagern wie dem westfälischen Hagen, Berchtesgaden und der Salzmine bei Salzburg.. Die Westalliierten waren bestens darüber informiert, welche Schätze in Merkers und in den anderen Verstecken gehortet wurden. Man schätzte den Wert der dortigen Kriegsbeute, zusammen mit anderen wertvollen Gegenständen, vorsichtig auf (damals) 20 bis 30 Milliarden Dollar. Viele dieser Schätze wurden in den Tresoren der New Yorker Banken der FED-Gruppe versteckt und in Fort Knox, wo sie teilweise bis heute lagern.

Punkt 4
Die bedingungslose Kapitulation des Deutschen Reiches durch die neue Marionette der Westalliierten – Großadmiral Carl Dönitz, der zusätzlich die Ausführung des Paperclip-Unternehmens koordinierte.

Es ist kein Geheimnis, dass Dönitz direkt nach der unterzeichneten Kapitulation alle noch verbliebenen deutschen Streitkräfte anwies, sich bedingungslos zu ergeben. Des Weiteren sollte die umgehende Übergabe der noch vorhandenen Waffen oder Technologien an die Alliierten erfolgen. Ein gutes Beispiel hierfür ist das Schicksal des modernen U-Bootes 234, mit einer Fracht von unter anderem etwa 560 Kilogramm Uran, Quecksilber, den Zündern für eine Atombombe sowie einem in Einzelteile zerlegten Düsenjäger. Das U-Boot sollte auf Befehl von Dönitz den Alliierten kampflos übergeben werden.

Es bleibt bis heute ungeklärt, was mit den weiteren deutschen U-Booten passierte und welche wertvollen Ladungen sie hatten. Vermutlich erreichten diese U-Boote die geheime Basis „Neuschwabenland" in der Antarktis, die laut Prinz Bernhard tatsächlich existierte. Offenbar gab es deutsche Gruppen, die nicht mit den USA kooperierten.

Punkt 5
Die Inszenierung des Selbstmordes von Hitler im Berliner Bunker, bevor die sowjetischen Streitkräfte die bedingungslose Kapitulation der Nazis erzwingen würden. Anschließend sollte, wie vereinbart, der sichere Tod von Hitler und seiner Ehegattin Eva Braun offiziell bestätigt werden.

Der Prinz sagte hierzu, dass der angebliche Selbstmord des Führers am 30. April 1945 in Wahrheit eine brutale Ermordung von Hitlers Doppelgänger durch die SS war – auf Befehl von Himmler. Was damals wirklich mit der wahren Eva Braun geschah, war Prinz Bernhard nicht bekannt.

Im Zusammenhang mit der offiziellen Wahrheit über die Selbstmorde im Berliner Bunker wollte mein Großvater mehr über das Schicksal des Propagandaministers Goebbels wissen. Die offizielle Variante besagt, dass er sogar seine Frau und alle seine Kinder gewissenlos umbrachte, bevor er Selbstmord beging. Der Prinz meinte dazu, dass er aus inoffiziellen Quellen wissen würde, dass Goebbels und seine Familie ebenso auf Befehl von Himmler brutal von der SS getötet wurden. Alle Spuren dieser Morde wurden von der SS perfekt verwischt, bevor die Sowjets den Bunker erreichten. (Dazu gleich mehr Informationen aus einem Gespräch mit Willy Brandt.)

Punkt 6
Ein äußerst wichtiger und gravierender Punkt des geheimen Vertrages in Bezug auf das internationale Bankwesen und das weitere Schicksal von Deutschland: die Übergabe von Geldvermögen an verschiedene amerikanisch-britische Geldinstitute, die den Banken der *City of London* (*Bank of England*) und der *FED*-Gruppe aus New York unterstanden.

Die genaue Zahl war nicht bekannt, aber es waren sicherlich beträchtliche Summen durch das weltweite Erbeuten des Vermögens von zahlreichen spanisch-portugiesischen, südamerikanischen und Schweizer Banken durch das Deutsche Reich zusammengekommen. Die ganz persönliche Meinung von Prinz Bernhard war, dass es vermutlich etwa 50% des gesamten erbeuteten Geldvermögens betraf, das vorwiegend über die Schweizer *BIZ*, die von der Familie Rothschild in Basel gegründet worden war, abgewickelt wurde. Dies war wahrscheinlich die größte Geldwäsche in der Weltgeschichte. 50% des erbeuteten Geldes durfte übrigens – natürlich heimlich – das neue Deutschland der Nachkriegszeit behalten, um mit dem Wiederaufbau der deutschen Wirtschaft anzufangen. Der Aufbau wurde später zu Ludwig Erhards Amtszeit als Wirtschaftsminister als *Deutsches Wirtschaftswunder* bekannt. Besonders wichtig war hierbei, dass die größten deutschen Rüstungskonzerne ihr gesamtes Vermögen behalten durften. Dies hatte Himmler den bedeutenden Managern im Hotel „Maison Rouge" in Straßburg zugesichert. Übrigens wussten die Alliierten, dass alle diese geheimen und weltweiten Konten nur den wichtigsten Nazis bekannt waren und niemals von einem westlichen Bankenwesen erfasst werden konnten. Schon allein deswegen hatte es sich gelohnt, in Bretton Woods einen Pakt mit dem Teufel zu schließen, um einen großen Teil dieser Gelder als Kriegsbeute für den Westen zu bekommen.

Zur Information: Das gesamte Paradoxon beruhte auf dem kabbalistisch-alchemistischen Prinzip des vorwiegend jüdischen Bankwesens der Bankiersfamilien von Rothschild und Rockefeller.

Mein Großvater meinte, damit wäre ursprünglich das Prinzip der Umwandlung der unedlen Metalle in reines Gold gemeint gewesen. Dieses Prinzip war insbesondere durch die Geheimlehren der Templer und der jüdischen Bankiers viele hundert Jahre praktiziert worden. Gemeint ist das Prinzip der Umwandlung, das wir als lächerliches Märchen abtun, weil wir es allein durch die Symbole der Alchemie nicht wirklich begreifen können.

Tatsächlich jedoch hatten die Alchemisten des Mittelalters mehr mit dem Bankwesen als mit der Philosophie und der Naturwissenschaft zu tun. Es ging darum, das unedle und wertlose gedruckte Geld in wertvolles zu verwandeln – im übertragenen Sinne in Gold. Diese Methode hatten sich vor allem jüdischstämmige Alchemisten ausgedacht und mit den allerbesten Erfolgen in die Praxis umgesetzt.

Durch die Vergaben von wertlosem Fiat-Geld an verschiedene Parteien (z.B. an andere Staaten) wurden die Verschuldeten automatisch gezwungen, ihren großzügigen Kreditgebern das richtige, wirklich wertvolle Geld zurückzuzahlen – mitsamt den steigenden Zinsen. Auf diese durchdachte Art und Weise wurde das wertlose Geld in wertvolles umgewandelt.

Als sich mein Großvater 1954 in Stade an der Elbe mit Willy Brandt traf, wollte er auch von ihm wissen, was sich im Berliner Bunker wirklich zugetragen hatte. Brandt bestätigte ihm, dass alles, was dort passierte, der Öffentlichkeit komplett verdreht und verlogen mitgeteilt wurde. Alle Insassen des Bunkers, die den Russen und den Amerikanern über die letzten Ereignisse dort berichtet hatten, hatten panische Angst vor Himmler und seiner SS. Gleiches galt für Goebbels, der offensichtlich von dem geglückten Attentat in der Wolfschanze im Juli 1944 wusste, jedoch Angst hatte, die Wahrheit zu sagen. Er hatte seinen Schützling verloren und war von den Launen des neuen heimlichen Führers – Heinrich Himmler – und seiner SS abhängig. Goebbels fürchtete nun um sein Leben und um das seiner Familie. Vermutlich, so Brandt, hatte Goebbels die Gunst des Reichsführers schnell verloren. Laut Angaben der persönlichen Quellen von Willy Brandt wurde Goebbels mit seiner Familie von der SS in Berlin inhaftiert und mit (der falschen) Eva Braun in den Bunker gesperrt. Brandt war genauso wie Prinz Bernhard der Meinung, dass alle auf persönlichen Befehl von Himmler grausam umgebracht wurden. Vielleicht fürchtete Himmler, dass Goebbels die Russen, falls er in ihre Hände gelangte, über die wahren Umstände des Staatsstreiches informieren würde, was sicherlich auch die Westalliierten verhindern wollten. Das würde wiederum bedeuten, dass Goebbels' Tod auch als die günstigste Lösung für die Westalliierten angesehen werden musste!

Weiterhin fragte mein Großvater Herrn Brandt, warum Hermann Göring, der eigentlich offiziell ernannte Nachfolger Hitlers, erstaunlicherweise der tödlichen Axt von Himmlers Henker entgangen war. Sicherlich hatte Göring doch ebenfalls vom geglückten Attentat in Ostpreußen gewusst. Brandt sagte hierzu, dass der große Feldmarschall und Chef der deutschen Luftwaffe vermutlich vorerst aus uns unbekannten Gründen zu wichtig war, um schnell beseitigt zu werden. Vielleicht wussten die Westalliierten aus ihren geheimdienstlichen Quellen, dass Göring ganz sicher über die *Operation Walküre* schweigen würde, um nach dem Krieg mit einer milden Strafe davonzukommen. Göring hoffte, als Nichtkriegs-Verbrecher eingestuft zu werden, was sich während der Nürnberger Prozesse jedoch als sinnlos herausstellte.

Willy Brandt verriet meinem Großvater seine rein private Meinung: Göring musste sterben, weil es für die Westalliierten viel zu riskant wurde, ihn wie Rudolf Heß in Spandau gefangen zu halten. Das Risiko bestand darin, dass Göring sein Wissen über den geglückten Staatsstreich im Laufe der Zeit ausplaudern könnte. Er war während des Attentats in der Baracke, in der die Bombe hochging, „zufällig" nicht zugegen – ebenso wie Himmler –, was vermuten lässt, dass auch er von dem bevorstehenden Attentat wusste. Er kannte außerdem viele andere Geheimnisse des Dritten Reiches und der internationalen Politik des Zweiten Weltkriegs, die nie ans Tageslicht kommen durften. Brandt äußerte noch skeptisch, dass es schon an ein Wunder grenzte, dass die Alliierten das Überleben von Rudolf Heß überhaupt geduldet hatten, in Anbetracht dessen, wie viel der Mann insbesondere über die wahren Hintergründe seiner Mission in England wusste und sicherlich auch über die Wahrheit des Staatsstreiches gegen sein Idol Adolf Hitler und die Beteiligung der westlichen Mächte.

Diesbezüglich muss man sich den besonderen Umstand vor Augen halten, dass es den Alliierten tatsächlich gelang, das Deutsche Reich im Juli 1944 politisch zu spalten. So gab es einerseits Befürworter der Waffen-SS, der SD mit Canaris und der Kriegsmarine mit Dönitz, andererseits Befürworter der Wehrmacht und der stolzen deutschen Luftwaffe mit Göring an der Spitze.

Prinz Bernhard meinte dazu, dass die Westalliierten ernsthaft einen Gegenputsch mit Göring und des Berliner Gauleiters, Joseph Goebbels sowie einigen Feldmarschällen und Generälen befürchtet hätten. Um dies aber überhaupt bewerkstelligen zu können, hätte diese Gegenpartei einen schwer vorstellbaren Abzug der Wehrmachtseinheiten von beiden Fronten gebraucht. Diese wären nötig gewesen, um sie gegen die Waffen-SS und die Kriegsmarine einzusetzen. Die Befürchtungen entpuppten sich jedoch als reine Phantasterei. Dennoch hätten Göring und

Goebbels rein theoretisch und unter äußerst günstigen Umständen die Pläne der Putschisten erfolgreich abwehren können, um das alte System trotz Hitlers Ableben weiter aufrechtzuerhalten.

Wilhelm Keitel, der Chef des Oberkommandos der Wehrmacht, war durch seine Treue zum Führer bekannt, genauso wie einige andere hohe Offiziere. Mit großem Hass verfolgte und bekämpfte Keitel angeblich eifrig alle an dem Attentat auf Hitler beteiligten Mitverschwörer um Graf von Stauffenberg und den neuen Führer Heinrich Himmler sowie dessen SS. Prinz Bernhard sagte, dass man nie genau gewusst hätte, wie die Zusammenarbeit der eigentlichen Putschisten um Himmler und der Wehrmachtsoffiziere nach dem erfolgten Attentat auf Hitler tatsächlich war. Es wunderte ihn aber, dass man Wilhelm Keitel nicht die aktive Mitgliedschaft im *Kreisauer Kreis* und somit die Beteiligung an dem Staatsstreich anlastete, wie man es bei Feldmarschall Rommel gemacht hatte. Damit hätte man den gefürchteten Oberbefehlshaber der deutschen Wehrmacht umgehend beseitigen können. Vielleicht fürchtete Himmler die Macht des Feldmarschalls Keitel und wollte sich hierbei zurückhalten, um den Generalstab nicht gegen die Waffen-SS aufzuhetzen.

Willy Brandt meinte, dass den meisten der höchsten Offiziere der Wehrmacht klar war, dass Himmler seit dem 20. Juli 1944 der wahre Führer hinter den Kulissen war. Sie wussten außerdem, dass Himmler nicht alleine gehandelt, sondern einen von den Westalliierten geschmiedeten Staatsstreich gegen Hitler erfolgreich in die Tat umgesetzt hatte. Man wusste also, dass Himmler ein Verbündeter der USA und von Großbritannien war. Und diesen Umstand wollte man sich nun zum Vorteil machen. Dementsprechend hofften die meisten hohen Offiziere, wie Keitel und Jodel, auf die Gnade der Westalliierten in der kommenden Nachkriegszeit. Wegen diesem hoffnungsvollen Hintergrund hatten sie wahrscheinlich den Staatsstreich stillschweigend hingenommen und sich völlig passiv den neuen Entwicklungen angepasst.

Sie schwiegen diesbezüglich, laut Willy Brandt, sogar vor dem internationalen Gerichtstribunal in Nürnberg, wurden aber dennoch hingerichtet.

Kapitel 19
Himmlers Forderungen an die Alliierten

Die Forderung Himmlers gegenüber den Alliierten, die als Gegenleistung für den geglückten Staatsstreich gegen Hitler in dem Vertrag von Bretton Woods vereinbart wurden, waren folgende:

Punkt 1

Eine Garantie der amerikanischen und britischen Regierungen für die Verschwörer um Himmler, dass sie nach Kriegsende wegen ihrer Verbrechen gegen die Menschheit nie verantwortlich gemacht bzw. gerichtlich verurteilt werden würden. Diese bestimmten, ausgewählten, am Staatsstreich beteiligten Nazis waren Himmler, Canaris, Kammler, Bormann, Mengele, Eichmann und Gehlen. Sie alle und viele andere, vorwiegend hohe SS-Offiziere, wie z.B. die Henker des Warschauer Aufstandes (August 1944), befanden sich unter einem speziellen Schutz der westlichen Geheimdienste. Der SS-Offizier Otto Skorzeny durfte zum Beispiel 1945 aus einem Gefängnis in Darmstadt nach Spanien fliehen und wurde später zum Berater der Regierungschefs in Ägypten und Paraguay. Eine besondere Rolle spielte dabei die amerikanische *CIA* (ehem. OSS) mit den Direktoren Allan Dulles und William Donovan und ihrer rechten Hand, Reinhard Gehlen.

Punkt 2

Eine geschützte Flucht von tausenden der bedeutendsten und vor allem reichen Nazis über die Rattenlinie in verschiedene Gebiete der Welt, insbesondere nach Südamerika und in die USA, auch bekannt als ODESSA-Organisation. Äußerst hilfreich war hierbei der Vatikan, der den Nazis für die Verteidigung des europäischen Christentums gegen den drohenden Kommunismus besonders dankbar war. Außerdem halfen vatikanische Banken beim Waschen der Nazi-Gelder.

Punkt 3

Keine Ansprüche seitens der Westalliierten gegenüber den ausgewählten Nazi-Größen auf ihr in vielen Banken weltweit angelegtes Vermögen, das durch Ausbeutung, Diebstahl oder Sklaverei ergaunert wurde. Dazu gehörte das erbeutete Vermögen der deutschen Rüstungskonzerne, das nach einem Zeitraum von zehn bis zwanzig Jahren beim Wiederaufbau der Unternehmen und der deutschen Wirtschaft aus geheimen Konten nach Deutschland zurückfließen sollte.

Zur Erinnerung: Prinz Bernhard erklärte, dass Deutschland den westlichen Banken der FED-Gruppe etwa 50% des erbeuteten Vermögens als Kriegsbeute sowie zur Abzahlung des Schuldenberges geben musste.

Ansonsten wurde von beiden Seiten unter äußerst unklaren Umständen der vermutlich größte chemische Rüstungskonzern der damaligen Zeit, die *I.G. Farben*, und dessen Vermögen in den Schweizer Banken, aufgelöst. Dieses unvorstellbare Vermögen wurde größtenteils von den amerikanischen Banken und der Familie Rockefeller übernommen.

Punkt 4

Die Duldung und Zulassung vieler ehemaliger Nazis in höchsten Beamtenposten in verschiedenen Behörden und bei den Streitkräften des neu gegründeten demokratischen Deutschlands (offiziell seit 1949). Besonders wichtig war dieser Punkt in Bezug auf die Besetzung der Posten der neugegründeten und den Alliierten unterstellten Geheimdienste, wie dem *Verfassungsschutz*, dem *BND* und dem *MAD* (*Bundesnachrichtendienst* und *Militärischer Abschirmdienst*). Anfänglich wurden bei diesen Nachrichtendiensten viele ehemalige Nazi-Staatsbeamte, sogar erfahrene Spione aus der SD, dem Büro Jahnke und der Gestapo, fest oder zumindest vorübergehend eingestellt.

Punkt 5

Die Nichtverfolgung und inoffizielle Duldung der geheimdienstlichen Organisation „Werwolf", die in der Nachkriegszeit sehr aktiv im Verborgenen agierte. Sie kooperierte sehr eng mit offiziellen deutschen Geheimdiensten und spielte eine besondere Rolle bei der illegalen und dubiosen Abwicklung des Nazi-Vermögens. Sie war besonders aktiv in Westeuropa und Südamerika und grundsätzlich weltweit an illegalen finanziellen Machenschaften beteiligt.

Punkt 6

Die sichere, finanzielle Unterstützung beim Aufbau der westdeutschen Wirtschaft in den ersten Nachkriegsjahren, um die Grundlagen für den zukünftigen wirtschaftlichen Aufschwung zu schaffen – mit einer erheblichen Beteiligung des versteckten Nazi-Vermögens der ehemaligen Rüstungskonzerne.

Prinz Bernhard ergänzte bezüglich Punkt 6, dass das Deutsche Reich als ein „nationalsozialistischer Staat" formell und offiziell von den Alliierten aufgelöst wurde. Sein riesiges Vermögen wurde hauptsächlich durch die ehemaligen Nazi-Rüstungskonzerne und -Unternehmen übernommen und vertreten – eine äußerst paradoxe Situation, da dieses gesamte Vermögen ja aufgrund der Bretton-Woods-Verträge für zehn bis zwanzig Jahre eingefroren werden sollte. Damals, am 22. Juli 1944, zwei Tage nach dem gelungenen Staatsstreich gegen Hitler und der geheimen Machtübernahme durch Himmler, war den Westalliierten noch nicht völlig klar, wie die Teilung des deutschen Staates unter Beteiligung von Stalins Reich aussehen sollte. Die bei den Bretton-Woods-Verträgen beteiligten Illuminaten, und insgeheim auch die Vertreter von Himmler, fürchteten die Sowjetunion bereits damals sehr. Eine effektive Atombombe war ja auch noch nicht fertig, und die Sowjetunion wurde wegen des *Lend-Lease-Abkommens* völlig unberechenbar. Man wusste, dass Stalin imstande gewesen wäre, mit seiner weltweit größten Armee die vereinten Streitkräfte der Westalliierten nicht nur aus Europa zu vertreiben, sondern auch zu besiegen. Niemand in Europa wäre damals (1944/1945) imstande gewesen, den Rotarmisten Widerstand zu leisten.

Zur Erinnerung: Das uneingeschränkte Monopol für derartige Vertragsverfahren hatten sich vor allem die zwei bedeutendsten Bankiersfamilien der Welt beschafft – die Rockefellers und die Rothschilds mit der Gründung der *FED*. Die *FED* war für die Finanzierung der Oktoberrevolution in der Sowjetunion, die Industrialisierung von Japan und Nazi-Deutschland sowie für den Ausbruch des Ersten und Zweiten Weltkrieges verantwortlich, um das verliehene, wertlose Geld in wertvolles zu verwandeln. Dadurch wollten sie die wahre Macht über die ganze Welt erreichen. Diese Methode nutzten jahrzehntelang die Vertreter der drei einflussreichsten Familien der Welt (Windsor-Mountbattens, Rockefellers und Rothschilds), um die alleinige Kontrolle über die Welt zu erhalten, was ihnen ja auch grundsätzlich gelungen ist. Die drei einflussreichsten Familien der Welt verfolgten die meist gleichen, eigenen, rein privaten Ziele, unterstützten sich zu deren Erreichung gegenseitig und arbeiteten dabei Hand in Hand. Diese Ziele waren den meisten Mitgliedern des *Komitees der 300* vorenthalten, weswegen sie häufig blind den Anweisungen der Ranghöchsten folgten, völlig verblendet vom strahlenden Glanz ihrer Anführer.

Das blinde Vertrauen des Komitees zu seinen Anführern endete fast in einer unglaublichen Katastrophe durch die unerwarteten Erfolge Hitlers und später auch Stalins. Die freimaurerische Organisation war deshalb gleich zwei Mal innerhalb von knapp fünf Jahren gefährdet. Gerettet hatte sie nur das für sie 1941 erfolgreich durchgeführte und von ihnen geplante „Pearl-Harbor-Unternehmen" gegen die faschistischen Achsenstaaten. Genauso rettete sie das Abwerfen der Atombomben in Japan 1945, was als eine Warnung an die kommunistische Weltmacht galt. Beide, sowohl Hitler als auch später Stalin, wären imstande gewesen, die freimaurerische Weltregierung in Eurasien auszuradieren. Paradoxerweise wurden zuvor beide Weltmächte, das Deutsche Reich und die Sowjetunion, durch das freimaurerische Bankwesen erschaffen, um den Weltkrieg zu entfachen. Die dafür verantwortlichen Illuminaten hätten niemals gedacht, noch nicht einmal in ihren schlimmsten Albträumen, dass ihre Kriegspläne und deren Ausführung völlig außer Kontrolle geraten könnten.

Deswegen hatten sie, so vermutete mein Großvater, den Dritten Weltkrieg noch nicht in die Wege geleitet, zumindest bis zu seinem Ableben 1994. Mein Großvater hatte mich auf die folgenden historischen Daten in seinen Unterlagen verwiesen, deren Zusammenhänge zu einer verblüffenden Schlussfolgerung führten: dass nämlich direkt nach der Kapitulation des Deutschen Reiches die Welt erneut mit einem weiteren Vernichtungskrieg bedroht wurde. Diesmal jedoch drohte Stalin Europa mit der Fortsetzung des Krieges…

Die ausschlaggebenden historischen Daten, die mein Großvater während des Gespräches mit Prinz Bernhard bei dessen Besuch in Niederschlesien (Lubuser Land) 1974 notierte, habe ich nachfolgend chronologisch aufgelistet:

1. Der unerwartete Tod des amerikanischen Präsidenten F. D. Roosevelt am 12. April 1945 in Warm Springs, angeblich infolge einer Hirnblutung.
   Der Prinz erklärte hierzu, dass er fest davon überzeugt war, dass Roosevelt umgebracht wurde, weil er den Einsatz von Atombomben gegen die Zivilbevölkerung Japans grundsätzlich bedingungslos ablehnte. Er war absolut davon überzeugt, dass sich eine mögliche, bevorstehende Invasion der Rotarmisten auf Westeuropa und Japan auch auf diplomatischem Wege hätte abwenden lassen. Der japanische Kaiser verweigerte die Kapitulation. Die hinter dem Bau der Nuklearwaffen stehende Lobby aus den Illuminatenkreisen vertrat dazu eine völlig andere Meinung – und in diesem konkreten Fall vermutlich zu Recht. Roosevelt war selbst ein Illuminat, dessen Familie beträchtliche Anteile an Rüstungskonzernen (z.B. *General Electric*) hatte und die Interessen anderer Beteiligten vertrat. Die Roosevelts waren nicht nur Mitglieder des *Komitees der 300*, sondern auch des *Rates der 33*. Trotzdem wurde Delano Roosevelt offenbar mit dem Tod bestraft, weil er sich gegen die Interessen der höher stehenden Illuminaten zu stemmen wagte. Somit hatte Stalin also recht gehabt mit seiner Behauptung, dass Roosevelt eines unna-

türlichen Todes gestorben war. Stalin war der festen Überzeugung, dass Roosevelt vergiftet worden war, und zwar von der „Churchill-Gang", wie er sich ausdrückte.

2. Am 16. Juli 1945 der gelungene Explosionstest einer Atombombe (Trinity-Test) in Alamogordo in der Nähe von Los Alamos.

3. Vom 17. Juli bis zum 2. August 1945 fanden die Friedensgespräche mit Stalin, Churchill und Truman in Potsdam statt, die mit dem Unterschreiben des gemeinsamen Vertrages endeten.

4. Am 6. August 1945 erfolgte die erste zerstörerische Explosion der Atombombe in Hiroshima, die diese Stadt in Schutt und Asche legte. Am 9. August 1945 erfolgte die zweite Explosion in Nagasaki, woraufhin die japanische Regierung die bedingungslose Kapitulation unterzeichnete.

Der Prinz nahm zu den Punkten 2 und 3 besonders überzeugend Stellung, wie schon früher Willy Brandt, nämlich bereits 1954.

Erstaunlicherweise erfolgte die erste gelungene Explosion einer effektiven Atombombe in Los Alamos einen Tag vor Beginn der Potsdamer Gespräche. Ein einziger Tag! War das Zufall? Oder war es ganz einfach eine Warnung der Amerikaner an Stalin, um deutlich zu machen, was passieren würde, wenn er versuchen sollte, die *Potsdamer Gespräche* zu unterbrechen und den Westalliierten mit einem Krieg zu drohen…

Prinz Bernhard war jedenfalls davon überzeugt, dass Stalin genau solch einen Ablauf der Gespräche mit Churchill und Truman plante und den Westalliierten den Vorwurf des Verrates machen wollte, was ja auch grundsätzlich stimmte. Stalin musste von seinen Geheimdiensten zumindest teilweise über den Bretton-Woods-Vertrag zwischen den Westalliierten und Himmler informiert gewesen sein.

Stalin wusste offenbar von Hitlers Ableben nichts, denn er war ja bis zu seinem Tod überzeugt davon, dass Hitler nach Südamerika geflohen war. Die amerikanischen und britischen Geheimdienste hatten sich enorm viel Mühe gegeben, damit die Sowjets außerstande waren, Informationen über die Einzelheiten dieses Komplotts zu bekommen. Möglicherweise verfügte Stalin über zu spärliches Beweismaterial, um dem Westen einen direkten Verrat vorzuwerfen. Zu dicht war dieses gesamte Unternehmen durch die westlichen Geheimdienste abgeschirmt worden.

Sowohl Prinz Bernhard als auch Brandt, Prof. Beitz und hochrangige DDR-Funktionäre waren sich darüber einig, dass diese grausame und kaltblütige Tat der Amerikaner Stalin von einem Angriff auf Japan und Korea sowie auch auf Westeuropa abschrecken sollte. Brandt war absolut davon überzeugt, dass Stalin trotz der friedlichen Gespräche in Potsdam vor einem Angriff auf West- und Südeuropa im Spätherbst 1945 nicht zurückschrecken würde. Nach wie vor besetzten die Sowjets Österreich und konnten somit schnell Oberbayern angreifen. Stalin war bis dahin davon überzeugt gewesen, dass es die Amerikaner aus rein christlich-humanen Gründen nie gewagt hätten, die wehrlose Zivilbevölkerung den verheerenden Folgen eines Atombombenabwurfs auszusetzen. Die Amerikaner hatten Stalin mit dieser offensichtlich grausamen Tat genügend Angst eingejagt, denn tatsächlich stellte der sowjetische Führer sofort die Angriffspläne gegen Westeuropa und Japan ein. Stalin begriff schnell, dass die Lage sehr ernst war und die Amerikaner in der Tat bereit wären, falls die Rote Armee Westeuropa angriff, zwei bis drei gleich starke Atombomben wie in Japan auf Moskau und gegebenenfalls auch auf die hintere sowjetische Front abzuwerfen. Man hätte dann mit Millionen von Opfern rechnen müssen, was das endgültige Ende des sowjetischen Reiches hätte bedeuten können. Brandt schätzte, dass die USA damals, zwischen August und November 1945, über maximal drei zum Einsatz bereite Atombomben verfügten, die der Sowjetunion unvorstellbare Schäden hätten zufügen können. Dieses wahnsinnige Risiko war Stalin trotz seiner bekannten Hartnäckigkeit und seines Hasses gegen den kapitalistischen Westen nicht eingegangen.

Sowohl der *Internationale Währungsfonds (IWF)* als auch die *Internationale Bank für Wiederaufbau und Entwicklung (International Bank for Reconstruction and Development – IBRD)* waren Weltbanken, die direkt der *Federal Reserve Bank* von der Wall Street untergeordnet waren. Die Weltbank *IBRD* wurde offiziell während des Bretton-Woods-Zusammentreffens gegründet. Mit ihrer Hilfe sollte wieder einmal Fiat-Geld für den Wiederaufbau der weltweiten Zerstörungen, die der Zweite Weltkrieg angerichtet hatte, vergeben werden. Bei dieser Neuverschuldung spielten offensichtlich die besiegten und zerstörten Achsenstaaten die bedeutendste Rolle, außerdem ganz Westeuropa und die ehemaligen Kolonien, die in Zukunft als Staaten der sogenannten „Dritten Welt" gelten sollten.

Sowohl Prinz Bernhard wie auch Willy Brandt meinten, dass die permanente Bombardierung der deutschen Städte durch die britische RAF sowie in Japan durch die amerikanische Luftwaffe gar nicht darauf abzielte, die Moral der Achsen-Staaten zu untergraben, sondern vielmehr darauf, die Grundlage für den Wiederaufbau der zerstörten Infrastruktur zu erschaffen. Der Plan war es, für den dann notwendigen Aufbau wieder neue Kredite zu vergeben! Und so bewilligte 1948 der Marshall-Plan dem ruinierten Westdeutschland ein Darlehen von 1,4 Milliarden Dollar. Insgesamt wurden Kredite von etwa 16 Milliarden Dollar für westeuropäische Staaten eingeräumt. Die größte Summe von etwa 3,6 Milliarden Dollar erhielt Großbritannien. Hiervon sollte der größte Teil verschiedenen Banken der *City of London* zukommen, und zwar als Rückzahlung für die hohen Kredite, die Großbritannien für die Aufrüstung während des Zweiten Weltkrieges gewährt bekam. Zu dieser Aufrüstung zählten vor allem die Millionen von Bomben, die mithilfe der RAF die meisten deutschen Städte in Schutt und Asche verwandelt hatten. Alle diese Banken wurden von der Rothschild-Familie kontrolliert und funktionierten nach dem gleichen Prinzip wie die *Federal Reserve Bank* aus New York, die der Rockefeller-Familie unterstand.

Prinz Bernhard informierte meinen Großvater, dass paradoxerweise der größte Teil der Marshall-Hilfe von der Kriegsbeute der zerstörten Achsenstaaten – nämlich von Deutschland und Japan – stammte. Man muss hierbei bedenken, dass die USA die deutschen Goldreserven im Wert von etwa 20 Milliarden Dollar sowie japanisches Gold in unvergleichbarer Höhe (ca. 100 Milliarden Dollar!) beschlagnahmt hatten.

Mein Großvater hinterfragte damals sofort, wer eigentlich die riesigen Gewinne eingestrichen hatte. Wer die wirklichen Nutznießer waren, sagte Prinz Bernhard, könne man sich ja nun denken. Es waren dieselben, die den Weltkrieg bereits angezettelt hatten und nun auch von dessen Folgen profitierten. Nicht Länder wie die USA oder Großbritannien hatten reichlich verdient, sondern die Banken der *FED*-Gruppe aus New York und der *City of London*. Oder anders ausgedrückt: Die wirklichen Gewinner des Krieges waren die Rockefellers und die Rothschilds. Gleich nach ihnen kamen die Mogule der Rüstungs- und Schwerindustriekonzerne, die vorwiegend aus Mitgliedern des *Komitees der 300* bestanden.

So schließt sich der Kreis: Die Westalliierten, vor allem die USA, ergatterten riesige Gewinne, vorwiegend durch Kriegsbeute. Aus Deutschland bekamen sie etwa die Hälfte des Nazi-Vermögens und deutsche Goldreserven im Wert von etwa 20 Milliarden Dollar – mal ganz abgesehen von dem unschätzbaren Wert des Technologietransfers (Patentübergabe sowie *Operation Paperclip*). Aus Japan kam eine in der Weltgeschichte unvergleichbar hohe Menge Gold in amerikanische Hände, das ebenfalls von Stalin sehr begehrt war. Der amerikanische Staat musste den größten Teil dieser riesigen Kriegsbeute an die Banken der *FED*-Gruppe abgeben, um seine Schulden zurückzuzahlen, einschließlich den kontinuierlich ansteigenden Zinsen. Mein Großvater fand es unglaublich, dass die *FED*-Gruppe die erteilten Darlehen an den Staat der USA, die aus dem wertlosen Fiat-Geld bestanden, nun als wertvolles und gewissermaßen vergoldetes Geld zurückerhielt – einschließlich Zinsen.

Die Rockefellers, Rothschilds, Windsor-Mountbattens und Mitglieder des *Komitees der 300*, also die meisten Vorstände und Teilhaber der Rüstungskonzerne oder Geldinstitute, hatten alle enorm am Krieg verdient, die siegreichen Staaten allerdings fast gar nichts.

Kapitel 20
Exklusive Zusammenfassung von Prinz Bernhard

Hier noch einmal eine Zusammenfassung, exklusiv von Prinz Bernhard für meinen Großvater: Die drei mehrmals in diesen Unterlagen (meines Großvaters) erwähnten Familien hatten absichtlich mit der Anzettelung des Ausbruchs des Weltkrieges versucht, ganz Eurasien unter ihre Herrschaft zu bringen. Eurasien sollte demnach kommunistisch werden, nach dem Vorbild Russlands und Chinas. Zum offiziellen Anführer dieses kommunistischen Molochs wurde Leo Trotzki (bürgerlicher Name Lew Dawidowitsch Bronstein), Freimaurer der jüdischen *B'nai-B'rith-Loge* und des *Palladin-Ritus*, auserkoren. Stalin hatte in der Tat gut spioniert und in Erfahrung gebracht, wie gefährlich Trotzki und Bucharin für ihn waren. Deswegen wurden beide rechtzeitig ins Exil verbannt. 1940 wurde Trotzki in Mexiko brutal von der NKWD (Innenministerium der Sowjetunion) ermordet. Durch diesen makabren und heimtückischen Mord meinte Stalin, seinen größten Gegner für immer beseitigt zu haben. Stalin vermutete zu Recht, dass Trotzki zukünftig mit einem Staatsstreich beauftragt werden würde, um in Moskau die Kontrolle über die Sowjetunion – nach den Richtlinien der Illuminaten – zu übernehmen. Dieser Plan scheiterte jedoch gänzlich, mal abgesehen vom weiteren Verlauf des Krieges. Letztendlich wurde aus Stalin ein Bündnispartner für die Westelite, die ihm sogar das legendäre und mehr als großzügige *Lend-Lease*-Hilfspaket bescherte, um Hitler besiegen zu können.

Die drei einflussreichsten Familien der Welt planten die Gründung einer Weltbank im kommunistischen Eurasien, die der *FED*-Gruppe und der *City of London* direkt unterstehen sollte. Diese Weltbank sollte alle durch die Sklavenarbeit gewonnenen Ressourcen von Eurasien, die in die Taschen der reichsten Familien der Welt fließen sollten, abwickeln.

Tatsächlich wurde dann jedoch aufgrund des Bretton-Woods-Vertrags eine ähnliche Weltbank (*IWF*) in den USA gegründet, um die kapitalistische Welt vor dem Kommunismus zu schützen und zu retten. Prinz Bernhard und Willy Brandt vertraten hierbei die gleiche Überzeugung, nämlich dass der geheimnisvolle *Rat der 3* mit den ihm unterstehenden *Räten 13* und *der 33* durch die Entfachung des Zweiten Weltkrieges das gesamte Eurasien so zu schwächen versuchte, damit es leicht durch die sowjetische Rote Armee hätte verschluckt werden können. In Westeurasien, also Europa, sollten sich der französisch-britische Block und der deutsch-italienische in geplanten Stellungskriegen gegenseitig vernichten. Im östlichen Eurasien (Fernasien) sollte dies gleichzeitig beim Stellungskrieg China gegen Japan geschehen. Falls eines dieser Stellungsgefechte in irgendeiner Art und Weise außer Kontrolle geraten sollte, würden die USA sich sofort politisch und militärisch einschalten, und das eindeutig gegen die *Monroe-Doktrin*. (Eine Rede zur Lage der Nation vor dem Kongress 1823. Hierbei entwarf Präsident Monroe die Grundzüge einer langfristigen Außenpolitik der USA.)

Durch die offizielle und inoffizielle Geschichte des Zweiten Weltkrieges mag man meinen, dass die Pläne der Illuminaten gänzlich gescheitert wären, tatsächlich sind sie perfekt gelaufen nach dem Prinzip: „Teile und herrsche!". Die Welt wurde in zwei feindselige Blöcke gespalten, die sich während der langen Zeit des Kalten Krieges bis 1989 mit enormem Ausmaß bekämpften.

Kapitel 21
Zukunftsaussichten

„Wir beschließen etwas, stellen das dann in den Raum und warten einige Zeit ab, was passiert. Wenn es dann kein großes Geschrei gibt und keine Aufstände, weil die meisten gar nicht begreifen, was da beschlossen wurde, dann machen wir weiter. Schritt für Schritt, bis es kein Zurück mehr gibt."
Jean-Claude Juncker, *Der Spiegel*, 52/1999

„Die Öffentlichkeit wird dazu gebracht werden, Vorschlägen zuzustimmen, die sie überhaupt nicht kennt, und wir wagen es auch nicht, sie zu veröffentlichen. Alle früheren Vorschläge sind im neuen Text enthalten, nur versteckt und verschleiert."
Valéry Giscard d'Estaing über den Lissabon-Vertrag, im *Le Monde*

Damals im Jahre 1974, am Ende der zahlreichen langen Gespräche über die Machenschaften vor und während der beiden Weltkriege, führte Prinz Bernhard mit meinem Großvater ein sehr persönliches und vertrauliches Gespräch. Hierbei informierte er ihn über die geheimen und weltweiten Pläne der international agierenden Illuminaten (und er meinte hier sicherlich seine Logenbrüder) in naher Zukunft, welche sie durch verschiedene Tarnorganisationen, wie die *NATO, CFR, IWF, UNO*, die *Trilaterale Kommission*, die *Bilderberger*-Gruppe, die *EU* und viele andere, umsetzen wollten.

Alle diese angeblich unabhängigen Organisationen unterstehen dem *Komitee der 300* und somit dem *Rat der 3*. Die Illuminaten verfolgen nach wie vor das uralte Ziel, Eurasien mit seinen unendlichen Ressourcen (vor allem Rohstoffe und Öl) unter ihre Kontrolle und Macht zu bringen. Deswegen musste zuerst die kommunistische Sowjetunion durch eine finanzielle Erschöpfung geschwächt und teilweise aufgelöst werden. Dies sollte voraussichtlich innerhalb der nächsten zehn bis zwanzig Jahre erfolgen – was es ja auch tat. Nachdem die Gefahr für das westliche Kapital und Christentum durch die Auflösung der Sowjetunion abgewendet sein würden, würde Ost- und Mitteleuropa direkt von internationalen Freimaurern regiert und kontrolliert werden, wie es bereits vor 1939 der Fall war,. Damit wären die Weichen gestellt, um das inzwischen kapitalistische Russland erneut vorsichtig mit neuen *FED*-Krediten aufzurüsten. Gleichzeitig würde eine in der Weltgeschichte noch nie dagewesene Industrialisierung von China – der neuen Weltmacht – erfolgen. Hiermit sollte ein militärisch-politisch-wirtschaftliches Gleichgewicht zu Russland geschaffen werden. Im Laufe der Zeit würden dann die „entsprechenden Kräfte" versuchen, beide Giganten gegeneinander aufzuhetzen, um sie in einen lokalen Krieg zu stürzen, entweder durch finanzielle Krisen oder Rohstoffmangel (vor allem in Bezug auf das Öl). Auch Indien und Japan sollten mit einbezogen werden. Geplant war, Asien durch diesen lokalen Krieg komplett auszulöschen. Für die Illuminaten war die endgültige Abschaffung der Sowjetunion von großer Bedeutung, was nur durch einen Krieg mit China und Japan realisierbar gewesen wäre.

Dieses Szenario hatte Prinz Bernhard meinem Großvater persönlich genau so dargestellt. Ist das nicht erstaunlich? Denn meiner Ansicht nach befinden wir uns inmitten dieses Zukunftsspektakels.

Als Prinz Bernhard dies meinem Großvater beschrieb, schrieben wir das Jahr 1974!!! Noch blühte der Ostblock auf, und Polen erlebte einen erstaunlichen wirtschaftlichen Aufschwung. Die ganze Welt fürchtete sich jedoch vor der Sowjetunion. Kommunistische sowie sozialistische Organisationen und Parteien waren weltweit sehr aktiv und erhielten Unterstützung von der westeuropäischen Bevölkerung. Die sogenannte „Nelken-Revolution" hätte selbst das christlich-konservative Portugal beinahe in einen sozialistischen Staat verwandelt.

Und all diesen pro-sozialistischen Umwälzungen der 1970er-Jahre zum Trotz, erwog Prinz Bernhard solch kaltblütige Aussichten. Unvorstellbar groß mussten die Kräfte der geheimen Weltregierung gewesen sein, dass sie ihre langfristigen Pläne, die damals fast an Utopie grenzten, nach etwa 30 Jahren tatsächlich doch noch hatte verwirklichen können! Äußerst beunruhigend ist, dass fast alle wirtschaftlichen Auf-

und Abschwünge durch die Kredite künstlich erschaffen wurden. Diese wurden vom Bankwesen nach freiem Dafürhalten eingeräumt, bestimmt und geregelt, um deren undurchsichtige Pläne durchzusetzen.

Hier stellt sich die Frage, ob Prinz Bernhard ein Prophet oder Hellseher war? Weder noch. Er war in der Tat bestens informiert und hatte sich damals bei meinem Großvater geöffnet. Er hatte meinem Großvater wirklich erstaunlich viel anvertraut. Mein Großvater bat mich und nahm mir das Versprechen ab, den größten Teil dieses geheimen Wissens der Öffentlichkeit zukommen zu lassen. Dieses Wissen teilte er mir detailliert zwischen 1992 und 1994 durch Erzählungen mit und überließ mir die entsprechenden Dokumente. Allerdings hatte er eine Bedingung: Die Veröffentlichung durfte erst nach seinem und dem Tod von Prinz Bernhard geschehen.

Mit diesem Buch erfülle ich nun seinen Wunsch, einem breiten Publikum die wahren Hintergründe des Zweiten Weltkrieges zu enthüllen. Ich selbst bin kein Historiker. Deswegen fällt es mir äußerst schwer, eine persönliche Stellungnahme zu all diesen unfassbaren Einzelheiten und Vorgängen, in die mein Großvater mich damals einweihte, abzugeben. Aber noch nie habe ich solch eine geschichtliche Darstellung des Zweiten Weltkrieges in einem Geschichtsbuch gefunden. Deshalb finde ich es so spannend und bereichernd, wenn ich durch dieses Buch das historische Wissen über den Zweiten Weltkrieg vertiefen und erweitern konnte – auch bezüglich der heutigen, manchmal verwirrenden Zeiten.

> *„Wer die Wahrheit nicht kennt, ist ein Dummkopf.*
> *Wer aber die Wahrheit kennt*
> *und sie eine Lüge nennt, der ist ein Verbrecher!"*
>
> Bertolt Brecht (1898-1956)

Kapitel 22
Brisante Informationen über die Nachkriegszeit

Nachfolgend lasse ich Sie an vielen spannenden Informationen und Gedanken meines Großvaters teilhaben, die er mir ebenso überlassen hat. Nach wichtigen und vertraulichen Gesprächen mit Willy Brandt, Prinz Bernhard, Erich Honecker u.v.m. schrieb er diese als eine Art Gedächtnisprotokoll anhand seiner zum Teil ausführlichen Notizen nieder.

Diese Unterlagen umfassen die Zeitspanne zwischen 1971 und 1979, sind jedoch nicht chronologisch, sondern nach Themen geordnet.

Notiz meines Großvaters vom 8. Januar 1971:

„Ich war äußerst gespannt auf den ersten, historischen Besuch des amtierenden Bundeskanzlers Willy Brandt im Dezember des vergangenen Jahres. Wir sollten uns nun nach beinahe 15 Jahren wiedersehen. Besonders spannend fand ich den angekündigten Besuch der sozialdemokratisch orientierten Redakteurin der ‚Zeit' aus Hamburg – Marion Gräfin Dönhoff. Seltsamerweise war sie eine ehemalige Adlige aus Ostpreußen, die in Westdeutschland in der Nachkriegszeit eine hervorragende journalistische Karriere machte.

Letztendlich wurde ihr Besuch als Begleitperson von Günter Grass aber in letzter Minute abgesagt. Willy Brandt hatte mich umgehend davon in Kenntnis gesetzt, dass die Gräfin von britischen Regierungskreisen (?) mit einer sehr heiklen Mission beauftragt worden war, die ihm (Brandt) nicht gänzlich bekannt war.

Ich persönlich erachtete die politische Aktivität der sozialdemokratischen deutschen Presse, wie die ‚Zeit' an ihrer Spitze, als vielversprechend und hoffnungsvoll in Richtung Versöhnung. Marion Gräfin Dönhoff wäre bereit gewesen, zumindest habe ich damit gerechnet, einen politischen Kompromiss mit der polnischen Regierung bezüglich der Anerkennung der Oder-Neiße-Grenze zu befürworten, ohne dabei auf Moskau Rücksicht zu nehmen. Auch der Premierminister (damals

Josef Cyrankiewicz) *hatte mich herzlichst darum ersucht, diese Angelegenheit unbedingt mit der Gräfin zu erörtern.*

Brandt hatte mir erklärt, dass sie angeblich den Anweisungen der Familie Astor aus England folgte, die die geplante Mission aus unbekannten Gründen in letzter Minute abgebrochen hatte. Es ging offenbar um den einflussreichen britischen Herausgeber der Zeitung ‚Observer‘, David Astor – der Förderer der journalistischen Karriere der Gräfin und den allgemeinen Gerüchten nach, ihr ehemaliger Lebensgefährte, als sie in den 1950er-Jahren in England weilte. Es ist allerdings auffallend, was offensichtlich einem Zufall zu verdanken ist, dass von genau dieser Adelsfamilie Astor die bekannte politische Gruppe ‚Cliveden Set‘ gegründet wurde, die Anhänger der Appeasement-Taktik gegenüber Hitler in den 1930er-Jahren waren. (Zu dieser Gruppe gehörten u.a. Lord Halifax, Winston Churchill, E. Chamberlain und die Inhaber des britischen Rüstungskonzerns Vickers-Armstrongs Ltd.)

David Astor war Vorstand eines Bildungszentrums für hoffnungsreiche, junge Journalisten aus der ganzen Welt, das vom Tavistock-Institut gefördert wurde. Ich konnte nur nicht begreifen, wie und warum die Gräfin mit politischen Aufgaben bezüglich Polen aus dem Hause Astor betraut werden konnte. Die Gräfin vertrat doch die Interessen des westdeutschen Staates und nicht die von Großbritannien.

Erst ein Jahr später traf ich mich mit Willi Stoph zu einem Gespräch in Spremberg (ehem. DDR), wo wir uns beide mit dem deutschen Kanzler treffen wollten. Stoph war eindeutig in schlechter Stimmung, als ich ihn über die Absage der Gräfin informierte.

Stoph teilte mir unter vier Augen mit, dass der ostdeutsche Sicherheitsdienst, die Stasi, auf geheime Verbindungen zwischen der britischen Familie Astor und westalliierten Teilnehmern gestoßen sei. Sie wusste von zwei politischen Gipfeltreffen – in Marienlyst 1969 und zuletzt 1970 in Bad Ragaz in der Schweiz. Hierbei wären die Vorbereitungen für den langsam in die Wege geleiteten Abbau des Warschauer Paktes beschlossen worden. Dies sollte angeblich parallel in zwei Bereichen erfolgen: durch finanzielle und religiöse Vorgehensweisen.

Stoph sagte, dass die westlichen Banken absichtlich versuchen würden, die seit kurzem dem Westen aufgeschlossene polnische Regierung mit dem neuen Ersten Sekretär der PZPR (Polnische Vereinigte Arbeiterpartei), *Edward Gierek, in eine Schuldenfalle zu locken, um in naher Zukunft eine Wirtschaftskrise herbeizuführen, die den gesamten Ostblock erschüttern sollte.*

Die Parteigenossen der DDR waren demnach äußerst besorgt, dass die neue polnische Regierung einen Reformkurs eingeschlagen hatte, der sogar in Moskau begrüßt wurde. Stoph sagte zu mir, dass die polnischen Genossen im Umgang mit den westlichen Krediten sehr wachsam sein sollten. Zu Beginn würde die polnische Wirtschaft sichtbaren Aufschwung erleben, der im Laufe der Zeit jedoch langsam an Wachstum verlieren würde, bis hin zu dem Zeitpunkt, an dem die polnische Regierung nicht mehr in der Lage sein würde, die wachsenden Zinsen begleichen zu können.

Die somit ausgelöste Wirtschaftskrise würde zu Unruhen und der Gründung der politischen Opposition führen, die von westlichen Geheimdiensten und verschiedenen Stiftungen finanziell unterstützt werden sollte.

Stoph berichtete weiter, dass es noch eine zusätzliche religiöse Vereinigung gebe, die einen baldigen polnischen Papst voraussehe, der das Durchsetzen der westalliierten Interessen bei der Bekämpfung des Ostblocks unterstützen und verfolgen sollte.

Die scharfen Worte meines Gesprächspartners versetzten mich in Staunen. Stoph informierte mich darüber, dass die zusammenarbeitenden Stasi- und KGB-Agenten an die streng geheimen, internen Beschlüsse eines politischen Zusammentreffens 1969 in einer kleinen dänischen Ortschaft, Marienlyst, gelangten. Diese Beschlüsse klangen furchterregend für die Zukunft des Warschauer Paktes. Der Reformkurs des Ostblockes zielte grundsätzlich auf die Belebung des harten, sozialistischen Wirtschaftssystems ab und wurde in Moskau beschlossen, um die UdSSR Ende der 1960er-Jahre vor dem wirtschaftlichen Kollaps zu retten. Ein besonderes Interesse der Sowjetunion, so Stoph, läge an den westlichen Krediten, um für den schrumpfenden Lebensmittelbinnenmarkt in Russland Getreide aus den USA und Kanada sowie Fleischprodukte aus Westdeutschland ankaufen zu können.

Stoph erklärte mir, dass er interne Gespräche mit Andrej Gromyko geführt habe, die bestätigten, dass die sowjetische Regierung wegen der Knappheit der Nahrungsmittel ernsthaft Unruhen befürchtete, insbesondere unter den Bergleuten in den Industriegebieten.

Der Westen habe Moskau neue Kredite zugesagt, allerdings mit der Bedingung, dass die sowjetische Regierung einen neuen wirtschaftlichen Kurs bezüglich des Warschauer Paktes zulassen sollte. Breschnew hatte diesen Vorschlag angeblich zwischen 1969 und 1970 aufgenommen, um den wirtschaftlichen Reformen in Polen und Ungarn grünes Licht zu geben. Stoph teilte mir weiter mit, dass Mielkes Mannen herausfanden, dass hinter diesem Moskau vorgelegten Reformkurs ein britischer Adliger, ein gewisser Lord Carrington, stünde. Er soll 1968 in Mont Tremblant in Kanada heimlich einem breiten Gremium von Politikern und Bankiers aus der ganzen westlichen Welt eine Verschuldungstaktik gegenüber dem Ostblock vorgestellt haben, um den Warschauer Pakt in den kommenden Jahrzehnten wirtschaftlich zu ruinieren.

Stoph sagte, Lord Carringtons Vorschlag wäre von den Beteiligten in Mont Tremblant einstimmig begrüßt worden."

Notiz vom 12. April 1971

„Mein nächstes Gespräch mit Stoph in Tabarz war spannender, als ich es erwartet hatte. Er war ganz aus dem Häuschen, dass die Deutsche Bank der Regierung der DDR einen neuen Kredit einräumte, der Stoph von Willy Brandt während eines persönlichen Gespräches in Kassel letztes Jahr versprochen wurde.

Stoph fuhr weiter fort, dass Honi (Erich Honecker) sehr vorsichtig mit den westlichen Krediten umzugehen pflegte.

Dann hatte mich Stoph völlig überrascht, als er mich plötzlich auf die Marion Gräfin Dönhoff ansprach: ‚Sie, Herr Lipinski, würden sich wundern, was unsere Nachrichtendienste über diese Gräfin aus Hamburg herausgefunden haben und weswegen sie in letzter Minute ihre Reise nach Polen absagte.', sagte er zu mir. Er berichtete, dass die Gräfin die Interessen des britischen Auswärtigen Amtes vertrat und auf Geheiß von zwei Aristokraten, Lord Astor und Lord Carrington, handelte. Der Erste Sekretär Wladislaw Gomulka hätte die jüdische Lobby durch die ausgelöste antisemitische und antizionistische Hetze 1968 zutiefst beleidigt. Diese hätte zur Verbannung von ein paar tausend Juden aus Polen geführt. Dabei hätte Gomulka großes Pech gehabt, da er keine Rückendeckung aus Moskau bekommen hätte, obwohl in der Sowjetunion zur gleichen Zeit Breschnew ebenfalls in Militärkreisen jüdischstämmige Offiziere von deren hohen Posten enthoben hätte. Das wäre ein großer Fehler gewesen, denn für Gomulka bedeutete es den politischen Selbstmord. Er hätte sich mit dem polnischen Judentum nicht anlegen sollen.

Gomulkas Regierung brauchte unbedingt Kredite aus dem Westen, um der katastrophalen Nahrungsmittelknappheit (vor allem Fleischprodukte) entgegensteuern zu können.“

Eine zusätzliche Bemerkung meines Großvaters:

„Die gespannte Atmosphäre unter den unzufriedenen polnischen Arbeitern, insbesondere in den bedeutendsten Werften in Stettin, Danzig und Gdynia, spitzte sich ständig zu und drohte, in Streik oder sogar einem

Aufstand gegen die sozialistische Regierung zu enden. Letztendlich könnte dies die gleichen politischen Folgen wie 1968 in der Tschechoslowakei annehmen (Prager Frühling). Um dieser Gefahr entgegenzuwirken, wendete sich Gomulka 1969 mit der Bitte um Gewährung kleinerer Kredite an die westlichen Banken. Er hatte nicht begriffen, dass er bei jüdischen Lobbyisten in Ungnade gefallen war, die generell das internationale Bankwesen in Westeuropa und Nordamerika kontrollierten. Zuerst wurde ihm unverbindlich ein kleines Kreditpaket aus der Chase Manhattan Bank zugesagt, womit der Fleischwarenmangel in den Industriegebieten vorübergehend gelindert werden sollte und das höchstwahrscheinlich zum Überleben von Gomulkas Regierung beigetragen hatte.

Aber dies wünschte sich die internationale jüdische Lobby keineswegs. Ich bin davon überzeugt, dass Gomulkas Regierung durch den indirekten Einfluss des westlichen Finanzwesens gestürzt wurde. Stoph hatte recht gehabt, wie sich herausstellte.

Breschnew war zutiefst erschüttert, nachdem Gomulka auf die aufständischen Werftarbeiter schießen ließ. Seit 1969 wünschte sich Moskau unbedingt bessere Ost-West-Beziehungen – die sich durch die sowjetische Intervention in der Tschechoslowakei 1968 verschlechtert hatten –, um noch Darlehen aus von westlichen Kreditinstituten eingeräumt zu bekommen. Deswegen wurde Gomulka von Moskau sofort abgesetzt."

Notiz vom 3. Juni 1971

„Ich traf mich erneut mit Stoph in Jena. Mein Gesprächspartner teilte mir nun mit, was Gräfin Marion Dönhoff mit den britischen Regierungskreisen zu verbinden schien. Bei Brandts Besuch von Gomulka im Dezember 1970, soll Gomulka erstaunlicherweise voll Spannung die Gräfin erwartet haben, da sie die Einräumung des zugesagten Kreditpakets persönlich vermitteln sollte. Jedoch hätte das britische Auswärtige Amt andere Entscheidungen getroffen und die Kredite für Gomulkas Regierung eingestellt, um damit die anschließenden Unruhen unter den polnischen Werftarbeitern in Stettin gezielt auszulösen. Es ging darum, den Ersten Parteistaatssekräter, W. Gomulka, zu stürzen.

Entscheidende Anweisungen erteilte der Gräfin ihr alter Bekannter und Förderer Lord David Astor, der angeblich den Richtlinien der mächtigsten Menschen von Großbritannien, dem Baron Viktor und Edmond Rothschild, folgte.

,Ich habe Ihnen, geehrter Herr Lipinski, bei unserem letzten Gespräch gesagt, dass die westliche Finanzelite den schleichenden Zusammenbruch des Ostblocks beschlossen und leider in die Wege geleitet hat. Wir müssen äußerst vorsichtig vorgehen, sonst werden wir schnell zu Opfern unserer Klassenfeinde. Unter unseren lieben Genossen (in der DDR) tauften wir dieses Unternehmen ,Operation trojanisches Pferd'. Besonders stark betroffen sollte die Volksrepublik Polen sein, deren ins Auge gefasste, baldige Wirtschaftskrise den gesamten Ostblock zum Wackeln bringen sollte.'

Es sei nicht ausgeschlossen, fuhr Stoph weiter fort, dass bald ein Kardinal aus dem Osten den neuen päpstlichen Stuhl im Vatikan einnehmen würde. Mielke habe auch eigene Leute im Vatikan und sei stocksauer, dass Moskau so zimperlich mit der polnischen Kirche umgehe. Im Visier sei angeblich einer von zwei polnischen Kardinälen, Wyszynski und Wojtyla, als Nachfolger des aktuell amtierenden Papstes. Der zweitgenannte, Karl Wojtyla, sei Mitglied des freimaurerischen Opus-Dei-Bundes sowie ein Malteserritter. Er genieße außerdem angeblich großes Ansehen bei der westlichen Finanzelite. Er wäre auf dem geheimen Gipfeltreffen in Woodstock-Vermont im April diesen Jahres von Henry Kissinger als ein vielversprechender, westorientierter Kardinal aus Polen erwähnt worden, der ein neues Zeitalter anfangen würde.

Was sie damit gemeint haben, kann man nicht präzise beurteilen. Der hohe polnische Geistliche im Vatikan, möglicherweise sogar als Papst, sollte das Projekt ,Trojanisches Pferd' auf religiöser Ebene vollkommen ergänzen. ,Wir haben schon die geplante Taktik des Westens gegenüber dem schwächsten Punkt des Warschauer Paktes, nämlich Polen, geknackt, Herr Lipinski', sagte er zu mir. Der Westen plane, an Polen anzudocken, um langsam unseren gesamten Ostblock zugrunde zu richten. ,Wir vermuten, dass die bevorstehende Wirtschaftskrise in Ihrer Heimat die Unzufriedenheit gegenüber der aktuellen sozialistischen Regierung schüren wird, was vom Vatikan und der polnischen Kirche moralisch unterstützt werden soll. Das heißt buchstäblich, dass der Vatikan aktiv das polnische Volk gegen seine Regierung hetzen soll. Eine Opposition wird gegründet, die von vatikanischen Banken und den westlichen Geheimdiensten gefördert und finanziell unterstützt wird.'

,Wir haben darüber schon ausführlich mit unseren polnischen Freunden gesprochen und sie vor den bevorstehenden Gefahren gewarnt, aber sie bleiben hartnäckig. Giereks Regierung glaubt an ehrliche und humane Absichten der westlichen Politiker und Bankiers. Den gesamten Plan koordiniert in England der schon erwähnte Lord Carrington und in den USA der polnischstämmige Russenfresser Zbigniew Brzezinski, der in dieser Angelegenheit heftig von Henry Kissinger unterstützt wird. Wir wissen, dass Präsident Nixon treu den Ratschlägen von Kissinger folgt', beendete Stoph dieses Gespräch."

Notiz vom 24. November 1974

„Mein Gespräch mit Günter Mittag in Genthin verlief sehr freundlich. Mittag war begeistert von den wirtschaftlichen Erfolgen der polnischen Freunde, bemerkte jedoch sarkastisch, dass der Westen keine Annäherungspolitik betreibe, um endlich den Kalten Krieg auf Eis zu legen, sondern vorhabe, den Ostblock durch die immensen Kredite zu verschulden. Eine solch tückische Strategie würde von diesen Schurken auf den sogenannten Bilderberger-Gipfeltreffen ausgearbeitet, um unsere sozialistische Welt finanziell zu ruinieren.

Sie seien schlauer, als wir dachten. Diese verfluchten Kapitalisten hätten unseren Schwachpunkt aufgespürt – nämlich, dass wir Kredite benötigen. So erzählte es mir Mittag völlig aufgebracht und unverblümt:

‚Durch diese verrückte und unkontrollierte Industrialisierung unseres gesamten sozialistischen Raumes haben wir riesige Stadtzentren und Industriegebiete gegründet und dabei die moderne Landwirtschaft vernachlässigt, um das große Proletariat ausreichend ernähren zu können. Jetzt bezahlen wir einen hohen Preis für diesen Fehler. Wir brauchen Geld aus dem Westen, um die schuftenden Arbeiter mit Nahrung zu versorgen. Und es hat sich herausgestellt, dass unsere sozialistische Landwirtschaft dieser Herausforderung nicht gewachsen ist. Was für eine Schande! Die Planwirtschaft scheint ohne die finanzielle Spritze unserer Klassenfeinde aus dem Westen langfristig total zu versagen.‘

So betrübt und resigniert war der sonst eher sehr gelassen und optimistisch wirkende Kommunist Günter Mittag. Ich war durch seine klaren Worten ebenfalls zutiefst erschüttert. Ich dachte, dass dem Westen daran lag, in Osteuropa den wirtschaftlichen Aufschwung zu fördern, auch für seine eigenen Ziele. Allein der Gedanke, dass man uns einfach überlisten wollte, um den Warschauer Pakt zu zerstören, drängte mich in Besorgnis.

Ich bin davon überzeugt, dass die wirtschaftlichen Kreise des Westens die Belebung der maroden sozialistischen Wirtschaft willkommen heißen, weil sie dabei auch egoistische Vorteile wittern. Die prosozialistischen Ideen sind im Westen sehr populär und werden scharenweise nicht nur vom Proletariat der großen Industriegebiete unterstützt. Der internationale Sozialismus der 1970er-Jahre erlebt weltweit seine Blütezeit. Sozialistisch ist seltsamerweise das katholisch-konservative Portugal, und die Aktivität von Berlinguer in Italien versetzt den gesamten, westlichen Kapitalismus in Angst und Entsetzen."

Notiz vom 12. Januar 1975:

„Endlich bin ich pensioniert. Nach wie vor bin ich begeistert von den endlosen Gesprächen mit Prinz Bernhard, der mich über viele Unklarheiten des letzten, vergangenen Krieges (Zweiter Weltkrieg; A.d.A.) aufklärte. Höflichkeitshalber habe ich den Prinzen wegen seiner Mitgliedschaft in der schon fast mysteriösen Bilderberger-Gruppe nicht angesprochen. Eines wurde mir jedoch klar, nämlich dass der Prinz und seine Kommilitonen den so hastig und erfolgreich vorankommenden Sozialismus in ganz Europa fürchten.

Am 18. Februar war ich privat in Ostberlin und habe mich im Charité-Regierungskrankenhaus untersuchen lassen. Anschließend wurde ich von Erich Honecker zum privaten Gespräch in seine Regierungsvilla in Köpenick eingeladen. Honecker hat mich sehr freundlich und herzlich empfangen. So wie ich es vermutet hatte, wollte Honecker von mir alles über den Besuch von Prinz Bernhard in Polen wissen. Ich habe ihn höflich davon in Kenntnis gesetzt, dass unsere Gespräche vorwiegend die Geschichte des Zweiten Weltkriegs betroffen hätten. Aktuelle, politische Belange würden von beiden Seiten mit höflichster und gegenseitiger Zustimmung eher vermieden. Honecker wirkte an diesem Tag angespannt und besorgt. Er sagte zu mir etwas Frappierendes, was mich – ehrlich gesagt – zutiefst erschütterte:

,Lieber Herr Lipinski, Sie werden sicherlich staunen, was die Leute um Mielke (Stasi) bezüglich des Besuches von Prinz Bernhard in Polen herausgefunden haben.

1974 fand wieder das geheime politische Zusammentreffen der westlichen Weltelite in Megève in Frankreich statt. Prinz Bernhard war von seinen Vorgesetzten aus den USA und Großbritannien mit einer sozusagen heiklen Aufgabe betraut, um die durch den Kalten Krieg vereisten Barrieren zwischen West und Ost langsam aufzutauen. Die richtige Mission von Prinz Lippe betraf die Zusage für die Einräumung der weiteren Kredite der polnischen Regierung. Der Prinz sollte als Gegenleistung von Gierek (der damalige Erste Sekretär der PZPR) die Zustimmung für die Reaktivierung einer frei-

maurerischen Organisation in Polen verlangt haben. Gierek hatte diesem ‚Vorschlag' angeblich zugestimmt, weil unbedingt weitere Kredite vonnöten waren. Unsere Sozialistische Partei (SED) befürchtet, dass der Westen schrittweise versuchen wird, das immer mehr verschuldete Polen zu erpressen. Falls erste freimaurerische Logen in Polen gegründet werden, werden sie mit westlichen Agenten besetzt, die eine politische Opposition gegen die sozialistische Regierung entstehen lassen werden.'

Honecker sagte weiter sehr besorgt zu mir, dass sich die Personen aus elitären Kreisen bei diesen alljährlichen geheimen Zusammentreffen von 1967 bis heute (1975) vorwiegend mit der Ausarbeitung einer Strategie für den schleichenden Zusammenbruch des Ostblocks befasst hätten. Die innersten Kreise um Rockefeller und um die britischen Rothschilds seien stets darum bemüht, sich in Zukunft den geopolitischen Vorrang am asiatischen Erdölvorkommen am Persischen Golf, in Kuwait, im Irak und im Iran zu sichern. Die Sowjets kontrollieren, zusätzlich zu den riesigen Rohstoffvorkommen in Sibirien und Zentralasien, zur Zeit die reichen Ölvorkommen in Kasachstan, Baku und im Uralgebiet, verfügen dabei aber nur über eine völlig verrottete und veraltete Infrastruktur, die in naher Zukunft ausgewechselt werden müsse. Die Autoindustrie wüchse im Westen stetig und stark an. Es würde weltweit nach neuen Treibstoffquellen gesucht, so Honecker, und er ergänzte sehr überzeugend, dass die USA in Zukunft militärische Operationen im Iran, Irak, in Kuwait und Saudi Arabien nicht ausschließen würden, um sich die Erdöl- und Gasvorkommen in diesem Gebiet notfalls gewaltsam zu sichern. Aus diesem zusätzlichen Grund solle unbedingt zuerst die Sowjetunion mit dem gesamten Ostblock so geschwächt werden, um solche eventuellen künftigen, militärischen Operationen in den Gebieten des schwarzen Goldes ungestört vornehmen zu können. Jetzt würden es die Westalliierten nicht wagen, in diesen Gebieten wegen des Öls militärisch zu operieren, um die Sowjets nicht zu provozieren. Diese Taktik wäre auf den letzten Gipfeltreffen detailliert besprochen worden. (1970 in Bad Ragaz, Schweiz; 1971 in Woodstock USA; 1973 im schwedischen Saltsjöbaden; 1974 in Megève, Frankreich)."

Notiz vom 19. Dezember 1971 zur Vietnamkrise:

„Ich erinnere mich oft an die beeindruckenden Gespräche mit Bundeskanzler Brandt im Dezember vorigen Jahres. Zum ersten Mal wurden mir die wahren Gründe für den Vietnamkrieg klar. Erstaunlich, dass Brandt mit mir das inoffizielle, geheime Wissen teilte. Tja, es stellt sich heraus, dass uns unsere und die westlichen Medien zu diesem Thema einfach belogen haben. Es würde mich sehr interessieren, ob unsere führenden Parteifunktionäre und die Genossen der benachbarten Staaten die wahren Gründe für das Vietnam-Desaster kennen.

Brandt erklärte mir erstaunlich offen, dass die privaten Beteiligten an den größten US-Rüstungskonzernen (Lockheed-Martin, Boeing Company, General Dynamics, Rayetheon Company) die amerikanische Regierung zu einer gezielten Anzettelung einer militärischen Operation drängten, um ihre Rüstungsmonster durch die staatlichen Aufträge entlasten und bereichern zu können. Diese Schwerindustrie- und Rüstungsriesen waren langsam nicht mehr imstande, die moderne Waffenproduktion auf den besten, technologischen Stand zu bringen. Sie hätten aufgrund des Kalten Krieges in den letzten 20 Jahren viel zu viel veraltetes Rüstungsmaterial gehortet.

Viele noble adlige Familien aus Europa und den USA, wie die Hannoveraner, Morgans, Oranje-Nassauer, Luxemburg-Nassauer, Windsors, die spanische Königsfamilie, Braganzas sowie viele andere, hätten eigene Anteile an den amerikanischen Rüstungskonzernen. Das ‚Komitee der 300' drängte den US-Präsidenten John F. Kennedy unermüdlich, der von einem kleinen Krieg für die Unterstützung der amerikanischen Rüstungsindustrie nichts hören wollte. Sein Nachfolger Lyndon Johnson hatte diese Initiative dahingegen erstaunlich gerne übernommen und ein Schlachtfeld für die Rüstungslobbyisten aus der ganzen westlichen Welt in Vietnam ‚erfunden'.

Brandt berichtete weiter, dass alle Beteiligten kein Interesse an einer schnellen Beendigung der Vietnamkrise gezeigt hatten. Im Gegenteil! Sie befürworteten einen schleppenden Stellungskrieg, ohne die dabei entstehenden amerikanischen Verluste ernst zu nehmen. Es ging dabei grundsätzlich um das endlose Tauziehen zwischen den US-Soldaten und den vietnamesischen Partisanen im höllischen Tropendschungel, um die Rüstungsproduktion weiter auf Hochtouren laufen lassen zu können.

Hier galt die gleiche Vorgehensweise und Taktik wie im Zweiten Weltkrieg, wo die erschöpfenden Stellungsgefechte erfunden und bevorzugt worden waren.

Dies war taktisch durchaus perfekt durchdacht, was Moskau damals wahrscheinlich nicht begriffen hatte. Durch diesen lokalen Krieg in Indochina konnten die größten US-Rüstungskonzerne die gigantische Last der gehorteten konventionellen Waffen in wenigen Jahren vollständig loswerden. Alle Beteiligten hatten sich nicht nur schon wieder enorm bereichert, sondern für ihre Rüstungsriesen neue staatliche High-Tech-Waffen-Aufträge vorbereitet und erteilt. Die größten, privaten US-Banken hatten den Rüstungsindustriellen noch vor dem Vietnamkrieg gigantische finanzielle Spritzen zugesichert, falls sie ihre ‚Waffenlager‘ entleeren würden. Die US-Regierung war ebenfalls auf dieses Angebot erpicht, hatte aber erst nach dem gewaltsamen Ableben von J. F. Kennedy richtig zugeschlagen und sich absichtlich in die Vietnamkrise verwickeln lassen.

Das ‚Komitee der 300‘ wollte die Rüstungs- und Schwerindustrie in den USA so stark ankurbeln, dass die UdSSR in diesem Bereich für die Amerikaner keine Konkurrenz mehr darstellte – damit die Russen langsam, aber sicher nicht mehr nachkamen und in eine Wirtschaftskrise des gesamten Ostblocks abrutschten. Dies sagte mir Willy Brandt zum Abschluss unseres Gespräches.

‚Ich habe das so verstanden, dass die USA ohne den Vietnamkrieg nicht imstande wären, die Sowjets bei der Aufrüstung zu überholen. Nach der vermutlich bald geplanten Beendigung des Vietnamkrieges wären die Amerikaner so stark aufgerüstet, dass die UdSSR in eine Wirtschaftkrise geraten würde und gezwungen wäre, den Westen um Kredite und Devisen anzubetteln, um wirtschaftlich nicht zu kollabieren.‘, so Brandt.
Tja, sehr interessant und furchterregend zugleich.

Ich überlege aufgrund dessen, was mir Brandt sagte, ob die aktuelle, scheinbar optimistische Kreditpolitik der westorientierten Giereksregierung nicht ein Zeichen für eine beginnende Wirtschaftskrise des gesamten Warschauer Paktes ist!

Was wäre, wenn die Amerikaner nach der Beendigung der Vietnamkrise mit der baldigen, von Willy Brandt vorhergesagten, unvorstellbaren Aufrüstung der eigenen und der NATO-Streitkräfte beginnen würden?! Wären wir dann pleite? Oder weiß Moskau, was da vor sich geht?

Brandt ergänzte seine spannenden Spekulationen über die wahren Hintergründe des Vietnamkrieges mit einem zusätzlichen Aspekt dieser Thematik. Er teilte mir mit, dass bestimmte einflussreiche Amis um den Verlust des gewaltigen Heroinmarktes bangten, der aus Indochina, vorwiegend aber aus Südvietnam, die Konsumenten in den USA, Kanada, Australien und Japan seit 20 Jahren ununterbrochen mit tausenden Tonnen Drogen versorgt (vor allem Opiumderivate).

Die kommunistische Aktivität in Indochina bedroht nachhaltig diesen einträchtigen Markt, dessen Gewinne seit Jahrzehnten vor allem in der britischen Kolonie Hongkong sowie in Singapur, Bangkok, Macau, Kuala Lumpur und auf der Insel Timor abgewickelt werden und zum Reichtum dieser Städte beträchtlich beigetragen hatten.

Der Heroinmarkt befindet sich unter der Aufsicht der amerikanischen, britischen und französischen Geheimdienste, die insbesondere in den privaten Banken in Hongkong die unermesslichen Gewinne aus diesem Handel gewaschen hatten. Dies würde wiederum das große Engagement der britischen Krone bei der Unterstützung des Vietnamkrieges erklären. Während des Vietnamkrieges florierte der Heroinhandel aus Indochina, der von den US-Militärs und der CIA betrieben wurde, ununterbrochen weiter, was absichtlich verschwiegen wird.«

Notiz vom 22. Juli 1976

„Ich traf mich erneut mit Günter Mittag zum Gespräch in Bautzen. Er wirkte sehr angespannt und wollte mir unbedingt etwas Wichtiges sagen. Das habe ich an diesem heißen Sommertag deutlich gespürt.

Mittag erzählte mir von den neuesten Recherchen der DDR und der sowjetischen Geheimdienste über die Roten Khmer in Kambodscha und deren Anführer Pol Pot. Er wäre angeblich Agent der amerikanischen und französischen Geheimdienste, die Pol Pot nach der Beendigung des Vietnamkrieges unbedingt in Indochina installieren wollte. Es ginge grundsätzlich um die Übernahme des Heroinanbaus, nachdem Vietnam diese so gravierende Rolle nach Ende des Krieges verloren hätte. Der Westen, insbesondere die USA, brauchte auf seinen Märkten das wertvolle und hochgeschätzte Heroin aus Indochina. Die ostasiatischen Drogenhändler wollten weiter liefern, und sie drängten deswegen die CIA um diesbezügliche Unterstützung. Die britische Krone wollte ebenfalls nicht auf ihre riesigen Gewinne aus dem Opiumhandel verzichten, insbesondere nicht für ihr asiatisches Juwel Hongkong.“

Zur Information: Die *Rote Khmer* war eine nationalistische Guerillabewegung und kam nach gewaltsamen Kämpfen und bestialischen Massenmorden 1975 in Kambodscha an die Macht. Auf ihrem Weg dorthin fielen ihr etwa zwei Millionen Menschen zum Opfer. Nach ihrer Vertreibung durch vietnamesische Invasionstruppen wurde sie, wie bereits zuvor, zu einer Untergrundbewegung. Dabei wurde sie von einigen westlichen Ländern unterstützt, bis sie sich 1998 endgültig auflöste.

„Diese Angelegenheit um Pol Pot wäre während eines Zusammentreffens im Jahre 1974 im französischen Megève in dem geheimen Kreis der eingeweihten Interessenten ausführlich besprochen worden. Sehr interessant waren die weiteren Ausführungen von Mittag, dass die Imperialisten den internationalen Drogenhandel nach wie vor weltweit förderten. Dies bringe unvorstellbare finanzielle Gewinne, ohne auf ein allzu großes Risiko eingehen zu müssen.

In Megève wäre beschlossen worden, Pol Pot bei der Machtübernahme in Kambodscha von den westlichen Geheimdiensten logistisch und finanziell unterstützen zu lassen. Angeblich wäre Pol Pot ein Freimaurer und würde während seines Aufenthaltes in Frankreich in den ‚Grand Orient' aufgenommen werden.

Na ja, jetzt wäre er an die erträumte Macht gekommen, und er wirke zumindest nach außen wie ein ultraradikaler Maoist, der ausschließlich einen Agrarstaat gründen wolle.
Er bezeichne sich selbst als einen Landarbeiter der Kautschuk-Plantagen. Der verrückte Psychopath wolle planmäßig die gesamte Industrie Kambodschas zerstören und einen Bauernstaat gründen, in dem die größte Opiumproduktion der Welt entstehen sollten! Günter Mittag fuhr sehr aufgebracht fort, dass niemand auf der Welt an die kommunistischen Ideale dieses größten Heroinförderers und Wahnsinnigen mehr glaube.
Diese Angelegenheit wurde mit unseren Parteigenossen aus Moskau ausführlich besprochen. Moskau zeigte sich sehr besorgt über das, was der verrückte ‚Metzger' aus Kambodscha angerichtet hatte. Um den Opiumhandel in Indochina einzudämmen, müsste man Vietnam die militärisch-finanzielle Unterstützung aus Moskau zur Verfügung stellen, um Pol Pot in naher Zukunft angreifen und stürzen zu können.
Ich fand es sehr spannend, was Günter Mittag mir erzählte."

Notiz vom 3. September 1979 – Erich Mielke in Polen

„Ich begleitete als Dolmetscher Herrn Mielke während seines inoffiziellen Besuches in Polen. Er traf sich mit den polnischen Parteigenossen des Sicherheitsdienstes (SB), um intern gemeinsame nachrichtendienstliche Operationen zu besprechen. Ich begleitete Mielke in Landsberg an der Warthe (Gorzów Wielkopolski), wo er sich mit einem polnischen General des Sicherheitsamtes zum Gespräch zusammenfand.

Mit Mielke habe ich einige Stunden später ganz privat über die Weltpolitik gesprochen. Die hohen Parteifunktionäre der benachbarten DDR waren viel besser und gründlicher in verschiedene Angelegenheiten der Weltpolitik eingeweiht, als unsere polnischen Genossen. Einen solchen Eindruck hatte ich zumindest. Oder vertrauten sie sich mir einfach an, sodass sie sich vor mir gerne und ohne groß zu zögern geöffnet haben? Vielleicht. Wer weiß…

Erneut habe ich Mielke neugierig wegen Pol Pot angesprochen. In letzter Zeit sorgte der Massenmörder weltweit für Schlagzeilen. Er hatte ungefähr zwei Millionen ermordeter Menschen auf dem Gewissen und sich mit seinen brutalen Anhängern in einem Verlies im ostkambodschanischen Dschungel versteckt, um dem Gerichtsprozess wegen seines Verbrechertums gegen die Menschlichkeit zu entgehen.

Mielke schien über diese Thematik gut informiert gewesen zu sein. Er erzählte mir, dass die Entmachtung Pol Pots aktiv von der CIA unterstützt würde, weil er mit seiner Opiumpolitik zu weit gegangen wäre. Zwar florierten die Drogenmärkte in Nordamerika in dieser Zeit wie nie zuvor, jedoch drohte der Heroinkönig (Pol Pot), durch seine Brutalität und Grausamkeit die gesamte ihm anvertraute Drogenpolitik beträchtlich zu gefährden. Das US-Außenministerium befürchtete ein neues ‚Watergate‘ durch die Drogenaffäre, wenn sich herausstellen würde, dass die USA in Kambodscha den brutalen Pol Pot unterstützten, um den Opiummarkt zu bedienen. Viele westliche Journalisten suchten in den angeblichen Kautschuk-Plantagen des kambodschanischen Agrarstaates nach riesigen Mohnanbauten.

Mielke fuhr fort, dass Pol Pot Agent der französisch-britisch-amerikanischen Außengeheimdienste wäre, die in Indochina seit Jahrzehnten eine gemeinsame Opiumpolitik betreiben würden. Dieser Markt drohte zu wackeln, nachdem die Amerikaner sich in den Vietnamkrieg verwickelten.
Seine Bezeichnung ‚Bruder Nr. 1‘ sei nur den Eingeweihten verständlich und entspräche keinem Zufall. Das sei ein freimaurerisches Symbol der Zugehörigkeit von Pol Pot zum kommunistischen Palladin-Ritus, in den er insgeheim aufgenommen worden wäre. Aus diesem einfachen Grund würde er zwar entmachtet, aber nicht umgebracht werden, weil er als Logenbruder seinen ihm anvertrauten Aufgaben bestens nachgegangen wäre.

Die kommunistische Bewegung des freimaurerischen Palladin-Ritus hätte nichts mit unserem Sozialismus gemeinsam. Im Gegenteil: Sie wäre finanziell von den westlichen Geheimdiensten und verschiedenen, meist amerikanischen und britischen Organisationen unterstützt und aktiv gefördert worden, um unsere sozialistische Bewegung weltweit zu destabilisieren. Es kursieren Gerüchte, die von unseren Nachrichtendiensten nicht bestätigt werden können. So heißt es, dass die CIA Pol Pot bereits eine Zuflucht in die USA oder einen anderen Ort ermöglicht hätte. Dies wäre natürlich nur ein Gerücht. Übrigens wüsste Pol Pot zu viel und daher wäre sein Verschwinden für verschiedene Parteien sicherlich die günstigste Lösung. Diese spannenden Informationen vertraute mir Mielke an, der seine Gedanken sehr logisch und konkret zu formulieren pflegte."

Notiz vom 10. August 1974

„Ich wurde erneut zu Gesprächen mit den DDR-Parteigenossen nach Spremberg eingeladen. An die Tagesordnung brachte Günter Mittag die Gründung der ‚Trilateralen Kommission' im Sommer vorigen Jahres in den USA. Mittag erzählte mir, dass er und andere Parteigenossen sich diesbezüglich mit ihren Parteifreunden aus Moskau getroffen hätten. Mit dabei wären Kossygin (Ministerpräsident der Sowjetunion) und Gromyko (langjähriger Außenminister der Sowjetunion) gewesen, die angeblich äußerst besorgt waren.

Grundsätzlich hätte das ‚Komitee der 300' der einflussreichsten Imperialisten die Welt in drei Einflussbereichszonen eingeteilt. Die Förderer dieser Idee wären David Rockefeller und Zbigniew Brzezinski. Mittag erläuterte dazu das Folgende:

‚Unsere Nachrichtendienste haben festgestellt, dass viele Mitglieder der Trilateralen Kommission in den Vorständen der größten amerikanischen, kanadischen und britischen Schwerindustrie- und Rüstungskonzerne sitzen. Sie vertreten zusätzlich die Interessen der Privatpersonen, die seit Jahrzehnten und in etlichen Fällen sogar seit dem Ersten Weltkrieg ihre Anteile an diesen Konzernen haben. In dieser Gruppe wimmelt es außerdem von den größten Bankiers der Welt, wie z.B. John D. III und David Rockefeller sowie Edmond Rothschild. Das ist, Herr Genosse Lipinski, kein Zufall. Diese nach außen so harmlos wirkende Kommission versammelt die bedeutendsten Rüstungslobbyisten und Bankiers der imperialistischen Welt, um langsam den Zusammenbruch unseres sozialistischen Ostblocks in die Wege zu leiten.'

Den entsprechenden nachrichtendienstlichen Recherchen zufolge, wären die Ölkrise im letzten Jahr sowie die Watergate-Affäre absichtlich durch die westlichen Öl- und Rüstungskonzerne inszeniert worden, um die Präsidentschaft von Richard Nixon so schnell wie möglich zu beenden. Nixon hätte den Anweisungen seiner ‚Schutzengel' Henry Kissinger und Spiro Agnew nicht mehr folgen wollen. Beide wären ja Leute von

David Rockefeller. Nixon hätte auf die baldige Beendigung des Viet-namkrieges gedrängt, womit die westlichen Rüstungskonzerne nicht ganz zufrieden waren. Er wäre dadurch bei der bereits gegründeten ‚Trilateralen Kommission' in Ungnade geraten, die insgeheim neue, weitreichende politische Ziele schmiedete, mit denen Nixon persönlich nicht einverstanden gewesen wäre. Er wäre ein wirklicher Rebell gegen die Richtlinien des ‚Komitees der 300'. Bestimmte interne Kreise des amerikanischen Establishments hätten es diesmal nicht gewagt, das riskante Kennedy-Desaster gegebenenfalls zu wiederholen. Deswegen käme die Tötung Nixons eher nicht in Frage. Viel gravierender aber wäre, dass sich Nixon den neuesten schlauen Plänen der Trilateralen Kommission nicht anschließen wolle, die sich eine, bisher in der Nachkriegszeit der USA unbekannte Aufrüstungspolitik zum Ziel setzte.

Es ging grundsätzlich um das Ankurbeln der Aufrüstungspoduktion mit einem ungeahnten Ausmaß in den Ländern des Commonwealth. Die UdSSR hätte in diesem Wettbewerb viel zu viel nachzuholen, was zum langsamen wirtschaftlichen Kollaps des sozialistischen Ostblocks führen sollte. Nixon hätte sich angeblich gegen diese Pläne aufgebäumt, weil er Anhänger einer anhaltenden Gleichgewichtspolitik zwischen Ost und West wäre. Außerdem wurde Nixon langsam immer unpopulärer unter den amerikanischen Zionisten, die um die zukünftige Sicherheit Israels bangten. Vergessen wir nicht, dass alle Berater von Nixon, wie Bob Haldeman, Spiro Agnew, John Ehrlichman und Henry Kissinger, amerikanische Juden waren. Nixon hätte angeblich gezögert, immer mehr die Prioritäten der Israelis in seiner US-Außenpolitik hervorzuheben.

Übrigens hätten sich die bedeutendsten internationalen Öl- und Treibstoffkonzerne freie Hand in Südwest- und Zentralasien beschaffen wollen, wo das ersehnte Öl reichlich sprudelt. Die bedeutendsten Schwerindustrie- und Rüstungskonzerne dagegen würden in Asien den besten zukünftigen ‚Absatzmarkt' für ihre Produkte erkunden, wo dann auch militärische Operationen wegen Öl und Mohn nicht ausgeschlossen wären.

Mittag sagte zu mir: ‚Sie wissen selbst, Genosse Lipinski, dass der größte Ölkonzern der Welt, ESSO, von Familie Rockefeller kontrolliert wird, während die europäischen Rothschilds das British Petroleum (BP) und die Shell-Company kontrollieren, obwohl die größten Anteile an BP nach wie vor die britische Königsfamilie besitzt. Sie wissen auch bestens, dass erstaunlicherweise die meisten Anteile am größten Rüstungskonzern der Welt, Lockheed-Martin, die europäischen Hannoveraner und Oranje haben. Sie alle gründeten absichtlich die Trilaterale Kommission und wünschten sich eine schnelle Verbannung ihres Widersachers Nixon aus dem Weißen Haus.

Die Trilaterale Kommission enthob Spiro Agnew dem Vize-Präsidentenposten – anscheinend wegen seines korrupten Verhaltens – und installierte in dieses Amt den besten Agenten der Rockefellers, den hochrangigen Freimaurer Gerald Ford. Wir vermuten in ihm den künftigen US-Präsidenten, der treu und untertänig den Anweisungen der Trilateralen Kommission folgen wird.'

So endete der spannende und aufschlussreiche Monolog von Günter Mittag an diesem heißen, sommerlichen Abend im Spremberger Rathaus. Dies alles geschah anlässlich des unerwarteten Rücktritts von Richard Nixon am Vortag. Alle Gesprächspartner waren heute sehr angespannt und besorgt, wie sich die weitere Außenpolitik der USA, insbesondere gegenüber Moskau, gestalten werde. Wenn alles stimmt, was Mittag so präzise und überzeugend schilderte, bedeutet der Rücktritt von Nixon nichts Gutes für die politisch-wirtschaftliche Zukunft unseres sozialistischen Ostblockes.

Am nächsten Tag wurde uns völlig unerwartet der Besuch von Erich Mielke angekündigt, der sich unseren Spremberger Gesprächen anlässlich des Nixon-Rücktritts anschließen wollte. Erst am Abend hatte ich die Gelegenheit, mit Mielke unter vier Augen zu sprechen. Wir haben über die Trilaterale gesprochen. Mielke teilte mir mit, was ich seit Jahren wusste: dass seine Stasi über eine geheime, interne Abteilung für die Aufklärung der freimaurerischen Aktivitäten weltweit verfüge. Diese Abteilung habe herausgefunden, dass in der Tat die Trilaterale Kom-

mission von einer hochplazierten, streng geheimen freimaurerischen ‚Horus-Loge‘ gegründet wurde. An deren Spitze stehe zur Zeit höchstwahrscheinlich David Rockefeller, und deren Mitglieder wären u.a. Henry Kissinger, Prinz Bernhard von Westfalen-Lippe und Zbigniew Brzezinski. Andere Mitglieder dieser Loge seien von den DDR-Nachrichtendiensten bisher nicht hundertprozentig identifiziert.

Spannend wie immer fuhr Mielke weiter fort, dass diese mysteriöse Gruppe, oder besser gesagt Loge, höchstwahrscheinlich für das Attentat auf J. F. Kennedy und später auch auf seinen Bruder verantwortlich wäre! Alle diesbezüglichen Anhaltspunkte und Beweise wären von der Stasi als ultrastreng geheim eingestuft und deswegen dürfe er, Mielke, dazu nichts mehr sagen. Übrigens wäre diese geheime Loge auch für die Vietnamkrise und Nixons Sturz verantwortlich.

Mielke hatte dazu noch ergänzt, dass die Amerikaner mit der Aufrüstung in einem bisher ungeahnten Ausmaß anfangen würden, um die Sowjets finanziell zu ruinieren. Infolge der offensichtlich bevorstehenden Wirtschaftskrise des Ostblockes würden wir gezwungen werden, unseren Zusammenbruch mit westlichen Darlehen und Devisen für ein paar Jahrzehnte abzuwenden: ‚So sieht die traurige Zukunft aus, Genosse Lipinski. Letztendlich sind wir schon heute erledigt. Honi scheint diese so reale Gefahr nicht zur Kenntnis genommen zu haben. Er glaubt hartnäckig an die flammende Zukunft des Sozialismus und seine Partei.‘

Mielke war sehr mutig, als er mir zu sagen wagte, dass der bevorstehende Zusammenbruch des sozialistischen Ostblocks durch diese Entscheidung im Grunde genommen schon im Vorfeld beschlossen worden wäre und fuhr angespannt fort: ‚Die Sowjetunion wird zusammenbrechen und sichtbar schrumpfen, bleibt jedoch nach wie vor militärisch stark genug, insbesondere mit unkonventionellen Waffen, um den amerikanischen NATO-Streitkräften einen wirkungsvollen Widerstand leisten zu können.

Ich bin ganz persönlich der Meinung, dass es im Laufe der Zeit zur Wiedervereinigung Deutschlands und zur Unabhängigkeit der mitteleuropäischen Staaten des Warschauer Paktes und des Baltikums kommen wird. Einbezogen werden vermutlich auch die zentralasiatischen Republiken der heutigen UdSSR. Alle diese Länder, geehrter Genosse Lipinski, werden wieder kapitalistisch von den westlichen Imperialisten eingegliedert und bis dahin wirtschaftlich ausgebeutet sein. Ich bin kein Prophet. Meine Anschauung teilen im Geheimen viele bedeutende Parteigenossen aus meiner Heimat, aus der Tschechoslowakei, Ungarn und sogar der UdSSR.

Wir sind keine Rebellen oder Oppositionelle. Wir haben nur die Realpolitik der Westalliierten im Zusammenhang mit der Vietnamkrise, der Ölkrise im Jahre 1973 und zuletzt mit dem Rücktritt des Präsidenten Nixon durchschaut. Die Westalliierten sind jetzt stets darum bemüht, die künftige Kontrolle über asiatische Rohstoffressourcen zu übernehmen. Aus diesem einfachen Grund muss der sozialistische Ostblock unabdingbar von der Weltbühne verschwinden.'

Ich fragte Mielke, ob es überhaupt eine Möglichkeit gibt, um diese Vorgehensweise der Westalliierten aufzuhalten oder zu ändern. Mielke erwiderte voll überzeugt, dass die freimaurerische Horus-Loge alle zugänglichen Mittel dafür einsetze, um diese politische Vorgehensweise gegen unseren sozialistischen Ostblock ins Rollen zu bringen. Der einzige Weg, um diesem Drängen aus dem Westen zu entgehen, wäre es, erneut den Stalinismus mit dem permanenten Ausnahmezustand einzuführen. Dies hieße buchstäblich, dass alle Völker des Ostblocks rund um die Uhr polizeilich überwacht und drangsaliert werden müssten. Das wäre jetzt nicht mehr machbar.

Er sprach weiter: ‚Wir würden in den eigenen Exkrementen ersticken. Das müsste in naher Zukunft in Bürgerkriegen unvorstellbaren Ausmaßes gipfeln, die unsere Streitkräfte nicht mehr zu beherrschen imstande sind. Es ist uns übrigens auch sehr klar, wie einflussreich die katholische Kirche in Ihrer Heimat ist und wie viele Anhänger sie um sich schart.

Das ist ebenfalls eine ständig tickende Bombe. Wir vermuten sogar sehr bald einen polnischen Papst im Vatikan. Die Volksrepublik Polen ist das zweitgrößte Land des Ostblocks und eines der gläubigsten Länder der katholischen Welt. Die Trilaterale Kommission weiß bestens Bescheid, wie wichtig der polnische Faktor für die Zukunft des gesamten sozialistischen Ostblocks ist, abgesehen von dem einflussreichen polnischen Emigrantenkreis in den USA.

Der heutige Vatikan wird vollkommen durch die Freimaurerei aus dem Malteserritterorden und der einflussreichen Organisation Opus Dei beherrscht. Wir wissen von unseren Leuten aus den internsten vatikanischen Kreisen, dass die Horus-Loge die amerikanische Außenpolitik mit dem Papsttum zu verbinden sucht, um den gemeinsamen Kreuzzug gegen unseren sozialistischen Block vornehmen zu können. Wir wissen auch, dass die elitären Kreise aus den USA und Großbritannien der italienischen Loge ‚Propaganda Due' (P2) riesige finanzielle Unterstützung haben zukommen lassen, um die starke sozialistische Aktivität mit Enrico Berlinguer in Italien zu unterbinden und den Vatikan gegen den osteuropäischen Sozialismus, vor allem in Polen, anzuheuern.‘

Anschließend besprachen wir die einmalige politische Situation in Italien. Mielke schien über diese spannende Thematik brillant und detailliert informiert gewesen zu sein und sagte diesmal erneut sehr bewegt:

‚Ach, Enrico Berlinguer, ja, das ist eine sehr interessante und umstrittene Persönlichkeit. Sein Großvater stammte aus einer wohlhabenden jüdischen Familie aus Sardinien. Er war hochrangiges Mitglied der italienischen Grand-Orient-Freimaurerloge und sogar mit Giuseppe Garibaldi und dem Illuminaten Mazzini befreundet. Enrico, sein Großenkel, ist erstaunlicherweise dagegen durchaus anti-amerikanisch, anti-kapitalistisch und anti-freimaurerisch gesinnt – ein Paradoxon, aber so ist es. Enrico schwärmte ganz offiziell vom sozialistischen Italien, wo alle größeren Betriebe und strategisch wichtigsten Konzerne verstaatlicht werden sollten. Er baute die stärkste sozialistische Partei des westlichen Europas auf und bewunderte die wirtschaftspolitischen Errungenschaften des benachbarten Jugoslawien. Aus internen dubiosen Quellen wissen wir, dass die ,Propaganda Due' mehrmals ein Attentat auf Berlinguer zu verüben plante. Dann kamen die Drahtzieher hinter der P2-Loge zu dem Schluss, dass die gewaltsame Tötung von Berlinguer die sozialistische Partei in Italien nur verstärken könnte. Berlinguer als ein Märtyrer kam nicht in Frage. Es ist mehr als erstaunlich, dass es ihm bei den Parlamentswahlen im Juni 1976 gelungen ist, mit seiner PCI (Partito Comunista Italiano) fast 35% der Stimmen von den Wahlberechtigten zu erhalten. Italien wurde somit fast sozialistisch. Der damalige westdeutsche Bundeskanzler der sozialdemokratischen Regierung Helmut Schmidt drohte Italien mit den vorzeitigen Rückforderungen der gewährten Kredite. Was für eine kuriose Situation, Genosse Lipinski. Das sozialistisch regierende Italien! Ein Traum oder ein Albtraum?

Die traumatisierten italienischen Freimaurer und Vertreter des Großkapitals bangten ernsthaft um die kapitalistische Zukunft Italiens'."

Notiz vom 8. Januar 1979:

„Ich wurde von den Parteigenossen erneut zur Kur in eine Regierungs-einrichtung nach Tabarz, unweit von Gotha, eingeladen. Dort sollte ich drei ruhige Wochen verbringen und an verschiedenen medizinischen Anwendungen teilnehmen. Während meines Aufenthalts tat ich mich zu Gesprächen mit meinem alten Bekannten aus der Zeit meiner aktiven Berufstätigkeit als Dolmetscher, dem Oberst des ‚Ministeriums für Staatssicherheit', Heinz Volpert, zusammen. Ich lernte auch seinen Mitarbeiter, den Genossen Schalck-Golodkowski, kennen.

Genosse Volpert war unter Insidern als die rechte Hand von Erich Mielke bekannt, der offensichtlich seine politische Karriere in der SED (Sozialistische Einheitspartei Deutschlands) seit Jahren gefördert hatte. Volpert kannte sich ausgezeichnet in der Weltpolitik aus. Sein Hobby war die westeuropäische Außen- und Innenpolitik. Weil er wusste, dass ich den ehemaligen Bundeskanzler Willy Brandt und den Vor-standsvorsitzenden der Krupp-Werke, Herrn Berthold Beitz, gut kenne, wollte er gerne mit mir über die italienische Innenpolitik sprechen. Bei diesem Gespräch nahm Genosse Schalck-Golodkowski teil, der eben-falls sehr gespannt unserem Meinungsaustausch zuhörte.

Weil mir die aktuelle politische Situation in Italien nicht ausreichend bekannt war, versuchte mich Volpert besser darüber zu informieren. Er schien ausgezeichnet, fast enzyklopädisch, in dieser Thematik bewandert zu sein:

‚Genosse Lipinski, die innenpolitische Lage in Italien ist dramatisch. Ihre Heimat bekam den polnischstämmigen Papst, der die Interessen der Westalliierten vertritt und sich mit dem Bau einer pro-kapitalistischen Opposition in der Volksrepublik Polen befassen wird. Unsere und die sowjetischen Nachrichtendienste wissen schon seit längerer Zeit, dass der päpstliche Stuhl für einen polnischen Kar-dinal vorgesehen und reserviert war. Kardinal Wojtyla hat seine Wahl zum Papst Henry Kissinger und den europäischen Hochadli-gen Prinz Bernhard der Niederlande und Prinz Viktor Emanuel von Savoyen zu verdanken. Das gesamte Papstwahlverfahren hatte

die mächtige italienische Freimaurerloge ‚Propaganda Due' durch-
geführt, die viele einflussreiche Kardinäle bei der Konklave zu dieser
einmaligen Entscheidung beeinflusste. Diese Entscheidung wurde
vorläufig auf einem geheimen internationalen Zusammentreffen im
türkischen Çesme vor zwei Jahren getroffen, falls der greise und
kränkliche Papst Paul der VI. bald ableben würde.'

Dann kam das spannende Thema über die Roten Brigaden, und Vol-
pert sagte darüber Folgendes:

‚Die CIA und das Pentagon sowie sogar die britischen Windsors be-
fürchteten die zunehmende sozialistische Aktivität von Enrico Ber-
linguer in Italien, die langsam andere westeuropäische Staaten an-
zustecken drohte. Wie Sie offensichtlich wissen, Genosse Lipinski,
haben zwei einflussreiche Freimaurerlogen aus den USA und Groß-
britannien im Oktober 1969 in Genua eine Tarnorganisation der
Johannis-Loge unter dem Namen ‚Gruppo XXII Ottobre' ins Le-
ben gerufen. Zum Anführer dieser radikalen, quasi terroristischen
Gruppe wurde ein gewisser Mario Rossi erhoben. Wie wir wissen, ist
er Agent des britischen Außengeheimdienstes. Auf einem geheimen
Gipfeltreffen im dänischen Marienlyst im Jahre 1969 wurde ein-
stimmig die endgültige Entscheidung über die Gründung einer ter-
roristischen Organisation in Italien getroffen.
Im Jahre 1970 hatte die CIA in Mailand die Terrororganisation
‚Rote Brigaden' gegründet. Zu den Gründern gehörten Renato Cur-
cio und Alberto Franceschini. Unsere Nachrichtendienste haben he-
rausgefunden, dass Rossi, Curcio und Franceschini Mitglieder des
kommunistischen Palladin-Ritus waren und während ihrer gesam-
ten terroristischen Aktivität von der CIA und der ‚Propaganda Due'
finanziell und logistisch unterstützt worden waren. Das erklärt, wa-
rum die italienischen Streitkräfte, Nachrichtendienste und die ita-
lienische Justiz sich ständig unfähig zeigten, diese bösartige ultra-
dikale Organisation aufzuspüren und aufzulösen. Die hochrangigen
Staatsbeamten der italienischen Justiz machten mit den P2-

Mitgliedern gemeinsame Sache, weshalb die meisten Ermittlungsverfahren stets lahmgelegt wurden.

Die mächtige Freimaurerloge ‚Propaganda Due' hatte beste Beziehungen zu der italienischen Mafia, den Militärs, dem Finanzwesen, der Justiz und dem Vatikan. Der ‚Meister vom Stuhl' (Bezeichnung für einen Logenmeister; A.d.A.), Licio Gelli, schien allmächtig gewesen zu sein. Diese Loge wurde stark von der britischen Loge ‚United Grand Loge of England' unterstützt. Der Großmeister dieser Loge, Lord Carrington, konferierte bezüglich der italienischen Frage mehrmals mit Königin Elisabeth II. und mit ihrem Ehemann Prinz Philip Mountbatten, Henry Kissinger und zuletzt Prinz Bernhard von Westfalen-Lippe, noch bevor er bei seinen Vorgesetzten in Ungnade fiel – wegen der verlogenen Lockheed-Affäre.

Diese Menschen sind durchaus verantwortlich für die Gründung der Roten Brigaden und die zunehmende Aktivität der Unterloge der alten ‚Grand Oriente d'Italia', der P2-Loge. Aufgrund unserer geheimsten Recherchen wissen wir heute, dass alle Fäden dieser kuriosen Vorgehensweise zu einer mysteriösen Freimaurerloge namens ‚Horus' führen, die bis zum heutigen Tag weltweit die kolonialen Interessen des Commonwealth bewacht. Diese ultrageheime Superloge kontrolliert die Regierungen der USA und Großbritanniens sowie ihre Außengeheimdienste mitsamt dem Pentagon. Wir haben ebenfalls festgestellt, dass der schon fast legendäre Meister vom Stuhl der ‚Propaganda Due', Licio Gelli, indirekt dem anderen Großmeister, dem mächtigen Baron Peter Carrington untersteht, wovon offensichtlich nur Insider wissen.

Auf einem geheimen Gipfeltreffen im britischen Torquey im April 1977 hatte Lord Carrington aufgebracht gebrüllt, dass alle zugänglichen Mittel benutzt werden müssen, um dem verfluchten, ansteckenden italienischen Sozialismus endlich ein Ende zu setzen. Carrington unterwies als Berater von 1970 bis 1974 den damaligen Premierminister Edward Heath, dessen politische Karriere auch er gefördert hatte. Vor knapp zwei Jahren wollte die siegreiche sozialistische Partei PCI von Enrico Berlinguer den schon greisen Ales-

300

sandro Pertini zum Staatsoberhaupt machen. Am Tag der Vereidigung des neuen sozialistischen Kabinetts wurde Aldo Moro, der ehemalige Ministerpräsident, von der Roten Brigade auf seinem Weg ins Amt entführt und 55 Tage später ermordet aufgefunden. Die Roten Brigaden haben Aldo Moro absichtlich umgebracht, um die sozialistische Bewegung Italiens zu schwächen. Und in der Tat, Herr Genosse Lipinski, geriet die sozialistische Partei durch den Moro-Fall in die gesellschaftliche Isolation. Die Loge ‚Propaganda Due‘, die für dieses makabre Desaster verantwortlich war, hatte zum richtigen Zeitpunkt zugeschlagen, um die Stimmung der nach links sympathisierenden Italiener weitgehend zu untergraben.

Die internationalen Massenmedien versuchten, ihren Lesern weltweit die offensichtliche Lüge einzubläuen, dass die Roten Brigaden direkt mit der sozialistischen Partei PCI von Enrico Berlinguer in Verbindung standen. Sie verbreiteten sogar unglaubwürdige Gerüchte, dass die sowjetischen Geheimdienste die italienischen Sozialisten finanziell unterstützten.'

Mein Gesprächspartner ergänzte seine spannende Rede mit der Schlussfolgerung, dass ihm jetzt vollkommen klar wäre, weswegen die freimaurerische Aktivität im Italien der 1970er-Jahre so an Bedeutung gewonnen hätte, nämlich für zwei sehr gravierende Ziele für die zukünftige Weltpolitik:

1. die stärkste sozialistische Partei Europas zu zermürben;

2. einen Kardinal aus dem sozialistischen Ostblock auf den päpstlichen Stuhl zu wählen.

Mit Genosse Volpert sprach ich eine Woche später nochmals ausführlich über die Weltpolitik. Volpert plante, am nächsten Morgen aus dienstlichen Gründen abzureisen und musste deswegen seine Kur vorzeitig abbrechen. Trotz dieser Eile haben wir abends ein paar Stunden zusammen verbracht und geplaudert. Volpert ging völlig unerwartet auf die unklaren Umstände des Ablebens von Albino Luciani ein – dem späteren Papst Johannes Paul dem I.

Es stellte sich heraus, dass mein Gesprächspartner über diese äußerst heikle Angelegenheit erstaunlich gut informiert war. Er sagte mir völlig überzeugt, dass Papst Luciani tatsächlich ermordet worden wäre. Und fuhr wie folgt fort:

,Viel wichtiger, geehrter Genosse Lipinski, scheint die Banalität des Grundes für sein Ableben zu sein. Viele Verschwörungsfanatiker suchen vergebens nach den wahren Gründen für die Ermordung des ,lächelnden Papstes'. Sie suchen im Grunde genommen zu Recht nach den zahlreichen Verstrickungen der Kardinäle um Papst Johannes Paul I. Diese sollen zusammen mit der Freimaurerloge P2 und der italienischen Mafia in verschiedene Machenschaften der vatikanischen Banken verstrickt gewesen sein. Alle diese Autoren und Querdenker haben vollkommen recht, wenn sie sagen, dass viele Kardinäle und Erzbischöfe um Papst Luciani Mitglieder der ,Propaganda Due' waren.

Dies war jedoch nicht der eigentliche Grund, um nach 33 Tagen des Pontifikats Johannes Paul I. töten zu wollen. Er sollte sterben, weil er angeblich alle diese falschen Geistlichen, die insgeheim dem Satan Dienste leisteten, aus dem Vatikan verbannen wollte. Unsere Nachrichtendienste haben schon längst festgestellt, dass Kardinal Luciani seit Jahrzehnten ein Mitglied des katholischen Ordens ,Opus Dei' war, zusammen mit seinem Förderer und dem Mitglied der P2, Erzbischof von Florenz und Kardinal Benelli.
Hinter dem mächtigen Kardinal Giovanni Benelli stand die Obrigkeit der P2. Angeblich befürwortete der einflussreiche Hochadlige Prinz Viktor Emanuel von Savoyen, ein hochrangiges Mitglied der P2 und der Schottischen traditionellen Loge Italiens, die Wahl des Kardinals Albino Luciani zum Papst. Übrigens gewann bei der Papstwahl das einflussreiche konservative Gefüge um den Kardinal Benelli und seine Gefolgsleute, die nicht nur aus der kirchlichen Obrigkeit stammten. Die vatikanischen Konservativen wünschten sich keinen polnischstämmigen Papst auf dem Petrusstuhl. Aus diesem Grund haben sie ihren alten Landsmann Kardinal Luciani in

den Vatikan geschleust. Sie handelten gegen die inoffizielle Entscheidung des internationalen Gremiums aus Çesme, das sich unbedingt den polnischen Kardinal Wojtyla aus Krakau zum neuen Papst wünschte. Angeblich waren die Anführer dieses Gremiums, nämlich David Rockefeller, Henry Kissinger und der italienische Chef des FIAT-Konzerns, Agnelli, mit der Willkür von Benelli und seinen Gefolgsleuten äußerst unzufrieden.

Also, Genosse Lipinski, das italienische Establishment wusste sehr gut, wer der Nachfolger des Papstes Paul VI. werden sollte und was man von ihm erwarten konnte. Das war keine Folge eines gewöhnlichen Zufalls oder der spontanen Konklavewillkür – weder noch.
Aus unseren vatikanischen Quellen wissen wir heute den wahren Grund des unnatürlichen Ablebens des Papstes Luciani. Er hatte unvorstellbar großes Pech, dass er in einem äußerst ungünstigen politischen Moment auf den Heiligen Stuhl gewählt wurde.

Durch interne Quellen haben wir erfahren, dass eine Invasion der Sowjetunion auf Afghanistan bevorsteht. Davon wissen auch die westlichen Geheimdienste und der Generalstab der NATO. Diese Nachricht versetzte Mitglieder des ‚Komitees der 300‘ und der ‚Trilateralen Kommission‘ dermaßen in Panik und Wut, dass sofort von der ‚Horus-Loge‘ eine radikale Beschleunigung der antikommunistischen Maßnahmen in die Wege geleitet wurde. Die ‚Horus-Loge‘ hatte beschlossen, den neuen, unbedeutenden italienischen Papst Luciani gewaltsam zu beseitigen, um den Weg für den jungen und radikalen polnischen Papst Wojtyla frei zu machen, der sein eigenes Volk gegen die sozialistische Regierung und die Sowjetunion aufhetzen sollte.
Ein zusätzlicher Grund für die Beseitigung des Papstes Luciani waren die furchterregenden Erfolge der italienischen Sozialisten bei den Parlamentswahlen im gleichen Jahr, die zur Machtübernahme der PCI von Enrico Berlinguer geführt hatten. Die internationalen Großkapital-Lobbyisten zitterten um die kapitalistische Zukunft Italiens.

*Prosozialistische Stimmung verbreitete sich auch in anderen westeu-
ropäischen Ländern, wie Frankreich, Portugal, Schweden und Westdeutschland. Die Lage war sehr ernst. Die Erfolge der Sozialisten in
der kapitalistischen Welt sorgten für schnelle Gegenmaßnahmen.
Und das war das große Pech des italienischen Papstes, der auf Befehl
der Horus-Loge aus weltpolitischen Gründen beseitigt werden musste.'*

*Ich fand die Bemerkungen des Genossen Volpert außergewöhnlich inte-
ressant. Aus anderen Quellen wusste ich, dass Volpert eigene Spione in
den Kreisen des Vatikans hat, und deswegen – davon gehe ich aus –
könnten seine Informationen in der Tat der Wahrheit entsprechen.*
*Dann fragte ich Volpert, ob eine bevorstehende Invasion der Sowjets
auf Afghanistan tatsächlich beschlossen wurde. ,Und wenn ja, aus welchen Gründen und in welcher Form will sich Moskau in die inneren
Angelegenheiten dieses Wüstenlandes überhaupt einmischen? Die wirtschaftliche Situation Moskaus ist ja bereits sehr wackelig. Was haben
nun die Russen in Afghanistan zu suchen?'*

Gespannt hörte ich den Erläuterungen von Genosse Volpert zu:

> *,Wir haben uns schon intern mit anderen Genossen, auch aus der
> KPDSU (Kommunistische Partei der Sowjetunion; A.d.A.), dar-
> über unterhalten. Die meisten sind, glauben Sie mir, wegen dieser
> unverständlichen Absichten Moskaus völlig überrascht.*
> *Unsere russischen Parteifreunde vermuten, dass der kränkliche
> Breschnew keine politischen Entscheidungen mehr trifft. Er ist seit
> etwa zwei Jahren eine politische Marionette der wirklichen Macht-
> haber des sowjetischen Imperiums – Gromyko, Kosigin und Andro-
> pow. Und nur sie haben die Invasion auf Afghanistan beschlossen.
> Der Vorsitzende der Demokratischen Volkspartei Afghanistans,
> Muhammad Taraki, betrieb eine Annäherungspolitik zur Sowjet-
> union und hatte mehrmals um deren militärische Intervention gebe-
> ten, um sich die Herrschaft über ganz Afghanistan zu sichern. Wir
> wissen, dass die sowjetischen Truppen in naher Zukunft angreifen
> werden.*

Wenn das der Fall sein wird, dann begeht die Sowjetunion einen unvorstellbaren Fehler. Die geplanten Verhandlungen im Juni dieses Jahres in Wien (SALT II Abkommen), die zur Reduktion der Langstreckenraketen von der UdSSR und der USA beitragen könnten, sind dadurch in Gefahr. Begreifen die sowjetischen Machthaber, dass der gesamte Ostblock vor einem wirtschaftlichen Kollaps steht? Der US-Präsident Jimmy Carter ist nur eine Marionette des bekannten Russenfressers Zbigniew Brzezinski, der den Anweisungen der ‚Trilateralen Kommission‘ folgt, um das sowjetische Imperium wirtschaftlich zu ruinieren. Der bevorstehende afghanische Konflikt beherrschte die internen Gespräche bei einem geheimen politischen Zusammentreffen im April vorigen Jahres in Princeton in den USA. Die Mitglieder dieses Treffens versuchten, eine entsprechende Strategie auszuarbeiten, falls die Sowjets Afghanistan angreifen sollten. Der Vorsitzende dieses Treffens, David Rockefeller, und sein Gesinnungsfreund aus Großbritannien, Lord Peter Carrington, wirkten äußerst nervös und drohten der Moskauer Regierung mit den schlimmsten Konsequenzen.

Abgesehen von den unerklärlichen Invasionsentscheidungen Moskaus muss ich ausdrücklich den gravierenden Fakt betonen, dass Afghanistan für die Interessen des Commonwealth zum ewigen Zankapfel wurde. Das sollten die sowjetischen Strategen des Generalstabes gewusst haben. Aus diesem Grund hatte diese wahnsinnige Entscheidung das westliche Establishment in Wut von einem ungeahnten Ausmaß versetzt.

Es kursieren weltweit Gerüchte, dass die ‚Wahl‘ eines polnischen Kardinals zum Papst diese Invasion verhindern könnte! Das arme, bergige Afghanistan liegt in Zentralasien. Von dort aus führt eine nur kurze Strecke zu den reichsten Ölvorkommen am Persischen Golf, nach Saudi Arabien und zum Indischen Ozean. In diesem Land kreuzen sich alle Wege Asiens. Afghanistan gehört zusammen mit dem Iran und Pakistan zu dem sogenannten ‚Goldenen Halbmond‘, in dem die USA und England die einträchtigste Opiumpolitik der Welt betreiben. Das in diesem Gebiet hergestellte Heroin versorgt die Absatzmärkte in ganz Westeuropa, Israel, Libanon und der Türkei bis zur Ostküste der USA und Kanada.

Ich weiß nicht, Herr Genosse Lipinski, ob Sie überhaupt die geringste Ahnung davon haben, mit welchem abstoßenden Gewerbe sich manche europäischen Blaublütige sich zur Zeit befassen?
Die meisten Herointransporte aus dem Goldenen Halbmond werden vorwiegend mit Schiffen über die Häfen Beirut, Izmir und Istanbul auf die Insel Korsika in die Häfen Ajacio und Bastia verfrachtet. Auf Korsika selbst sorgt Prinz Viktor Emanuell von Savoyen persönlich mit seinem deutschen Cousin Simeon von Sachsen-Coburg-Gotha für diese wertvollen Transporte.
Nach kurzer Pause und entsprechender Verarbeitung erfolgen die weiteren Transporte unter der Aufsicht der französischen und italienischen Geheimdienste nach Genua, Marseille, Monaco und Palermo.

Der bedeutendste Abnehmer des asiatischen Heroins via Beirut und Korsika war jahrzehntelang Fürst Rainier III. Grimaldi – ein hochrangiges Mitglied der französischen Grand Orient Freimaurerloge und der offizielle Herrscher des Fürstentums Monaco. Die reichen Absatzmärkte im Pazifikraum, an der Westküste der USA und Kanada, in Japan, Südkorea, Hongkong, Australien und Neuseeland wurden mit Heroinderivaten aus dem sogenannten ‚Goldenen Dreieck' aus Indochina, der chinesischen subtropischen Provinz Yunnan, Burma, den Philippinen und teilweise auch aus Nepal und Bhutan, versorgt. Der einträchtigste Opiumhersteller dieses Dreiecks war bis 1978 der bereits verbannte kambodschanische Regimeführer Pol Pot. Wir vermuten, dass Pol Pot in den letzten vier Jahren der größte Opiumhersteller der Welt gewesen ist.'

Das ist tatsächlich eine erschütternde Nachricht.

,*Pol Pot kaufte von der NSA (National Security Agency) hunderttausende Bodenminen, die er dicht nebeneinander platzierte, um die
riesigen Mohnfelder von der Außenwelt abzuschotten. Er zwang
hunderttausende Bauern und sogar ehemalige Akademiker zur Be-
arbeitung der Mohnfelder und zum Abholzen riesiger Dschungelflä-
chen bis nach Laos, um neue Opiumfelder anzubauen. Das war das
größte Todesarbeitslager der Welt.'*"

Ein großer Teil des weiteren Textes ist unlesbar. (Notiz von A. Lipinski)

Notiz meines Großvaters vom 12. August 1975

„Ich denke über das letzte Gespräch mit Prinz Bernhard nach, nachdem wir die ehemalige Sommerresidenz seiner Familie aus der Zeit vor 1945 bei Sagan besucht haben. Im Hotel ‚Polonia' haben wir uns bis Mitternacht über dieses und jenes eifrig unterhalten. Tja, und dabei haben wir auch viel Wodka getrunken. Der Prinz war von der polnischen Spezialität ‚Grasovka-Wodka' völlig begeistert. Ich vermute, dass dieses feurige Getränk ihn dazu ermutigte, mich in seine ziemlich seltsamen Erlebnisse und sogar Geheimnisse einzuweihen."

Einige Zeilen sind wieder völlig unlesbar. (Notiz von A. Lipinski)

„Der Prinz wirkte sehr entspannt und zufrieden. Dann plötzlich sprach er erneut von seinem spannenden Besuch auf Malta im April 1972. Er hatte sich dort mit seinem Freund, dem Großmeister des Malteserritterordens, Angelo de Mojana di Cologna, getroffen, der direkt aus Rom gekommen war.
Der Großmeister, in Begleitung des maltesischen Premierministers und des Kultusministers, zeigte dem Prinzen die bekannte und mysteriöse Kultstätte ‚Hypogäum von Hal-Saflieni', die fast im Stadtzentrum von La Valetta gelegen ist. Der Prinz sagte zu mir, dass das, was er dort zu Gesicht bekommen hätte, seine Vorstellungskraft durchaus übertroffen hätte. Der Prinz erklärte mir weiter, dass diese Grabstätte offiziell ‚Hal-Saflieni' heiße und seit mehreren Jahren als Treffpunkt der maltesischen Freimaurerloge gelten würde, die dort ihre geheimen Rituale abhielte.

Der Prinz fuhr dazu fort:
‚Meine Gastgeber zeigten mir eine faszinierende, mehrstöckige unterirdische Stadt, die den Touristen völlig vorenthalten bleibt. Angeblich wurde dieser gewaltige Komplex vor schätzungsweise 5.000 Jahren von den primitiven Menschen aus dem Neolithikum (der Jungsteinzeit) errichtet. Der maltesische Kultusminister teilte mir

persönlich mit, dass es noch etwa zehn weitere, unterirdische Stockwerke gebe, die noch nicht erforscht wären. Ich habe fünf große unterirdische Säle gesehen, die meines Erachtens keineswegs einer Grabungsstätte zu entsprechen schienen.

Ja, geehrter Herr Lipinski, ich war begeistert und überrascht. Im Nachhinein setzten wir unsere gemeinsame Reise über die Insel Malta in südliche Richtung fort. Dort, direkt am felsigen Strand des Mittelmeeres, besuchten wir zwei bekannte neolithische Kultstätten in Hagar Q.

Mein Freund, der Ritter, hatte mir beigebracht, dass diese beiden Tempel mit den unterirdischen Korridoren direkt mit dem Hypogäum verbunden seien, wovon die Öffentlichkeit nichts ahne. Dieser Fakt sei streng geheim. Beide, sowohl Großmeister de Mojana als auch der zuständige Kultusminister des Staates Malta, haben mich umgehend davon in Kenntnis gesetzt, dass die meisten Archäologen und Anthropologen an dem neolithischen Ursprung dieser Tempel zweifeln. Sie bezweifelten sogar die angebliche Funktion dieser Anlagen als Kult- und Grabstätte."

Wieder sind ein paar Zeilen schwer lesbar. (Notiz von A. Lipinski)

„Gleiches gälte für die ähnlichen Tempelminen auf der Insel Goso, die unterirdisch mit dem zentralen Komplex in Hal-Saflieni verbunden sind. Ich fragte meine Reiseführer, was sie zu der ganzen Sensation meinten. Der Kultusminister hatte erwidert, dass die Tempel auf den Inseln Malta und Goso mehr den Beobachtungsstützpunkten der modernen Bunkeranlagen zu entsprechen schienen als den Kultstätten des Neolithikums. Ansonsten sehe es so aus, als ob diese Anlagen in einer Zeit errichtet worden wären, als beide Inseln noch mit dem Festland verbunden waren. Die Geologen meinen, dass beide Inseln vor etwa 20.000 Jahren auseinanderzudriften begannen.

Der maltesische Kultusminister, an dessen Namen ich mich nicht mehr erinnern kann, sagte zu mir, dass dieses völlig ungeklärte ar-

chäologische Phänomen unter strengstem Verschluss bleiben müsse. So hätten es gewisse einflussreiche Kreise aus Großbritannien gewünscht. Im Hypogäum wären etwa 7.000 menschliche Skelette entdeckt worden, die dort seit Jahrtausenden begraben liegen. Die eingeweihten Archäologen vermuten, dass das Überreste von Menschen sind, die im Hypogäum einen Unterschlupf vor etwas Grausamem gefunden hatten und aus bislang ungeklärten Gründen dort begraben blieben. Einige eingeweihte Fachleute aus dem Stanford-Institut, die diesen Komplex erforscht haben, vermuten, dass das Alter dieser mysteriösen Anlage äußerst schwer zu schätzen ist. Es sei nicht ausgeschlossen, dass diese Bunkeranlage auf eine Zeit zurückgeht, als maltesische Inseln noch Berge waren und es noch kein Mittelmehr gab!

Können Sie sich so etwas überhaupt vorstellen, geehrter Herr Lipinski?'

Mit dieser Frage beendete der Prinz seine spannenden Ausführungen. Ich war davon sehr überwältigt."

Ab hier wieder schwer lesbar, viele Seiten ausgeschnitten. (Notiz von A. Lipinski)

Kapitel 23
Brief von Marion Gräfin Dönhoff an meinen Großvater

Abschließend möchte ich noch die Notiz meines Großvaters zu einem vertraulichen Brief von Marion Gräfin Dönhoff an meinen Großvater aus dem Jahre 1988 zusammenfassen, der außergewöhnliche und spannende Ausführungen von ihr enthält. Ich vermute, dies war ihre ganz persönliche Meinung:

„Die Gräfin schrieb, dass die Menschheit des 20. Jahrhunderts völlig unbewusst in einer neuen historischen Epoche lebe, die von einem kleinen, geschlossenen Kreis der unbekannten Machthaber regiert würde, welche schrittweise das Errichten einer Weltregierung anstrebten.

Sie fuhr weiter fort, dass seit dem Ende des Ersten Weltkriegs ein neues Zeitalter angebrochen wäre – mehr sogar als ein neues Zeitalter: Sie schrieb, dass wir in der Epoche des Illuminatismus leben und leiden würden, der auf das Errichten einer völlig neuen Zivilisation abziele.

Nachdem infolge des Ersten Weltkriegs große, traditionelle Imperien zusammengebrochen wären – Preußen, Österreich-Ungarn und das zaristische Russland –, gerieten alte und wertvolle moralisch-ethische und patriotische Tugenden langsam in Vergessenheit. Der absolutistische Monarchismus der kaiserlich-zaristisch-königlichen Familien Europas wäre abgeschafft und durch den korrupten und manipulierbaren Parlamentarismus und die wahnsinnigen faschistischen und kommunistischen Diktaturen ersetzt worden.

Die Menschheit hätte nicht rechtzeitig begriffen, dass die reale Macht an die neue monströse Sekte der Freimaurer übergegangen wäre, die eine neue Zivilisation gründen wolle und zu diesem Zweck zwei katastrophale Weltkriege entfesselt und weltweite Unruhen geschürt hatte.

Die byzantinische Zivilisation würde größtenteils seit 1918 abgeschafft und durch eine neue Weltdiktatur des freimaurerischen Bundes ersetzt, der sich langsam die Abschaffung des Christentums und anderer wichtiger Religionen zum Ziel gesetzt hätte. Anstelle der Kaiser, Zaren, Könige und Prinzen käme die Macht in die Hände der skrupellosen Ban-

kiers und Industriellen, die, von Hab- und Machtgier besessen, jegliche moralische Werte verabscheuen würden. Sie verfolgten eine langsame Reaktivierung der Sklaverei, die teilweise nach dem Zerfall des Römischen Imperiums im 6. Jahrhundert abgeschafft worden wäre (wenigstens in Europa).

Es sei äußerst traurig, so Marion Gräfin Dönhoff, dass dieses so gewaltsam erschaffene Vakuum gezielt mit den neuen Wahnideen des Pseudoparlamentarismus, Faschismus, Kommunismus und Anarchismus von der freimaurerischen Bewegung aufgefüllt würde, um die Menschheit schrittweise weiter versklaven zu können. Die Gräfin bemerkte weiter, dass es ihr äußerst leid tue, dass all diese Tugenden, die ihnen - den ostpreußischen Adligen – beigebracht worden wären, langsam, aber sichtbar verfallen würden."

Die Gräfin warnte meinen Großvater (im Jahre 1988!), dass das Schicksal des Ostblocks schon besiegelt sei und es bald zur deutschen Wiedervereinigung kommen würde, weil gewisse führende Kräfte sich das wünschen würden.

Interview mit Artur Lipinski – geführt von Jan van Helsing und Stefan Erdmann

Wir haben viele neue Hinweise auf die Hintergründe des Zweiten Weltkriegs kennengelernt sowie detaillierte Informationen über die eigentlichen Drahtzieher. Außerdem werden durch die Ausführungen von Herbert Lipinski Zusammenhänge und Verbindungen hinter den offiziellen Kulissen klar, die nun einige Vorgänge ins rechte Licht rücken und logisch erscheinen lassen, auch wenn es, wie eingangs erwähnt, inhaltliche Abweichungen gibt, was die Recherchen zu Hitlers Schicksal nach dem 20.7.1944 angeht, die ich mit Stefan Erdmann und dem argentinischen Journalisten Abel Basti für das Buch „Hitler überlebte in Argentinien" zusammengetragen habe. Es kann ja auch tatsächlich sein, dass die Gesprächspartner von Herrn Lipinski in manchen Dingen nicht richtig lagen oder selbst falsch informiert worden waren. (Darauf kommen wir gleich im Interview noch zu sprechen.) Dennoch enthalten die brisanten Informationen von Herrn Lipinski wichtiges Hintergrundwissen.

Erschreckend ist, dass diese Gruppierungen bzw. deren Nachfolger – vor allem die der höchsten Logen – noch heute aktiv sind und die Fäden der Weltpolitik ziehen. Dies macht dieses Buch auch für jüngere Generationen interessant, die mit diesem Wissen manche Begebenheiten und Entscheidungen der heutigen Regierungen besser verstehen können und hinterfragen werden.

Nachdenklich machen die Aussagen zu einem geplanten Dritten Weltkrieg, bei dem der Hass zwischen Christen und Moslems geschürt werden soll, bis es zu einem vernichtenden Krieg kommt – nachdenklich deshalb, weil dies Herrn Lipinski bereits in den 1970er-Jahren anvertraut worden war. Verblüffend ehrlich und vorausschauend sieht man sich heute die Geschehnisse auf der Welt und in unserem Land an. Man kann hier nur hoffen, dass sich bald viele Menschen für die wahren Hintergründe der Weltpolitik interessieren und der Wahnsinn durch ein globales Umdenken gestoppt werden kann.

Herr Lipinski hatte mir noch weiteres Material zukommen lassen, welches aber thematisch nicht zum Rest des Buches passte – das sich ja weitgehend mit den beiden Weltkriegen befasst. Diese sind aber für die Leser dennoch interessant, weshalb ich mich dazu entschieden habe, mit Stefan Erdmann zusammen noch ein Interview mit Artur Lipinski zu führen, welches am 5.3.2017 in Soest stattfand.

Herr Lipinski, Sie haben das mit uns im Buch geteilt, was Sie von Ihrem Großvater an Dokumenten, Briefen und im Gespräch übermittelt bekommen haben. Das wiederum ist die Meinung Ihres Großvaters, Herbert Lipinski, die sich aus dem zusammengefügt hat, was er von seinen Gesprächspartnern (Prinz Bernhard, Marion Gräfin Dönhoff usw.) erfahren hat. Das muss aber noch lange nicht heißen, dass wirklich alle Informationen der Wahrheit entsprechen. Vielleicht hatten auch diese nur Teilwissen zu bestimmten Themenbereichen – oder waren mit Desinformationen gefüttert worden.
Könnte es sein, dass man nach dem Stauffenberg-Attentat Hitler nur gegen einen Doppelgänger ausgetauscht hat, Hitler also nicht ums Leben gekommen war? Es wäre ja möglich, dass man ihn nach Südamerika verfrachtet hat. Ich habe den Manuskripttext um das Attentat einem betagten SS-Veteran vorgelegt und habe folgende Antwort bekommen: *„Nachdem ich aus verlässlicher Quelle weiß, dass Eva und Adolf Hitler zwei Kinder hatten und im recht hohen Alter in Argentinien friedlich gestorben sind, deute ich das hier beschriebene Geschehen um das Attentat folgendermaßen: Alle die hochintelligenten und machtgewohnten Vertrauten um Hitler waren bis zum Schluss überzeugte Nationalsozialisten. Doch sie wussten auch, dass den Krieg noch zu gewinnen und die sowjetische Invasion noch zu stoppen, nur mit Hilfe des Abwurfs einer Atombombe gelingen könne. Für den Fall, dass dies nicht rechtzeitig geschehen sollte, haben sich Himmler und Gehlen und die dabei erwähnte Gruppe vorsichtshalber als ‚Doppelagenten' mit dem Westen betätigt, um nach Ende eines verlorenen Krieges eine weitere Zukunft zu haben. Nach dem erfolglosen Attentat tauchte Hitler tatsächlich unter und konzentrierte sich – ebenfalls auf den Atombombenabwurf wartend – vorsichtshalber auf die andere mächtige Gruppe um*

seinen Sekretär Bormann und auf das Sichabsetzen per U-Boot samt einem Teil des Staatsvermögens usw. nach Argentinien."
Nun, wir sind in dem Punkt einer Meinung, dass es einen Doppelgänger gab – mindestens einen.

Natürlich, sicher. Es gab ja Aufnahmen von Hitler, die biometrisch untersucht wurden, und man stellte Unterschiede im Bereich der Augen und Ohren fest – es gab also definitiv Doppelgänger, die auch zum Einsatz kamen. Die Frage ist nur, wann.
Ich verstehe, was Sie meinen. Also rein theoretisch gesehen und einmal nicht bezogen auf die Aussagen meines Großvaters, könnte das eine Möglichkeit gewesen sein. Für mich ist das eine ganz schwierige Frage. Für mich sieht es allerdings nach alledem, was ich von meinem Großvater gelesen habe, so aus, dass Hitler beim Stauffenberg-Attentat ums Leben kam. Das ist für mich schlüssig. Angenommen, Hitler hätte überlebt und wäre nach Argentinien gebracht worden, dann wäre er nach all den Strapazen ein körperliches Wrack gewesen.

Nach den Recherchen von Abel Basti war Hitler in keiner besonders guten Verfassung. Am Anfang wohl schon noch, aber dann hat er wohl abgebaut. Er soll also am Ende doch krank gewesen sein. Die Augenzeugen, die Abel Basti aufgespürt hat, beschrieben, dass er und Eva Braun sich überwiegend im Haus bzw. auf einem Landgut aufgehalten haben, sich also nicht in der Öffentlichkeit haben blicken lassen.

Ich weiß, was Sie meinen, aber ich bin wirklich der Überzeugung, dass es so war, wie es in meinem Buch beschrieben ist.

Versuchen wir es aus einer anderen Perspektive: Könnte es sein, dass es sich bei der Behauptung, Hitler sei beim Stauffenberg-Attentat ums Leben gekommen, um eine bewusste Fehlinformation des britischen Auslandsgeheimdienstes MI6 gehandelt hatte, um davon abzulenken, dass sie Hitler zur Flucht nach Südamerika verholfen haben, wie es zwei Augenzeugen im Buch „Hitler überlebte in Argentinien" behaupten? Wie hätten die Briten vor den Politikern und Wirtschaftsbossen der neugegründeten BRD dagestanden, wenn herausgekommen wäre, dass sie Hitler zur Flucht verhalfen?

Erneut meine ich, dass es theoretisch auch so gewesen sein könnte. Ich meine aber, dass es so war, wie mein Großvater es beschrieben hatte. Zudem meine ich, dass, wenn der Mossad dahintergekommen wäre, dass Hitler noch am Leben ist und sich in Argentinien aufhält, der alles unternommen hätte, um ihn umzubringen.

Nicht unbedingt, Herr Lipinski. Nach den Aussagen eines der Zeugen war es so, dass das Vermögen, über welches Bormann verfügte, gedrittelt wurde: ein Drittel ging an die Briten, eines an die USA und eines nach Israel. Das soll der Deal gewesen sein, damit ein Teil der Reichsführenden – Hitler inklusive – verschwinden durfte.

Ich kann mir vorstellen, dass ein Komplott zwischen der OSS, den britischen Geheimdiensten und den deutschen die Flucht Hitlers hätte ermöglichen können. Auch Stalin glaubte ja bis zu seinem Tode, dass Hitler nicht in Berlin ums Leben kam. Meiner Ansicht nach würde jedoch der Mossad oder der NKWD niemals aufgeben, Hitler aufzuspüren. Ich denke, dass es der Doppelgänger Hitlers war, der sich in Südamerika aufhielt. Deswegen ließ man ihn auch in Ruhe.

Das ergibt aber für uns wiederum keinen Sinn, denn wieso sollte sich ein argentinischer Präsident Juan Peron oder ein paraguayischer namens Stroessner mit dem Doppelgänger Hitlers treffen und sich stundenlang austauschen? Denn dies haben Augenzeugen berichtet.

Ich bin allerdings der Meinung, dass Eva Braun überlebt hatte und in Südamerika weiterlebte. Es wurde forensisch nachgewiesen, dass es im Führerbunker nicht ihre Leiche war. Es gab auch eine Aussage diesbezüglich von Eva Brauns Schwester. Sie soll angeblich mit einem riesigen Vermögen irgendwo auf der Welt leben. Und es mag für einen Peron sicherlich auch interessant gewesen sein, den Doppelgänger zu sprechen. Immerhin war dieser nahe am Führer dran, kannte sich politisch aus – gezwungenermaßen – und war auch nahe an Eva Braun.

Es gab mal einen Fall, da wurde Hitler auf Tonband aufgenommen, als er in einem Zug saß. Das war 1942 auf dem Weg nach Finnland zu Marschall Mannerheim. Und sein Leibwächter Rochus Misch sagte später, als er Tonband aufnahmen Hitlers hörte, dass dies „keineswegs die Stimme seines Chefs" war. Das war offenbar der Doppelgänger, dessen Stimme sich von der des richtigen Hitlers unterschied. Und bei diesem aufgenommenen Gespräch ging es um Politik, was zeigt, dass sich auch der Doppelgänger durchaus entsprechend ausdrücken konnte.

Wenn Sie Rochus Misch ansprechen: Stefan war ja zweimal bei ihm zuhause, und beim zweiten Mal war ich mit dabei, und wir führten ein langes Interview mit ihm. Also genau dieser Misch, sein Leibwächter, war fest davon überzeugt, dass es der wahre Hitler war, der am 30.4.1945 in Berlin im Führerbunker war. Nach seiner Aussage lebte Hitler bis zuletzt. Er widerspricht der Stauffenberg-These Ihres Großvaters. Ganz spannend ist auch eine Information, die Rochus Misch uns gegenüber erwähnte und die er meines Wissens noch nie woanders so geäußert hat, nämlich dass man nach dem Schuss im Führerbunker noch 30 Minuten gewartet hatte, bis man schließlich die Bunkertüre öffnete! Das ist für mich ein ganz klares Indiz, dass man in dieser Zeit Hitler die Flucht ermöglichte.

Es gibt einen US-Achtteiler mit dem Titel „Hitlers Flucht – Wahrheit oder Legende?" Die Macher der Dokumentation sind im Zuge ihrer Dreharbeiten auf einen Tunnel gestoßen, der die Verbindung vom Führerbunker im Regierungsviertel zum Flughafen Tempelhof hergestellt hatte. Zudem gab es bereits seit 1937 eine unterirdische Verbindung, und zwar vom U-Bahnhof Kaiserhof (heute Mohrenstraße) über den Umsteigebahnhof Friedrichstraße (heute Stadtmitte) bis zur Station Flughafen (heute Platz der Luftbrücke). Diese konnte man problemlos begehen, solange keine U-Bahnen fuhren.

Abb. 54: Jan van Helsing mit Rochus Misch

Ja, ich habe davon gehört. Aber ich bleibe dabei: Hitler kam meiner Ansicht nach beim Attentat um. Ich bin fest davon überzeugt, dass alle Personen, die sich in diesen Stunden im Berliner Bunker befanden – mitsamt dem Bodyguard Herrn Misch – einen Eid ablegen mussten, dass sie alle wahren Begebenheiten, die sich dort abspielten, streng geheim halten werden.

Gut, ich sehe schon, an diesem Punkt kommen wir nicht mehr zusammen – zumindest heute nicht. Was wir aber auf jeden Fall festhalten können, ist, dass die offizielle Geschichtsschreibung Lügen verbreitet. Und Fakt ist auch, dass unsere Systemhistoriker keine Anstrengung unternehmen, in dieser Richtung überhaupt zu recherchieren. Nehmen wir alleine die Tatsache, dass es zum Ende des Krieges ganz klare Kooperationen mit den alliierten Geheimdiensten gab. Das liest man in keinem Geschichtsbuch. Man hatte den Krieg bewusst verlängert, um Menschen und Technologien außer Landes zu bringen – eben auch in die Hände der Alliierten. Es wurden SS-Leute direkt in das OSS übernommen, und es wurde von diesen weiter ausgebaut. Das OSS (*Office of Strategic Services*) war ja der Vorgänger der CIA.

Und vergessen wir nicht die großen Konzerne, die vor allem zum Ende des Krieges hin gewaltige Profite machten…

Es ging um unheimlich viel Geld, und das wurde von Martin Bormann verwaltet. Deswegen musste vor allem er überleben – und das hat er.
Wechseln wir das Thema: Marion Gräfin Dönhoff hatte Ihr Großvater nie persönlich getroffen, ist das korrekt?

Ja, sie hatten einen Briefwechsel und etwas, das ich bislang noch nicht erwähnt hatte. (Herr Lipinski steht auf und holt etwas.) Das sind Bilder meines Großvaters. (siehe Abb. 55) Auf diesem hier ist er in Buchenwald – es steht auf der Rückseite eine Bemerkung dazu. Und das sind Zeitungsartikel, die mein Großvater für polnische Zeitungen geschrieben hatte – überwiegend bezüglich des Ersten und Zweiten Weltkriegs. Und er schrieb auch Artikel für „Die Zeit" und hatte hier direkt mit Gräfin Dönhoff Kontakt. So entstand dann auch der Briefwechsel zwischen den beiden, der über die Artikel hinausging und dann eben die Themen dieses Buches betraf. (Herr Lipinski zeigt nun weitere Artikel seines Großvaters.) Durch seine Artikel hatte er zusätzlich zu seinem Verdienst als Dolmetscher gutes Geld verdient. (siehe Abb. 56)

Gab es auch Telefonate?

Also meines Wissens nicht. Aber es gab einen regen Briefwechsel. Kurz nach dem Mauerfall 1990 war ich einmal in Hamburg Blankenese zu Besuch bei Verwandtschaft von Seiten meines Vaters. Damals hatte

Abb. 55: Herbert Lipinski in Buchenwald im September 1966

mein Großvater mir zwei Artikel für die Gräfin mitgegeben, die sie kaufen sollte. Sie hatte die Artikel damals auch gekauft – es waren 1.000 DM –, aber leider nicht veröffentlicht. Wieso? Weil die Artikel irgendwie verschwanden. Ich hatte sie ihr damals ausgehändigt, sie hatte den Inhalt der Artikel auch recherchiert – das sagte mir mein Großvater –, und das zusammen mit Helmut Schmidt. Und trotz der Tatsache, dass die Artikel nicht erschienen sind, durfte mein Großvater die 1.000 DM behalten.

Sie hatten die Artikel damals der Gräfin persönlich überreicht?

Ja, das hatte ich. Ich hatte auch ein Schreiben aus späterer Zeit von ihr – nach dem Tode meines Großvaters –, in dem sie über den Kontakt zu ihm etwas bemerkt. Leider ist auch dieses Schreiben wie auch die Korrespondenz mit der Gräfin sowie den anderen Gesprächspartnern nicht mehr in meinem Besitz.

»Nie wierzę, aby Amerykanie...«

Kulisy wojny na Pacyfiku (I)

N ależy mocno przyklasnąć temu, że w ramach nadawanych od kilku tygodni przez naszą telewizję audycji pt. „Drogi zwycięstwa" wyświetlony został również dokumentalny film „Wojna na Pacyfiku".

Nie łudźmy się jednak. Nawet po obejrzeniu tego arcyciekawego filmu wiedza nasza o tej wojnie nie będzie pełna, gdyż za jej kulisami kryje się jeszcze wiele im znanych dotychczas szerszemu kręgowi czytelników faktów.

Dla przykładu: mało dotychczas wiemy o tajnym „memorandum japońskiego premiera Tanaki" (nie mylić z premierem o tym samym nazwisku, który kilka dni temu podał się do dymisji z 26 lipca 1927 r.; prawie nie znany jest też przebieg narady czołowych militarystów japońskich z końca listopada 1941 r., na której zapadła decyzja ataku na Pearl Harbor; wreszcie bardzo skąpe były informacje na temat rozmowy, jaką Hitler przeprowadził 3 stycznia 1942 r. (a więc w miesiąc po wybuchu wojny na Pacyfiku) z ambasadorem cesarstwa Japonii w Berlinie.

„MEMORANDUM TANAKI". Precyzowało ono militarystyczne i ekspansjonistyczne cele Japonii, stanowiąc oficjalną busolę działania zarówno dla kolejnych rządów japońskich, jak i dowódców wojskowych, których rzecznikiem był Tanaka. W „memorandum" tym czytamy m. in.:

„...Możemy rozciąć się jako kraj tylko wtedy, jeśli prowadzić będziemy na Dalekim Wschodzie politykę krwi i stali. Jeśli chcemy sprawować kontrolę nad Chinami, a to musi być naszym pierwszoplanowym zadaniem, trzeba wpierw wytępić na tym terenie wpływy Stanów Zjednoczonych...

Aby zdobyć Chiny dla siebie, musimy wpierw ujarzmić Mandżurię i Mongolię. Aby zdobyć świat, musimy podporządkować sobie Chiny. Po zdobyciu Chin kraje centralnej i małej Azji, a także Indie i rejon południowego Pacyfiku, będą bać się naszej potęgi. Wtedy świat będzie musiał zgodzić się z tym, że Daleki Wschód należy wyłącznie do nas...

Mandżurię i Mongolię potrzebujemy jako punkt oparcia, skąd, pod płaszczykiem handlu, wtargniemy na pozostałe obszary Chin. Całe bogactwo tego wielkiego kraju należeć będzie wtedy do nas. Umożliwi ono nam zdobycie Indii, strefy Morza Południowego oraz całej Azji Południowo-Wschodniej, a w końcu także Europy.

Przekazany naszemu narodowi przez cesarza Meiji plan zdobycia wschodniej Azji dzieli się na trzy części. Dwa pierwsze kroki, zdobycie Formozy i Korei, zostały już dokonane. Brakuje trzeci krok, tj. zdobycie Mandżurii i Mon-

golii, a potem zniszczenie państwa chińskiego, nie został dotychczas dokonany.

Musimy dlatego mieć stale przed oczami fakt, że Amerykanie chcą nam w naszych działaniach przeciwko Chinom przeszkodzić. Ale, jeśli pamiętać będziemy o świętych interesach naszego kraju, nie pozostaje nam nic innego, jak prowadzić zwycięską wojnę także przeciwko Ameryce".

Do praktycznej realizacji „Memorandum Tanaki" militaryści japońscy przygotowywali się od lat (przypominajmy: rozpoczęła się ona już w 1931 r. agresją na Chiny). Dlatego też rozbudowywali w niesłychanie szybkim tempie swoje siły zbrojne, przede wszystkim zaś wojenną flotę morską, dzięki czemu w chwili dokonania 33 lata temu (7 grudnia 1941 r.) ataku powietrzno-morskiego na Pearl Harbor, siły militarne cesarstwa były według oceny nawet amerykańskich historyków wojny „imponujące".

Na potęgę militarną Japonii składały się m. in.: 51 dużych piechoty, 10 potężnych pancerników, 10 supernowoczesnych lotniskowców, 36 ciężkich i lekkich krążowników, 112 niszczycieli, 65 łodzi podwodnych i około 4700 samolotów bojowych.

Dla porównania: Amerykanie, Anglicy i Holendrzy (ci ostatni bronili „swoich" ówczesnych Indii Holenderskich, a więc dzisiejszej Indonezji) posiadali w tym samym czasie na obszarze Pacyfiku i Oceanu Indyjskiego łącznie: 12 (dwanaście!) dywizji piechoty, 11 pancerników, 3 lotniskowce, 26 krążowników, 100 niszczycieli, 69 łodzi podwodnych i około 1.000 samolotów.

Inna rzecz: w późniejszym stadium wojny potencjał militarny przede wszystkim Amerykanów przerastał zdecydowanie japoński, lecz faktem pozostanie, iż w pierwszych miesiącach wojny górował japoński.

Nie można w tym kontekście odmówić racji znanemu NRD-owskiemu na publicyście Harry Thürkowi, autorowi książki pt. „Pearl Harbor" (Berlin, 1966 rok), gdy stwierdza, że Amerykanie sami dopomogli Japończykom w umacnianiu i rozbudowie ich gospodarki i potencjału militarnego. Rzecz w tym, że ostrze „japońskiego ekspansjonizmu skierowane było przeciwko interesom amerykańskim w Azji, lecz... Związkowi Radzieckiemu!

Na temat umacniania przez Amerykanów potencjału militarnego Japonii kilka przykładów.

W 1941 r. inwestycje USA w cesarstwie japońskim wynosiły olbrzymią, jak na owe czasy, sumę 300 milionów dolarów. Największe kapitały zainwestowane zostały w takich potężnych koncernach zbrojeniowych, jak: Mitsubishi Denki (produkcja słynnych bombowców japońskich „Zero", użytych do ataku na Pearl Harbor), Telkoku Sol-

shi (produkcja czołgów), Kabushiki Kaiska, Osaka Gasu, Yokohama Rubber, Nippon Columbia (produkcja armat), Japan Dunlop, Japan General Motors (produkcja samochodów pancernych), Ford Motor Company of Japan (produkcja samochodów ciężarowych).

Ważną rolę w japońskich zbrojeniach odegrał też zakrojony na ogromną skalę import żelaza, stali, ropy naftowej, obrabiarek, maszyn, benzyny lotniczej itd. ze Stanów Zjednoczonych. Nawet na kilka miesięcy przed atakiem na Pearl Harbor nie ustały dostawy wielu ważnych surowców i wyrobów strategicznych do Japonii. Próbował temu przeciwdziałać znany ze swego antyjapońskiego nastawienia prezydent USA F. D. Roosevelt, lecz bezskutecznie. Z pomocą amerykańskiej broni — przeciwko Amerykanom! Historia wypłatała Jankesom nie byle jakiego figla.

Stwierdźmy jednak gwoli prawdy: mimo wszystko — imperialistyczne pla ny Japonii cechowało awanturnictwo oraz bezgraniczne przecenianie własnych sił i możliwości, w czym umacniały ją hitlerowskie Niemcy.

PAŁAC CESARSKI W TOKIO. 29 listopada 1941 r. W jednej z sal konferencyjnych zebrało się kilkudziesięciu mężczyzn w starszym wieku — przeważnie w mundurach, szamerowanych bogato złotymi dystynkcjami.

Na salę wszedł Hideki Tojo, lat 57, generał, najwierniejszy powiernik cesarza Hirohito, od października 1941 r. premier rządu japońskiego. Zebrani przywitali go milcząc, w głębokim pokłonie.

Do czasu wejścia na salę cesarza brakowało jeszcze kilku minut. Czas ten japoński „trust generałów" spędził na nerwowych, acz wyciszonych rozmowach i piciu herbaty. Ton nadawali rozmowom generałowie: Tojo, Wakatsuki, Hiranuma, Hirota oraz admirałowie: Yamamoto, Nagumo, Kusaka, Ohada, Hara i kilku innych. Przeważali admirałowie z tej prostej przyczyny, że cesarska marynarka wojenna była o wiele potężniejsza od armii lądowej.

Jako ostatni wszedł na salę cesarz — monarcha i „bóg" w jednej osobie. Jak zwykle: głębokie pokłony. Cesarz skrócił ceremonię powitania, prosząc premiera Tojo o zabranie głosu.

Tojo wolał wpierw o tym, że specjalni wysłannicy rządu japońskiego do Waszyngtonu, Kurusu i Nomura, nie posunęli się w swoich rozmowach z Amerykanami ani o krok: nagród. Amerykanie byli nieustępliwi. Na żądanie Japończyków, aby pozostawili im w Południowo-Wschodniej Azji wolną rękę, odpowiedzieli „Nie!!

— To była nasza ostatnia propozycja? — kontynuował Tojo. Dłużej czekać nie możemy. Dość zapadł nam na tę dalej decyzja: Jaką drogą mamy iść dalej? Czy Amerykanie mają nas dalej powstrzymywać w naszych planach, czy też weźmiemy to, czego potrzebuje naród, z pomocą miecza.

Dwie minuty trwało wystąpienie premiera. Jako drugi zabrał głos admirał Osamu Nagano, szef sztabu marynarki cesarskiej marynarki. Wszyscy obecni na sali wiedzieli o tym, że na potężne wpływy, że liczył się z nim każdy admirał, a nawet sam cesarz był mu przychylny.

— Marynarka cesarska — powiedział Nagano — w której imieniu tutaj przemawiam, domaga się rozstrzygnięcia z pomocą miecza!

Po nim również wszyscy kolejni mówcy wypowiadali się za natychmiastowym użyciem „miecza".

HERBERT LIPIŃSKI
(c.d.n.)

Ja, jetzt kommen wir genau zu der Frage, die ich Ihnen ja bereits bei unserem ersten Zusammentreffen stellte, nämlich: Gibt es einen Nachweis über die Kommunikation mit den im Buch genannten Politgrößen?

Nun, ich gebe zu, dass mir das sehr unangenehm ist, weil ich hier aus meinem Privatleben berichten muss, um das erklären zu können. Ich befinde mich seit mehreren Jahren im Scheidungsprozesses mit meiner Noch-Frau. Als sie auszog, verschwanden auch die Dokumente – ob absichtlich oder aus Versehen, kann ich nicht sagen. Jedenfalls ist der Umstand gegenwärtig äußerst ungünstig und ich versuche gerade über eine dritte Person, eine Herausgabe zu erwirken. Darunter befindet sich auch mein eigenes Diplom und ein persönlicher Brief Erich Honeckers an meinen Vater, den Honecker seinen „großen Freund" nannte, und mehrere Fotos zusammen mit Prinz Bernhard. Honecker hatte uns einmal nach Tabarz in Thüringen eingeladen. Die SED hatte das damals bezahlt, und wir waren in einer Villa untergebracht.

Sie waren mit dabei?

Ja, sozusagen als Begleitung, denn mein Großvater war damals schon sehr alt und auch gesundheitlich nicht mehr im besten Zustand – er litt unter anderem an Parkinson. Das war damals eine offizielle Einladung von Erich Honecker. Wir hatten das schönste Appartement bewohnt und uns dort einen Monat aufgehalten. Von dort aus ging es dann auch nach Berlin, wo mein Großvater den einen oder anderen Termin wahrnahm. In dieser Zeit hatte ich dann einen Stasi-Mann an die Seite bekommen, der auf mich aufpasste.

Wann genau war das?

Das war 1985, ich war damals Medizinstudent. Damals, in Tabarz, lernte ich Schalck-Golodkowski persönlich kennen, den damaligen Finanzminister der DDR. Mein Großvater kannte ihn gut, sie waren per „Du" miteinander, und wir hatten auch zusammen gegessen.

Und Sie waren damals alleine mit Ihrem Großvater dort?

Ja, alleine. Eine Geschichte möchte ich dazu noch erwähnen. Es war im Februar 2015. Ich hatte ein kleines Häuschen in Grünberg, wo ich auch diverse Unterlagen aufbewahrt hatte. Und dort wurde eingebrochen. Die Polizei kam, hatte alles aufgenommen, und es sah nach einem normalen Einbruch aus. Ich hatte dort kaum Wertvolles aufbewahrt, eine Uhr zum Beispiel, aber die Einbrecher hatten nach irgendetwas anderem gesucht. Das wenige Geld, das ich dort hatte, nahmen sie nicht, stattdessen waren Kommoden aufgebrochen worden, was darauf hindeutet, dass sie nach etwas Speziellem gesucht hatten. Es sah auf den ersten Blick nach Asozialen aus, die eingebrochen waren, denn sie hatten dort gegessen und einen Saustall zurückgelassen. Dazu muss ich anmerken, dass ich meinen Nachbarn gut bezahlt hatte, damit er dort während meiner Abwesenheit nach dem Rechten sieht – schließlich stand das kleine Häuschen etwas abseits. Das Eigenartige war, dass in das Häuschen eingebrochen wurde, nachdem der alte Mann verstorben war – eine Woche später! Das heißt, ich wusste gar nicht, dass das Haus unbewacht war. Das ist schon seltsam – als wenn man darauf gewartet hätte. Man hatte auf den ersten Blick den Eindruck, dass es Asoziale waren, da das Haus auch mit Exkrementen verschmiert war, und es hatte den Anschein, dass man nach allem möglichen Kleinkram, also irgendwelchen Wertgegenständen gesucht hatte, also wie „normale" Einbrecher eben, die nach Wertgegenständen suchen und diese schließlich auch entwenden. Und es sah auch so aus, als seien es nicht die Hellsten unter der Sonne gewesen. Fakt ist aber, dass ich in einer Kommode eine Reihe sehr besonderer und seltener Bücher aufbewahrt hatte, die die Einbrecher nicht nur durchblätterten, sondern später auch auf dem Tisch in einer quadratischen Form aufgebaut hatten, in Form eines Blockes – als sollten sie eine Botschaft an mich darstellen. Und Jahre später habe ich dann durch das Buch eines polnischen Agenten erfahren, dass Geheimdienste auf diese Weise eine Botschaft hinterlassen – die Botschaft, dass es eben kein normaler Einbruch war, sondern man nach etwas Speziellem gesucht hatte.

Die Einbrecher wurden später gefasst, sie wurden aber nur zu einer Bewährungsstrafe verurteilt, da sie ja kaum etwas entwendet hatten. Aber das, was sie eigentlich bei mir gesucht hatten – die Unterlagen meines Großvaters –, hatten sie nicht gefunden. Ungewöhnlich war auch, dass der Prozess zu einem Zeitpunkt stattfand, an dem ich nicht anwesend sein konnte, da ich mich arbeitstechnisch in Deutschland aufhielt. So konnte ich nicht zugegen sein...

Was ist mit Ihren Eltern, Herr Lipinski?

Mein Vater ist 2004 verstorben.

Und warum hat Ihr Großvater all das Ihnen erzählt und nicht seinem Sohn, also Ihrem Vater? Oder Ihrer Mutter?

Ich muss ganz ehrlich sagen, dass ich es nicht weiß...

Sie hatten wohl nicht den besten Kontakt zu Ihrem Vater?

Ich schon, aber das Verhältnis meines Großvaters zu meinem Vater war schlecht – eigentlich sehr schlecht.

Und wie war Ihr Verhältnis zu Ihrem Vater?

Ja, das der war relativ gut.

Hatten Sie nie mit ihm über diese Themen gesprochen?

Nein, nur mit meinem Großvater. Mein Vater hatte mir nur bestätigt, dass mein Großvater mehrmals in den 1960er-Jahren in der DDR gewesen ist.

Wir sprechen hier von Ihrem Großvater väterlicherseits...

Ja.

Und hatten Sie mit Ihrem Vater jemals über die Gespräche, die Sie mit Ihrem Großvater über dessen Erlebnisse und seinen politischen Einblick führten, gesprochen?

Nein.

Und wieso nicht?

Hm… Also… Wie drücke ich mich am besten aus. Mein Vater war sehr intelligent, keine Frage. Allerdings ist es so, dass es bestimmte Umstände in seinem Privatleben gab, die eine Kommunikation sehr schwierig gestalteten. Ich möchte das nicht näher ausführen, denn das ist wirklich sehr privat. Zudem war die Beziehung zu meinem Vater nach der Scheidung meiner Eltern nicht mehr so intensiv. Mein Großvater hatte deshalb mehr oder weniger die Rolle meines Vaters übernommen, denn ich verbrachte die meiste Zeit mit ihm. Ich wurde gewissermaßen von meinen Großeltern großgezogen. So hatte ich auch die deutsche Sprache erlernt, denn mein Großvater sprach mit meiner Oma perfektes Deutsch.

Ah, ich verstehe. Ihr Großvater war mit Prinz Bernhard in Grünberg zusammen unterwegs.

Ja, in Grünberg und auch in Warschau, zusammen mit Premierminister Piotr Jaroszewicz. Auch da war er als Dolmetscher mit dabei. Das war ein offizieller Besuch, ein Staatsbesuch. Es waren fünf Tage, und es war mir damals als Kind nicht bewusst, dass es ein Staatsbesuch war. Der Prinz wurde damals als Vertreter der holländischen Regierung angesehen und auch so aufgenommen. Er war dann auch einen Tag auf der Jagd an der polnisch-russischen Grenze, wo es sehr schöne Wälder gibt. Zudem waren sie zwei Tage in Krakau gewesen. Mit dabei war damals seine kleine Tochter Beatrix.

Nun ist das vorliegende Buch doch sehr auf die Thematik der beiden Weltkriege beschränkt. Hat Ihr Großvater denn nie auch über etwas anderes gesprochen, also andere, eher ungewöhnliche Themen?

Doch, ich erinnere mich – das war so Mitte der 1970er-Jahre, ich war damals auf dem Gymnasium –, wir hatten damals in Geschichte das Thema Ägypten behandelt, da hatte mir mein Opa erzählt, dass man in den Schächten der Cheops-Pyramide metallene Leitungen gefunden hatte. Das hatte er von irgendjemandem aus dem Westen erfahren. Ich kann nicht mehr sagen, ob es Prof. Beitz war. Jedenfalls wurden die von der ägyptischen Regierung entfernt. Und es müssen sehr viele gewesen sein! Leider hatte mich das damals gar nicht interessiert, weswegen ich auch nicht mehr nachgehakt hatte.

Sie haben ja inzwischen selbst ein Buch zum Thema Ägypten geschrieben – zusammen mit Ihrer Lebensgefährtin Arleta Holowacz. Was ist in zwei Sätzen die These?

In dem Buch geht es darum, dass die Cheops-Pyramide ein Kraftwerk war. Das Funktionsprinzip basierte auf der Nutzung von Gewitter bzw. der Blitze als Energiequelle. Diese wurden durch die Pyramiden fokussiert und dann zu elektrischem Strom umgewandelt – und zwar nicht als Wechselstrom, sondern als Gleichstrom. Im Prinzip waren es Kraftwerke zur Erzeugung von sauberer Energie bzw. zur Umwandlung von Energie – von Blitzen in Gebrauchsstrom. („Das Pyramidenrätsel – Endlich gelöst? Geheimnisvolle metallene Kabel in der Cheops-Pyramide")

Sie hatten mir nach unserem ersten Treffen in Zweibrücken Unterlagen mitgegeben, in denen es um die ägyptischen Gottheiten ging. Darin ging es um die Behauptung, dass diese Mischwesen, diese Chimären – Menschen mit Tierköpfen – tatsächlich existierten.

Das hatte mir mein Großvater während meiner Kindheit mehrmals erzählt, was ich als Kind als Märchen auffasste. Aber er erzählte damals mehrfach, dass Gottheiten wie Ptah oder Horus tierartige Gesichter hatten, also in der Realität. Mehr weiß ich leider nicht mehr. Ich hatte ihn auch später nicht mehr dazu befragt. Erst im Zuge meiner Pyramidenforschung fiel mir das wieder ein. Dazu möchte ich bemerken, dass mein Großvater kein Phantast war. Er war Katholik und sehr bodenständig. Aus welchen Quellen er das hatte, kann ich leider nicht sagen.

Man weiß nun nicht, ob das Außerirdische waren oder eine weitere Spezies, die hier parallel auf der Erde lebte oder vielleicht sogar immer noch lebt – das behauptet ja Jason Mason in seinem Bestseller „Mein Vater war ein MiB".

Ja, er sprach nicht von Außerirdischen, sondern von hier sesshaften Wesen.

Abschließend möchte ich nochmals einen Gedanken zum Thema Hitler aufgreifen. Sollte Hitler, so wie von meinem Großvater bzw. dessen Quellen geschildert, beim Stauffenberg-Attentat ums Leben gekommen sein und sollten alle die geschilderten Bündnisse und Geheimabsprachen im Hintergrund so stattgefunden haben, dann haben die Westalliierten die Ostländer verraten. Das ist ganz klar! Das hieße auch, dass es zwischen den Westalliierten und den Nazis eine Kooperation gab.

Das hieße ja gleichzeitig auch, dass alle schriftlichen Fixierungen, alle Verträge, an Bedeutung verlieren, wenn nicht sogar null und nichtig sind.

Das weiß ich nicht, das kann aber sein, weil alles auf einer Täuschung basiert. Und es würde auch bedeuten, dass das Deutsche Reich weiterhin existiert – und zwar anders, als man es aus den Dokumenten des Bundesverfassungsgerichts kennt.

Unabhängig davon, ob Hitler nun in Südamerika überlebte oder beim Attentat ums Leben kam – Tatsache ist, dass die Deutschen die Hand auf unermessliche Summen an Geld und Gold und andere physische Werte hatten. Hitler bzw. Bormann hatten die Hand darauf. Das Schlimmste, was den Alliierten passieren konnte, war der Tod Hitlers und Bormanns. Deswegen haben die den beiden – Stefans und meiner Ansicht nach – den roten Teppich ausgerollt, die haben mit denen verhandelt. Es gab meiner Meinung nach ein Abkommen entweder mit Hitler oder Bormann. Und Bormann war zu hundert Prozent handlungsfähig. Und es gab auch Unmengen an gefälschten Währungen, die vorhanden waren. Das kann man sich heute kaum vorstellen. Alleine deswegen hatten die Alliierten ein Interesse, Hitler, Bormann und meinetwegen auch Himmler das Exil anzubieten – zumindest so lange, bis sie das bekommen hatten, was sie wollten. Und es gibt einen Augenzeugen zum Überleben Hitlers, den wir in unserem gemeinsamen Buch mit Abel Basti aufführen, der erklärt, dass England, die USA sowie Israel einen großen Teil dieses Geldes bekommen haben. Das würde vieles erklären... Wie sehen Sie das Herr Lipinski?

Das heißt, es gab ein Abkommen von den Westalliierten, sprich von reichen, bedeutenden Menschen aus dem Westen, die mit der SS geteilt haben, also mit den Nazis. Natürlich, genau das wird ja im Buch beschrieben. Diesen Leuten, diesen Mächten – Sie nennen sie die Illuminati – geht es nicht um links und rechts, denen geht es um das Erreichen ihres Zieles, und das ist die Weltherrschaft.

Und die bekommt man über die Kontrolle der Währungen, über das Geld und über die Rohstoffe. Und nochmals unabhängig vom Schicksal Hitlers: Martin Bormann hat definitiv überlebt. Das haben Stefan, Abel Basti und ich im Hitler-Buch sehr gut dokumentiert.
Man muss sich ja auch die Frage stellen, wer überhaupt wusste, wo sich die gewaltigen Reichtümer und erbeuteten Schätze befanden. Wer wusste das?

Zwei Leute meiner Ansicht nach: Himmler und Baron von Schröder. Himmler hatte eine Stiftung, die von Baron von Schröder verwaltet wurde. Dadurch hatte er als Bankier Zugang zu einem unglaublichen Vermögen. Laut meinem Großvater war Baron von Schröder der Mittelsmann zwischen Himmler und den Westalliierten. Er war einer derjenigen, die wussten, wo sich zumindest eine Teil des Vermögens befand. Und ein Teil dieses Geldes wurde über die BIZ in Basel gewaschen. Nachdem enormer Druck auf die Schweizer Banken ausgeübt worden war, mussten diese einen Teil des dort gelagerten Vermögens mit den reichen Familien in den USA und England teilen. Dieses Gold dient heute noch zur Stabilisierung des US-Dollars.

Sie erwähnten im Buch mehrmals den im Mai 2017 verstorbenen „Guru" der Illuminaten, Zbigniew Brzezinski. Von ihm habe ich zwei Zitate vorliegen, zu denen ich gerne einen Kommentar von Ihnen hätte:

„Die technotronische Ära beinhaltet das allmähliche Erscheinen einer stärker überwachten Gesellschaft. Solch eine Gesellschaft würde beherrscht werden von einer Elite, die nicht zurückgehalten wird durch herkömmliche Werte. Bald wird es möglich sein, eine beinahe lückenlose Überwachung jedes Bürgers sicherzustellen und aktuelle vollständige Daten mit sogar der allerpersönlichsten Information über den Bürger zu haben. Diese Daten werden auf Knopfdruck sofort abrufbar sein von den Autoritäten."[16]

„Heute erleben wir wieder das Auftauchen von transnationalen Eliten... deren Verbindungen nationale Begrenzungen überschreiten... Es ist wahrscheinlich, dass die gesellschaftlichen Eliten der fortgeschritteneren Länder bald sehr internationalistisch oder globalistisch in Geist und Ansichten sein werden... Die Nation, der Nationalstaat gibt allmählich seine Souveränität auf... Weiterer Fortschritt wird weitere amerikanische Opfer erfordern. Intensivere Bemühungen, eine neue Weltgeldstruktur zu formen, müssen unternommen werden, dies hat ein daraus folgendes Risiko für die gegenwärtige günstige amerikanische Position."[17]

Wie schätzen Sie seine Behauptungen ein, Herr Lipinski? Wird das unsere Realität der Zukunft werden?

Die Faustregel der angelsächsisch-zionistischen Finanzelite (Illuminati) ist: Wer Eurasien kontrolliert, regiert die gesamte Welt. Dieses Motto wurde von den führenden amerikanisch-zionistischen Illuminati Zbigniew Brzezinski und Henry Kissinger – den Mitbegründern der *Trilateralen Kommission* – mehrmals verkündet Die USA und das Commonwealth wollen seit etwa 100 Jahren Eurasien unter ihre Kontrolle bringen, und für dieses ominöse Ziel haben sie zwei verheerende Weltkriege in die Wege geleitet und jetzt planen sie, den entscheidenden Dritten Krieg herbeizuführen.

Es gibt in Eurasien drei gewaltige Mächte, mit denen man ernsthaft rechnen muss: Westeuropa, Russland und China. Um Eurasien unter die Illuminatikontrolle zu bringen, müssen diese drei Mächte aus dem Weg geräumt werden. Japan, Südkorea und der Iran spielen dabei eine zweitrangige Rolle. Auch „atomare" Staaten wie Indien, Pakistan und Nordkorea sollen in diesem Zwist im sicheren Abstand gehalten werden. Die neue Doktrin der USA ist ein lokaler, begrenzter Nuklearkrieg in Zentralasien.

Welche Rolle spielt dabei Deutschland?

Die Analogie des aktuellen Chinas mit dem des Dritten Reiches der 1930er-Jahre finde ich verblüffend. Die Weimarer Republik, der der Versailler Vertrag gewaltige Reparationen auferlegte, war wirtschaftlich bankrott. Es gab bewiesene Fälle aus den 1920er-Jahren, dass die Menschen in der Provinz vor Hunger starben. Nachdem die NSDAP 1933 an die Macht kam, erlebte das Deutsche Reich mit Adolf Hitler als Reichskanzler an der Spitze einen immensen wirtschaftlichen Aufschwung, der Nazideutschland innerhalb von etwa sieben Jahren zur wirtschaftlichen Weltmacht erhob. Dieses „Wunder" erfolgte durch die Einräumung riesiger Kredite von den amerikanischen und britischen Finanzinstituten. Die Reparationen wurden stark reduziert und umstrukturiert. Gewaltige Schwerindustriekonzerne florierten durch die staatlichen Aufträge, die Arbeitslosigkeit wurde fast komplett abgeschafft, ein Netz von modernen Autobahnen durchzog ganz Deutschland. Hitler konzentrierte sich überwiegend auf den Aufschwung der Rüstungsindustrie und den Wiederaufbau der modernen Streitkräfte.

Zwei Fragen stelle ich mir diesbezüglich:
Erstens: Warum wurde Deutschland nach dem Ersten Weltkrieg vom westlichen Kapital so rasant wiederaufgebaut?
Die Antwort: Damit das neue Nazideutschland einen globalen, europäischen Krieg entfesseln konnte und imstande war, gegen Frankreich und England und unter Umständen auch gegen Russland militärisch antreten zu können.

Betrachten wir uns im Vergleich dazu nun das heutige China:
Das kommunistische China wurde wirtschaftlich von Mao Zedong und weiteren kommunistischen Parteifunktionären beinahe ruiniert. Die staatliche Industrie wurde lahmgelegt, war ineffizient und rückständig. Nachdem der Ostblock 1990 abgeschafft wurde, haben dieselben Finanzinstitute und Kartelle, die Nazideutschland aufgebaut haben, die industrielle Großmacht China erschaffen. Gewaltige Kredite, vorwiegend aus den USA, Großbritannien, Deutschland und Frankreich flossen ununterbrochen nach China. Das westliche Kapital wurde schnell und mit großem Erfolg ins nach wie vor kommunistisch regierte China gebracht. Hunderte westliche Konzerne haben sich in China niedergelassen, um die billige und massenhaft vorhandene Arbeitskraft rücksichtslos auszubeuten. Innerhalb von etwa 25 Jahren wurde China zu einer wirtschaftlichen Supermacht, die den USA zu drohen begann.
Damit stellt sich mir die zweite Frage: Warum wurde das kommunistische China vom westlichen Kapital so rasant aufgebaut?

Die Antwort: Damit das starke militärisch-wirtschaftliche China imstande wäre, in einem möglicherweise lokalen, nuklearen Krieg gegen Russland, gegebenenfalls auch gegen Japan und Südkorea anzutreten. Der russisch-chinesische Krieg um die Rohstoffe Sibiriens und den Lebensraum für die Chinesen wurde von den angelsächsischen Illuminaten schon im Vorfeld geplant, damit beide Mächte dadurch langsam verbluten und ihren Weltmachtstatus verlieren. Die Infrastruktur beider Mächte soll durch den nuklearen, lokalen Krieg vernichtet werden. Als Schiedsrichter in diesem ominösen Ringen, das viele Millionen Menschen dahinraffen würde, sollen die USA mit südkoreanischer und japanischer Unterstützung antreten, um nach dem zentralasiatischen Krieg die politische Kontrolle über Eurasien zu übernehmen.

Und was ist mit Europa und dem von Ihnen erwähnten bevorstehenden Bürgerkrieg?

Die Illuminatiplaner – vorwiegend aus den USA und Großbritannien – wollen während des zentralasiatischen Krieges zwischen Russland und China die westeuropäischen Streitkräfte vorübergehend ausschalten, bis der Krieg zugunsten der USA beendet wird. Aller Wahrscheinlichkeit nach erfolgt die Zerstörung des Irans durch die US-Streitkräfte mit der Unterstützung Israels. In Deutschland, Frankreich, in den Beneluxstaaten, Schweden und Italien soll es zum vorab geschürten Bürgerkrieg zwischen den Moslems und den Christen kommen, um die Regierungen dieser Staaten von zentralasiatischen und persischen Kriegen abzulenken. Es kann auch zum erneuten Balkankrieg kommen, um Großjugoslawien wiederaufzubauen. Die starke und seit kurzem mit Russland sympathisierende Türkei könnte im südlichen Balkan freie Hand haben und den Moslems in Albanien und Bosnien-Herzegowina zu Hilfe kommen, um anschließend ein kleines „osmanisches" Reich in Südosteuropa wiederzuerrichten. Ein direkter serbisch-bulgarisch-türkischer Krieg um den Balkan wäre auch möglich. Die seit kurzem nationalistisch gesinnte Ukraine könnte auch Polen angreifen, um dessen östliche Gebiete zu erobern. Hinter all diesen künstlich provozierten kleinen Kriegen sowie dem Bürgerkrieg in Westeuropa werden die linken Politiker und internationalen Rüstungskartelle stehen, die alle Seiten mit den Waffenlieferungen versorgt werden. Die überwiegend amerikanischen, britischen und israelischen Finanzinstitute werden alle sich bekriegenden Parteien mit den Krediten für den Kauf des Waffengutes versorgen. Die gezielte, aber unkontrollierte Einwanderung von Millionen sog. „Flüchtlingen" aus ganz Asien und Nordafrika, die von den Rockefeller- und Soros-Stiftungen finanziert wird, soll vor allem Westeuropa zu einem bestimmten Zeitpunkt des asiatischen Krieges lahmlegen, damit sich Deutschland, Frankreich, Belgien (EU-Parlament) und Italien in diesen militärischen Zwist zwischen China und Russland sowie in die Zerstörung des Irans nicht einmischen können. Die EU kann dann aufgelöst werden. Vereinzelte Staaten werden infolgedessen bankrott sein, und es bricht Hunger aus, und das Geld wird wertlos sein.

Ganz Europa – vom permanenten Bürgerkrieg, kleinen lokalen Kriegen und Wirtschaftskrisen geplagt – soll sich auch langsam in eine wirtschaftlich-industrielle Ruine verwandeln, um letztendlich auch unter die Kontrolle der US-Kartelle zu geraten, die das Christentum abschaffen und das gottlose oder sogar islamisch geprägte *Neue-Weltordnungs*-System herbeiführen sollen. Es kann auch sein, dass die zermürbten westeuropäischen Länder in Kalifate verwandelt werden. Es wird eine Zerstörung des Irans durch die USA und Israel geplant, um den persischen Staat im Nahost auszuradieren und anschließend dessen Erdölvorkommen zu übernehmen. Die Vorherrschaft Israels im Nahen Osten wird etabliert sein.

Somit werden die weitreichenden Ideen Albert Pikes in die Praxis umgesetzt. Die angelsächsische Schlangen-Finanzelite wird auf dem eurasischen Kadaver die ganze Welt ohne jegliche Konkurrenz regieren. Ist dieses ominöse Szenario machbar?

Oh Gott, ich hoffe, dass es nicht dazu kommt, auch wenn es im Moment tatsächlich sehr danach aussieht, dass es weiter in die Richtung geht.

Herr Lipinski, ich danke Ihnen ganz herzlich, zum einen für das Zurverfügungstellen der Informationen Ihres Großvaters und zum anderen für dieses Interview. Nicht nur wir haben das Thema „Hitlers Tod" heiß diskutiert, auch die Leser werden das tun. Und genau darum geht es: dass man darüber spricht, dass man darüber diskutiert und Quellen vergleicht. Bei den meisten Menschen ist es doch so, dass es ihnen völlig gleichgültig ist, ob Hitler nun beim Stauffenberg-Attentat ums Leben gekommen ist oder ob er in Südamerika verstarb und Geheimdienste und internationale Institutionen dabei unterstützend tätig waren. Denen wird es auch egal sein, wenn sie in einer Neuen Weltordnung leben, in der sie keine eigene Meinung mehr haben dürfen, weil sie schon heute keine haben, weil sie unkritisch sind und alles glauben, was die Systemmedien ihnen vorsetzen. Fakt ist, dass immer mehr Menschen überhaupt keine Nachrichten mehr schauen oder lesen, weil es ihnen schlichtweg egal ist, was auf der Welt passiert. Andererseits gibt es immer mehr, die sich der alternativen Medien bedienen und ein eigenes Weltbild formen. Das ist die große Hoffnung – und dazu tragen Menschen wie Sie bei, die mit Hintergrundinformationen aufwarten, die eine neue, differenzierte Sichtweise auf die Weltpolitik, aber auch auf das Dahinter ermöglichen. Nochmals vielen Dank dafür, Herr Lipinski.

Interessierte Leser finden neue Informationen von Herrn Lipinski und von vielen anderen Autoren und Insidern auf der Whistleblower-Plattform **www.dieunbestechlichen.com**

Literatur- und Quellenverzeichnis

(1) www.flegel-g.de/Bilderberg/bilderberger.html
(2) Morris, Michael, „Der Goldkrieg", Amadeus Verlag
(3) Quellen: Wilson, Woodrow - "The New Freedom", A Call For the Emancipation of the Generous Energies of a People, Section VIII "Monopoly or Opportunity?" New York, Doubleday, Page & Co., 1913, S. 185
(4) Quellen: Wilson, Woodrow - "The New Freedom", A Call For the Emancipation of the Generous Energies of a People, Section VIII "Monopoly or Opportunity?" New York, Doubleday, Page & Co., 1913, S. 185 S. 201
(5) https://en.wikipedia.org/wiki/Astor_family
(6) www.thewatcherfiles.com/astor.htm
(7) www.bibliotecapleyades.net/bloodlines/bundy.htm
(8) www.thewatcherfiles.com/bloodlines/onassis.htm
(9) https://lupocattivoblog.com/2012/02/25/illuminaten-mitglieder-die-fuhrenden-illuminaten-familien-und-deren-mitglieder-und-verbundete-teil-1/
     www.thewatcherfiles.com/bloodlines/russell.htm
(10) http://www.thewatcherfiles.com/bloodlines/duyn.htm
     http://www.bibliotecapleyades.net/bloodlines/duyn.htm
     http://www.americaismyname.org/the-thirteen.html
(11) (wikipedia und https://derhonigmannsagt.wordpress.com/tag/virginia-company/
(12) http://themillenniumreport.com/2015/11/the-committee-of-300-who-are-they/
(13) Morris, Michael, „Der Goldkrieg", Amadeus Verlag, Fichtenau 2014
(14) Morris, Michael, „Der Goldkrieg", Amadeus Verlag, Fichtenau 2014
(15) Goldensohn, Leon, „Nürnberger Prozesse"
(16) Zbigniew Brzeziński, „Between Two Ages: America's Role in the Technetronic Era"
(17) https://astrologieklassisch.wordpress.com/2010/01/12/vorhersage-konnte-zbigniew-brzezinski-vor-40-jahre-in-die-zukunft-blicken/

Bildquellen

1. Privatarchiv Lipinski
2. https://de.wikipedia.org/wiki/Walter_Ulbrichtwikipedia
3. https://de.wikipedia.org/wiki/Erich_Honecker
4. https://de.wikipedia.org/wiki/Erich_Mielke
5. https://de.wikipedia.org/wiki/Bernhard_zur_Lippe-Biesterfeld
6. www.hdg.de/lemo/img/galeriebilder/biografien/doenhoff-marion_foto_LEMO-F-6-076_dpa.jpg
7. http://www.cvce.eu/content/publication/2007/11/14/8e986a37-02fc-4e79-a4b4-add209e51c17/publishable.jpg
8. https://www.landtag.nrw.de/portal/WWW/GB_II/II.1/Pressemitteilungen-Informationen-Aufmacher/Pressemitteilungen-Informationen/Pressemitteilungen/2013/08/Berthold_Beitz_Quelle_Krupp-Stiftung.jpg
9. http://vignette2.wikia.nocookie.net/verschwoerungstheorien/images/5/59/Illuminaten-pyr.PNG/revision/latest?cb=20121009105119&path-prefix=de
10. https://de.wikipedia.org/wiki/Amschel_Mayer_von_Rothschild
11. https://de.wikipedia.org/wiki/John_D._Rockefeller
12. http://i.dailymail.co.uk/i/pix/2015/05/21/22/6YhF6pg0R-HSK1-3091454-Giving_away_land_David_Rockefeller_is_giving_1_000_acres_of_land-m-29_1432244113012.jpg
13. https://de.wikipedia.org/wiki/Eduard_VII.
14. https://de.wikipedia.org/wiki/J._P._Morgan
15. https://de.wikipedia.org/wiki/Edward_Henry_Harriman
16. https://de.wikipedia.org/wiki/Johann_Jakob_Astor
17. https://upload.wikimedia.org/wikipedia/commons/a/a6/Harvey_Hollister_Bundy.jpg
18. www2.dupont.com/Phoenix_Heritage/en_US/assets/images/details/1902_B_NewOwners_Detail_Vertical_630x_780.jpg
19. https://www.macfound.org/media/photos/Freeman_200.jpg
20. https://upload.wikimedia.org/wikipedia/commons/thumb/e/ec/Josephpatrickkennedysr.jpg/240px-Josephpatrickkennedysr.jpg
21. www.thefamouspeople.com/profiles/images/li-ka-shing-1.jpg
22. https://upload.wikimedia.org/wikipedia/commons/thumb/b/b8/Onassis-1932.jpg/170px-Onassis-1932.jpg
23. www.ncpedia.org/sites/default/files/reynolds_richard_joshue.jpg
24. http://cdn3.theeventchronicle.com/wp-content/uploads/2016/03/russell-family-photo-u1.jpg
25. https://nordlichtblog.info/wp-content/uploads/2015/10/albert_pike.jpg
26. www.greatdreams.com
27. www.abovetopsecret.com
28. www.mastermason.com
29. Bundesarchiv, Bild 183-1987-0313-507 / CC-BY-SA 3.0, CC BY-SA 3.0 de, https://commons.wikimedia.org/w/index.php?curid=5423766

30. www.historisches-lexikon-
    bayerns.de/images/thumb/6/61/Sebottendorff_Adam_Rudolf.jpg/300px-
    Sebottendorff_Adam_Rudolf.jpg
31. http://wiki.astro.com/imwiki/de/thumb/Lanz_von_Liebenfels.jpg/150px-
    Lanz_von_Liebenfels.jpg
32. www.churchillcentral.com/partners/0115/content-row-items/00/content-column-
    items/0/imageBinary/Winston-Churchill-Foundation-US.jpg
33. https://upload.wikimedia.org/wikipedia/commons/c/c3/Sir_Samuel_Hoare_GGBain.jpg
34. https://upload.wikimedia.org/wikipedia/commons/4/4d/Neville_chamberlain1921.jpg
35. https://upload.wikimedia.org/wikipedia/commons/thumb/1/1e/The_Right_Hon._David
    _Lloyd_George.jpg/220px-The_Right_Hon._David_Lloyd_George.jpg
36. www.corriere.it/Media/Foto/2010/03/11/151978--140x180.jpg
37. https://de.wikipedia.org/wiki/Erwin_Rommel
38. https://de.wikipedia.org/wiki/Franklin_D._Roosevelt
39. https://upload.wikimedia.org/wikipedia/commons/c/cd/Balfour_portrait_and_declaratio
    n.JPG
40. www.hermsdorf-regional.de/autobahn-rasthof/bauleitung/Albert_Speer.jpg
41. Privatarchiv Jan van Helsing
42. https://de.wikipedia.org/wiki/Heinrich_Himmler
43. www.u-verlagerungen.portaforum.de/kammler.html
44. https://de.wikipedia.org/wiki/Martin_Bormann
45. http://bilder.augsburger-allgemeine.de/img/incoming/origs27580142/4355915276-w281-
    h960/Heinrich-Mueller.jpg
46. https://de.wikipedia.org/wiki/Karl_D%C3%B6nitz
47. https://de.wikipedia.org/wiki/Erich_von_dem_Bach-Zelewski
48. https://rosswolfe.files.wordpress.com/2013/10/subhash-chandra-bose-and-adolf-hitler-
    reich-chancellery-berlin-germany-29-may-1942.jpg
49. http://i.telegraph.co.uk/multimedia/archive/02110/hitler_2110666b.jpg
50. www.earthstation1.com/WWIIPics/Hitler_Linz_Model_1945_1_jk.jpg
51. https: //s-media-cache-
    ak0.pinimg.com/736x/7d/7f/5b/7d7f5b43596aebaee40b912ca3c6fd21.jpg
52. https://de.wikipedia.org/wiki/Wilhelm_Canaris
53. https://www.biography.com/.image/t_share/MTE4MDAzNDEwNDYyNjcyMzk4/wern
    her-von-braun-9224912-1-402.jpg
54. Privatarchiv Jan van Helsing
55. Privatarchiv Artur Lipinski
56. Privatarchiv Artur Lipinski

MEIN VATER WAR EIN „MiB"

Jason Mason

Das geheime Weltraumprogramm und die Antarktis-Deutschen

Wer sind diese rätselhaften Men in Black (MiB), die seit den 1950er-Jahren nach UFO-Sichtungen bei Zeugen auftauchen und diese befragen, deren Fotos konfiszieren oder sie sogar bedrohen? Nur sehr wenig wurde bislang über sie bekannt. Einer dieser MiB kontaktierte kurz vor seinem Tode seinen Sohn, um diesen als Nachfolger in die Organisation einzuführen und berichtete ihm von einer Welt, die sich im Hintergrund des uns bekannten Geschehens abspielt – von einer Welt voller Geheimorganisationen, eine Technologie, die wir nur aus Science-Fiction-Filmen kennen sowie über geheime Machtstrukturen, die unseren Planeten fest im Griff haben.

ISBN 978-3-938656-81-5 • 33,00 Euro

GEHEIMSACHE „STAATSANGEHÖRIGKEITSAUSWEIS"

Max von Frei

Wussten Sie, dass ein Reisepass oder ein Personalausweis nicht dazu ausreicht, Ihre deutsche Staatsangehörigkeit nachzuweisen? Wenn Sie beispielsweise als Deutscher in den USA oder Russland eine Firma gründen wollen, verlangen die dortigen Behörden Ihren "Staatsangehörigkeitsausweis" als Nachweis, dass Sie Deutscher sind. Noch nie davon gehört? Diesen Ausweis erhalten Sie beim Landratsamt, und er kostet nur 25 Euro. War Ihnen bekannt, dass Sie nur mit dem "Staatsangehörigkeitsausweis" die Bürgerrechte – laut Grundgesetz die sog. „Deutschenrechte" – beanspruchen können? Aber wieso wissen wir das nicht, und wieso erhält man dieses Dokument nicht ganz automatisch mit der Geburt ausgehändigt? Wieso macht die BRD den Staatsangehörigkeitsausweis zur Geheimsache? Könnte die Offenbarung dieses Geheimnisses über die Zukunft Ihres Vermögens entscheiden? Könnte diese neue Erkenntnis darüber hinaus vielleicht sogar zu einem von Deutschland ausgehenden, weltweiten Frieden führen?

Max von Frei beantwortet diese Fragen im Detail – belegt durch geltende und gültige Gesetze sowie zahlreiche Dokumente – und erklärt darüber hinaus, wieso die BRD nicht wirklich souverän ist und weshalb die „Menschenrechte" in „Handelsrecht" und „Staaten" in „Firmen" umgewandelt werden.

ISBN 978-3938656-61-7 • 21,00 Euro

WELTVERSCHWÖRUNG

Thomas A. Anderson

Wer sind die wahren Herrscher der Erde?

Immer mehr Menschen stellen fest, dass sie von den Regierenden belogen und betrogen werden und dass die Volksvertreter nicht das Volk vertreten, sondern die Interessen von Großkonzernen, von Militär und Wirtschaft. Große, weltumspannende Firmen und Organisationen leiten unsere Welt. Diese Familienclans nennen die Rohstoffe auf Erden ihr Eigen, bestimmen den Goldpreis und verleihen astronomische Summen an kriegführende Länder. Aber geht es diesen wirklich nur um wirtschaftliche Interessen, oder steckt etwas ganz anderes dahinter?

ISBN 978-3-938656-35-8 • 23,30 Euro

WHISTLEBLOWER

Jan van Helsing

Insider aus Politik, Wirtschaft, Medizin und Geheimdienst packen aus!

Der Whistleblower Edward Snowden und der Sprecher der Whistleblower-Plattform *Wikileaks*, Julian Assange, haben im Ausland Asyl beantragt, weil sie geheime Regierungsdokumente veröffentlicht hatte. Man will sie jedoch nicht bestrafen, weil sie Unwahrheiten oder Lügen verbreitet haben – nein: Man will sie bestrafen, weil sie den Menschen die Wahrheit gesagt haben, die Wahrheit darüber, dass wir alle von unseren Regierungen und deren Geheimdiensten überwacht und ausspioniert werden. Ist es das, wofür wir unsere Volksvertreter gewählt haben? Ist es nicht viel eher so, dass sie inzwischen ganz anderen Interessen dienen? Für dieses Buch haben *Jan van Helsing* und *Stefan Erdmann* 16 Whistleblower interviewt, die u.a. zu folgenden Themen auspacken:

- Wie geht es in deutschen Asylantenheimen wirklich zu?
- Ist Deutschland souverän? Ist die BRD ein Staat oder eine Firma?
- Was ist *Geomantische Kriegsführung*?
- Es werden viele alternative sowie schulmedizinische Therapieformen unterdrückt!
- Gibt es das „Geheime Bankentrading" wirklich? Wie sparen Großunternehmen und soziale Einrichtungen über Stiftungen Steuern?
- Der Ruanda-Kongo-Krieg war wegen Rohstoffen angezettelt worden!
- Warum es bei Film und Radio nur „Linke" geben darf...
- Ein Schottenritus-Hochgradfreimaurer spricht über UFOs und Zeitreisen.

ISBN: 978-3-938656-90-7 • 23,30 Euro